291. 121. 1 + 291. 111 : 192.2 + 291. 141

KULTURGESCHICHTE
DER ANTIKEN WELT

BAND 63

VERLAG PHILIPP VON ZABERN · MAINZ AM RHEIN

KARL JAROŠ

WURZELN DES GLAUBENS

ZUR ENTWICKLUNG DER GOTTESVORSTELLUNG VON JUDEN, CHRISTEN UND MUSLIMEN

VERLAG PHILIPP VON ZABERN · GEGRÜNDET 1785 · MAINZ

277 Seiten mit 54 Schwarzweiß- und 2 Farbabbildungen

Umschlag: Adam und Eva.
Fresko in der Katakombe SS. Pietro
e Marcellino in Rom, Ende 3. Jahrhundert

Die Deutsche Bibliothek – CIP-Einheitsaufnahme

Jaroš, Karl:
Wurzeln des Glaubens : zur Entwicklung der Gottesvorstellung von Juden,
Christen und Muslimen / Karl Jaroš. – Mainz am Rhein : von Zabern, 1995
(Kulturgeschichte der antiken Welt ; Bd. 63)
ISBN 3-8053-1703-4
NE: GT

© 1995 by Verlag Philipp von Zabern, Mainz am Rhein
ISBN 3-8053-1703-4
Satz: primustype Robert Hurler GmbH, Notzingen

Meiner Frau Brigitte

Inhaltsverzeichnis

VORWORT

Der Umschlag des Buches zeigt den Baum der Erkenntnis von Gut und Böse. Es ist die ständige Versuchung des Menschen, nach totaler Erkenntnis und Autonomie zu streben. Gerade ein Thema wie das hier behandelte verleitet dazu zu meinen, alles über Gott zu wissen. Ähnlich wie dem Menschen am Anfang, der glaubte, durch den Genuß der Früchte des Erkenntnisbaumes schon im Besitz totaler Autonomie zu sein, mag es auch uns Heutigen ergehen, wenn wir meinen, Gott durchschauen zu können. Das Streben des Menschen damals führte aber nur zur Erfahrung seiner Schutzlosigkeit. Es wird uns jetzt nicht viel anders gehen, wenn wir der Versuchung erliegen. Gott ist größer als alles menschliche Denken. Bei jedem Bild, bei jeder Metapher, bei jeder Spekulation sollte dies bewußt bleiben!

Es mag den einen oder anderen Leser wundern, ein Buch in die Hand zu nehmen, über dessen Titel nur ein Autorenname zu finden ist, obwohl mit solcher Thematik gut ein Dutzend akademischer Disziplinen beschäftigt ist. Die moderne Spezialisierung ist notwendig, aber sie birgt auch die Gefahr in sich, daß der eine nicht mehr das sieht, was der andere tut. Dem in bescheidener Weise entgegenzuwirken ist Aufgabe und Wagnis zugleich!

In Abwandlung eines Wortes des Apostels Paulus (1 Kor 9,20) sei gesagt, daß ich als Christ gleichsam den Juden ein Jude und den Muslimen ein Muslim zu sein versucht habe und daß diese Geisteshaltung des Apostels auch bei denen gefragt ist, die die Intention dieses Buches verstehen wollen.

Es ist nicht nur für den Theologen und Religionswissenschaftler geschrieben, sondern für alle Menschen, die bereit sind hinzuhören, die bereit sind, nicht nur ihren Verstand, sondern auch ihr Herz zu öffnen, die auf menschliche Dogmatismen und Vorurteile um der Wahrhaftigkeit willen verzichten können. Es soll aber auch ein Buch für solche Juden, Christen und Muslime sein, die, allzusehr ideologischen Vorstellungen verhaftet, glauben, die Wahrheit zu besitzen, anstatt demütig zu bekennen, daß nur Er, der Herr, die Wahrheit ist, vor dessen Angesicht es Rechnung legen heißt, ob wir unsere Schwestern und Brüder geliebt haben und nicht, ob wir ihnen gegenüber die »Wahrheit« vertreten haben.

Mein ganz besonderer Dank gilt Herrn Franz Rutzen, der im Sommer 1993 für meine Idee, an ein solches Werk heranzugehen, nicht nur spontanes Interesse gezeigt hat, sondern das Werden des Manuskriptes fast ein Jahr lang intensiv verfolgt und das Buch in das Verlagsprogramm von Philipp von Zabern aufgenommen hat.

Ich widme dieses Buch meiner Frau Brigitte, die mich trotz manch klerikaler Widerwärtigkeiten des Jahres 1993 bestärkt hat, dieses Buch zu schreiben.

Pasching, am 15. Mai 1994   Karl Jaroš

EINLEITENDE BEMERKUNGEN

Die hebräische Bibel, die zur Rekonstruktion der Entwicklung der alt-israelitischen Gottesvorstellung herangezogen wird, ist im strengen Sinn keine Primärquelle. Zu oft wurden die Heiligen Schriften überarbeitet und aktualisiert. Viele Texte lassen sich daher nicht so genau datieren, wie es wünschenswert wäre. Ferner neigt die heutige Forschung immer stärker zu einer Spätdatierung, so daß eigentlich kaum ein wissenschaftlicher Konsens vorherrscht, ob nun ein bestimmter Text aus dem 8. Jh. v. Chr. oder aus nachexilischer Zeit stammt.

Deshalb muß versucht werden, wirkliche Primärquellen einzusetzen, die sich genau datieren lassen. Ferner ist es notwendig, daß diese Primärquellen hauptsächlich aus dem geographischen Raum des alten Juda und Israel stammen. Das Heranziehen von Parallelen wie z. B. der Texte von Ugarit ist sehr oft hilfreich. Man muß sich jedoch der Relativität dieser Parallelen bewußt sein; denn die ugaritischen Texte stammen aus dem 14. Jh. v. Chr., während für uns die Zeit ab dem 12. Jh. v. Chr. ausschlaggebend ist.

Weiters ist die Umweltreligion des alten Israel, die kanaanäische Religion, nicht einheitlich und je nach Periode und geographischem Raum höchst unterschiedlich.

Als Primärquellen können daher gelten: die Kleinkunst, Inschriften und Personennamen. Die beiden letzteren hat die bisherige Forschung durchaus herangezogen, die palästinische Kleinkunst dagegen doch nur sehr sporadisch; dies nicht zuletzt deshalb, weil die in die Zehntausende gehenden Objekte der Kleinkunst oft nicht einmal in den Grabungsberichten publiziert wurden und in den Depots der verschiedensten Museen der Welt verstreut ihr Dasein fristen.

Othmar Keel hat schon vor mehr als 25 Jahren die Bedeutung der Kleinkunst für die Rekonstruktion der Religionsgeschichte Israels erkannt. Im Jahre 1981 initiierte er ein umfassendes Forschungsprojekt, um eine wichtige Gruppe dieses Materials, nämlich die Stempelsiegel, zu erschließen. Ich habe selber fünf Jahre mit Othmar Keel zusammengearbeitet, und es ist gelungen, ein ca. 10 000 Karten umfassendes Archiv aufzubauen, so daß die Auswertung bereits 1986 beginnen konnte. 1992 legten Othmar Keel und Christoph Uehlinger einen religionsgeschichtlichen Abriß von der Mittleren Bronzezeit II B bis zum Ende der Eisenzeit vor. Erst durch diese wohl bedeutendste Studie zur Religionsgeschichte Kanaans und Israels in der 2. Hälfte unseres Jahrhunderts[1] ist es möglich geworden, die Entwicklung der altisraelitischen Gottesvorstellung auf verläßlicher Basis darzustellen.

Im ersten Teil des Buches habe ich exemplarisch Bilder aufgenommen. Der Leser möge nicht meinen, daß sich die Aussagen nur auf diese Exempel stützen. Es sind nur Beispiele, hinter denen eine Fülle gleichen oder ähnlichen Materials steht.

Das Christentum und der Islam berufen sich auf die hebräische Bibel; und diese wiederum wird oft so betrachtet, als sei sie schon die Wurzel der beiden anderen Religionen. Gerade das erste Kapitel wird zeigen, daß die Wurzeln weit tiefer zurückgehen. Die Wurzel der hebräischen Bibel ist die kanaanäische Religion Palästinas von der ausgehenden Bronzezeit bis weit in die Eisenzeit hinein. Die Verteufelung der kanaanäischen Religion durch die deuteronomistische Theologie des 6. und 5. Jh. v. Chr. ist nichts anderes als die Ablehnung einer Verwandten, die nur allzuviel von den Schwächen etc. der Familie zu berichten weiß. »Es gehört zur Tragik der jüdisch-christlichen Schuldgeschichte, daß das Volk, das Opfer der Schoa geworden ist, in seinen eigenen religiösen Schriften an zentraler Stelle den Auftrag zur Ausrottung anderer Völker überliefert hat, um dadurch die Reinheit und Heiligkeit der eigenen Religionsgemeinschaft zu sichern (vgl. Dtn 7,2–6.16.24–26). Hier sind alle zu Demut und Umkehr aufgerufen.«[2]

Dieses Buch ist unter dem Gesichtspunkt der Entwicklung hin zur monotheistischen Gottesvorstellung geschrieben und versucht, diese in der jüdischen und christlichen Religion wie im Islam weiter zu verfolgen. Pettazzoni[3] hat mit Recht bemerkt, daß es ungenügend ist, den Monotheismus von den Naturreligionen her zu profilieren, anstatt zuerst zu fragen, wie diesen die drei monotheistischen Religionen selber verstehen und wie sich der Monotheismus vom polytheistischen Hintergrund her entwickelt hat und sich davon abhebt.

Oft ist auch heute noch die von S. Freud popularisierte Auffassung zu hören, daß der mosaische Monotheismus vom Sonnenmonotheismus der Amarnazeit her käme. Es sei hier nur kurz dazu vermerkt, daß aus zeitlichen wie aus geographischen Gründen eine solche Abhängigkeit auszuschließen ist. Genaueres dazu zeigt ohnehin das erste Kapitel dieses Buches.

Für das Hebräische gilt folgende Umschrift:

Alef: ʾ, Bet: b, Gimel: g, Dalet: d, He: h, Waw: w, Zajin: z, Ḥet: ḥ, Ṭet: ṭ, Jod: j, Kaf: k, Lamed: l, Mem: m, Nun: n, Samech: s, Ajin: ʿ, Pe: p, Ṣade: ṣ, Qof: q, Resch: r, Sin: ś, Šin: š, Taw: t.

Für das Arabische gilt folgende Umschrift:

Alif: ʾ (im Anlaut des Wortes meist nicht bezeichnet), Baʾ: b, Taʾ: t, Thaʾ: th (wie stimmloses englisches th), Ǧim: ǧ (wie stimmhaftes sch, in manchen Gegenden wie g gesprochen), Ḥaʾ: ḥ, Chaʾ: ch (wie in ach) oder ḫ, Dal: d, Dhal: dh (wie stimmhaftes englisches th), Raʾ: r, Zaj: z (stimmhaftes s), Sin: s, Šin: š (wie deutsches sch), Ṣad: ṣ (emphatisches s), Ḍad: ḍ (emphatisches d), Ṭaʾ: ṭ (emphatisches t), Ẓaʾ: ẓ (weiches emphatisches s), Ain: ᶜ (starker Kehllaut), Ghain: gh (g mit »r«-Gehalt), Fa: f, Qaf: q, Kaf: k, Lam: l, Mim: m, Nun: n, Haʾ: h, Waw: w, Jaʾ: j.

In beiden semitischen Sprachen wird auf die Bezeichnung der Vokallängen etc. verzichtet.

[1] Vgl. Jaroš 1993 b: 503–505.
[2] Keel/Uehlinger 1992: 474.
[3] Pettazzoni 1960: 114 f.

I. Die Wurzeln:
Das Werden der Gottesvorstellung Israels
(1750–333 v. Chr.)

1. DIE HERRSCHAFT DER GROSSEN GÖTTIN:
KANAANÄISCHE GOTTESVORSTELLUNGEN IN PALÄSTINA
WÄHREND DER MITTLEREN BRONZEZEIT II B UND DER
SPÄTEN BRONZEZEIT
(1750–1150 v. Chr.)

Kaum eine andere Periode als die Mittlere Bronzezeit II B und die beginnende Späte Bronzezeit Palästinas ist für das, was gemeinhin als »kanaanäische Religion« verstanden wird, so typisch[4]. Die Kleinkunst läßt erkennen, daß weibliche Gottheiten eine ganz zentrale Bedeutung haben: Der ägyptische Göttinnenkopf (Abb. 1) wird mit Blumen und Zweigen geschmückt; eine nackte Göttin, deren Geschlechtsmerkmale besonders betont sind, erscheint als Herrin der Pflanzen und Tiere (Abb. 2). Diese nackte »Zweiggöttin«[5] ist die Personifizierung der Macht der fruchtbringenden Erde[6]. Auf Rollsiegeln zeigt die Göttin ihre Liebesbereitschaft,

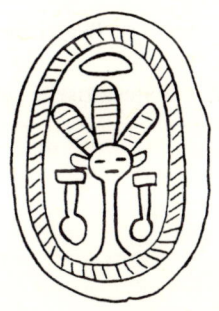 

Abb. 1 Skarabäus, Steatit, Tell es-Sultan (Jericho); Kenyon 1964: 624 fig. 293,14. Keel/Uehlinger 1992: 31 Abb. 13a. Kopf einer Göttin. Früher ist diese Darstellung gern als Hathorfetisch bezeichnet worden. Der Kopf ist den Darstellungen der nackten Göttin angeglichen. (Bei den folgenden Abbildungen wird die Beschreibung, wenn sie aus dem laufenden Text hervorgeht, nicht wiederholt.)

Abb. 2 Skarabäus, 27 × 19 × 11 mm, Gezer, British Museum Nr. 104926; Giveon 1985: 114f. Nr. 16 Keel/Uehlinger 1992: 31 Abb. 12b. Darstellung der nackten Zweiggöttin.

15

*Abb. 3   Rollsiegel (Abrollung), Hämatit, Megiddo; Loud 1948: Pl. 161,21.
Keel/Uehlinger 1992: 45 Abb. 30. Rechts der Wettergott mit spitzer Kopfbedek-
kung. In seinen Händen Axt und Keule; vor ihm ein liegender Stier. Die Göttin
flankiert von zwei Verehrern (rechts ein Fürst im Wulstsaummantel, links ein
Verehrer mit ägyptischem Lebenszeichen und Widderhörnern am Kopf). Die
Göttin hat eine Hand grüßend erhoben. Mit der anderen schiebt sie ihr Kleid bei-
seite. Die drei Stierköpfe vor der Göttin unterstreichen die Beziehung zum Wettergott.*

wenn sie vor dem Wettergott ihr Kleid öffnet (Abb. 3). Begleittiere der
Göttin sind: Löwen, Capriden, Uräen, Tauben.
Der Löwe als das königliche Tier[7] verkörpert ihre majestätische, unnah-

*Abb. 4   Skarabäus, Steatit, Tell es-Sultan (Jericho); Kenyon 1964: 633
fig. 296,14. Keel/Uehlinger 1992: 23 Abb. 2. Frontale Darstellung der nackten
Göttin, flankiert von Zweigen. Sie trägt am Kopf schneckenförmige Widderhör-
ner.*

bare Seite[8], der Capride[9] ihr Leben und Lieben[10]. Ein Skarabäus aus Jericho (Abb. 4) zeigt z. B. die nackte Zweiggöttin mit Widderhörnern. Aber auch die Darstellungen von Capriden mit Zweigen und Uräen, Symbole der Fruchtbarkeit und – der Abwehr, wollen die Göttin vergegenwärtigen. Tauben sind Realsymbole ihres zärtlichen und liebesbereiten Charakters[11].

In der Vegetation, besonders im heiligen Baum[12], wird die Göttin als sich vergegenwärtigend gedacht. Auch in eine männliche Sphäre dringt die Göttin während dieser Periode ein. Schon eine Deutung der Stelenreihe von Gezer[13] legt nahe, daß der heilige Stein nicht nur männliche, sondern auch weibliche Gottheiten vergegenwärtigen kann. Ein Kultstein des Heiligtums vom Tel Kittan läßt dies zur Gewißheit werden, wenn er roh behauen die Umrisse eines weiblichen Körpers zeigt[14] (Abb. 5).

Neben der Großen Göttin scheint auch die ägyptische Nilpferdgöttin (t3 wr.t, »die Große«) verehrt worden zu sein[15], die von Mutter und Kind alles Böse fernhalten soll[16].

Eine Gruppe von Siegelamuletten, die in Nordsyrien erzeugt wurden, tragen als Basisdekoration in erhabenem Relief das Omega-Zeichen[17]. Dieses stammt ursprünglich aus Babylonien und wurde dort mit Muttergottheiten assoziiert[18]. Es ist Zeichen solcher Göttinnen und wohl Symbol des göttlichen Mutterschoßes schlechthin[19].

Der kanaanäische Wettergott wird häufig falkenköpfig dargestellt und so mit dem ägyptischen Königsgott Horus[20] identifiziert. Die militante Seite des Gottes steht dabei völlig im Hintergrund; er ist vielmehr Mitverursacher der Fruchtbarkeit.

Ganz allgemein zeigt die Kleinkunst auch die Faszination durch ägyptische religiöse Symbole wie geflügelte Sonnenscheibe, Skarabäus u. a., die einen starken Bezug zur Sonne aufweisen[21].

Kanaanäische inschriftliche Belege sind für die Mittlere Bronzezeit II B rar. Es stehen praktisch nur die ca. 40 protosinaitischen Inschriften zur Verfügung, die zum Großteil bereits im vorigen Jahrhundert entdeckt wurden[22], religionsgeschichtlich jedoch wenig beachtet wurden. Benjamin Sass ist es gelungen[23], der auch schon früher geäußerten Meinung[24] ihrer Entstehung gegen Ende der 12./Anfang der 13. Dynastie eine solide wissenschaftliche Basis zu geben. Die Inschriften stammen vom südlichen Sinai, näherhin von Serabit el-Chadim mit seinem Hathor-Tempel und seinen Türkisminen. Der überwiegende Teil der Inschriften stammt direkt vom Hathor-Tempel, von Mine L und M bzw. deren unmittelbarer Umgebung[25].

Die Inschriften haben durchwegs religiösen Charakter. Sie gehen auf Ka-

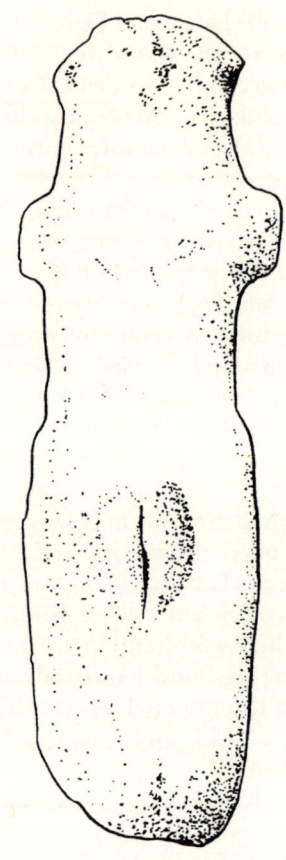

*Abb. 5 Stele, roh behauen, ca. 45 cm hoch, Tel Kittan (Tell Musa), 15 km süd-
lich des Sees Gennezareth; Eisenberg 1977: 79. Keel/Uehlinger 1992: 41
Abb. 26 b. Die roh behauene Stele ist als nackte, weibliche Figur erkennbar.*

naanäer zurück, die als Erfinder der Alphabetes gelten können[26]. Die
Sprache der Inschriften ist ein archaisch wirkender Dialekt. Diese Kanaanäer waren Arbeiter in den ägyptischen Türkisminen. Ihr Bildungsstand
mußte überaus hoch gewesen sein, da sie aus dem hieroglyphischen Alphabet der Ägypter[27] ein eigenes, ihrer Sprache adäquates Alphabet entwickelten und konsequent anzuwenden verstanden. Sie mußten daher
mit der ägyptischen Kultur bestens vertraut gewesen sein, haben jedoch
nicht in ihr gelebt!
Die Inschriften haben eine Art sakramentalen Hintergrund. Sie sind

18

nicht bloß in Stein erstarrte Zeugen punktueller Opferhandlungen der Bergleute, sondern sollten das Opfer, Geschenk des Menschen an die Götter, verewigen und den dauernden Segen, Schutz, die dauernde Fruchtbarkeit, Regeneration, Abwehr alles Bösen gewährleisten.

Die Inschriften sind durchaus ein Zeugnis, wie sehr die Große Göttin ihre beherrschende Rolle antritt.

In den Inschriften Nr. 345, 346, 347 a?, 349 und 365 ist die Baalat genannt, der Opfer bzw. Geschenke dargebracht werden. Die hier genannte Göttin ist vielfach mit der ägyptischen Hathor identifiziert worden[28]. Das mag durchaus seine Berechtigung haben, aber die kanaanäischen Arbeiter haben damit die Vorstellung von ihrer Großen Göttin verbunden. In den Inschriften Nr. 351, 353, 360 und 361 wird die Göttin als Schlangenherrin[29] tituliert, zum Teil mit dem Epitheton »gnädig, barmherzig«. Es besteht kaum ein Zweifel, daß es sich bei der Baalat um die Göttin vom »Qudschu-Typ«[30] handelt[31], die in den ugaritischen Texten als die Gemahlin des Summus Deus El mit Namen Aṯirat erscheint. In der hebräischen Bibel wird sie Aschera[32] genannt[33].

Als männliche Gottheit erscheint in den Inschriften El[34], dem Opfer, Geschenke dargebracht werden, an den sich die Menschen bittend wenden[35] und um Hilfe und Errettung flehen[36]. Eine männliche Gottheit wird als »Herr des Weidelandes« tituliert[37], was ikonographisch der Darstellung des Wettergottes mit Blume und Zweig entspricht. Beim »Herrn der Schakale« könnte man an Anubis[38] denken, der z. B. auch den Titel nb rȝ qrrt »Herr der Höhlenöffnung«[39] tragen kann, was gut zum topographischen Umfeld des Hathortempels paßte. Unter dem »Herrn der Weinpresse«[40] ist vermutlich der ägyptische Gott der Öl- und Weinpresse »Schesmu«[41] zu verstehen.

Auch wenn diese Inschriften keine überwältigenden Zeugnisse der kanaanäischen Religion sind, so geben sie dennoch einen Einblick in das religiöse Milieu des südkanaanäischen Raumes. Zeitlich stehen die Inschriften am Anfang der Mittleren Bronzezeit II B und zeigen trotz einer gewissen Ausgewogenheit zwischen der Nennung weiblicher und männlicher Gottheiten die werdende Dominanz der Magna Mater.

In der Späten Bronzezeit tritt die Göttin sukzessive in den Hintergrund[42]. Sie wird baumgestaltig und von Capriden flankiert dargestellt, nimmt kriegerische Züge an und mutiert zur bekleideten Herrin (Abb. 6). Der Wettergott fungiert immer weniger als Spender der Fruchtbarkeit; ähnlich wie der ägyptische Seth[43] erscheint er als Sieger über alles Bedrohliche und Chaotische. Er kommt quasi aus seiner Immanenz

Abb. 6   Fels-Relief über dem Hathortempel von Timna, nördlich von Elat, Zeit
Ramses' III. Schulman 1988: 143 f. fig. 52. Keel/Uehlinger 1992: 81 Abb. 78.
Der Pharao opfert vor der Göttin Hathor. Auf dem Kopf trägt sie Kuhhörner
und die Sonnenscheibe, in der herabhängenden Hand das Lebenszeichen.

heraus und steht für den fernen Sonnengott[44] oder den Hochgott
Amun[45].

Das Zurücktreten der Göttin zeigt sich auch daran, daß das kostbare Metall durchwegs für Götterdarstellungen reserviert ist. Die Göttin erscheint in billiger Terrakotta, bar ihrer göttlichen Attribute. Damit ist auch der Rückzug der Göttin in die Sphäre der Familien- bzw. Frauenfrömmigkeit eingeleitet[46].

Kanaanäische Inschriften religiösen Inhalts aus dieser Periode sind selten. Zu nennen sind die aus Lachisch stammenden Tonscherben, 13. Jh. v. Chr., mit der Aufschrift:

mtn.šj (l)(rb)tj ʾlt

Mattan, ein Geschenk für meine Herrin Elat[47]

Elat ist das Appellativum der Göttin Aṯirat-Aschera[48]. Es steht genau

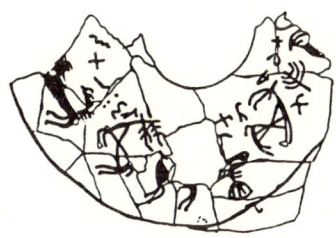

Abb. 7   Beschriftete Krugscherben aus Lachisch, 13. Jh. v. Chr.; die von links nach rechts verlaufende Inschrift ist mit roter Tinte geschrieben. Hestrin 1973: Nr. 4. Jaroš 1982 b: 32 Nr. 4.

über dem von Capriden flankierten Baum (Abb. 7) und weist daher indirekt auf die Identität zwischen Göttin und Baum hin.

Nicht zuletzt zeigt sich in dieser Inschrift und der Darstellung des von Capriden flankierten Baumes, daß man auf die anthropomorphe Darstellung der Göttin immer mehr verzichtet und sie hier im Wort und im Bildsymbol substituiert.

Obwohl das Repertoire der kanaanäischen Personennamen für die Späte Bronzezeit sehr begrenzt ist, zeigt sich aber doch auch in den Amarnabriefen[49], daß der Wettergott Baal vorherrschend ist, ein weiteres Indiz für die Entwicklung, die hier in großen Zügen dargestellt wurde[50].

2. DER JHWH-GLAUBE IN PALÄSTINA UND DIE VERDRÄNGUNG DER GROSSEN GÖTTIN IN DER EISENZEIT I
(1250–1000 v. Chr.)

Die Eisenzeit I ist eine Periode der Veränderungen und des Übergangs[51]. Die schon in der Späten Bronzezeit beginnenden politischen, soziokulturellen und ethnischen Mutationen gehen in der Eisenzeit I weiter, wenn auch unter anderem Vorzeichen: der ägyptische Einfluß auf Palästina kommt ziemlich zum Erliegen[52], die an der Südküste ansässig gewordenen Philister beginnen ihr Staatswesen aufzubauen und auszubauen[53], Ammoniter, Moabiter und Edomiter im Ostjordanland waren bereits zu monarchischen Staatswesen gelangt[54], hebräische Stämme besiedelten primär das zentrale Bergland[55], Kanaanäer behaupteten sich in den großen Zentren der spätbronzezeitlichen Kultur weiter[56]. Alle diese Gruppen stehen zueinander in einem rivalisierenden, teils kriegerischen Verhältnis[57].

21

2.1 Der Beginn des JHWH-Glaubens in Palästina

Historisch gesehen beginnt der JHWH-Glaube mit Mose[58], wobei die midianitische Herkunft des Gottes JHWH als sehr wahrscheinlich gelten kann[59].

JHWH ist dann jedenfalls primär der Gott der Nachkommen der Josefs-Gruppe, angeführt von Josua, die von der arabischen Wüste kommend in die Siedlungsgebiete ihrer Ahnen nach Mittelpalästina vorstoßen[60]. Unabhängig davon, welches Modell der Landnahme angenommen wird[61], ist es eine nicht zu leugnende Tatsache, daß mit diesen Sippen eine Verehrung des Gottes JHWH in Palästina beginnt, die es zuvor nach dem Zeugnis der hebräischen Bibel nicht gegeben hat[62].

Im 24. Kapitel des Buches Josua liegt ein höchst interessantes Zeugnis vor. Es handelt sich um eine deuteronomische Predigt[63] aus dem 7. Jh. v. Chr., die jedoch auf einer historischen Wirklichkeit fußt. Die Verse 25–27 deuten noch darauf hin[64]. Der Sinn ist der, daß die Sippen, die JHWH noch nicht verehren, auf die Verehrung JHWHs verpflichtet werden. Diese Verpflichtung besteht darin, daß für die ansässigen Clans nicht mehr »El, der Gott Israels«[65] ihr Gott ist, sondern der Gott Josuas und seines Clans: JHWH[66] und so die Formel entsteht: »JHWH, der Gott Israels«. Wenn Josua »Israel« eidlich an seinen Gott JHWH bindet, so ist religiös ausgesprochen, was politisch heißt, daß Josua und sein Clan mit »Israel« eine Konföderation eingegangen ist, in der der Stärkere die Schwächeren an sich bindet oder auch die Schwächeren beim Stärkeren Hilfe suchen[67]. Was unser deuteronomischer Text bewahrt hat, ist nur die religiöse Seite des Aktes. Es ist aber zu berücksichtigen, daß in Sichem El unter der Bezeichnung El-berit (El der Konföderation) verehrt wurde[68] und daß diese Bezeichnung über das im Mitanni-Churritischen konservierte indo-arische Wort »Mitra« und das ugaritische »il brt«[69] zu verstehen ist. Der kanaanäische El von Sichem ist angesichts der sichemitischen Situation zu einem Vertrags- und Konföderationsgott geworden. V 26 führt auch den Stein auf Josua zurück. Er soll ihn unter dem heiligen Baum im Heiligtum JHWHs aufgestellt haben. Außer der Nennung Josuas, des Steines und des Baumes ist in diesem Vers nichts Historisches. Aber wir können daraus schließen, daß sich der eidliche Akt vor dem großen Kultstein des Tempels des El-berit abgespielt hat. Der feierliche Ritus kann in Analogie zu Ex 24,3–8[70] und den arabischen Beispielen vielleicht sogar als Blutritus verstanden werden. Das kanaanäische Heiligtum von Sichem[71] war bedingt durch seine jahrhundertelangen, freundschaftlichen Beziehungen zu Seminomaden geradezu für den Abschluß einer solchen Konföderation prädestiniert. In V 27 ist der Stein Zeuge, weil er die Worte JHWHs gehört hat. Auch hier ist die ursprüngliche Bedeutung verwischt worden. Der Stein braucht nicht die Worte zu hören, um Zeuge werden zu können, sondern ist Zeuge auf Grund seines realsymbolischen, die Gottheit repräsentierenden Charakters. Der Kultstein von Sichem, der bereits lange vor Josua als Repräsentation des El, des Gottes Israels verstanden wurde, ist nun für den Josua-Clan Repräsentation seines Gottes JHWH geworden. Somit sind auch die ursprünglich verschiedenen Gottheiten beim Abschluß der Konföderation durch die Massebe gegenwärtig gedacht; nur daß ab jetzt der starke Gott JHWH (und der starke Clan Josuas) dominiert und die anderen eidlich an sich bindet. Da das kanaanäische Sichem gegen Ende des 12. Jh. v. Chr. zerstört wurde und bis in die Zeit Davids und Salomos hinein nicht einmal eine normale Besiedlung nachgewiesen werden kann[72] und in israelitischer Zeit ziemlich unbedeutend war[73], läßt sich dieser auf konföderativer Basis beginnende Glaube an JHWH in Palästina für die ersten Jahrzehnte der beginnenden Eisenzeit I wahrscheinlich machen.

2.2 Der Kriegsherr JHWH

In der Eisenzeit I verschmilzt der kanaanäische Wettergott immer mehr mit dem ägyptischen Seth[74]. Er erscheint als der Bekämpfer allen Unheils, das jetzt in Gestalt der Schlange und des Löwen dargestellt wird[75]. Wie schon in der Späten Bronzezeit ist Baal-Seth der Vertraute des Gottes Re, häufiger noch des Gottes Amun (Abb. 8). Auch dort, wo der Wet-

Abb. 8 Siegelamulett; Petrie 1930: Pl. 29,247. Keel/Uehlinger 1992: 131 Abb. 136.
Links die Figur des Gottes Seth, vor ihm mn-ḫpr Rᶜ, ein Kryptogramm für den Gottesnamen Amun.

Abb. 9   Elfenbeinschnitzerei, Lachisch; Tufnell 1940: Pl. 18 A. Keel/Uehlinger 1992: 135 Abb. 143 a. Wildstiere kämpfen siegreich gegen Löwen.

tergott in Gestalt des Stieres auftritt, geht es nicht um die Vergegenwärtigung der Fruchtbarkeit, sondern um die Kampfeskraft[76] (Abb. 9). So wie Baal-Seth als Sieger und Triumphierender auf dem Löwen steht, so kann auch Reschef auf der Gazelle stehend ähnliches ausdrücken. Der ägyptische Königsgott Horus tritt ebenfalls unter diesem Aspekt auf, so wenn er Krokodile und Skorpione hochreißend gezeigt wird. Aus Horus ist dabei eine völlig unägyptische, anthropomorphe Gestalt geworden[77] (Abb. 10). So ist der beherrschende, kriegerische Aspekt für die männlichen Gottheiten jetzt typisch geworden, durchaus ein Spiegelbild der unruhig und kriegerisch gewordenen Zeit.

Aus der hebräischen Bibel läßt sich erkennen, daß JHWH mit ähnlichen

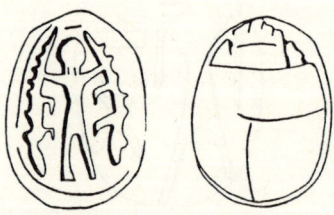

Abb. 10   Skarabäus, Tell el-ᶜAğğul; Petrie 1932: Pl. 6. Keel 1990b: 342 Abb. 11. Keel/Uehlinger 1992: 133 Abb. 140a. Darstellung einer Dominationsthematik. Aus dem Königsgott Horus ist aber eine menschliche Gestalt geworden, die Krokodile hochreißt.

und gleichen Zügen dargestellt wird: als der Beherrschende und der Kriegsherr (Ex 15,3). Inwieweit diese Züge bereits zum ursprünglichen Wesen JHWHs gehören, ist kaum sicher zu entscheiden[78]. Die Herkunft JHWHs aus dem midianitischen Bereich[79], seine Charakteristika als feuriger Vulkangott[80] mögen jedoch diese Assoziationen erleichtert haben.

Man spricht für die sogenannte Richterzeit Israels gerne von den »heiligen Kriegen«, die JHWH für sein »Volk« führt; aber selbst diese »Institution« des heiligen Krieges läßt sich kaum mehr rekonstruieren. Aus den wenigen Hinweisen ist zu sehen, daß JHWH in Gefahr und Notzeit durch Geistbegabung Rettergestalten erweckt, die dann einzelne Sippen/Stämme zum Heerbann rufen (Ri 6,34 f.). Den Sieg vorwegnehmend, erfolgt bereits der siegesgewisse Gottesbescheid (Ri 3,27 f. 4,7.14 7,9.15). Nach dem Sieg wird die Beute: Mensch, Tier, Gegenstände durch Bann[81] JHWH geweiht. »Anscheinend charakterisieren Aufforderung und Zuspruch des Charismatikers den bevorstehenden Kampf als Jahwekrieg.«[82]

Der Kriegsherr JHWH, wie ihn das Mirjam-Lied nennt, der über seine Feinde triumphiert, ist im Grunde von Baal-Seth oder Reschef kaum verschieden. Vermutlich kann man durchaus noch einen Schritt weiter gehen: daß nämlich die frühen israelitischen Stämme in Baal-Seth nicht nur nicht ihren Gott erkennen konnten, sondern daß der Kriegsherr JHWH und der kriegerische Baal-Seth auch austauschbar waren, denn ein Blick in die erhaltenen Personennamen dieser Zeit zeigt uns eine Reihe mit dem theophoren Element »Baal« gebildeter Namen wie Jerubbaal (Ri 6,32), Eschbaal (1 Chr 8,33 9,39), Meribbaal (1 Chr 8,34), Baana (2 Sam 4,2)[83]. Dem stehen fünf (außer Josua) mit JHWH gebildete Namen gegenüber: Joasch (Ri 6,11), Jotam (Ri 9,5 ff.), Michajahu (Ri 17,1.4), Jonatan (Ri 18,30), Joel (1 Sam 8,2)[84]. Erst ab der Königszeit werden JHWH-haltige Namen häufiger.

Vorherrschend in der Eisenzeit I sind jedoch El-haltige Namen[85]. So scheinen z. B. in der Liste der israelitischen Stammeshäupter Num 1,5–15[86] von 24 Namen 9 mit El als theophorem Element auf[87]. Ab der Königszeit nehmen dagegen solche Namen ab!

Nicht zuletzt zeigen aber die zahlreichen Ortsnamen im Bergland – es handelt sich um Orte, die Neugründungen hebräischer Clans sind –, die mit dem theophoren Element Baal gebildet sind[88], die praktische Austauschbarkeit der beiden Gottheiten[89].

2.3 JHWH ein Gott der Fruchtbarkeit und des Segens

Die nackte Zweiggöttin ist in der Eisenzeit I aus Palästina verschwunden[90] und erscheint im Substitutionssymbol des Baumes (Abb. 11), der von Capriden flankiert sein kann. Als neues Motiv findet man die Göttin in Gestalt des säugenden Muttertieres (Abb. 12).

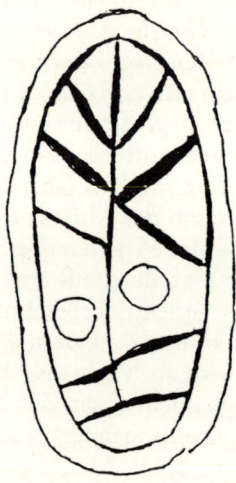

Abb. 11   Siegelamulett aus Kalkstein, 7 cm lang, Schikmona; Keel/Uehlinger 1992: 142 Abb. 153. Darstellung eines stilisierten Baumes als Substitutionssymbol der Göttin.

Abb. 12   Siegelamulett, Kalkstein, Beth Schemesch. Grant 1934: 43 fig. 3,16. Keel/Uehlinger 1992: 143 Abb. 152 b. Säugende Capride; über ihrem Rücken ein Skorpion, der die säugende Capride als Symbol der Liebesgöttin erkennen läßt.

Überlebt hat die Darstellung der nackten Göttin nur im Bereich der billigen Terrakotten: sie ist einfach eine nackte Frau bar ihrer göttlichen Attribute. Dies deutet nur mehr auf ihre Verehrung im privaten, vermutlich städtisch-kanaanäischen Bereich hin[91].

Für die im Land ansässig gewordenen und werdenden israelitischen Sippen, die von der nomadischen Lebensweise in eine bäuerliche wechselten[92], konnte ihre Gottheit nicht ausschließlich herrschaftlich-kriegerische Züge tragen. Für das tägliche Leben auf den Feldern und mit den Herden waren Segen und Fruchtbarkeit ein entscheidender Faktor. Die zahlreichen Belege der Großen Göttin, dargestellt im Substitutionssymbol des Baumes und des säugenden Muttertieres, zeigen dies deutlich. Der große Bereich von Segen und Fruchtbarkeit ist jetzt ausschließlich die Domäne der Göttin, auch wenn sie entpersonalisiert hinter ihren Wirkgrößen zurücktritt. Wir haben den Entpersonalisierungsprozeß der Göttin schon in der Späten Bronzezeit beobachtet, und es ist daher sicher nicht statthaft, diesen bedingt durch den beginnenden Glauben an JHWH zu erklären; aber der Prozeß, der einmal in Gang gekommen war, könnte durch den Glauben an JHWH verstärkt worden sein. Soweit wir jedenfalls die Quellen und Traditionen zurückverfolgen können, läßt sich für JHWH keine göttliche Partnerin nachweisen[93]. Wie aber die spätere Entwicklung zeigen wird, wurden die Segensmächte der Göttin JHWH zugeordnet, »ja von ihm geradezu vereinnahmt und schließlich als Ausdruck seines Segens verstanden«[94]. Dieser Prozeß muß einmal seinen Ausgangspunkt genommen haben, und die historisch erste Möglichkeit dafür ist die Eisenzeit I. Zum männlich geprägten Gottesbild der Dominanz und des Krieges treten weibliche Züge der Göttin. Auch wenn es für die Richterzeit der hebräischen Bibel kaum schriftliche Belege dafür gibt[95], scheint mir diese Annahme durch die Primärquellen gerechtfertigt. In welch genauem Verhältnis JHWH/Baal und die Wirkgrößen der Fruchtbarkeit und des Segens zueinander standen, läßt sich kaum ausmachen. Die Gestaltlosigkeit der Großen Göttin hat aber doch erleichtert, ihre Wirkgrößen mit JHWH zu verbinden.

Inwieweit die später propagierte Bildlosigkeit JHWHs hier schon eine Rolle spielt, ist schwer zu entscheiden. Die Formulierung des Bilderverbotes im Dekalog ist spät anzusetzen[96]. Die Rekonstruktion einer Urform des Dekaloges ist mit großen Unsicherheiten belastet[97], und inwieweit der Hintergrund des Bilderverbotes zurückverfolgt werden kann, ist eher unklar[98]. Für die Zeit des werdenden JHWH-Glaubens ist die Allgemeingültigkeit des Bilderverbotes überhaupt auszuschließen[99]. Es bleibt aber die Möglichkeit, daß die Protohebräer nicht nur in den

Substitutionssymbolen der Göttin, sondern auch in ihrer ansatzweisen Zuordnung zu ihrer Gottheit JHWHs Segen und Fruchtbarkeit erkannten[100].

2.4 JHWH/Amun der verborgene, allgegenwärtige Gott

Die in Palästina beheimateten Götter wie Baal und Reschef üben mehr eine vordergründige Funktion aus. Der Amun-Tempel in Gaza[101] propagiert zu dieser Zeit jedoch die Verehrung des Gottes Amun bis in die Schefela und bis in das judäische Bergland hinein[102]. Auf verschiedenen Siegeln, den Massenkommunikationsmitteln der damaligen Zeit[103], wird Amun verbreitet, und zwar durchwegs anikonisch. Der Name Amun wird dabei sehr häufig kryptographisch geschrieben[104] (Abb. 13), um ihn, den verborgenen Gott, quasi ins Unterbewußtsein der Menschen zu meißeln.

  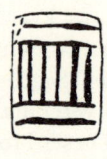   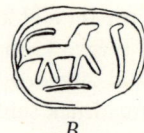

A   B

Abb. 13   Zwei Siegelamulette: A Petrie 1930: Pl. 35,393. Keel/Uehlinger 1992: 127 Abb. 132a. B Schumacher 1908: 86 Abb. 124. Keel/Uehlinger 1992: 127 Abb. 133e. Auf dem rechteckigen Siegel ist der Gottesname Amun-Re zu lesen, auf dem ovalen Amulett ebenfalls, jedoch kryptographisch. Das „J" von Jmn (Amun) ist dabei nicht wie üblich mit dem Schilfblatt geschrieben, sondern mit dem Uräus „ᶜr.t". Löwe „m3j" = m, Herr „nb" = n (angedeutet unter dem Löwen).

In der Ramessidenzeit verstärkt sich zusehends die Verehrung Amuns. Er wird der Gott schlechthin und gewinnt in nachramessidischer Zeit sogar noch mehr an Bedeutung[105]. Wie bereits sein Name selber ausdrückt, ist er der verborgene Gott[106], der vergegenwärtigt in und durch seinen Namen Wunder wirkt[107]. Er ist der Herr der Götter[108], der König der Götter, der die Welt mit seiner Allgegenwart durchflutet[109]. Auf besondere Weise ist von ihm ausgesagt – mehr als von den anderen Göttern Ägyptens –, daß man seine wahre Gestalt nicht kenne. So heißt es in einem Text Setis I. und Ramses' II.[110]:

28

»... dessen Wesen man nicht kennt
und von dem es keine Bilder der Künstler gibt (...)
dessen Gestalt man in den Schriften nicht finden kann.«
Wie sehr der Amun-Tempel von Gaza über Vermittlung der Philister für
seinen Gott geworben hat, zeigen die vielen Siegelamulette und ihre
weite Verbreitung[111]. Wie schon erwähnt, sind es durchwegs anikonische Siegelamulette, auf denen der verborgene Gott ausschließlich durch
seinen Namen omnipräsent gedacht wurde. Durch die kryptographische
Schreibung seines Namens wird der Geheimnischarakter des Gottes
noch verstärkt[112].
Amun, der durchaus auch kriegerische Züge aufweist[113], ist Baal-Seth gegenüber der überlegene Gott, eben der König der Götter, für den Baal-
Seth als der vordergründige Gott, der immanente Gott die Kämpfe
führt[114].
Daß durch die Amun-Konzeption ein nicht zu unterschätzender Einfluß
auf den beginnenden JHWH-Glauben in Palästina ausgegangen ist,
scheint klar zu sein. Selbst im Namen des israelitischen Gottes JHWH
haben wir eine »Parallele« zu Amun. Die Deutungen des JHWH-Na-
mens sind Legion[115]. In Ex 3 gibt die Bibel selber eine Deutung des Gottesnamens »ich werde sein, der ich sein werde«, was im Grunde eigentlich nichts deutet, sondern die Bedeutung des Namens nur verschleiert
und letztlich das Wesen des israelitischen Gottes menschlicher Erkenntnis zu entziehen versucht[116]. Wohl mag dies erst die theologische Spekulation des 8. Jh. v. Chr. sein, aber in der Urerfahrung, die hebräische Sippen mit ihrem Gott gemacht haben, muß dies bereits grundgelegt gewesen sein.
JHWH der Gott der Wüste wurde schrittweise mit dem Summus Deus
der Kanaanäer: El identifiziert, wie man noch aus der hebräischen Bibel
erkennen kann[117], ist jedoch um die Dimension des geheimnisvoll wir-
kenden, omnipräsenten, anikonischen Gott Amun bereichert worden.
Das Verhältnis zwischen all diesen Gottheiten kann nach Dtn 32,8 f., einem poetischen Text, der möglicherweise in seiner Jetztgestalt auf weisheitliche Kreise[118] der nachexilischen Zeit zurückgeht, bestimmt werden[119]:
»Als Eljon die Völker verteilte,
als er die Menschen aussonderte,
da legte er die Grenzen der Völker fest
nach der Zahl der Söhne Gottes[120].
Da ward JHWHs Anteil sein Volk,
Jakob sein Losanteil.«

Eljon heißt »der Höchste«, »der in der Höhe Befindliche«[121]. Diesem Gott erscheint hier JHWH eindeutig untergeordnet: so wie der Anteil anderer Götter die anderen Völker sind, so ist der Anteil JHWHs sein Volk Israel. Wie Eljon so ist auch Amun der letztlich Uranfängliche[122], und JHWH, der offenbar in der Eisenzeit I für »sein Volk« eher der vordergründige Gott war wie Baal-Seth, muß jedoch die Amun-Charakteristika quasi aufgesogen haben wie ein Schwamm das ihn umspielende Wasser. Die Anikonizität JHWHs findet hier ansatzweise eine erste Erklärung, ebenso wie sein geheimnisvolles, dem Menschen letztlich nicht erkennbares Wesen und seine Omnipräsenz in der konkreten Welt.

Dtn 32,8 f. (vgl. Ps 82) ist ein wichtiger Ausgangspunkt dafür, daß die Vatervorstellung (als Metapher) auf JHWH übertragen wurde. JHWH erscheint hier als Besitzer und Vater. Die Völker sind der an die Gottessöhne zu verteilende Erbbesitz. JHWH ist der bevollmächtigte Pater familias vor den Göttern, die als Gottessöhne zu seiner Familie gehören, ihm aber als Erben untergeordnet sind[123]. Der zeitliche Ansatz für diese Metapher liegt jedenfalls in der Periode, wo die bäuerliche Lebensform beherrschend wird[124]. Die Benennung JHWHs als Vater ist in der jüdisch-christlichen Tradition so selbstverständlich geworden, daß väterliche Aspekte wie Autorität, Liebe, Erwählung, Erbarmen, Schutz u. a.[125] ganz im Vordergrund stehen; dennoch ist aber dieses Bild ganz wesent-

Abb. 14   Platte, beiderseitig graviert, Museum Kairo. Reisner 1958: Pl. 11 und 26,12843. Keel 1990b: 408 Abb. 104. Rechts oben der Gottesname Amun-Re, darunter die Wiederholung des Gottesnamens als Kryptogramm. Links nähern sich die kanaanäische Göttin Anat auf dem Pferd und Baal-Seth auf dem Löwen flankiert von Uräen. „Amun-Re bzw. sein Name nimmt hier den Platz ein, den im ugaritischen Pantheon El innehat, dem Anat und Baal ihre Aufwartung machen." (Keel 1990b: 409).

lich von »der Gemeinschaft des Familienvaters inmitten seiner Söhne und Erben, die mit ihm zusammen am Familienbesitz teilhaben«[126], juristisch bestimmt.

3. DER KÖNIGLICHE GOTT UND SEINE MITBEWERBER IN DER EISENZEIT II A
(1000–900 v. Chr.)

Das zehnte vorchristliche Jahrhundert Palästinas ist durch das davidisch-salomonische Reich geprägt. Es war die erste größere Staatsbildung in diesem Raum[127]. Einerseits war es die andauernde philistäische Gefahr, die die israelitischen Stämme zu einer monarchischen Zentralgewalt gezwungen hatte, andererseits wohl auch die Beispielwirkung der Nationalstaaten der Ammoniter, Edomiter und Moabiter, die schon früher zu einer solchen Staatsform gelangt sind, wie auch das sakrosankte ägyptische Königtum, das der politische wie religiöse Inbegriff staatlicher Autorität überhaupt war[128]. Die weltpolitische Situation begünstigte obendrein einen solchen Prozeß[129].

Neben all diesen eher äußeren Umständen, die diese Entwicklung unterstützten, muß auch im religiösen Erbe der Stämme eine Triebfeder vorhanden gewesen sein, die zumindest ein menschliches Königtum nicht ausschloß. Die Vorstellung JHWHs als König läßt sich nur sehr schwer daraus verstehen, daß es vor ihr schon ein menschliches Königtum gegeben hätte[130]. Diese Rolle, die der Gott der Wüste im Kulturland übernehmen sollte, wurde in der Eisenzeit I vorbereitet, und zwar am ehesten durch die Assoziationen mit dem omnipotenten, verborgenen König der Götter: Amun-Re[131]. Göttliches und menschliches Königtum gehen so Hand in Hand, bedingen einander und sind Basis der eigentlichen Staatsidee, wie sie sich am deutlichsten im Jerusalemer Tempel manifestiert.

Diesem Trend der Zeit entspricht auch die allmähliche Änderung der israelitischen Siedlungsformen[132]: die zahlreichen Kleinsiedlungen im Bergland wurden zugunsten größerer Dorfanlagen aufgegeben[133], und es bilden sich städtische Lebensformen, wenn auch in weit bescheideneren Formen als in der Bronzezeit[134]. Weiters läßt sich das Phänomen beobachten, daß städtische Tempelanlagen fehlen[135], ebenfalls ein großer Kontrast zu früher. Sicherlich wäre es verfrüht, darin monotheistische Tendenzen zu sehen, aber die dominierende Stellung des am Zentralheiligtum in Jerusalem verehrten Gottes JHWH ist damit gesichert.

3.1 Neue Einflüsse aus dem syro-phönikischen Bereich

Siegelamulette lassen jetzt neue religiöse Einflüsse aus dem Norden erkennen: die kanaanäische Göttin Anat[136] erscheint als Reiterin auf dem Pferd, oder dem Impuls der Zeit folgend erscheint nur das Pferd als ihr Attributtier.

Das alte Motiv der »Herrin der Tiere« wird zu dem Motiv der »Herrin der Muttertiere« (Abb. 15) transformiert. Die Ausfertigung dieser Amulette ist jedoch so summarisch, daß die Herrin kaum mehr als Frau erkennbar ist. Das Motiv verschwindet auch wieder relativ rasch. Stiere werden einerseits friedlich, andererseits kämpferisch-aggressiv dargestellt (Abb. 16). Der feindliche Partner des aggressiven Stieres ist der

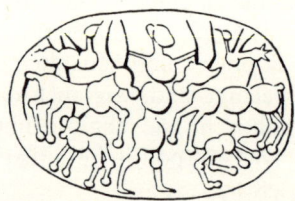

Abb. 15   Skarabäus, Hämatit, 21,5 × 15,2 × 11,2 mm, Nordsyrien. Keel-Leu 1991: Nr. 65. Keel/Uehlinger 1992: 161 Nr. 165a. Eine menschliche Gestalt hält zwei säugende Boviden an den Hörnern; über dem Rücken der Tiere je eine Taube.

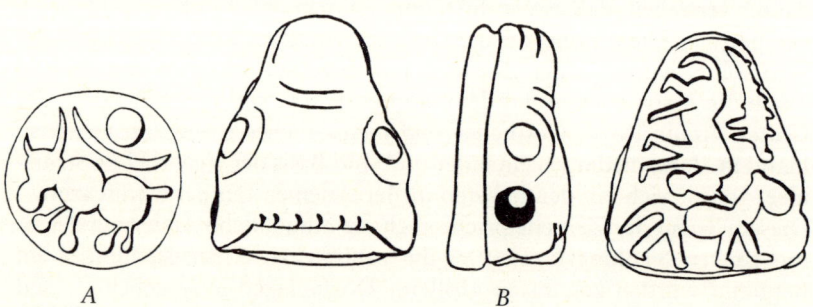

A   B

Abb. 16A   Siegel, Hämatit, aus Achsib. Keel/Uehlinger 1992: 163 Abb. 168b. Darstellung eines Rindes; über seinem Rücken in der Mondsichel die Sonnenscheibe.
Abb. 16B   Siegel, Hämatit, in Form eines Stierkopfes, Tell-el-Farᶜa (Süd). Keel/Uehlinger 1992: 163 Abb. 169a. Ein Stier greift einen Feliden an; über dem Stier ein Skorpion.

Abb. 17   Skaraboid, Hämatit, Tell el-Far^c^a (Süd). Keel/Uehlinger 1992: 167
Abb. 170. Zwei Sichelmondstandarten.

Löwe. Der Stier kann als Verkörperung des Gottes Baal, der Löwe als die des Gottes Mot gedeutet werden[137].

Der Mondgott von Haran ist in den Darstellungen der Sichelmondstandarten präsent (Abb. 17).

Alle diese Größen kommen aus dem syro-phönikischen Bereich, dringen mehr oder weniger rasch während des 10. Jh. v. Chr. in den palästinischen Raum ein und sind erste, bescheidene Zeugen der Neuorientierung Israels nach der im Norden beheimateten Kultur[138].

Auch die astrale Ausrichtung der religiösen Symbolik ist noch eher bescheiden, deutet aber dennoch schon Tendenzen an, die Gottheit in die himmlische Sphäre zu verlegen.

3.2 Der Tempel zu Jerusalem, das Haus JHWHs

Im Tempelweihegebet 1 Kön 8,27 heißt es:
»...Siehe, der Himmel und die Himmel der Himmel
können dich nicht fassen,
wieviel weniger dieses Haus,
das ich gebaut habe.«

Wohl mag dieser Satz ein Findling im Tempelweihegebet Salomos sein[139] und in seiner Formulierung einer viel späteren Zeit entstammen[140]; er drückt aber exakt die gemeinsemitische Vorstellung aus, daß der Tempel die irdische Wohnstatt der Gottheit ist[141]. Aber noch mehr: er relativiert das von Menschenhand erbaute Haus und sieht die Gottheit als das unfaßliche Mysterium. Es wäre wohl zu einfach, dies als das Ergebnis später, vielleicht nachdeuteronomischer Überlegungen zu verstehen. Es ist durch den Tempel und seine konkrete Ausstattung belegbar.

Im wesentlichen stehen die Texte 1 Kön 6–7, 2 Chr 3–4 und Ez 40–41 zur Verfügung. Aus diesen Texten ist der Tempel und seine Ausstattung so weit zu erschließen, daß auf Grund der zeitgenössischen religiösen Kunst zu erkennen ist, ob die Beschreibungen zutreffen[142].

Beim Zentrum des Jerusalemer Tempels handelt es sich um ein Langhaus mit Vorbau oder Anten[143]. Dieses Langhaus war in Allerheiligstes (Cella,

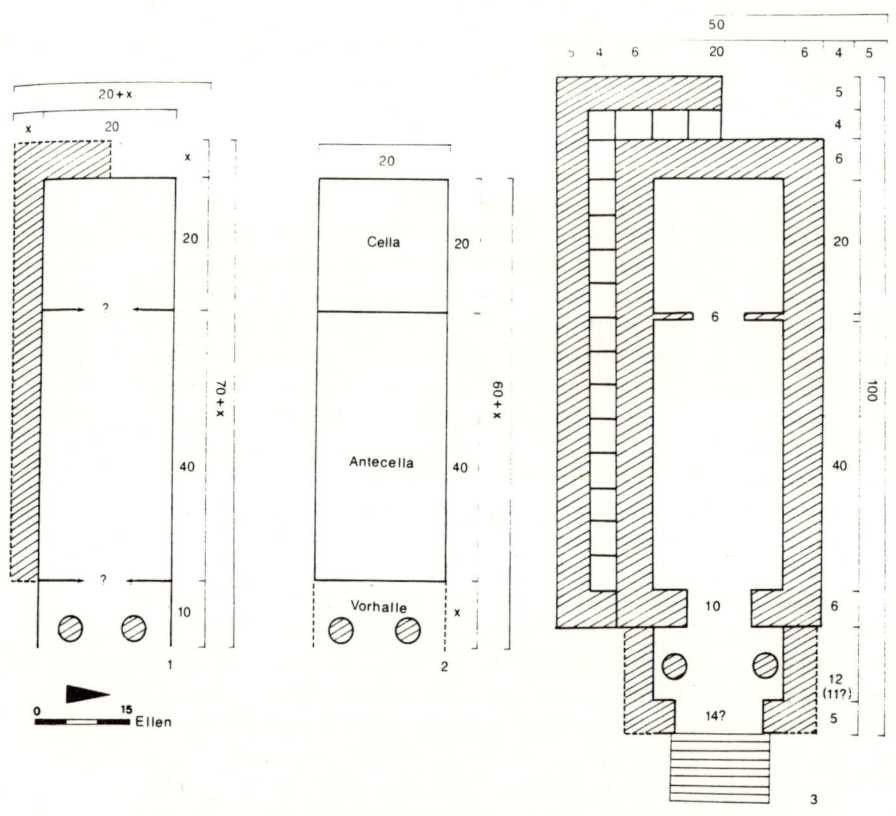

Abb. 18   Grundrißrekonstruktion des Jerusalemer Tempels;
1 Kön 6; 7,13–22 = 1
2 Chr 3 = 2
Ez 40,48–41,15 a = 3
Weippert 1988: 463 Abb. 4,27.

34

hebräisch debir), Hauptraum (Antecella, hebräisch hekal) und Vorhalle gegliedert (Abb. 18). Es steht daher in der architektonischen Tradition der seit der Mittleren Bronzezeit II üblichen Sakralbauten Palästinas[144]. Das Allerheiligste ist als dunkler Raum (Kubus) aus Holz von 10 m Länge vorzustellen (1 Kön 8,12), ähnlich den ägyptischen Götterkapellen[145]. »Insgesamt verbindet die Anlage also autochthone Tradition und von außen kommende syrophönikische und ägyptische Anstöße.«[146]
An beiden Seiten des Tempeleingangs standen die zwei bronzenen oder mit Bronze überzogenen Säulen Jachin und Boas[147]. Die Säulenschäfte waren ca. 9 m hoch und hatten einen Durchmesser von ca. 1,8 m. Die Kapitelle waren lotusförmig (Blattkranzkapitelle), behängt mit bronzenen Granatäpfeln (Abb. 19). Die Deutung dieser beiden Säulen ist schwierig. Es ist nicht klar, ob sie als Trägerelemente für das Dach der Vorhalle gedacht waren oder ob sie freistehend den Tempeleingang flankierten. Für uns ist dies jedoch weniger von Belang. Ihre Namen legen jedenfalls schon nahe, daß sie mehr als bloß äußerliches Dekorationsmoment gewesen waren[148]. Ähnliche Beispiele sind auch aus der phönikischen Sakralarchitektur bekannt[149]. Es scheint mir das Richtige zu treffen-

Abb. 19A   Tonkandelaber, Megiddo. Keel/Uehlinger 1992: 193 Abb. 192.
Kann Eindruck von Lotuswerk und Blattkranz vermitteln.

Abb. 19 B   Der Dreifuß aus Ugarit mag verdeutlichen, wie man sich den Granatapfelschmuck denken kann. Keel 1972: 144 Abb. 224.

fen, sie vom religiösen Hintergrund von Massebe[150] und Aschere[151] her zu verstehen und sie als Vereinigung weiblicher und männlicher göttlicher Kräfte und somit als geschlechtsunspezifische Manifestation der göttlichen Dynamis zu deuten. D. h. sie manifestieren die Kraft des hier verehrten israelitischen Staatsgottes JHWH. Die Dekoration der Kapitelle kann eine solche Deutung nur stützen. Die Lotusblume ist während des 1. Jt. v. Chr. im ägypto-syrischen Raum das unumstrittene Regenerationssymbol[152]. Selbst Tote können durch die regenerative Kraft des Lotus ihre jugendliche Frische erhalten. Mann und Frau, die sich in ihrer Liebesbeziehung als Lotus verstehen können, versinnbildlichen die unendliche, sich stets erneuernde Liebeskraft[153]. Die göttlichen Kräfte JHWHs können daher von dieser Symbolik als die der unendlichen, sich ständig erneuernden, geschlechtsunspezifischen Liebe verstanden werden, die selbst über den Tod hinausgeht. Was für Ägypten der Lotus war,

36

das war für den vorderasiatischen Bereich der Granatapfel[154], das Symbol des allumfassenden Lebens.

Die in der Art von Schmuckbändern gehaltene Innendekoration des Tempels nimmt diese Symbolik auf und verstärkt sie: Palmetten, Lotus und Kerube sind symmetrisch gruppiert und wiederholen sich fortlaufend. Mit der Palme kommt ein weiteres Element ins Spiel, das den Bereich JHWHs als den des unendlichen Lebens verstärkt[155]. Sphingen/Kerube sind Mischwesen: menschlicher Kopf, Löwenleib, Adler- oder Geierflügel. Sie vereinigen den menschlich-tierischen Kosmos. »Im Kerub sind die höchsten Kräfte kreatürlicher Macht vereint«[156], verdichtet. Ihre Funktion im Zusammenhang mit Lotus und Palme ist die der allumfassenden Fürsorge, des allumfassenden Schutzes, des allumfassenden Behütens der göttlichen Lebensfülle[157].

In der Cella, dem Allerheiligsten, standen zwei ca. 5 m hohe Kerube, deren Vorderseite gegen die Antecella hin gerichtet war. Ihre inneren Flügel waren waagrecht und parallel zueinander gehalten, ihre äußeren Flügel waren erhoben, so daß sie die Höhe des Allerheiligsten erreichten. Die Kerube waren aus Holz gefertigt und mit Blattgold überzogen. Mit dieser ihrer Stellung bildeten die Kerube einen Thron[158] (Abb. 20), auf dem JHWH unsichtbar sitzend vorgestellt wurde[159]. »Die Kerube sind als

Abb. 20 A   Elfenbeinritzung, Megiddo, 1350–1150 v. Chr., ca. 13 cm lang. Keel 1972: 149 Abb. 233. Der König von Megiddo auf dem Kerubenthron bei einer Siegesfeier.

Abb. 20 B   Ausschnitt aus dem Sarkophag König Achirams, Byblos, um 1000 v. Chr. Keel 1972: 150 Abb. 235. König Achiram von Byblos auf dem Kerubenthron.

Thronsitz ein Symbol herrscherlicher und richterlicher Gewalt, und das heißt für den alten Orient: des Königtums«[160]. Die Kerube charakterisieren den Thronenden – Könige oder Gottheiten männlichen Geschlechts – als übermächtigen König und königlich höchsten Gott[161]. Die im Verhältnis zum Raum überdimensionale Größe der Kerube unterstreicht noch ganz wesentlich diese Aussage[162].

Unter den inneren Flügeln der Kerube stand die Bundeslade, das frühere und an die nomadische Vergangenheit Israels erinnernde religiöse Symbol[163]. So wurde die innere Beziehung zwischen nomadischer/vorstaatlicher Religion und der Religion des monarchischen Israel demonstriert, aber auch die an der Lade haftende Zeichenhaftigkeit des Wege- und Präsenzgottes JHWH mit der des höchsten königlichen Gottes der Lebensfülle endgültig verbunden[164]. Wenn man einen theologischen Terminus sucht, um dies auszudrücken, dann trifft »Sakrament« den Sachverhalt am deutlichsten: der ganze Tempel, speziell der Kerubenthron und die Lade waren Sakrament[165] der Anwesenheit JHWHs, das Realsymbol seiner Allgegenwart. Der Einwand des Bilderverbotes geht dabei ins Leere. Gerade die reichliche Symbolik zeigt den Gott Israels letztlich in einer anikonischen Tradition. Bereits 1920 hatte Greßmann formuliert: »Mose verehrte keine Bilder, nicht deshalb, weil er nicht durfte, sondern einfach deshalb, weil er keine hatte.«[166] Die Anikonizität des ursprünglichen nomadischen Glaubens beruht auf dem kultursoziologisch bedingten Hintergrund fehlender Bilder[167]. Israel steht dabei gar nicht so isoliert da, wie manche Theologen dies gerne hätten, aber Israels Weise verstanden es, diesen »Mangel« mit einer Kulturlandvorstellung so zu verbinden, daß die Weichen für die künftige anikonische Verehrung JHWHs auf je ihre Art gestellt waren[168]. Andererseits ist zu bedenken, daß der Tempel, den Salomo baute bzw. umbaute und renovierte, ursprünglich ein Sonnentempel war. Keel[169] hat darauf hingewiesen, daß der ältere Tempelweihspruch in der Fassung der Septuaginta 1 Kön 8, 12 f.[170] die Ausbürgerung des Sonnengottes aus dem Tempel meint[171], um für JHWH Platz zu bekommen.

Im Tempelhof standen u. a. das »Eherne Meer« und zehn Kesselwagen (1 Kön 7,23–37). Das Eherne Meer war ein ca. 2,5 m hohes Bronzebecken mit einem Durchmesser von ca. 5 m in Form einer Lotusblüte[172]. Es faßte etwa 28 200 l Flüssigkeit (Wasser). Getragen wurde das Becken von vier Dreiergruppen Rindern (Stieren), die jeweils in die vier Himmelsrichtungen blickten. Die Hauptfunktion des Wassers war nicht die Reinigung, sondern die symbolische Darstellung des gebändigten und überwundenen Chaos. Diese Wasser des gebändigten Urmeeres befruchteten die Erde, und auch die Welt selber ist diesem Urwasser entstiegen[173]. Durch die Lotusform wurde die Regenerationskraft des Urwassers weiter verstärkt. Die Rinder dürften in diesem Zusammenhang als Attributtiere des Wettergottes verstanden werden können, der über das chaotische Meer siegt[174]. Auf Grund des atlantischen Charakters könnte man die Stiere auch nur als einfache Symbole der Fruchtbarkeit verstehen. Zweifellos steht aber die Symbolik des Ehernen Meeres in Relation zu JHWH, der durch die Bändigung des Chaos die Voraussetzung der geordneten Welt (Schöpfung) schuf (Schöpfergott) und sie weiter in ihrem Bestand sichert[175].

Die Kesselwagen waren aus Bronze und hatten eine Grundfläche von ca. 2 mal 2 m, eine Höhe von 75 cm. Das Bronzegestänge dieser fahrbaren Gestelle war u. a. mit Löwen, Stieren (Rindern) und Keruben verziert. Das Löwenmotiv hat Anlaß gegeben, die Kesselwagen mit dem Kult der Göttin Aschera in Zusammenhang zu bringen[176]. Diese Annahme ist jedoch nicht zwingend. Denn bereits in der Eisenzeit I gehören Löwen auch zum Bereich des Wettergottes und in der kryptographischen Schreibung des Gottesnamens Amun ist der Löwe ebenfalls belegt. Von der Gesamtsymbolik des Tempels her gesehen sind auch hier weder Löwe noch Stier sexuell determiniert. „Es handelt sich vielmehr um eine parataktische Häufung von Substitutionsgrößen, welche verschiedene Aspekte jener numinosen Macht zum Ausdruck bringen sollten, die als höchster

Gott im Allerheiligsten des Tempels residierte.«[177] Diese Wagen trugen Bronzebecken mit einem Durchmesser von 2 m und einem Fassungsvermögen von 40 Bath (ca. 1600 l). Neben der praktischen Bedeutung dieser Becken für den konkreten Kult etc. waren sie wohl als eine Art Miniaturausgaben des Ehernen Meeres gedacht und charakterisierten JHWH als den Überwinder des Chaos (Schöpfer)[178].

3.3 Der JHWH-Kult des Nordreiches

Das davidisch-salomonische Reich hatte keinen dauernden Bestand. Schon im Jahre 926 v. Chr. zerfiel es nach Salomos Tod in die beiden Schwesterstaaten Juda und Israel[179]. Während Juda im Jerusalemer Tempel weiterhin seinen kultischen Mittelpunkt hatte, mangelte es im Nordreich Israel an einer zentralen Kultstätte des Reichsgottes JHWH. Nach 1 Kön 12,26–30, ein deuteronomistisch bearbeiteter Text[180], hat König Jerobeam I. die beiden Städte Betel und Dan erkoren, um in ihnen Heiligtümer für den Reichsgott einzurichten. Da diese kultpolitischen Maßnahmen des Königs sehr rasch gesetzt wurden und der Palästinafeldzug Pharao Schoschenqs I. bereits 922/21 v. Chr. den jungen Staat in seiner Existenz bedrohte und ihm arg zusetzte[181], ist kaum mit eigenen baulichen Maßnahmen zu rechnen, sondern die Verwendung kanaanäischer Tempel anzunehmen[182]. Jerobeam ließ zwei goldene Stierbilder anfertigen und stellte sie dem Volk mit den Worten vor:
»Siehe, das ist dein Gott[183] Israel, der dich aus dem
Land Ägypten herausgeführt hat.«
Die Forschung hat vielfach angenommen, daß die Stierbilder ähnlich wie die Bundeslade in Jerusalem transportabel gewesen seien[184] und man sich diese als Stier-gekrönte Standarten vorstellen könnte[185]. Auch die Vorstellungsformel selber lege ein Führungssymbol nahe[186]. Doch Kultbilder in einem festen Tempel sind kaum transportabel vorzustellen[187]. Eine Lösung liegt vielleicht darin, daß Jerobeam ideell an das Führungssymbol der Lade anknüpfen wollte (möglicherweise auch mußte?), um die Kontinuität des JHWH-Glaubens der nomadischen Zeit Israels mit seiner Interpretation der gegenwärtigen Religion zu betonen. Es deutet ferner eher alles darauf hin, daß Jerobeam auch keine eigenen Kultbilder anfertigen lassen mußte[188], sondern die in den Tempeln von Dan und Betel bestehenden Bilder als Repräsentation des Gottes JHWH deutete[189] und durch die Vorstellungsformel mit der nomadischen Tradition verband; ähnlich wie im Jerusalemer Tempel die Lade diese Funktion noch

erfüllte, aber im Zentrum die neue Gottesidee im Kerubenthron »Fleisch« wurde. Die deuteronomistische Geschichtsschreibung der nachexilischen Zeit lastet Jerobeam wegen dieser seiner kultpolitischen Maßnahmen den Abfall vom JHWH-Glauben an. Das ist jedoch eine unglaubliche Übertreibung und falsche Anschuldigung. Gerade die religiösen Führer des Nordreiches haben daran fast 200 Jahre lang nicht den geringsten Anstoß genommen[190]. Wir haben es hier durchaus mit einem echten JHWH-Kult zu tun. Vorprogrammiert war dabei jedoch die immer stärker werdende Problematik, daß sich ein solcher JHWH-Kult von dem anderer Gottheiten kaum unterschied und der Verwechslung Tor und Tür geöffnet war[191].

Sowohl die kanaanäischen Götter El/Baal als auch JHWH konnten als Manifestation des Stieres gedacht werden[192], und die Verehrung dieser Gottheiten mit je unterschiedlicher lokaler Ausprägung war uns schon in der Eisenzeit I begegnet. Neu ist jetzt nur, daß der JHWH-Stierkult als offizieller Reichskult Israels etabliert wurde[193], selbst das Nordreich überlebte und sich bis in die Tage Joschijas hinein (um 620 v. Chr.) volkstümlicher Beliebtheit erfreute[194].

Der Stier Jerobeams ist primär von der spätbronzezeitlichen und früheisenzeitlichen Tradition her zu verstehen: er verkörpert vor allem Aggressivität, Kampfeslust und Kampfkraft und kaum Fruchtbarkeit[195], die die Domäne der Göttin ist[196]. Jerobeams Vorstellung knüpft an den Exodus-Stiergott (Num 23,22) an und an die Charakterisierung des Hauses Josefs als den wichtigsten Stamm des Nordreiches:

»Seine Hörner sind Wildstierhörner. Mit ihnen stößt er die Völker nieder bis an die Grenzen der Erde« (Dtn 33,17).

So betont nicht nur die Ikonographie, sondern auch die schriftliche Überlieferung die siegreiche Kampfesstärke des Stieres. Und dieser Aspekt ist daher die entscheidende Verbindung, die mit Jerobeams Stierbildern verknüpft ist: nicht der Fruchtbarkeit und Zeugungskraft gewährleistende Gott JHWH steht im Mittelpunkt, sondern der siegreiche Kriegsheld, der Überwinder der Feinde des neuen Staates. Im Unterschied zum Jerusalemer Tempel, wo die Herrscherfülle JHWHs keines kämpferischen Legitimationsbildes mehr bedurfte[197], brauchte der JHWH des neugegründeten Staates sehr wohl ein solches[198].

3.4 Die bodenständige Frömmigkeit

Die von Politik und Kult geprägte Religiosität, wie sie uns in den Tempeln von Jerusalem und später von Betel entgegentritt, ist Ergebnis reflexen Denkens von Eliten, das letztlich jedoch auch die Hauskulte mit ihrer intimen Frömmigkeit entscheidend mitprägt und auch verändert.

Wie Groß- und Kleinterrakotten bezeugen, geht es vor allem in den Städten um den Kult der Großen Göttin. Aber selbst hier gibt es Neuerungen: es ist nicht mehr die nackte Frau bar aller göttlichen Attribute vorherrschend, sondern die bekleidete, stillende Göttin[199] (vgl. Abb. 21). Neu in dieser Periode sind nackte und bekleidete Frauengestalten, die vor ihrem Oberkörper eine Scheibe halten[200]. Sie können als trommelnde Verehrerinnen verstanden werden[201]. Damit ist auch im konservativen, privaten Bereich der Terrakotten das Ende der Darstellung der Großen Göttin erreicht.

Bei den Nachbarvölkern Israels läßt sich feststellen, daß anthropomorphe Götterfiguren aus Bronze weiterhin vorkommen. In Juda und Israel erweisen sich jedoch solche Figuren als Überbleibsel von der Späten Bronzezeit. Hergestellt wurden sie jedenfalls in Juda und Israel nicht mehr. Anthropomorphe Bronzefiguren der Göttin fehlen überhaupt. Das hängt wohl damit zusammen, daß diese selbst in der Späten Bronzezeit nicht mehr vorkommen und daher auch in den Straten der Eisenzeit fehlen. Wenn dieser Prozeß auch nicht als direkte Folge des JHWH-Glau-

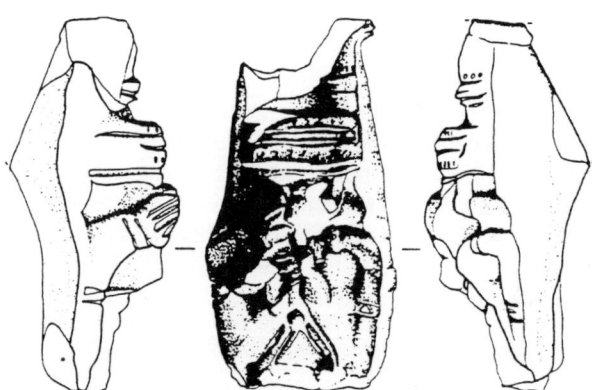

Abb. 21   Plakette, Tell el-Farᶜa (N). Keel/Uehlinger 1992: 185 Abb. 189. Stillende Göttin.

bens gesehen werden kann, so hat aber dieser dennoch die Verdrängung der Bronzen mit begünstigt.

Der Einfluß der ehemaligen Kolonialmacht Ägypten wird in Palästina zusehends geringer, zumindest äußerlich und oberflächlich betrachtet.

Am klarsten hat sich der ägyptische Einfluß im philistäischen Raum an der Südküste gehalten: eine Siegelgruppe dieses Raumes zeigt einen menschengestaltigen Gott, der auf einem Thron sitzt und einen Arm segnend erhoben hat. Darunter ist das ägyptische Zeichen »nwb = Gold« (Abb. 22). Es wird sich um eine Repräsentation des königlichen Sonnengottes handeln.

Abb. 22   Siegel, Tel Zeror. Keel/Uehlinger 1992: 155 Abb. 158a.

Sogar noch intensiver als in der vorausgehenden Periode demonstriert Amun-Re seine geheimnisvolle Allgegenwart durch seine Namensiegel, teils ist der Name in normaler Schreibung, teils als Kryptogramm. Einen realen Unterschied zwischen ihm und der Konzeption des im Jerusalemer Tempel residierenden Staatsgottes JHWH als der sakrosankte König, der anikonisch verehrt wird, gibt es nicht mehr. Der Israelit konnte daher auch in der geheimnisvollen Amun-Glyptik die zeichenhafte Anwesenheit jenes Gottes erkennen, der auch im Jerusalemer Tempel und später in den Heiligtümern des Nordreiches Israel verehrt wurde. Die Gottheiten Amun-Re und JHWH sind in der Vorstellungswelt Judas und Israels EINS geworden.

Während sozusagen im transzendenten, hintergründigen Bereich die dominante ägyptische Amun-Theologie mit dem Jerusalemer Konzept des höchsten Gottes und unumschränkten Königs JHWH zu einer Einheit verschmilzt, macht sich im Bereich der vordergründigen religiösen Welt eine allmähliche Abkopplung vom ägyptischen Einfluß bemerkbar. Der ehemals auf Siegeln dargestellte Königsgott Horus als Herr der Krokodile war schon in der Eisenzeit I nur mehr auf Grund des traditionsge-

Abb. 23 Straußensiegel aus Samaria, Tell en-Nasb und Bet-Schemesch. Keel/
Uehlinger 1992: 155 Abb. 162 b–d.

schichtlichen Kontextes erkennbar. Jetzt wird dieser »Horus« durch eine neue Gestalt völlig ersetzt. Erstmals erscheint in Palästina das Motiv des »Herrn der Strauße«[202] (vgl. Abb. 23).

Der Strauß ist das Tier der Wüste und Steppe[203], in dem die Menschen einerseits die Personifikation aller Unbilden und Schrecken der Wüste sahen, und andererseits das Tier, das sie ob seiner Schnelligkeit bewunderten. Der »Herr der Strauße« muß daher eine Gottheit darstellen, die aus dem Bereich der Wüste kommt und in ihrem Wesen als der Beherrscher und Überwinder der dämonischen Kräfte der Wüste und Steppe gilt. Es ist daher durchaus nicht abwegig, in diesen Erzeugnissen lokaler, autochthoner judäischer Glyptik an eine Gottheit wie JHWH zu denken, der ebenfalls im Bereich der Wüste und Steppe beheimatet war und dessen Kommen aus dem ostpalästinischen und nordwestarabischen Raum altertümlich anmutende Texte der hebräischen Bibel wie Dtn 33,2 f. Ri 5,4 f. und Hab 3,3.7 noch erkennen lassen[204]. Da der Bereich der Wüste und Steppe für das palästinische Kulturland gleichsam vor der Tür liegt, auch mit dem Bereich des Todes assoziiert wurde[205] und kaum romantische Vorstellungen erweckt hat, war es um so notwendiger zu betonen, daß JHWH, der ursprüngliche Gott der Wüste, auch jetzt im Kulturland Herr und Beherrscher der Todesbereiche, der Weglosigkeit der Wüste (Schnelligkeit der Strauße!), des Dunkels (vgl. Hiob 12,24 f.) etc. ist, zumal der Mensch mit der Realität »Wüste« täglich konfrontiert war und sie auch als Schreckgespenst (vgl. Ps 105,16) erlebte. Der Schrecken der Wüste war zeitweilig so stark entwickelt, daß JHWHs Einfluß hier sogar als beschränkt gesehen ward[206]. Es war daher durchaus notwendig, die Bereiche der Steppe und Wüste als solche zu charakterisieren, in denen JHWHs unumschränkte Macht und Herrschaft ebenso ihre universale Geltung hatte. Noch dazu muß betont werden, daß »der Herr der Strauße... zwar nicht die einzige, aber jedenfalls die dominierende autochthone Göttergestalt in der Ikonographie der Eisenzeit II A«[207] ist.

44

Ob der heutige Betrachter in der Gestalt des Herrn der Strauße nun eine Abbildung JHWHs sieht und so mit einer beschränkten JHWH-Ikonographie im 10. Jh. v. Chr. rechnet oder nur annimmt, daß in dieser Gestalt die damaligen Menschen ihren Gott JHWH erkennen konnten, ist letztlich unerheblich. Man wird durchaus nicht leugnen können, daß die besondere Verehrung des Staatsgottes JHWH in Jerusalem nicht die einzige Säule israelitischer Frömmigkeit gewesen sein konnte und daß sich eher in einer gewissen popularisierten Theologie dieser Siegel eine genuin israelitische Gottesvorstellung niedergeschlagen hatte, die die Menschen hautnäher spüren ließ – wohl weit intensiver als der Gott Jerusalems, den das Eherne Meer als den Überwinder des Chaos und als Schöpfergott zeichnete –, was JHWH für sie bedeutete: der Garant der Sicherheit und des Lebens in der ständigen Bedrohung der Wüste.

Eines dieser Siegel ist besonders interessant. Neben dem Hals des rechten Straußes ist eine kleine Scheibe zu sehen[208]. Es scheint mir naheliegend zu sein, darin eine Abkürzung für den Gottesnamen Jmn-R^c (Amun-Re) zu sehen, dessen Anfangsbuchstabe »J« mit der Scheibe kryptographisch geschrieben werden kann. Zugleich könnte es sich aber auch um eine kryptogrammatische Abkürzung für den Gottesnamen JHWH handeln. Da die beiden Gottheiten ohnehin praktisch schon weitgehend identisch gedacht wurden, wäre dies nicht ausgeschlossen und zugleich die Gestalt des »Herrn der Strauße« eindeutig bestimmt.

Der Bereich der Fortpflanzung und auch ganz allgemein der Fruchtbarkeit gehört weiter zur Domäne der Großen Göttin, auch wenn sie hinter ihrem Substitutionssymbol zurücktritt. Die lokalen Siegelproduktionen zeigen Capriden einzeln oder paarweise ihr Junges säugend. Auf einem dieser Bildträger sind auch zusätzlich Skorpione und stilisierte Bäumchen oder Zweige dargestellt. Säugende Muttertiere mit Skorpion sind klar sexuell determiniert und verweisen auf die Göttin. Der Skorpion als Symbol der Liebesgöttin repräsentiert die Bereiche der Fortpflanzung sowohl in der tierischen wie in der menschlichen Sphäre. Ein stilisiertes Bäumchen in Begleitung von Capriden weist dagegen mehr allgemein auf den Bereich der Fruchtbarkeit.

Die Tendenz bei diesem Motiv geht auch dahin, nur mehr ein einzelnes, sexuell unbestimmtes Tier mit einem menschlichen Verehrer darzustellen (Abb. 24) und so auch den Aspekt der Fruchtbarkeit in den Hintergrund zu drängen.

All diese Siegelamulette verbindet als gemeinsames Merkmal, daß anstelle einer weiblichen Gottheit nur noch Wirkgrößen dargestellt werden, die zwar traditionell der Sphäre der Göttin angehören, sich nun

Abb. 24   Siegel, Lachisch. Keel/Uehlinger 1992: 161 Abb. 164 c.

aber als reine Segensikonen von ihr lösen bzw. als entpersonalisierte nu-
minose Größen selbst Objekte der Verehrung werden können[209].

Es ist klar, daß die Göttin auch jetzt für den großen Bereich der Fruchtbarkeit im pflanzlichen, tierischen und menschlichen Bereich zuständig
ist. Allerdings ist nicht mehr die Person der Göttin selber dafür eine Ga-
rantin, sondern ihre Wirk- und Segensgrößen als entpersonalisierte
Macht, die schließlich auch von einem männlichen Gott wie JHWH vereinnahmt werden konnte.

3.5 Theologische Deutungen des Jahwisten

Die Datierung des Jahwistischen Geschichtswerkes ins 10. Jh. v. Chr.
kann sich nach wie vor auf einen breiten Forschungskonsens stützen[210].
Aber auch die inhaltliche Ausrichtung läßt für seine Entstehungszeit
kaum eine andere Periode als die des 10. Jh. v. Chr. als überaus geeignet
erscheinen. Die universale Gottesvorstellung entspricht in ihrer literarischen Ausprägung dem, was die religiöse Bilderwelt dieser Zeit verkündet.

Der Jahwist beginnt sein Werk mit der Schöpfungserzählung Gen 2,4 b–
25, bei der die Erschaffung der Frau als gleichwertige Partnerin den Mittelpunkt bildet[211]. Nicht die in einer abstrakten Größe wesende Gottheit
ist der Schöpfer, sondern JHWH, der Gott des davidisch-salomonischen
Reiches. JHWH ist aber der Gott der ganzen Welt und der Gott aller
Menschen, wie ihn auch die Symbolik des Tempels im Ehernen Meer als
den Überwinder des Chaos, des chaotischen Urmeeres, als universalen
Schöpfergott zeigt. Wenn der Jahwist die Welt vor der Schöpfung nicht
durch das Bild des chaotischen Urmeeres charakterisiert wie die Tempelsymbolik, sondern als vegetationslose, menschenleere Wüste[212], so ist
dies im Prinzip das gleiche! Er verknüpft durch diese aus dem bäuerlichen Milieu kommende Sicht die Idee des universalen Schöpfergottes

mit der des Wüstengottes JHWH, der die dämonischen Mächte der Wüste beherrscht und überwindet, wie es bildlich die Siegelamulette mit dem »Herrn der Strauße« darstellen.

Eine höchst interessante Interpretation bringt der Jahwist auch in der folgenden Sündenfallgeschichte (Gen 3). Er »teilt« den Baum in der Mitte des Gartens in einen Baum des Lebens und in einen Baum der Erkenntnis von Gut und Böse[213]. Das Streben der Menschen habe zuerst der allumfassenden Erkenntnis (Weisheit), der totalen Autonomie[214] gegolten. Der Mensch, der ohnedies nur in einem totalen Vertrauen zu JHWH existieren kann, hat den Zustand des Urvertrauens zu JHWH von sich aus aufgehoben, indem er die Früchte vom Erkenntnisbaum nahm. Aber dies brachte dem Menschen nicht die ersehnte, totale Selbstverfügung, sondern die Erkenntnis seiner absoluten Schutzlosigkeit. Die Konsequenz daraus ist die Minderung des Lebens, wie sie in Gen 3,14–19 dargestellt und das vorherrschende Milieu beschrieben wird. Weiters ist die Rede vom Lebensbaum mitten im Garten. Von ihm allerdings kann der Mensch nach der Vorstellung des Jahwisten nicht gegessen haben; denn der Genuß seiner Früchte würde für den Menschen noch schlimmere Konsequenzen haben: den totalen Bruch des Urvertrauens, eine totale Minderung des Lebens; d. h. den Tod. Damit sich der Mensch aber selber nicht vernichten kann, wird der Lebensbaum von göttlichen Wesen bewacht[215]. Das Streben des Menschen nach Unsterblichkeit, nach der göttlichen Lebensfülle mußte daher für den damaligen Menschen sehr aktuell gewesen sein. Eine Reihe von Siegelamuletten[216] zeigen den heiligen Baum flankiert von je einer menschlichen Gestalt, die die Arme in einem beschwörend-verehrenden Gestus erhoben haben (Abb. 25). Der heilige Baum selber kann mit den verschiedensten Gottheiten assoziiert werden[217], seine Darstellung hier evoziert aber nicht mehr die Vorstellung der Großen Göttin, sondern repräsentiert die dauernde lebenspendende Kraft, das Leben in Fülle, an dem der Mensch beschwörend-verehrend teilhaben möchte.

Solchem Streben des Menschen gibt der aufgeklärte Theologe des salomonischen Humanismus eine gewaltige Absage. Der Baum des Lebens ist für den Menschen unerreichbar, und JHWH selber läßt ihn im Interesse des Menschen von den Keruben und dem zuckenden Flammenschwert bewachen. Die Wächterfunktion der Keruben ist uns bereits im Jerusalemer Tempel begegnet. Das zuckende Flammenschwert[218] hat ebenso apotropäische Bedeutung: es soll alle warnen, vom Baum der Erkenntnis zu essen, und gewährleistete bereits durch seinen wirkmächtigen, sakramentenhaften Charakter die Einhaltung des göttlichen Verbo-

*Abb. 25   Ovales Siegel, Kalkstein, 19,8 × 15,3 × 9,3 mm, Sammlung O. Keel,
Fribourg. Jaroš 1980 c: 209 Abb. 8.*

tes. JHWHs unerschöpfliche Lebenskraft, wie sie auch die Tempelsymbolik darstellt, bleibt für den Menschen unerreichbar. Wohl ist diese Vorstellung des Jahwisten in Auseinandersetzung mit dem konkreten Zeitgeist entstanden, aber von ihm nicht nur auf Israel bezogen, sondern auf den Menschen grundsätzlich. Wie der Schöpfergott JHWH als der universale Gott verstanden wird, so auch JHWH als der Gott unendlicher Lebensfülle.

Das ganze Werk des Jahwisten spiegelt diesen Gedanken wider: Abraham wird durch JHWHs Segen (= Verheißung von Land und Nachkommen) ein Segen für »alle Sippen des Erdbodens« (Gen 12,3)[219]. Dieser Segen JHWHs fließt über Israels Ahnen weiter und wird schließlich durch Josef nicht nur dem Haus Potiphars (Gen 39,5), sondern dem Großreich Ägypten, ja der ganzen Welt zuteil (Gen 41,57)[220].

In der Sodom-Erzählung Gen 18,17 f.20.–33 ist es Abraham, der bei JHWH Fürsprache einlegt, und zwar bei JHWH, dem »Richter der ganzen Welt« (Gen 18,25).

Der Kerubenthron des Jerusalemer Tempels charakterisierte JHWH als den absoluten, höchsten König. Eine der wichtigsten Funktionen königlicher Gewalt ist das Richteramt[221]. Wenn also der Jahwist von JHWH als dem Richter der ganzen Welt spricht, impliziert dies die Aussage höchster königlicher Gewalt.

Trotz geballter menschlicher Bosheit und einer Flut der Sünde vernichtet JHWH die Menschen nicht (vgl. Gen 6,5–9,17). Um so mehr die Sünde die Welt verdunkelt, desto größer wird das Wohlwollen JHWHs. In Gen 8,21 kommt dieser Sieg des göttlichen Wohlwollens zum Ausdruck.

Das Wohlwollen und die Liebe JHWHs zeigen sich nach dem Jahwisten auch in den alltäglichen Freundlichkeiten der Welt, »im Rhythmus der Jahreszeiten, in den Fellröcken, die das Urpaar vor der rauhen Welt schützen (Gen 3,21), in der glücklichen Geburt eines Kindes (Gen 4,1), im Zeichen, das den unsteten Kain davor bewahrt, erschlagen zu werden (Gen 4,15), im Wein, der den Menschen bei der harten Arbeit auf dem Feld tröstet (Gen 5,29 9,20), in der Rettung, die Noah findet, hinter dem Gott eigenhändig die Türe schließt (Gen 7,16)«[222].

Die alltäglichen Freundlichkeiten hängen in der Welt des judäischen Bauern sehr mit dem Gedeihen und der Fruchtbarkeit der Felder, der Herden etc. zusammen. Sind nicht gerade jene Siegelamulette mit säugenden Capriden gleichsam eine bildliche Inkarnation des Wohlwollens und der Liebe der Großen Göttin, die nun in die herrscherlich-königlich-kriegerische, männlich dominierte Gottesidee Israels übergeht? Die Traditionsgeschichte dieser Bildmotive erlaubt es durchaus, diese Frage zu bejahen. Denn der kulturgeschichtliche Kontext dieser Bilder ist nicht mehr ein kanaanäisch ausgerichtetes Pantheon, sondern die Idee des omnipräsenten Staatsgottes JHWH[223].

3.6 Das Zeugnis der Personennamen

Personennamen aus der Eisenzeit II A sind zum allergrößten Teil nur aus der Bibel bekannt, vor allem aus dem 2. Samuelbuch und den ersten fünfzehn Kapiteln des 1. Königsbuches bzw. aus 1 Chr 10 bis 2 Chr 16.
Darin sind gut 180 Personennamen zu finden, die zu 42 % theophore Elemente enthalten. Nur etwa 2 % sind Baal-haltige Namen, 9 % weisen das theophore Element El auf, 12 % sind sogenannte Verwandtschaftsnamen und 19 % sind JHWH-haltige Namen.
Sind in der vorherigen Periode El-haltige Namen weit stärker und halten sich Baal- und JHWH-haltige Namen in etwa die Waage, so hat sich das Gewicht jetzt beträchtlich verschoben, und zwar zugunsten der JHWH-Namen. Diesen Trend verstärken noch die mit »ab« und »ah« gebildeten Verwandtschaftsnamen, die Reste des früheren nomadischen Onomastikons waren und angesichts des bereits eingetretenen, aber dennoch aktualisierten Prozesses der Identifizierung der früheren nomadischen Gottheiten der Stämme mit JHWH inhaltlich als JHWH-Namen gerechnet werden können[224]. So kann gesagt werden, daß das Onomastikon

dieser Zeit bereits zu über einem Drittel jahwistisch ausgerichtet ist. Ferner ist es höchst unwahrscheinlich, daß die El-Namen andere Gottheiten meinen als JHWH[225]. Selbst bei den Baal-Namen ist nicht eo ipso anzunehmen, daß es sich bei deren Trägern um Verehrer des Gottes Baal handelt. Auch der Baal JHWH kann hier gemeint sein.

So zeigen auch die Personennamen nichts anderes als die Bilder und die Texte: die Dominanz JHWHs.

4. JHWH UND BAAL: EISENZEIT II B
(925/900–720/700 v. Chr.)

Nach der kurzen Periode des davidisch-salomonischen Reiches kam es 926 v. Chr. zu einer Aufspaltung in die zwei Schwesterstaaten Juda und Israel, die dann je ihre eigenen Wege gegangen sind[226]. Bedingt durch diesen Prozeß sind auch die unmittelbaren Nachbarstaaten der Aramäer, Ammoniter, Moabiter, Edomiter sowie der philistäischen Pentapolis entscheidende politische Machtfaktoren geworden.

Waren die städtischen Anlagen der vorausgehenden Periode noch eher bescheiden, so läßt sich jetzt ein Zug zur Monumentalität der Stadtarchitektur, zu militärischen Bauten erkennen[227].

Das plötzliche Ende des davidisch-salomonischen Großreiches mußte sich auch im Süden selber schockartig ausgewirkt haben, so daß eine jahrzehntelange kulturelle Stagnation, ja Lähmung beobachtet werden kann. Das neugegründete Nordreich dagegen fand nach anfänglichen Schwierigkeiten[228] sehr rasch seine adäquate Stellung unter den es umgebenden Staaten und überflügelte Juda in kultureller Hinsicht. Es mag dafür nicht nur, wie oft gesagt wird[229], die geopolitische Lage Israels ausschlaggebend gewesen sein, sondern ein weit stärkeres Bewußtsein als in Juda um die »Anfänge« Israels[230] und um die Bedeutung des Hauses Josefs für den JHWH-Glauben; ferner sollte der Elan der Eliten des Nordreiches Israel jetzt, wo die Idee eines eigenen Staates Wirklichkeit geworden war, nicht unterschätzt werden. All diese Merkmale sollten wohl zusammen gesehen werden, um die unterschiedlichen Entwicklungslinien besser zu verstehen.

4.1.1 Weiterführung und Verfestigung

Eine der entscheidenden Leistungen der vereinigten Monarchie war die explizite Darlegung der Gottesidee durch die Symbolik des Jerusalemer Tempels. Die offizielle Gottesvorstellung hat so bereits einen gewissen Höhepunkt erreicht, den zu überbieten für gut ein Jahrhundert nicht mehr möglich war. Bis ins 8. Jh. v. Chr. hinein lassen sich daher kaum große religiöse Neuerungen feststellen. Das Motiv des Herrn der Strauße wird in Juda intensiv weitertradiert, wobei Modifikationen auffallen: aus dem Herrn der Strauße wird immer deutlicher ein menschlicher Verehrer, der mit erhobenen Armen vor einem Strauß steht (Abb. 26). Diese

Abb. 26   *Skarabäus, Palestine Archaeological Museum/Israel Department of Antiquities and Museums 32.2646. McCown 1947: Pl. 54,7. Rowe 1936: 200 Pl. 22 Nr. 853.*

Modifikationen sind aber durchaus signifikant: sie übertragen die Göttlichkeit des Herrn der Strauße auf den Strauß selber, sehen ihn daher als sein göttliches Attributtier. Damit wird geschickt verhindert, in diesem Herrn der Strauße weiter JHWH zu sehen, wie es in der vorherigen Periode durchaus möglich war. Der Strauß selber dagegen, der als Zeichen der Wüste, des Dämonisch-Numinosen galt, konnte aber nie als ein vollwertiges Attributtier JHWHs seinen Platz finden. Die menschliche Gestalt mit erhobenen Armen vor einem Strauß drückt jetzt daher aus: die Beschwörung und Verehrung der dämonisch-numinosen Macht der Wüste, die in archaischen Vorstellungen der Bibel selbst ein Aspekt des Wüstengottes JHWH sein konnte[231].
Zu diesem Prozeß läuft parallel auch eine deutliche Verschiebung bei den Capridensiegeln: Menschliche Verehrer fehlen, die Muttertiere wer-

den nicht säugend dargestellt, die Kombination Bäumchen, Zweig und Capride wird aufgegeben (großteils), die Kombination Skorpion und Capriden wird seltener[232]; d. h. Motive, die in einem besonderen Verhältnis zur Göttin stehen, werden während des 9. und 8. Jh. v. Chr. tunlichst vermieden[233]. Die Darstellung eines einzelnen isolierten Tieres erregte jedoch keinen Anstoß. Darstellungen von Hirschkühen waren z. B. in Juda besonders beliebt[234], und man sah in ihnen offenbar keine Nähe zur Göttin. Sie waren z. B. eine Metapher für den Lebenshunger des Beters[235]. Auch ein anderes ursprünglich der Göttin heiliges Tier wie der Löwe bekommt eine andere Funktion. Es ist in Juda primär der aggressive Wächter[236]. Mit dem Bild des brüllenden Löwen kann auch JHWH verbunden werden (vgl. Am 1,2 Joel 4,16), ohne daß deswegen der Löwe Attributtier JHWHs wird[237].

4.1.2 Sonnen- und Himmelsymbolik

Die judäischen Knochensiegel des 9. Jh. v. Chr. zeigen eine starke Faszination durch die ägyptische Königssymbolik, aber erst ab der 2. Hälfte des 8. Jh. v. Chr. beginnt sich die religiöse Symbolik nach der ägyptischen Bildwelt der geflügelten Uräen und der Sonne zu orientieren. Für Juda besonders typisch ist die Darstellung eines vierflügeligen Uräus (Abb. 27) auf Namensiegeln[238]. In zoologischer Hinsicht ist der Uräus eine schwarznackige Kobra[239], deren Gift wie Feuer brennt[240], was in der hebräischen Bezeichnung »saraf« = Verbrenner (Num 21,6–9 Dtn

Abb. 27   Siegel, Lachisch. Diringer 1934: 208 f Nr. 51. Keel 1977 a:
Abb. 106. Keel/Uehlinger 1992: 313 Abb. 274 b. Oben vierflügeliger Uräus, darunter die judäischen Namen:
ljḥmljh	*(Siegel, das gehört) dem Iḥmljhw*
w(bn)mᶜšjhw	*(Sohn) des Maaschejahu*

8,15) und in der ägyptischen Bezeichnung ꜣḫ.t »Flamme« zum Ausdruck kommt[241].

Aus 2 Kön 18,4 ist bekannt, daß im Jerusalemer Tempel eine »Nechuschtan« genannte Eherne Schlange aufgestellt war, die durch die Kultusreform König Hiskijas beseitigt wurde, obwohl sie die Überlieferung auf Mose zurückführte und damit traditionsgeschichtlich mit Num 21,4 b–9 in Verbindung gesehen hat[242]. Die Schlange ist religionsgeschichtlich eines der aspektreichsten Tiere überhaupt[243] und dürfte im Jerusalemer Tempel die Numinosität des Ortes verstärkt haben und in einer Schutzfunktion gesehen worden sein.

Ihre Verbannung aus dem Tempel durch Hiskija um ca. 720 v. Chr. suggeriert eher eine kanaanäische denn eine ägyptische Herkunft[244] der Ehernen Schlange.

Von der in Juda rezipierten Vorstellung der vierflügeligen Uräen-Serafe auf Siegeln ist die berühmte Vision des Propheten Jesaja kaum zu trennen.

> »Im Todesjahr des Königs Usija sah ich den Herrn. Er saß auf einem hohen und erhabenen Thron. Der Saum seines Gewandes füllte den Tempel aus. Serafim standen über ihm. Jeder hatte sechs Flügel: Mit zwei Flügeln bedeckten sie ihr Gesicht, mit zwei bedeckten sie ihre Füße, und mit zwei flogen sie. Sie riefen einander zu: Heilig, heilig, heilig ist der Herr der Heere. Von seiner Herrlichkeit ist die ganze Erde erfüllt. Die Türschwellen bebten bei ihrem lauten Ruf, und der Tempel füllte sich mit Rauch.« (Jes 6,1–4)

Der Text legt die Vision zeitlich klar fest in das Todesjahr (736 v. Chr.) des bereits 756 v. Chr. abgedankten Königs. Ort der Vision ist der konkrete Jerusalemer Tempel[245]. Der Allherr[246] JHWH wird zuerst auf Grund der vorhandenen Tempelsymbolik als der höchste König charakterisiert, dann jedoch mit dem folgenden Satz ins schier Unendliche gesteigert: „Die ganze Herrlichkeit des Tempels läßt nur einen Schimmer seiner Herrlichkeit sichtbar werden"[247].

Daß die Gestalt der über JHWH stehenden Serafe theriomorph gedacht ist, ergibt sich aus der simplen Beobachtung, daß menschengestaltige Wesen nie über einem thronenden König dargestellt werden[248]. Die hier sechsflügelig gedachten Serafe sind eine Steigerung gegenüber den aus der Kleinkunst bekannten vierflügeligen Serafen bzw. Uräen. Die Flügel der bekannten Uräen haben Schutzfunktion. Jesaja kehrt es nun geradezu um, indem – abgesehen von dem Flügelpaar, das zum Fliegen dient – die weiteren beiden Flügelpaare nicht etwa JHWH schützen sollen, sondern sie selber vor der Intensität der Heiligkeit JHWHs schützen müssen, indem sie sich vom Kopf bis zum Fuß bedecken[249]. »Jesaja integriert so die Faszination seiner Zeitgenossen für die vielflügelige Schlange und depotenziert diese selber zugleich, indem er ihre Heiligkeit vor derjenigen JHWHs verblassen läßt.«[250]

Unablässig rufen die Serafe das Trishagion. Dieser Ruf läßt sich nicht von der Tempelliturgie her erklären, sondern dürfte, wie Keel[251] überzeugend dargelegt hat, aus dem Serafskult selber stammen (vgl. 2 Kön 18,4), da die Nennung JHWHs als des Heiligen in vorexilischer Zeit nur äußerst rar belegt ist[252]. Das Dreimalheilig läßt die Türflügel beben und den Tempel mit Rauch durchquellen. Beides: Beben und Rauch sind Zeichen der Gegenwart JHWHs (vgl. Ex 19,18). Ursache des Bebens und des Rauches ist die Stimme der Serafe: D. h. einerseits, daß die Serafe zum Bereich JHWHs gehören, denn ihr Ruf ist gleichsam wie eine Bewegung des lebendigen Gottes selbst, andererseits müssen sie sich vor der Heiligkeit JHWHs schützen. Mit diesem Bild gibt der Prophet Jesaja der Heiligkeit JHWHs eine ins Unendliche gesteigerte Dimension[253]; Heiligkeit als Merkmal der Transzendenz Gottes schlechthin. Dem Intellektuellen Jesaja mag bei dem Versuch, die Serafvorstellung in den JHWH-Glauben modifiziert zu übernehmen, kein allzugroßer Erfolg beschieden gewesen sein. Aber daß solches in der Religionsgeschichte Judas überhaupt gedacht werden konnte, ist schon Größe genug: ein Bild einer anderen Religion zu übernehmen, ohne es zu entwerten, und damit die eigene Gottesidee zu transzendieren.

Gegen Ende der Eisenzeit II B erreicht die judäische Sonnensymbolik unter König Hiskija (725–697 v. Chr.) ihren Höhepunkt[254]. Weit über 1000 sogenannte lmlk-Abdrücke auf etwa 40–45 l fassenden Vorratskrügen wurden gefunden[255]. Die Stempelsiegelabdrücke haben die Aufschrift »lmlk« (= dem König gehörig) und unten einen von vier Ortsnamen[256]. In der Mitte befindet sich ein vierflügeliger Skarabäus oder eine geflügelte Sonnenscheibe (Abb. 28). Zwei- und vierflügelige Skarabäen, die mit ihren Beinen die Sonnenscheibe vor sich her schieben, sind für diese Periode auch auf Privatsiegeln vertreten[257] (Abb. 29). Skarabäus und geflügelte Sonnenscheibe gehören zur ägyptischen Königssymbolik[258] und sind Realsymbole des Sonnengottes. Das massive Auftreten dieser Abdrücke und Siegel in einer verhältnismäßig kurzen Zeitspanne und die in ihnen enthaltene solare Vorstellung ist auf das judäische Gottesbild nicht ohne Einfluß geblieben, wie es z. B. der Name eines Ministers König Hiskijas: jhwzrḥ »JHWH erstrahlt« auf einem Siegelabdruck (Abb. 30) nahelegt[259]. »Die auf Jahwe als Sonnengott bezogene Metapher des ZRḤ ›Aufstrahlens‹ entspricht semantisch der Darstel-

A   B

Abb. 28   Zwei Stempelsiegelabdrücke. Galling BRL: 305 Abb. 78,27.29.
Keel/Uehlinger 1992: 313 Abb. 275a und 276a
A: Vierflügeliger Skarabäus
oben: lmlk dem König gehörig
unten: ḥbrn Hebron
B: Geflügelte Sonnenscheibe
oben: lmlk dem König gehörig
unten: swkh Soko

Abb. 29   Stempelsiegel, Steatit, 16 × 20 × 7 mm, Lachisch; Palestine Archaeolo-
gical Museum/Israel Department of Antiquities and Museums 36.1829. Tufnell
1953: Pl. 45,167. Hestrin/Dayagi-Mendels 1979: Nr. 48. Keel/Uehlinger 1992:
313 Nr. 277.
Vierflügeliger Skarabäus, der mit seinen Beinen die Sonnenscheibe vor sich her
schiebt.
lʾḥmlk (bn) smk   (Siegel, das gehört) dem Achimelech, (Sohn) des Samach

lung der aufsteigenden Sonne im Bild des geflügelten Skarabäus oder der
Sonnenscheibe.«[260] Zweifellos wurde in Juda zu dieser Zeit JHWH als
Sonnengott verehrt[261].

Abb. 30 Bulla, aus der Umgebung Hebrons, Ton, 16 × 14 × 9 mm. Hestrin/
Dayagi 1974: 27–29. Hestrin/Dayagi-Mendels 1979: 19 Nr. 4 Jaroš 1982 b:
66 f Nr. 38.

ljhwzr	(Siegel, das gehört) dem Jehosarach (= JHWH erstrahlt)
ẖ bn.ẖlq	Sohn des Hilki-
(j)hw ᶜbd.ẖ	(ja)hu (= Anteil ist JHWH), Minister des
zqjhw	Hiskijahu (= JHWH ist meine Stärke, König von Juda 725– 697 v. Chr.).

4.1.3 Der inschriftliche Befund

Inschriftliches Material ist in der Eisenzeit II B bereits in reichem Umfang vorhanden[262]. Für uns von Interesse ist primär eine Inschrift.
Sie stammt von Chirbet el-Qom (Abb. 31), ca. 14 km westlich von Hebron, und wurde von Dever[263] erstmals publiziert[264]. Es handelt sich um eine Grabinschrift, deren Grundbestandteil auf die Mitte des 8. Jh. v. Chr. zurückgeht[265]. In den Zeilen 3 und 5 steht »seine Aschera«, ein Wort, das die Phantasie vieler beflügelt hat[266]. Im Grunde ist der Sachverhalt jedoch ziemlich eindeutig: das Verb in Zeile 3 ist im Singular konstruiert und versteht daher nur JHWH als den Erretter vor den Feinden. JHWHs Aschera ist eine hilfreiche Wirkgröße[267]. Weiters ist Aschera suffigiert (= angehängtes Personalpronomen), und ein Suffix nimmt nach den Regeln der hebräischen Grammatik einem Eigennamen seine ebensolche Qualität[268]. »Durch seine Aschera« kann sich nur auf das die Göttin vergegenwärtigende Kultsymbol beziehen, den heiligen Baum. Die Untersuchung des Motivs »stilisierter Baum« zeigt obendrein, daß das Motiv in der Eisenzeit II B auch männlichen Gottheiten zugeordnet werden konnte. »Seine Aschera« ist daher nichts anderes als eine JHWH untergeordnete, seine Segensmacht vermittelnde Wirkgröße in Gestalt des stilisierten Baumes[269]. Anders ausgedrückt heißt dies, daß die wesentli-

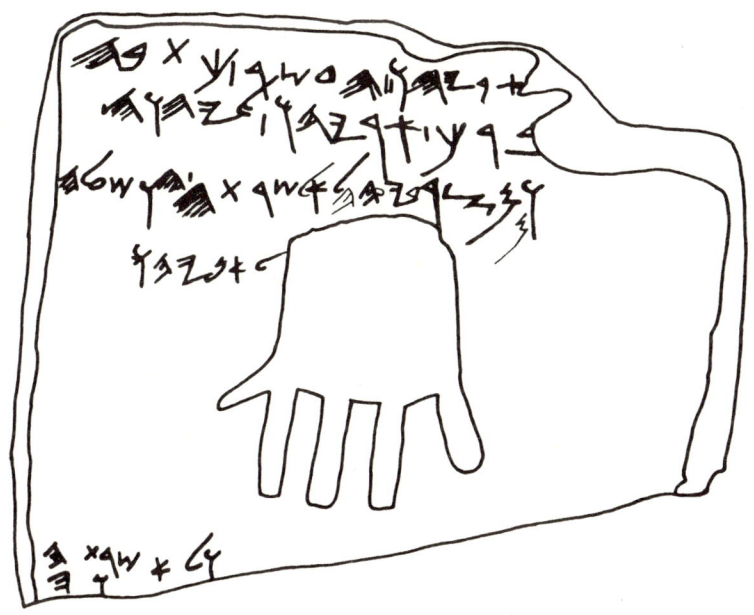

Abb. 31   Inschrift Nr. 3 von Chirbet el-Qom.
Sie stammt aus einem Arkosolgrab der Eisenzeit II B, Mitte des 8. Jhs. v. Chr.,
und war vom Grabeingang her gesehen auf der ca. 50 cm breiten Wand zwi-
schen den beiden rechten Grabnischen plaziert (vgl. Mittmann 1981: 139). Die
Inschrift ist 34 cm hoch und 40 cm breit (vgl. Hestrin 1972: 63 Nr. 141).
Jaroš 1982c: Abb. 1 Keel/Uehlinger 1992: 269 Abb. 236.
Unter der dritten Zeile, etwa den mittleren Teil bis fast zum unteren Rand ein-
nehmend, ist eine nach vorne schauende, mit den Fingern nach unten gerichtete
Hand sehr tief in den Stein eingeschnitten. Es dürfte sich um ein apotropäisches
Symbol handeln (vgl. Jaroš 1982a: 32. Schroer 1984. Keel/Uehlinger 1992: 270).

1	ʾnjhw. hʿšr. ktbh	Urjahu, der Reiche, hat dies schreiben lassen:
2	brk.ʾrjhw lJHWH.	Gesegnet sei Urjahu durch JHWH;
3	wmṣrjh lʾšrth hwṣʿlh	denn von seinen Feinden hat er ihn durch seine Aschera errettet.
4	lʾnjhw	(Grab) des Onjahu
5	lʾšrth	durch seine Aschera
6	wl	und durch…

chen weiblichen Züge der Großen Göttin bereits in einem Jahrhunderte dauernden Prozeß langsam und schrittweise in die jahwistische Gottesvorstellung integriert wurden, so daß bei der Rede von »seiner Aschera«

nur mehr JHWHs Segensmacht gemeint sein konnte, die die weiblichen Aspekte der Fruchtbarkeit, der Fortpflanzung, der Mütterlichkeit, der Liebe etc. miteinschloß.

4.1.4 *Personennamen*

Die für diese Periode in Juda charakteristischen Personennamen seien an zwei Beispielen dargestellt:
Von den 13 Königsnamen: Rechabeam bis Hiskija (926–697 v. Chr.) sind 11 Namen mit dem theophoren Element JHWH[270], einer mit dem theophoren Element »El« (Asa-el) gebildet. Ein Name (Rechabeam) ist neutral. Da die Identifizierung JHWH-El zu diesem Zeitpunkt längst erfolgt ist, spiegelt sich auch in den El-haltigen Namen die indirekte Verehrung JHWHs wider.

Bei den Ausgrabungen der judäischen Stadt Arad wurden u. a. zahlreiche Ostraka gefunden. Aus dem Stratum X (ca. 920–850/800) enthalten folgende Ostraka Namen: Nr. 67, 68, 69, 80, aus dem Stratum IX (ca. 850/800–734): Nr. 59, 60, 92, 93 und aus dem Stratum VIII (734–701): Nr. 40, 41, 42, 49, 50, 52, 53, 64, 89, 90, 91[271].
In diesen Ostraka kommen 49 Personennamen vor, davon sind 35 Namen JHWH-haltig (ca. 73%), 12 neutral (ca. 24%), einer ein El-Name (ca. 1,5%) und einer ein Name mit dem theophoren Element »Mot«[272]. Eine Aufteilung der Namen dem Stratum entsprechend zeigt in etwa das gleiche prozentuelle Bild: im Stratum X sind 70%, im Stratum IX 82% und im Stratum VIII 68% JHWH-Namen.
Zweifellos geben diese beiden Beispiele nur einen winzigen Ausschnitt des Onomastikons der Eisenzeit II B wieder. Tigay, der alle bis heute bekannten eisenzeitlichen Personennamen (über 1200) untersucht hat, betont trotz aller Vorbehalte mit Recht, daß auf Grund der Namen eine gewisse Dominanz einer Gottheit nicht zu leugnen ist[273].

4.2 Das Nordreich Israel

Beim Motiv des »Herrn der Strauße« geht hier die Entwicklung in eine ähnliche Richtung wie in Juda. Dies zeigt z. B. ein Stück aus Megiddo[274]. Die Kleinkunst zeigt für Israel wie schon für Juda, daß die Göttin bzw. alles, was auf sie verweisen könnte, nicht mehr vertreten ist[275]. Aus ihrem religiösen Kontext herausgenommene Tiere, wie z. B. die Darstellung von Hirschen auf einem Elfenbein aus Samaria[276] oder von Löwen auf Elfenbeinen und Namensiegeln[277], erregen keinen Anstoß. In diesen Bildern ist kaum mehr die Zuordnung zu einer bestimmten Gottheit erkennbar, und die Funktion der Elfenbeine als Möbelverzierung etc. schließt geradezu aus, daß sie ein spezieller Ausdruck der Gottesverehrung gewesen wären. »Sie zeigen aber, daß man den Löwen als besonders schutzmächtiges Bild verstanden hat.«[278]

Auch das Motiv des brüllenden Löwen, das aus dem nördlichen Syrien kommt, begegnet auf Siegeln des Nordreiches, wie z. B. das in Megiddo gefundene Stück (Abb. 32) des šmᶜ ᶜbd jrbᶜm (Schema, Minister Jerobeams), eines Ministers König Jerobeams II.[279], zeigt. Ein Siegel unbekannter Herkunft[280] kombiniert Löwen- und Sonnensymbolik (Sonnenscheibe mit Skarabäus).

Abb. 32   Ovoides Siegel, Jaspis, Megiddo. Jaroš 1982 b: 58 Nr. 29.

4.2.1 Sonnen- und Himmelsymbolik

Weit früher als im Südreich Juda begegnet im Nordreich Israel die Sonnensymbolik. Das phönikisch-israelitische Kunsthandwerk auf dem Boden Israels verarbeitete primär Traditionen ägyptischer Herkunft. So begegnet z. B. auf den Elfenbeinen von Samaria der Sonnengott als Kind in der Lotusblume (Abb. 33), aber ebenso auch auf Siegeln[281]. Der Sonnengott ist neben dem Regenerationssymbol des Lotus mit Hhw, dem Gott der unendlichen Zeit, wie auch mit einem falkenköpfigen Gott, der die Sonnenscheibe über seinem Kopf trägt, verbunden[282]. Aus dem Osiris-Zyklus dürfte das Motiv des Ded-Pfeilers stammen, der von Isis und Nephthys flankiert wird.

Über den Köpfen der beiden Göttinnen und des Pfeilers ist die Sonnenscheibe[283] für Re, wodurch eine gewisse Integration der Osiris-Vorstellung in die des unumschränkten Sonnengottes angedeutet wird. Die bei-

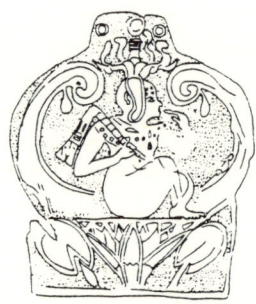

Abb. 33   Elfenbeinschnitzerei, Samaria. Crowfoot/Crowfoot 1938: Pl. 1,1.
Keel 1984: 154 Abb. 58. Keel/Uehlinger 1992: 285 Abb. 240.

den Göttinnen Isis und Nephthys werden geflügelt dargestellt; sie schützen mit ihren Flügeln den Ded-Pfeiler. Dieses Element der schützenden Flügel[284] erinnert auch an uranische Verbindungen[285].

Auf einer Gruppe von Privatsiegeln[286] begegnen häufig geflügelte Mischwesen in der Art der Kerube oder Sphingen, liegend oder schreitend; auf dem zum Teil falkenartigen Kopf tragen sie die ägyptische Doppelkrone (Abb. 34) und darüber die Sonnenscheibe. Trotz dieser Attribute ist es eher unwahrscheinlich, daß es sich um Repräsentationen von Gottheiten handelt. Es scheinen Wächter von solar ausgerichteten Gottheiten zu sein von der Art des »Höchsten Gottes« oder des Himmelherrn. Gerade diese Gruppe von Privatsiegeln ist ein gutes Beispiel, wie fließend die Grenzen von privater Frömmigkeit und offizieller Religion sind. »Die Mächte, die primär dem ›Höchsten Gott‹ und der Verwirklichung seiner Herrschafts- und Ordnungsbereiche auf Erden zu dienen haben, werden von den Trägern... als Schützer und Garanten ihres eigenen Lebens in Anspruch genommen.«[287] Dem damaligen Menschen nicht zuzutrauen, daß er diese Symbole verstand[288], oder sie in den Bereich einer synkretistischen Volksreligion zu verweisen[289] trifft den Kern der Sache nicht; denn hierbei geht es gerade um Eliten und nicht um die breite Volksmasse. Ferner ist es doch etwas überheblich, den Menschen damals mit heutigem Kunstsinn zu sehen[290].

Neben diesen dem Sonnengott zugeordneten Schutzmächten treffen wir konstant zwei Symbole des Sonnengottes selber: den geflügelten Skarabäus mit Sonnenscheibe und die geflügelte Sonnenscheibe[291].

So bleibt die Frage, wen die Israeliten unter diesem Sonnengott und Himmelsherrn verstanden und verehrten. Es steht einmal außer Frage, daß

A   B

Abb. 34 A   Siegel, 11 × 16 × 6 mm, Samaria.
Palestine Archaeological Museum/Israel Department of Antiquities and Museums 44.319. Hestrin/Dayagi-Mendels 1979: 65 Nr. 41. Keel/Uehlinger 1992: 291 Nr. 252. Falkenköpfiger, geflügelter Sphinx; über seinem Kopf die Sonnenscheibe; vor ihm ein Uräus; darunter der ägyptische Name pṭ's.
Abb. 34 B   Siegel, 10 × 13 × 6 mm, Tell el-Farᶜa (Süd). Palestine Archaeological Museum/Israel Department of Antiquities and Museums J. 1064. Petrie 1930: p. 10. Hestrin/Dayagi-Mendels 1979: 67 Nr. 43. Keel/Uehlinger 1992: 291 Nr. 253. Liegender, falkenköpfiger, geflügelter Sphinx; auf dem Kopf die ägyptische Doppelkrone; vor ihm das Lebenszeichen. Darunter: lḥjm (möglicherweise steht ḥjm für den Namen ḥjm). (Siegel, das gehört) dem (A)chajjm (= Leben).

Baal im phönikischen Raum, in Byblos, ab dem 10. Jh. v. Chr. als Himmelsherr verehrt wurde und so weitgehend die Funktionen des Gottes El übernommen hat[292]. Der Baal des 9. und 8. Jh. v. Chr. ist daher nicht mehr der frühere Wettergott oder eine Kämpfergestalt, sondern der Herr des Himmels. »Es ist auch deutlich geworden, daß dieser Gott, Herr des Universums einerseits und Erbarmer des Individuums andererseits, weniger als andere politische Größen – Stamm, Stadt, Volk – gebunden war und so leicht von einem Volk zum anderen wandern konnte. Unter diesen Umständen liegt die Frage, ob – wie so viele andere Götter in Israels Nachbarschaft – nicht auch dieser mit Israel in Berührung gekommen sei und hier Annahme und Ablehnung gefunden habe, so nahe, daß man sich verwundert fragt, warum man diese Möglichkeit wenigstens für die ältere Zeit der israelitischen Religionsgeschichte noch kaum ernsthaft untersucht hat.«[293]
Dieser Himmels-Baal hat eine göttliche Partnerin neben sich, so die Baalat in Byblos, die Astarte in Tyrus und Sidon.
Hier ist aber auch der signifikante Unterschied zu JHWH. Die religiöse Symbolik Israels schließt für JHWH eine göttliche Paredros geradezu

aus. Dies ist freilich auch der einzige Unterschied! Es ist für Israel einmal anzunehmen, daß die solare Bestimmung dem Nationalgott JHWH gegolten habe, wie z. B. auch ein Text wie Ps 104,1–4 zeigt, in dem der Schöpfergott JHWH als Himmels-Baal gesehen wird[294]. Aber auch der Kronzeuge des Streites zwischen JHWH und Baal, der Prophet Hosea, sieht Hos 6,3 das Kommen JHWHs mit dem Aufgang der Sonne und dem Regen in Beziehung, d. h. er sieht JHWH in der gleichen Rolle wie Baalschamem[295]. »Der Konflikt zwischen Jahwe und Baal hat nicht mit einer genetischen Unverträglichkeit kanaanäischer Baal- mit israelitischer Jahwe-Verehrung zu tun, welche von diametral entgegengesetzten Gottesvorstellungen ausgehen würden. Er scheint seinen Hauptgrund letztlich vielmehr darin zu haben, daß die beiden Götter im Israel des 8. Jhs. sich bis zur Ununterscheidbarkeit nahestanden, gleiche Funktionen und Rollen zu erfüllen hatten und auch in weitgehend identischen Kategorien vorgestellt wurden.«[296] Letztlich zeigt auch ein authentischer Hosea-Text wie 2,4–15[297], daß JHWH und Baal in der religiösen-kultischen Praxis ständig verwechselt wurden.

4.2.2 *Die Inschriften und Bildszenen von Kuntilet Aǧrud*

Bei Ausgrabungen der Universität Tel Aviv in den Jahren 1975–1976 wurden etwa 50 km südlich von Kadesch Barnea auf der Kuntilet Aǧrud die Reste einer Karawanenstation aus der 1. Hälfte des 8. Jh. v. Chr. gefunden[298]. Diese Station stand unter der Hoheit des Nordreiches und nicht Judas, was aus verschiedenen Beobachtungen hervorgeht[299]. Als historischer Rahmen bietet sich die Zeit des israelitischen Königs Joasch (802–787 v. Chr.) und das erste Jahrzehnt der Regierung Jerobeams II. (787–747) an[300].

Die Wandinschriften (vgl. zur Lokalisierung Abb. 35) sind in phönikischen Buchstaben, aber in hebräischer Sprache geschrieben. Aus den bisherigen Teilveröffentlichungen lassen sich zwei unterschiedliche Inschriften in fragmentarischem Zustand erkennen.

Die eine Inschrift W.1[301] lautet:

Z.1 ... ḃrk (oder ˀrk).jmm. wjšbᶜw ...
Z.2 ... ḣjṭb. JHWH ...
Z.? ... jtnw. l (...)ˀšrt(h ...

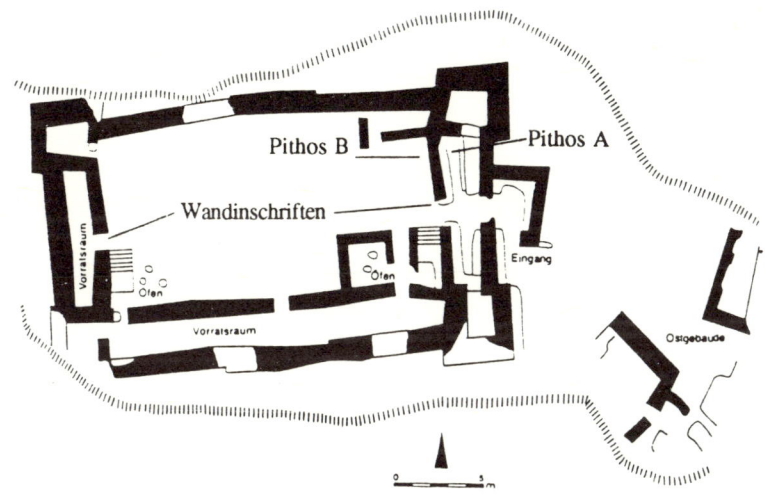

Abb. 35   Orientierungsskizze für die Karawanserei auf der Kuntilet Aǧrud.
Weippert 1988: 619 Abb. 4.65. Keel/Uehlinger 1992: 239 Abb. 218.

Z.1 ... Gesegnet (bzw. lang) sei ihr Tag und sie sollen reich gemacht wer-
den ...
Z.2 ... Gutes tun wird JHWH ...
Z.? ... sie mögen geben (seiner) Aschera ...

Die andere Inschrift[302] lautet in der Fassung von Weinfeld[303]:

Z.1 ... wbzrḥ. ... ᵓl. wjmsw hrm ...
Z.2 ... brk. bᶜl, bjm. ml(ḥmt ...
Z.3 ... lšm. ᵓl. bjm. ml(ḥmt ...

Z.1 ... und wenn El erstrahlt, schmelzen die Berge ...
Z.2 ... gesegnet sei Baal am Tag der Schlacht ...
Z.3 ... dem Namen Els am Tag der Schlacht ...

In diesen Inschriften kommen vier Gottesnamen vor: JHWH, El, Baal,
Aschera; wobei Aschera als suffigiertes Nomen, falls die Rekonstruktion
ᵓšrth hier überhaupt zutrifft, nicht als Name der Göttin verstanden werden kann, sondern als ein Segenssymbol JHWHs.
Das Verhältnis zwischen El/Baal und JHWH ist nicht deutlich. El ist
durch das Verb zrḥ (Aufleuchten der Sonne) als solarer Gott charakteri-

siert, was eine typische Südreichvorstellung ist. Es scheint mir hier naheliegend zu sein, daß diese israelitische Karawanserei, die naturgemäß
von Israeliten, Judäern, Kanaanäern u. a. benutzt worden ist, in ihren
Wandinschriften nicht etwa eine synkretistische Religion verkündet, sondern die Gottesvorstellung ihrer jeweiligen Benützer widerspiegelt. Ferner zeigen diese Inschriften auch eine gewisse Austauschbarkeit der Gottheiten, was ja gerade die große Problematik dieser Periode ist!

Zusammen mit den Wandmalereien[304] sind diese Inschriften Bestandteil
der Architektur und haben daher offiziellen Charakter. Sie sind nicht
Ausdruck der privaten Frömmigkeit, sondern des königlichen Willens:
und dieser ist in der ersten Hälfte des 8. Jh. v. Chr. offensichtlich noch so
großzügig, dem fremden Reisenden seine Götter zu lassen, ja sie ihm in
der Schrift sakramental gegenwärtig zu zeigen.

Auf den beiden Vorratskrügen (zur Lokalisierung vgl. Abb. 35) fand sich
je eine althebräische Inschrift und verschiedene Darstellungen.

Abb. 36 zeigt die Bilder und die Inschrift auf Pithos A. Es sind Zeichnungen von einem angeschirrten Pferd (A), einem Eber (B), einer zum

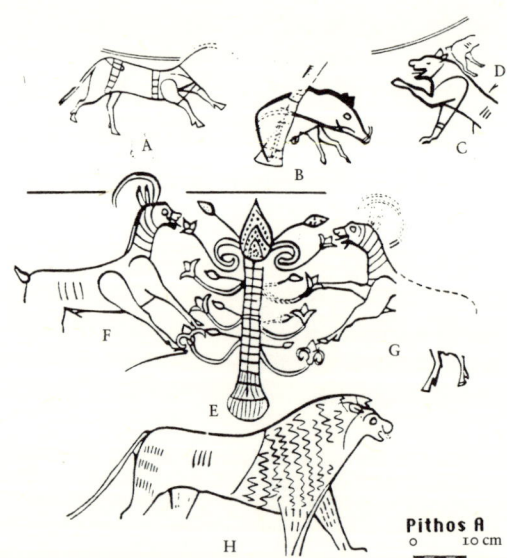

Abb. 36 *Bildszenen und Inschriften von der Kuntilet Agrud. Keel/Uehlinger*
1992: 239 Abb. 219; 241 Abb. 220; 243 Abb. 221.

64

Pithos A

0   5cm

I

J

K

L

M

N

O

Q

R

S

T

U

V

W

X

Y

Pithos B

0   10cm

Sprung ansetzenden Löwin (C), dem Hinterteil einer Capride (D), einem Lotusblütenbaum, der von fressenden Capriden flankiert ist (E–G), darunter einem schreitenden Löwen (H), dem Rest eines weiteren Pferdes (I), einer säugenden Kuh mit Kalb (J), Reste eines Lotusbaumes mit fressender Capride (K–L), zwei frontal dargestellten Bes-Figuren (M–N), einer sitzenden Leierspielerin (O), einem schreitenden Capriden (P), einem erhobenen Löwenschwanz (Q), einer fragmentarisch gebliebenen säugenden Kuh (R), einem schreitenden Boviden (S), einem Bogenschützen (T), und von einer Reihe von fünf Männern, die ihre Arme verehrend erhoben haben (U–Y).

In sich gehören diese Bilder nicht zusammen. Es sind neben- und übereinandergesetzte Einzelmotive unterschiedlichen Charakters. Die überwiegende Zahl der Bilder weist auf eine syro-phönikische Hand. Die Gruppe der Verehrer (U–Y) ist nicht dem syro-phönikischen Kanon verpflichtet und wirkt unbeholfener[305]. Die Zeichnung geht wahrscheinlich auf einen Einheimischen zurück. Diese Verehrergruppe zeigt im Grunde nichts anderes als den zum Bild gewordenen Inhalt der beiden Inschriften, nach dem Männer vor JHWH hintreten und »ihre Frömmigkeit und Loyalität der Gottheit gegenüber... für andere sichtbar«[306] machen. In den Inschriften ist die Gottheit JHWH genannt, im Bild ist sie nicht dargestellt.

Die anderen Zeichnungen haben je unterschiedlichen Charakter: so gehören Pferde (A,I) und der Bogenschütze (T) in den herrscherlichen Bereich, Eber und Löwe (B,C) stellen vielleicht eine Kampfszene dar, die säugende Kuh (J,R), die Capriden am Lotusbaum (E–G, K–L) sind auf die Göttin hin transparent und gehören traditionsgeschichtlich zu ihrem Bereich. Die Leierspielerin ist ein umstrittenes Bild. Die isolierte Darstellung erlaubt jedoch kaum ihre Interpretation als Göttin. Die Deutung des Leierspielens als eine Kulthandlung ist ebenso unwahrscheinlich[307].

Für Aufregung haben die beiden frontal dargestellten Bes-Figuren gesorgt. Mit salopper Sorglosigkeit hat man in ihnen JHWH und seine Aschera gesehen[308]. Es handelt sich jedoch zweifelsfrei um Bes-Figuren, deren rechte geschlechtlich neutral zu sein scheint[309]. Für eine Identifikation von JHWH und Bes bzw. Aschera und Beset gibt es weder ein schriftliches noch ein ikonographisches Zeugnis! Eine der wesentlichen Funktionen der Bes-Gestalt war der Schutz für Schwangere, für Kleinkinder und die Bewahrung vor Schlangenbissen. Da in einer Wüstenkarawanserei kaum Kinder und Schwangere in Massen aufgetreten sein werden, steht wohl die Bewahrung vor Schlangenbissen im Vordergrund.

66

Da in den Inschriften »seine Aschera« (JHWHs Aschera) genannt ist, ist es natürlich auch legitim, in den Bildern Entsprechungen zu suchen. Man wird sie jedoch nicht in einer anthropomorph dargestellten Gestalt erkennen, sondern in dem von Capriden flankierten Lotusbaum (E–G, K–L) über einem schreitenden Löwen (H)[310], Motive, die traditionell zur Sphäre der Göttin gehören.

Die Inschrift auf dem Vorratskrug A[311] lautet:

Z.1 ᵓmr. ᵓ(...)h(..)k. ᵓmr. ljhl(..) wljwᶜšh. w... brkt.ᵓtkm.
Z.2 lJHWH. šmrn. wlᵓšrth.

Z.1 Es sagt (...) h.. k: Sage zu Jehalle(lel) und zu Joascha und...: ich segne euch
Z.2 bei/vor JHWH von Samaria und seiner Aschera.

Auf Vorratskrug B lautet eine Inschrift:

Z.1	(ᵓ)ṁṙ	Es sagt
Z.2	ᵓmrjw	Amarjaw
Z.3	ᵓmr l.ᵓdn(j)	Sage zu meinem Herrn:
Z.4	hšlm ᵓt	Geht es dir gut?
Z.5	brktk. l(J)	Ich segne dich bei/vor J
Z.6	HWH tṁn	HWH von Teman
Z.7	wlᵓšrth. jb	und seiner Aschera. Es möge seg-
Z.8	rk. wjšmrk	nen dich und behüten dich
Z.9	wjhj ᶜm. ᵓd(n)	und sein mit meinem Her-
Z.10	j (...	rn

Eine weitere Inschrift auf Pithos B[312] lautet:

...lJHWH htmn wlᵓšrth ... kl ᵓšr jšᵓl mᵓš ḥnn ... wntn lh JHW klbbh.

bei/vor JHWH von Teman und seiner Aschera ... Was immer er von jemandem erbitten wird, er gewährt es ... und JHWH gibt ihm nach seiner Absicht...

Alle drei Inschriften haben Merkmale von Briefeinleitungen[313], obwohl es sich hier jedoch um keine Briefe handelt. Dieses formale Kriterium sollte nicht unbeachtet bleiben[314]. Es zeigt, daß für die in dieser Einsamkeit der Wüste Reisenden der Segen JHWHs auch hier präsent und wirksam ist. Der »Brief« ist gleichsam als Medium dieses Segens zu verstehen, als sein Bote von der Hauptstadt Samaria her etc.

JHWH šmrn und JHWH (h)tmn sind am ehesten als der Gottesname plus Ortsname zu verstehen: »JHWH von Samaria und JHWH von Teman«[315]. Wie in der Inschrift von Chirbet el-Qom gilt auch hier, daß »seine Aschera« nicht eine JHWH gleichgestellte Partnerin meint[316], sondern als eine JHWHs Segensmacht vermittelnde Größe verstanden werden muß. Der ikonographische und grammatikalische Befund[317] wie auch das für diese Zeit in Israel typische mediale Denken[318] schließen Aschera als göttliche Paredros JHWHs aus!

Für die in der ersten Hälfte des 8. Jh. v. Chr. im Nordreich beheimatete Elohistische Theologie sind verschiedene mediale Wirkgrößen wie der Bote JHWHs[319] geradezu das Stilmittel, um JHWHs Transzendenz zu betonen[320]. Zwar wäre es der hohen Theologie des Nordreiches fremd gewesen, Aschera explizit als Medium JHWHs zu nennen, aber die von ihr propagierte Theologie konnte auch eine solche Annahme durchaus erleichtert und für die offizielle wie offiziöse Religion praktikabel gemacht haben. Es geht daher nicht um synkretistische »Volksreligion«, die JHWH und Aschera vermischt und als ein Paar darstellt, sondern um die gängige Reichsreligion, die JHWHs Transzendenz und Dominanz in den Mittelpunkt der Frömmigkeit stellt.

4.2.3 Das Zeugnis der Personennamen

Sind uns für die judäischen Könige fast nur JHWH-Namen begegnet, so ist das Bild für Israel differenzierter. Von König Nadab bis Omri (907–852 v. Chr.) gibt es keinen JHWH-haltigen Namen. Sie beginnen erst mit den Söhnen Ahabs: Ahasja und Joram (852–845 v. Chr.) und setzen sich bis zum Ende des Nordreiches Israel 722 v. Chr. fort, nur dreimal unterbrochen durch die Königsnamen: Jerobeam II. (787–747 v. Chr.), Schallum (747 v. Chr.) und Menachem (747–738 v. Chr.). Von den 19 Namen von Nadab an sind daher 10 JHWH-haltige Namen, also mehr als 50%. Keiner der neun anderen Königsnamen enthält sonst ein theophores Element, das an eine kanaanäische Gottheit erinnert[321].

Bei den wenigen Namen können auch Zufälligkeiten mitspielen, aber die Tendenz der jahwistischen Namengebung ab Ahasja und die Absenz anderer Gottheiten sind nicht wegzudiskutieren.

Zwei Frauennamen, Königinnen, der omridischen Dynastie verdienen dabei ebenso beachtet zu werden: Isebel, die tyrische Prinzessin, Tochter des tyrischen Königs Etbaal (1 Kön 16,31), die Ahab, den Sohn Omris, geheiratet hat, und Athalja, eine Tochter Ahabs, die fast sechs Jahre lang in Juda Königin und Alleinregentin war[322]. Der Name Isebel heißt soviel wie »es ist ein Herr«[323], wobei »bel« eine Kontraktionsform von Baal ist[324]. Isebel ist daher der einzige Baal-haltige Name, was für eine ausländische Prinzessin ja durchaus normal ist[325].

Aber immerhin hat die kanaanäische Prinzessin und israelitische Königin Isebel ihren Kindern: Athalja, Ahasja und Joram JHWH-Namen gegeben! Ähnlich wie für Juda das Onomastikon der Ostraka von Arad höchst bedeutsam ist, so das der Samaria-Ostraka für Israel[326]. Sie geben einen guten Durchschnitt durch die Namen der Ober- und Mittelschicht des Nordreiches[327]. Auf den über 100 Ostraka sind über 50 verschiedene Personennamen belegt[328]. Die Ostraka stammen aus der 1. Hälfte des 8. Jh. v. Chr.[329]. Neben einer Reihe neutraler Namen bzw. solcher, die in Ermangelung eines theophoren Elementes keiner bestimmten Gottheit zugeordnet werden können, gibt es 11 JHWH-haltige und ca. 6 Baal-haltige Namen. Die drei ägyptischen Namen sind theophor: qdbš »Bes hat erschaffen«, ᵓšḥr »dem Horus gehörig« und ᶜnmš »der Schöne auf dem Teich?«; der letzte Name bezieht sich vermutlich auf den jugendlichen Sonnengott in der Lotusblume, wie ihn z. B. die Elfenbeinschnitzereien von Samaria zeigen[330].

Das Vorkommen der Baal-Namen ist aber kein Beleg[331] für die Verehrung des kanaanäischen Baals. JHWH ist eben unter dieser Bezeichnung genauso verehrt worden[332] und die Namen bJW und bjbᶜl in den Ostraka zeigen auch genau diese Austauschbarkeit!

Eine Entwicklung läßt dann erkennen, daß die Austauschbarkeit von Baal und JHWH bzw. Baal- und JHWH-Namen gegen Ende des Nordreiches hin nicht mehr möglich war: die von der Joint Expedition stammenden Stücke aus den Jahren 1931–1935, die aus der Zeit kurz vor 722 v. Chr. datieren[333], haben keinen Baal-Namen mehr[334].

Diese stichprobenartige Schau zeigt, daß auch das Onomastikon in Israel für die Eisenzeit II B völlig jahwistisch ausgerichtet ist und daß gegen Ende der Periode die JHWH-Namen überhaupt dominieren.

4.2.4 Der JHWH-Kult des Nordreiches und die prophetische Reaktion

Schon vorher wurde über die Installierung des JHWH-Kultes im Nordreich unter Jerobeam I. gesprochen. Es ist deutlich geworden, daß Jerobeam damit nicht Neues einführte, sondern eigentlich eine längst antiquierte Gottesvorstellung in den Mittelpunkt rückte. Wohl aber mag diese Gottesvorstellung in der einfachen Landbevölkerung seit der Eisenzeit I sehr verwurzelt gewesen sein, was Jerobeam letztlich auch zu einem Erfolg verholfen hat[335]. Fast 200 Jahre lang erfreute sich dieser Kult der Akzeptanz der politisch-religiösen Führer des Reiches. Etwa in der ersten Hälfte des 8. Jh. v. Chr. gibt es dagegen eine versteckte, theologisch aber höchst bedeutsame Kritik. Die Elohistische Theologie des Nordreiches[336] greift eine Kultlegende von Betel auf, die in Ex 32,1–6[337] im wesentlichen erhalten ist, projiziert sie in die Zeit der Wüste und lokalisiert sie am Gottesberg[338]. Vers 1, der großteils eine Elohistische Neuschöpfung ist, eröffnet wie eine düstere Ouvertüre die Erzählung und verbindet die alte Kultätiologie von Betel mit der Gestalt des Mose. Geringschätzig redet das Volk über Mose und zwingt Aaron förmlich zur Anfertigung des goldenen Stierbildes. Aaron fordert dann das Volk auf, ihm die goldenen Ohren- und Nasenringe zu geben. Ein solcher Schmuck, der immer auch Amulettcharakter hatte, war dem Elohisten bereits verdächtig[339]. Mit diesem verdächtigen Schmuck wird dann das Stierbild hergestellt und als Führungssymbol gedeutet.

Ex 32,19 schildert die Reaktion des Mose: Er zerschmettert die Tafeln; d. h. der Bruch mit JHWH ist perfekt. Dem jahwistischen Stierbildkult von Betel wird eine scharfe Absage erteilt. Eine solche Art der JHWH-Verehrung kann für das Volk keine Leitlinie sein. Sie ist eine Abirrung vom Weg des Mose, selbst wenn man sich auf den Mose-Bruder Aaron berufen kann[340]. Der Elohist kämpft hier gegen ein Gottesverständnis, das zwar im elitären Denken schon als antiquiert galt, das aber in der Praxis des Volkes tief verwurzelt schien und Anlaß für die dauernde Verwechslung von JHWH und Baal war[341].

Nur kurze Zeit später wird der Prophet Hosea in 4,15[342] das Reichsheiligtum von Betel mit der Bezeichnung Bet Awen (Haus des Frevels) abqualifizieren, und in 6,10[343] heißt es:

»In Bet-El habe ich gräßliche Dinge gesehen; dort treibt es Ephräm mit Dirnen, dort befleckt sich Israel.«[344]

In 8,5[345] nimmt der Prophet zum Kult des Nordreiches Stellung:

»Samaria, dein Kalb ist verworfen. Mein Zorn ist entbrannt gegen sie; wie lange noch sind sie unfähig, sich zu läutern? Denn wer sind Israel und das Kalb? Ein Handwerker hat das Kalb gemacht, und es ist kein Gott.« (vgl. Hos 10,5–6).

70

Damit ist kurz vor dem Ende des Nordreiches jener Punkt erreicht, wo dieser JHWH-Kult nicht nur verurteilt wird als eine Abirrung vom Weg des Mose, sondern für Israel grundsätzlich als illegitim erklärt wird. Der permanenten Verwechslung zwischen dem kanaanäischen Baal und JHWH wird ein Ende gesetzt. In 9,10-17 greift Hosea tief in die Geschichte zurück: die Schuld Israels beginnt bereits beim Betreten des Kulturlandes, als Israel zu Baal Peor dem Baal verfallen war. Die Schuld geht weiter, da sich Israel ein menschliches Königtum geschaffen hatte; denn nur JHWH sollte sein König sein.

Wie schon mehrfach angedeutet, war das Problem nicht das einer primitiven Religionsmischung[346], sondern daß sich JHWH und Baal im Nordreich bis zur Verwechslung ähnlich geworden waren. Die Kleinkunst des Nordreiches zeigt u. a. einen jugendlichen Gott, den die Flügelpaare als himmlische Gestalt ausweisen und die am ehesten mit dem Himmelsherrn Baal identifiziert werden kann[347]. Die Gefahr der Verwechslung ist hier besonders markant; JHWH, der bereits ebenfalls als Himmelsgott verehrt wurde, konnte auch in dieser Baalsgestalt erkannt werden. Mazar[348] hat bereits durchaus mit Recht von einem frühen phönikischen Henotheismus gesprochen, wenn Baal als Himmelsherr verehrt wurde. Hosea sah aber offenbar keine Möglichkeit, Baal in den JHWH-Glauben seiner Zeit zu integrieren. Der Schlüssel zu diesem Verständnis dürfte der sein, daß JHWH – obwohl immer männlich vorgestellt – nie in einer geschlechtlichen Funktion gesehen wurde[349], Baal dagegen auch als Himmelsgott seine frühere Funktion als Wettergott etc. nie ganz verloren hatte und auch in Relation zu einer göttlichen Partnerin gesehen wurde. Nicht der große Bereich der allgemeinen Fruchtbarkeit, aber doch die starke sexuelle Determination dieses Gottes machte es für Hosea unmöglich, zu einer Gleichsetzung JHWH-Baal zu kommen. Die Eliten des Reiches haben eine solche Gleichsetzung durchaus akzeptiert, primär wohl bedingt durch die himmlische Qualifikation beider Gottheiten. In der bodenständigen, bäuerlichen Religiosität mag der sexuelle Aspekt Baals weiterhin eine Rolle gespielt haben, was dessen totale Ablehnung durch Hosea zur Folge hatte.

4.2.5 Zum Gottesbild der Theologen und Propheten des Nordreiches

Es sind vor allem drei Gruppen von personalen Wirkkräften, die das Gottesbild des 9. und 8. Jh. v. Chr. entscheidend geprägt haben: Elija und sein Schülerkreis, die Elohistische Schule des Nordreiches und der Prophet Hosea[350].

Aus den Elija-Erzählungen 1 Kön 17 bis 2 Kön 2, die etwa aus der Zeit um 800 v. Chr. stammen, sekundär überarbeitet und dann von einem Redaktor in ihren heutigen Zusammenhang gestellt wurden, läßt sich das Ringen um den Alleinverehrungsanspruch JHWHs klar aufzeigen, auch wenn es sich ihrer literarischen Gattung nach um Legenden und legendäre Anekdoten[351] handelt. Gleich zu Beginn des Elija-Zyklus wird deutlich, daß es um zwei grundverschiedene Welten geht, die einander unversöhnlich gegenüberstehen: Elija und König Ahab oder JHWH und der kanaanäische Baal[352].

Die Hungersnot von 1 Kön 18 führt drastisch vor Augen, daß der kanaanäische Baal versagt hat, und das Gottesurteil auf dem Karmel ist letztlich nur eine Bestätigung[353]: der alleinige Gott Israels ist JHWH, der auch für die Fruchtbarkeit des Landes, für die Vegetation etc. zuständig ist. Wohl war dies lange vor Elija für die Israeliten eine Binsenweisheit, aber die Austauschbarkeit JHWHs und Baals, bedingt durch ihre nun hinzukommende Funktion als Himmelsherren, brachte es mit sich, daß offenbar auch für den Bereich der Fruchtbarkeit dem kanaanäischen Baal genauso die Ehre gegeben wurde wie JHWH.

Für Elija gilt nur JHWHs Anspruch alleine. Gleichsam wie ein zweiter Mose beginnt er Israels Geschichte neu: 1 Kön 19 versucht das Gottesbild menschlicher Vorstellung zu entziehen; weder im Sturm noch im Erdbeben noch im Feuer ist JHWH. ER kommt nicht als Wetter- und Kriegsgott: ER ist durch sein unmerklich leises Walten zu erkennen, wo seine flüsternde Rede verstanden werden kann[354].

Auch in den beiden anderen Erzählungen soll JHWHs Dominanz aufgezeigt werden. In der Nabot-Geschichte 1 Kön 21[355] tritt Elija für die absolute Einhaltung des JHWH-Rechtes ein, allerdings ohne unmittelbaren Erfolg. 2 Kön 1,1–18 zeigt am Beispiel des schwerverletzten Königs Ahasja, daß auch für den Bereich der Gesundheit allein JHWH zuständig ist[356].

Selbst der für den Israeliten dunkle Bereich des Todes, für den der JHWH-Glaube lange keine eigene Lösung anzubieten und die animistische Vorstellung der Kanaanäer übernommen hatte[357], wird mit der Gestalt des Elija durchbrochen. Sein irdisches Leben endet damit, daß er von einem feurigen Wagen mit feurigen Rossen abgeholt wird (2 Kön 2,1–18)[358]. Zeit seines Lebens hat er JHWH in Treue und Redlichkeit gedient. So gibt ihm jetzt JHWH die Ehre, ihn mit dem himmlischen Wagen heimzuholen. Der Schlüssel zum Verständnis dieses Textes ist das hebräische Verbum lqḥ »nehmen«[359]. Es geht dabei nicht um eine wunderbare Himmelfahrt, sondern um den personalen Akt der Annahme, der Fortleben über die sonst begrenzte Frist hinaus bedeutet[360]. Bei Elija wird dieses Nehmen durch JHWH drastisch mit dem Motiv des feurigen Wagens ausgeschmückt. Elija war ja quasi kein gewöhnlicher Mensch, sondern der Gottesstreiter schlechthin; und so ist sein Genommen-Werden durch JHWH am Ende seines Lebens kein gewöhnliches[361].

Die Tradition zeigt an der Gestalt des Propheten Elija auf, daß der nicht faßbare, einzige Gott Israels JHWH ist. JHWH ist aber nicht nur für all diese Bereiche zuständig, die auch in die Kompetenz anderer Götter fallen, sondern auch für das Fortleben nach dem Tod[362]. Diese Aussage setzt wohl auch schon voraus, daß JHWH für Elija bereits der Himmelsherr ist.

In der ersten Hälfte des 8. Jh. v. Chr. ist im Nordreich das Elohistische Werk entstanden[363], das fragmentarisch im Pentateuch erhalten ist[364]. Mit Gen 15,13–16 setzt der Elohist mit seinem Grundsatzprogramm ein. Gerhard von Rad[365] hat bereits erkannt, daß Gott hier als eine »providentia generalis über die Weltgeschichte« waltend verstanden wird. Gerade dem Elohisten ist aber bewußt, daß der JHWH-Glaube in Israel erst mit Mose beginnt und die Väter Israels andere Götter verehrt haben[366]. Dennoch ist dem Elohisten ein Brückenschlag von unerhörter theologischer Weite gelungen, wenn er JHWH in Ex 3,6 sagen läßt:

»...Ich bin der Gott deines Vaters, der Gott Abrahams, der Gott Isaaks und der Gott Jakobs...«

Auch wenn also der wahre Gott vor Mose mit seinem Namen JHWH nicht bekannt war, so haben ihn die Ahnen Israels dennoch in ihren verschiedenen Gottheiten verehrt. Daß eine solche Einstellung z. B. das konkrete Gegenüber einer anderen Religion sehr differenziert betrachtet, ist offenkundig. So setzt sich z. B. der Elohist auf verschiedene Weise mit Phänomenen der kanaanäischen Religiosität auseinander: den Offenbarungsträumen, den Theophanien, dem Terafim, den heiligen Steinen, den heiligen Bäumen, der Ehernen Schlange, dem Menschenopfer, dem goldenen Stierbild und dem Szenario von Baal Peor[367]. Das Elohistische Werk ist eigentlich eine religiöse Magna Charta von großer innerer Weite. Es werden aber auch die Grenzen gezogen. Der Elohist lehnt die Umweltreligion nur dann ab, wenn ihm keine andere Möglichkeit mehr bleibt. Diese Ablehnung richtet sich hauptsächlich gegen einen sexuell bestimmten Baal und gegen kanaanäische Sexualriten. Das Verfallen Israels an diese Riten signalisiert nicht nur Schuld, sondern den Treubruch Israels. Damit hat der Elohist maßgeblich einen Hosea, die deuteronomische und die deuteronomistische Theologie[368] beeinflußt. Sie sind willig in seine Spuren getreten und haben die Ablehnung weiter verschärft. Der Elohist steht aber im Nordreich einsam da, und seine theologische Arbeit an den alten Traditionen ist einsame Größe geblieben. Der Gott, den der Elohist zu verkünden hatte, war kein manipulierbarer Gott, keine machbare Größe, sondern der der Welt und der Vorstellung des Menschen entzogene Gott, der sich aber in Huld und Treue dem Menschen zuwendet[369]. Der Praeceptor Israels hat versucht, die Menschen wahre Gottesfurcht und die Hochschätzung fremder Frömmigkeit zu lehren; aber er hat unbarmherzig das Gottesbild zertrümmert, das menschliche Phantasie geboren hat[370].

Dieser Gott ist nach dem Elohisten nicht unmittelbar zu erfahren. Er begegnet den Menschen in Träumen (Gen 20,4–6 28,12 31,24 37,5–11 u. a.) und Visionen (Num 12,6), oder er bedient sich des Mediums eines Boten (Gen 21,17 22,11 28,12 u. a.). Gott ist nicht mehr in den Unmittelbarkeiten und Freundlichkeiten des Lebens zu erfahren wie beim Jahwisten im 10. Jh. v. Chr. Gott ist der Transzendente, der Heilige, der ganz andere, der nur durch Mittlergestalten den Menschen gegenwärtig wird (Num 12,6)[371].

Der historische wie logische Nachfolger der Elohistischen Theologie ist der Prophet Hosea, der etwa um 750 v. Chr. mit seiner öffentlichen Tätigkeit begonnen hatte. Sein Wirken zieht sich rund 30 Jahre hin, wobei die Schwerpunkte in den Jahren 750–747, 733 und 727–722 v. Chr. liegen[372].

Zu den zentralen Themenkreisen seines prophetischen Wirkens gehört neben »der Feststellung des gegebenen Tatbestandes«, neben dem Thema »Gericht und Strafe« vor allem das Thema der Liebe JHWHs.

In 2,4–17 wird deutlich, daß nicht das Strafgericht das letzte Wort JHWHs sein wird, sondern seine liebende Zuneigung. In dem prophetischen Selbstbericht 3,1–5a aus dem Jahre 750 v. Chr. wird das Wirken der Liebe JHWHs exemplarisch am Leben des Propheten selber aufgezeigt. Hosea soll eine ehebrecherische Frau lieben, so, wie JHWH das ehebrecherische Israel liebt. Als um das Jahr 733 v. Chr. schon klar ist, daß es vor Assur kein Entrinnen mehr gibt, redet Hosea zu seinem Volk vom kommenden Heilstag (2,1–13). Das durch Kriege dezimierte Volk wird wieder zahlreich werden wie der Sand am Meer und es wird wieder Gottes heiliges Volk sein. Ja selbst die alten Gegensätze zwischen Juda und Israel sollen verstummen. Die negativen Symbolnamen der Prophetenkinder werden in positive gewandelt: Ami (mein Volk) und Ruchama (Erbarmen).

Noch deutlicher wird der Heilstag in 2,18–25 akzentuiert: JHWH wird mit Israel einen neuen Bund schließen; die Hurerei mit Baal hat die erste eheliche Bindung zwischen JHWH und Israel zerstört. JHWH selber nimmt aber die Baalsnamen aus dem Mund Israels und schließt mit Israel eine neue Ehe. Dieser Neubeginn ist ganz die Initiative Gottes und keine menschliche Leistung vermag sie herbeizuzwingen:

>»Ich traue dich mir an auf ewig,
ich traue dich mir an
um den Brautpreis von Gerechtigkeit und Recht,
von Liebe und Erbarmen.
Ich traue dich mir an
um den Brautpreis meiner Treue,
dann wirst du JHWH erkennen.« (V 21 f.)

Der Gedanke der freien und ungeschuldeten Liebe JHWHs ist in der geschichtstheologischen Rede 11,1–11 aus dem Jahre 727 v. Chr. konsequent weitergeführt. Die Rede rafft die ganze Lebensgeschichte des Volkes zusammen. Auf die fürsorgliche, erzieherische Liebe JHWHs reagiert der Sohn Israel undankbar. Doch dieser Anklage JHWHs folgt nicht Strafe und Vernichtung, sondern der Sieg der göttlichen Liebe. Gott reagiert auf die Verachtung seiner Liebe nicht wie ein Mensch mit Zorn gegenüber dem ehemals Geliebten, sondern als der Heilige. So wie die Heiligkeit die unaufgebbare Mitte Gottes ist, so ist es auch seine Liebe, auch wenn es eine leidende und verschmähte, mit sich ringende Liebe ist.

Als bereits das Ende der Hauptstadt Samaria in Sichtweite ist, richtet Hosea um 722 v. Chr. seine letzte Heilsverkündigung an den Kreis seiner Schüler. Es ergeht der Ruf zur Abkehr von den politischen wie religiösen Fehlern und es ergeht der Ruf zur Hinkehr zu Gott, dessen freie Liebe Israel von aller Schuld heilen wird:

>»Ich werde für Israel sein wie der Tau,
damit es aufblüht wie eine Lotusblume
und Wurzeln schlägt wie der Libanon...
Was hat Ephräm noch mit Götzen zu tun? ...
Ich bin wie der grünende Wacholder,
an mir findest du reiche Frucht.«[373]

Für die prophetische Theologie des Nordreiches ist nur JHWH Gott. Er ist für alle Bereiche hier und im Himmel zuständig. Dieser heilige und transzendente Gott wendet sich per Media dem Menschen huldvoll zu.

Der tiefste und für den Menschen nicht mehr verständliche Zug seines Wesens ist die Liebe.

5. EINE NEUE DOMINANZ DER GROSSEN GÖTTIN UND DIE REAKTION DER JHWH-ELITE IN DER EISENZEIT II C (720/700–600 v. Chr.)

Nach dem Fall der Hauptstadt Samaria wurde auch der verbliebene Rest des Staates Israel eine assyrische Provinz, so daß nun auf dem ehemaligen Gebiet des Nordreiches vier assyrische Provinzen bestanden: Dor, Megiddo, Gilead und Samaria[374]. Das als selbständiger Staat weiterbestehende Juda war in seinen außenpolitischen Entscheidungen sehr eingeschränkt. Als der assyrische König Sargon II. im Jahre 605 v. Chr. starb, konnte König Hiskija von Juda den Versuch wagen, der assyrischen Umklammerung zu entkommen. Die Rache der Assyrer ließ allerdings nicht lange auf sich warten. König Sanherib leitete 701 v. Chr. persönlich einen Feldzug nach Palästina und stellte mit eiserner Faust die alte Rangordnung wieder her. So wurde der Spielraum für die Nachfolger Hiskijas noch geringer. Erst König Joschija von Juda konnte das Joch abschütteln, da das assyrische Reich langsam entschlummerte und trotz ägyptischer Hilfe nicht wiederzubeleben war. Aber diese Atempause war für Juda kurz; denn das neubabylonische Reich übernahm von den Assyrern die Vorrangstellung. Schließlich wurde auch Juda und mit ihm das davidische Königtum im Jahre 687/86 v. Chr. vernichtet[375].

Angesichts dieser politischen Situation ist es nicht weiter verwunderlich, wenn das Land mit neuen religiösen Vorstellungen überschwemmt wurde.

Die bisher über 30 Rollsiegel assyrischer Beamter zeigen dies deutlich. Das häufigste Motiv auf diesen Rollsiegeln zeigt den assyrischen König bei einer Kulthandlung, die den himmlischen Mächten gilt, die durch ihre Symbole anwesend sind.

Neben verschiedenen niedrigen Gottheiten und Genien sind anthropomorph vor allem Ninurta, der Wettergott Adad und die Göttin Ischtar (Abb. 37) vertreten. Ischtar ist auch die einzige assyrische Gottheit, die auf Stempelsiegeln erscheint[376]. Charakteristisch für alle diese Siegel sind die Astralsymbole (Stern, Plejaden, Mondsichel)[377]. Diese religiöse Überfremdung ist für das einheimische Kunsthandwerk nicht ohne Folgen geblieben.

Abb. 37   Rollsiegel, Abrollung, Tell Dotan? Keel/Uehlinger 1992: 329 Abb. 281. Rechts der König vor dem Opfertisch; ihm gegenüber ein Beamter; hinter dem Beamten die Kultstandarte des Mondgottes von Haran, flankiert von Hacke und Stylus, den Kultsymbolen der babylonischen Götter Marduk und Nabu.

5.1 Die lokale Verarbeitung der Astralsymbolik

Die verschiedenen Darstellungen auf Siegelamuletten bzw. Abdrücken zeigen, daß es sich bei ihnen nicht um assyrische Importware handelt, sondern daß sie lokal hergestellt wurden. Es ist sogar mit mehreren Produktionsstätten zu rechnen[378].

Der dreifache Abdruck eines Stempelsiegels (Abb. 38) auf einer Keilschrifttafel aus Gezer um 649 v. Chr. zeigt, daß das Mondemblem von Haran bereits in judäische Kreise eingedrungen ist. Der Verkäufer des Grundstückes, um den es hier geht, trägt den jahwistischen Namen »Netanjahu«.

Abb. 38   Stempelsiegelabdruck, Gezer. Keel/Uehlinger 1992: 343 Abb. 296. Mondemblem von Haran.

Eine lokale Besonderheit der Darstellung ist u. a. die Assoziation des Sichelmondemblems mit einem zypressenartig stilisierten Baum, der vermutlich den Eingang des Heiligtums signalisiert, in dem der Mondgott durch sein Symbol präsent gedacht und der kultischen Verehrung zugänglich wird[379]. Eine Reihe von Skaraboiden zeigt den Mondgott, zeitweilig mit dem zypressenartigen Motiv verbunden, in anthropomorpher Gestalt in einem Boot sitzend (Abb. 39). Die Stilisierung der Mondsichel zu einem Boot ist auf phönikischen Einfluß zurückzuführen[380]. Da es sich hier ebenfalls um lokale Anfertigungen handelt, stellt sich die Frage,

Abb. 39 Skaraboid, Irbid (Jordanien). Keel/Uehlinger 1992: 351 Abb. 306 c. Der Mondgott im Boot, flankiert von brennenden Räucherständern.

ob die Judäer in dieser Gestalt des Mondgottes z. B. JHWH verehrt haben[381]? Bevor eine direkte Identifizierung mit JHWH erwogen werden kann, muß zuerst gefragt werden, ob es sich nicht um eine El-Gestalt handelt, da El in Juda und seinen Randzonen im 7. Jh. v. Chr. durchaus verehrt wurde, und zwar in Verbindung und Identifikation mit dem lokalen Hauptgott Judas, also mit JHWH. »Die Darstellung des Mondgottes nicht nur in Gestalt seines Emblems, sondern anthropomorph als Thronenden und Segnenden gleicht den Mondgott, der in assyrischer Zeit als ›Höchster Gott‹ des Westens galt, dem palästinischen El an. Umgekehrt verleiht sie dem lokalen El (implizit auch JHWH...) lunare Züge.«[382] Die Bildkonstellation auf einem Rollsiegel von Bet Schean (Abb. 40) zeigt, daß die Annahme, es handele sich um El/JHWH, durchaus gerechtfertigt ist: im unteren Register ist ein Thronender Gott zu sehen, den der hinter ihm dargestellte zypressenartige Baum als Mondgott ausweist. Links anschließend zeigt der palmartig stilisierte Baum, der von einer Ca-

pride mit nach hinten gewendetem Kopf und einem geflügelten Greifen flankiert wird, eine typische Aschera-Konstellation. Die Capride betont den Segensaspekt des Aschera-Baumes, der Greif oder Sphinx bewacht ihn. Hier ist eigentlich nichts anderes dargestellt als das, was die Inschriften von Chirbet el-Qom und Kuntilet Aġrud aus dem 8. Jh. v. Chr. ausdrücken: Aschera als eine von JHWH (El/JHWH) ausgehende Segensmacht[383].

5.2 Der ägyptische Einfluß

Das vorherrschende religiöse Denken ist astral ausgerichtet und sieht die Gottheit als die ferne und nahe. Im Unterschied zur vorherigen Periode, wo z. B. der Baum kaum mehr Repräsentanz der Gottheit als vielmehr Medium ist, ist jetzt das Sichelmondemblem etc. Repräsentanz der Gottheit. »Die Dialektik von Ferne und Nähe wird besonders deutlich, wo auf ein und derselben Darstellung Kultstandarte und Astralsymbole nebeneinander erscheinen.«[384] Die solare Ausrichtung ist aber nicht völlig verschwunden. So erscheint z. B. der vierflügelige Skarabäus u. a. auf einem judäischen Namensiegel, das einem gewissen Hananjahu gehörte. In diesem Festhalten an der ägyptisch orientierten Sonnensymbolik[385] spiegelt sich konservatives Denken der judäischen Eliten wider; es ist ein zähes Festhalten an einem solar bestimmten JHWH.

Die judäischen lmlk-Stempel der Eisenzeit II B mit dem vierflügeligen Skarabäus und der geflügelten Sonnenscheibe werden nun durch Rosettenstempel ersetzt. Bisher sind ca. 160 Abdrücke solcher Rosettenstempel bekannt. Diese Stempel können als eine Eigenart der joschijanischen Administration gelten, stammen sie doch ausschließlich von Orten, die zur Zeit Joschijas zum judäischen Königreich gehört haben[386]. Am ehesten handelt es sich um eine lokale Neuschöpfung, die jedoch von der Sonnensymbolik nicht zu trennen ist[387]. Diese Änderung der Königsstempel zur Zeit des Joschija kann kaum als ein Zufall betrachtet werden. 2 Kön 22–23 (vgl. 2 Chr 34,1–35,19) berichtet u. a. von der religiösen Reform des Königs[388], in der zumindest der theoretische Versuch unternommen wurde, das elitäre jahwistische Denken des Königs und seines Vertrautenkreises durchzusetzen und den eigentlichen JHWH-Kult des Reiches auf den Jerusalemer Tempel zu beschränken. Wie unterschiedlich diese Kultreform Joschijas in der Forschung auch bewertet wird[389], so läßt sich jedenfalls nicht leugnen, daß durch die Rosettenstempel ein nicht wegzudiskutierendes Faktum vorliegt, das einen Bruch zwischen der Zeit vor Joschija und der seiner Regentschaft deutlich macht. Die Erinnerung an die solare Konnotation JHWHs von Ägypten her wird aufgegeben, eine neutrale solare Konnotation beibehalten!

5.3 Religiöse Zeugnisse des lokalen Kunsthandwerkes

In der Grabhöhle 1002 von Lachisch wurden zwei Taubendarstellungen aus Terrakotta, Mitte 7. Jh. v. Chr., gefunden[390]; ähnliche Figuren stammen auch aus anderen Orten Judas[391]. Der traditionsgeschichtliche Hintergrund solcher Darstellungen erlaubt es, sie als Attributtier der Göttin zu deuten, das den Segen der Göttin an die Toten vermitteln sollte[392]. Gegenüber diesen wenigen Taubenfiguren sind die Funde von sogenannten »Pfeilerfigurinen« Legion[393]. Der Oberteil dieser Figurinen ist weiblich gestaltet (Abb. 41). Primär kommen sie in Privathäusern vor, erst in zweiter Linie in Gräbern. Es handelt sich um die Wiederbelebung der kanaanäischen Vorstellung der Großen Göttin. Obwohl dieser Kult aus der religiösen Privatsphäre schon fast verschwunden war, erlebt er im 7. Jh. v. Chr. eine eigenartige Blüte[394]. In der einheimischen Glyptik dagegen ist keine anthropomorphe Darstellung der Göttin belegt[395].

80

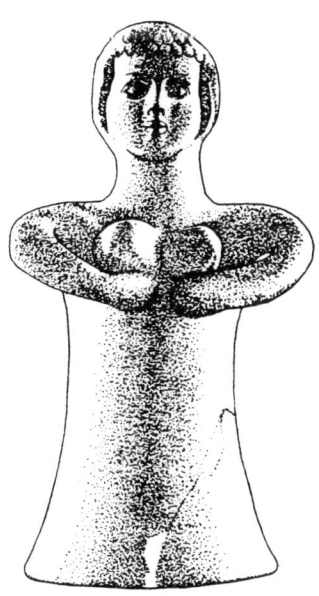

Abb. 41   Weibliche Figurine („Pfeilerfigur"), Lachisch. Keel/Uehlinger 1992:
373 Abb. 321 a.

Gegenüber den bronzezeitlichen Darstellungen der Göttin, die die Geschlechtsmerkmale und damit den sexuellen Aspekt betonen, geht es bei
den Pfeilerfigurinen um den Aspekt der Mütterlichkeit (nährende Brü-
ste!).
»Die Pfeilerfigurine repräsentiert in besonderer Weise die Schutzgottheit
der Familie. Sie bot dieser Segen und Schutz im Alltag, schenkte aber
auch noch den im Grab liegenden Verstorbenen ihre mütterliche
Nähe.«[396] Konkret für Juda ist durchaus anzunehmen, daß die Menschen darin die Göttin Aschera wiederfinden konnten[397]. Wenn man bedenkt, daß von König Manasse im Jerusalemer Tempel ein Kultbild der
Aschera aufgestellt wurde (2 Kön 21,7), das erst die Reform Joschijas
hinwegfegte (2 Kön 23,6 f.), ist der Schluß naheliegend, daß Manasse dieser Art der Volksfrömmigkeit entgegenkam und der Verehrung der
Aschera im offiziellen Kult ein knappes Dreivierteljahrhundert Platz gegeben hatte.
Interessant ist weiter, daß im 7. Jh. v. Chr. Reiter- bzw. Pferd- und Reiter-
figuren in Massen (etwa gegen 500 Stück) auftauchen[398] (Abb. 42), und

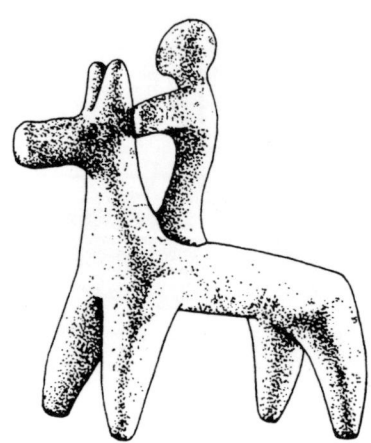

Abb. 42   Pferd mit Reiter, Terrakotta, Lachisch. Keel/Uehlinger 1992: 393
Abb. 333 b.

zwar durchwegs in Verbindung mit Pfeilerfigurinen. Das legt nahe, daß es sich nicht um profane Größen handelt, sondern ebenfalls um Symbole der privaten, persönlichen Frömmigkeit. Die von Keel/Uehlinger vorgeschlagene Deutung, in den Terrakotten eine »populäre, anthropomorphe« Vergegenwärtigung des Himmelsheeres zu sehen[399], ist durchaus plausibel und entspricht auch einer Vorstellung dieser Zeit (1 Kön 22,19), daß der Höchste Gott von einer Ratsversammlung kriegerischen Charakters umgeben ist. Solche Reiterstatuetten könnten in der privaten Frömmigkeit die Funktion eines persönlichen Schutznumens (2 Kön 1,3.15) gehabt haben, gleichsam eine Verkörperung des »Boten JHWHs«, der z. B. auch als Verteidiger einer Stadt gegen ein ganzes Heer fungieren kann (2 Kön 19,35). Da diese Statuetten bis weit in die nächste Periode vertreten sind, ist auch ein Vergleich mit den Reitern von Sach 1,7–11 angebracht, »die als berittene Polizei des Himmelsgottes Jahwe die Erde durchstreifen«[400]. Daß in diesem Kontext der privaten Frömmigkeit keine wie immer geartete Darstellung JHWHs vorhanden ist, scheint mir eigentlich nicht besonders auffällig zu sein, da bereits das Medium selber für seinen Schutz und Segen genügen konnte[401]. Ich sehe in den anthropomorphen Mittlern von JHWHs Schutz und Segen eine volkstümliche Variante dessen, was die Eliten in der Literatur bereits vorweggenommen haben.

Vielleicht müssen gerade auch in diesem Kontext die Aschera-Figurinen gesehen werden; nicht als der vom Deuteronomistischen Geschichtswerk verteufelte Afterkult kanaanäischer Provenienz, sondern als eine JHWH untergeordnete, seinen Segen vermittelnde Bilderwelt. Eine solche Interpretation widerspricht natürlich den gängigen Auffassungen der Religion Judas, vor allem auch deshalb, weil sich manche Exegeten und Bibeltheologen, sei es reflex, sei es unreflex, die Sicht des Deuteronomistischen Geschichtswerkes zu ihrer eigenen machen[402]. Aber auch eine radikal andere Auffassung[403] trifft den Kern der Sache nicht genau. Nur die Formen der Frömmigkeit sind im privaten und im öffentlichen Kult je verschieden. Schenker[404] hat besonders klar dargelegt, daß es nicht so sehr darauf ankommt, daß Menschen neben JHWH andere Götter verehrt haben, sondern daß in ihrer Vorstellung JHWH absolut das hatte, was die anderen Wesen, ob nun der göttlichen oder der menschlichen Sphäre zugehörig, überhaupt, also absolut nicht hatten[405].

5.4 Das Zeugnis der Inschriften und Personennamen

In einer Höhle in En Gedi am Toten Meer wurde an einer Felswand eine mit schwarzer Tinte geschriebene Inschrift gefunden (Abb. 43), die vom Anfang des 7. Jh. v. Chr. stammt[406].

1.	ᵓrr. ᵓšr. jmḫḫ	Verflucht sei, der auslöschen wird
4.	brk. JHW(H)	Gepriesen sei JHW(H)
6.	brk. bgj(…) mlk	Gepriesen sei er bei den Völkern als König
7.	brk. ᵓdnj. (…	Gepriesen sei mein Herr

Zweifellos handelt es sich hier um ein Zeugnis persönlicher Frömmigkeit[407], in dem JHWH als Herr und König gepriesen wird. Problematisch bleibt die Deutung der 6. Zeile[408], wiewohl die hier vorgeschlagene Lesung nicht ausgeschlossen werden kann. Unter dieser Voraussetzung ist die Inschrift auch ein Zeugnis des universalen, königlichen Anspruches JHWHs.

Eine fast 100 Jahre jüngere Inschrift aus Chirbet Bet Lei (Abb. 44), 8 km östlich von Lachisch, bekennt JHWH nicht nur in seiner nationalen, sondern universalen Dimension[409]:

| 1. | JHWH ᵓlhj kl hᵓrṣ h | JHWH ist der Gott der ganzen Erde, (die) |

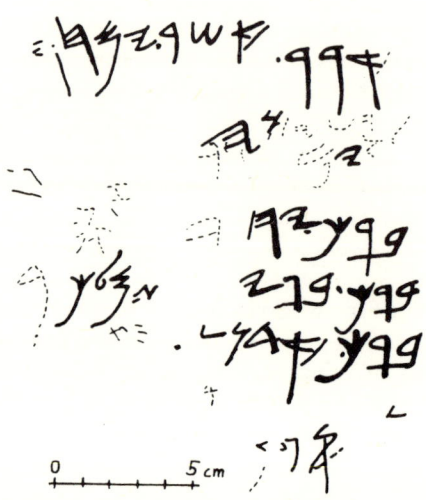

Abb. 43   Felsinschrift in einer Höhle, En Gedi, mit schwarzer Tinte geschrie-
ben, 16 mal 12,5 cm. Bar Adon 1975a: 77–80. Bar Adon 1975b: 226–232
Pl. 25 B–C. Jaroš 1980b: 265. Jaroš 1982b: Nr. 31.

Abb. 44   Inschrift, Chirbet Bet Lei, 8 km östlich von Lachisch. Naveh 1963:
74–92. Jaroš 1982b: Nr. 43.

2.   rj jhd lʾlhj jrślm   Berge Judas (gehören) ihm, dem Gott Je-
                                       rusalems

Eine weitere Inschrift aus Chirbet Bet Lei[410] nennt JHWH und El in einem Atemzug miteinander:

ṗqd JH ʾl ḥṅṅ nqh   Schreite ein JH, gnädiger El, sprich frei
JH JHWH   JH, JHWH

84

El ist hier wohl appellativ als »Gott« zu verstehen (vgl. Ex 34,6 f.). Der Parallelismus impliziert aber durchaus die Vorstellung von JHWH als einer gnädigen El-Gottheit[411]. Die Identifizierung von JHWH und El ist schon lange vor sich gegangen, aber die Appellation JHWHs als El ist insofern aufschlußreich, als der Mondgott im Boot als El-Gestalt identifiziert werden kann und so auch die Grundlage geschaffen ist, daß die Judäer in diesem El JHWH sehen konnten.

Aus dem 7. Jh. v. Chr. stammt aus Jerusalem ein Ostrakon mit der fragmentarischen Inschrift:

ʾl qn ʾrṣ   El, Erschaffer der Erde[412].

Angesichts der bisherigen Erkenntnisse wäre es überkritisch, hier nicht sehen zu wollen, daß JHWH als Schöpfergott verehrt worden ist.

In Jerusalem am Ketef Hinnom wurde jüngst ein Grab gefunden, das aus dem Ende des 7. Jh./Anfang des 6. Jh. v. Chr. datiert und einer begüterten Jerusalemer Familie gehörte. Hier wurden u. a. zwei zusammengerollte, beschriftete Silberlamellen gefunden[413] (Abb. 45):

Amulett A

4.	šṁ)ṙ hbrjt(w)	Er bewahrt den Bund und
5.	(h)ḥsd l ʾh(bjw)	die Huld für die ihn Liebenden.
6.	(w) bšmrj (…	und die halten …
8.	h ʿl mš(h)	auf der Ruhestätte …
10.	…) wmhrʿ	… und vom Bösen …
11.	kj bw gʾl	denn bei ihm ist Erlösung
12.	h kj JHWH	denn JHWH
13.	(j)šjbnw	bringt uns zurück
14.	ʾwr jbr(k)	Licht. Es segne dich
15.	k JHWH (w)	JHWH und
16.	(j)šmrk (j)	er bewahre dich,
17.	(ʾ)r JHWH	aufleuchten lasse JHWH
18.	(p)ṅ(jw…	sein Antlitz…

Amulett B

1.	ʾt)h bṙẇ(k)	Du seist gepriesen
2.	… njhw	Onijahu
4.	(h)rʿ h(…	das Böse
5.	(h) jbr(k)	Es segne

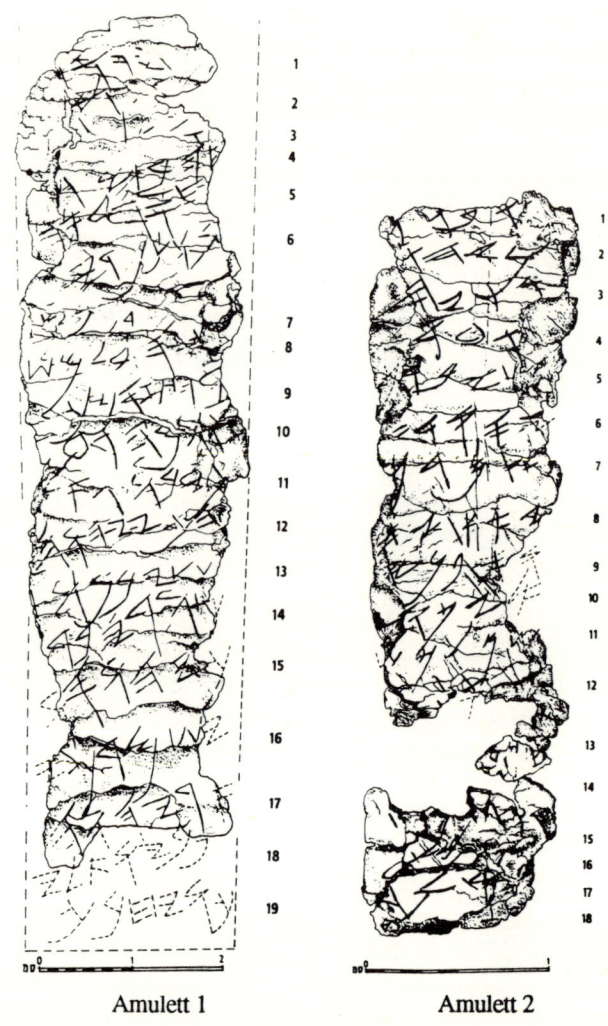

Amulett 1   **Amulett 2**

*Abb. 45   Zwei Silberlamellen, Grab am Ketef Hinnom, Jerusalem. Barkay 1989:
52 und 58. Yardeni 1991: 179 fig. 1. Keel/Uehlinger 1992: 419 Abb. 354a–b.*

6.	k JHWH w	dich JHWH und
7.	(j)šmrk	er behüte dich.
8.	jᵓr JH	Es lasse leuchten JH-

9.	(W)H pnjẇ	WH sein Antlitz
10.	(ʾl)jk wj̇	über dir und er
11.	śm lk š	gebe dir Frie-
12.	lẇ(m...)	den.

Das erste Amulett bringt in Z. 14–18 wörtlich den Text von Num 6,24–25 a und hat in den Anfangszeilen eine Ähnlichkeit zu Dtn 7,9. Das zweite Amulett entspricht in den Z. 5–12 Num 6,24–25 a. 26 b[414].
Diese Silberlamellen wurden den Toten mit in das Grab gegeben[415].
Interessant ist, daß in diesem Grab keine Aschera-Pfeilerfigurinen oder eine Reiterstatue gefunden wurden. In solchen Eliten der priesterlichen und deuteronomischen Bewegung[416] hatte Aschera als eine Segensikone JHWHs bereits völlig ausgedient. Die Dekoration eines in diesem Grab gefundenen Siegels mit Zweig und Lotus[417] evoziert nicht mehr den Gedanken an die Göttin, sondern zeigt die Orientierung an der Symbolik des Jerusalemer Tempels. JHWH ist in diesem Grab zweifellos die alles beherrschende Gottheit. Auch die beiden Amulette: ein gläserner Bes-Kopf und ein Fayence-Anhänger mit der ägyptischen Göttin Bastet[418] können dies nicht ändern, obwohl sie uns ein religiöses Verständnis kundtun, das neben dem dominierenden Gott JHWH ihm untergeordnete Götter/Dämonen durchaus nicht ausschließt[419]. Die ägyptischen Gottheiten/Dämonen Bes und Beset waren als Amulette besonders beliebt und sollten u. a. Mutter und Kleinkind schützen. Als Beigaben hier in diesem Grab erinnern sie auch daran, daß ihnen gegen Schlangen eine apotropäische Bedeutung zukommt[420].
Die Bänke für die Toten in diesem Grab sind am Kopf- und Fußende mit dem Omega-Symbol gekennzeichnet. Das Omega-Symbol ist ein uraltes Zeichen für den Mutterschoß. Mutter Erde sollte den Toten umfangen und in ihrer barmherzigen Geborgenheit aufbewahren (Ijob 1,21)[421]. Die ursprüngliche Bedeutung von Aschera als der Großen Mutter scheint hier höchstens noch unreflex nachzuklingen, liegt aber wohl außerhalb des Horizontes jener Frömmigkeit, die uns dieses Grab vermitteln kann.

Die in die Hunderte gehenden judäischen Namensiegel bzw. deren Abdrücke (Bullae) zeigen einmal eine klare Tendenz zur reinen Ornamentik bis hin zur vollständigen Bildlosigkeit[422]. Die Personennamen dieser Siegel sind großteils JHWH-Namen. Kein Name enthält das theophore Element Baal.
Bei den Ausgrabungen in der Jerusalemer Davidsstadt wurden z. B. 55 Bullae gefunden, die dieses Bild bestätigen[423]. Aber auch die von Avigad[424] publizierten 255 Exemplare des »Verbrannten Archivs« zeigen

das gleiche Bild. Auf diesen Bullae eines judäischen königlichen Archivs, das ziemlich genau gegen Ende des 7./Anfang des 6. Jh. v. Chr. datiert werden kann[425], sind 132 verschiedene Namen belegt[426]. Über 80 davon sind reine JHWH-Namen. Indirekt müssen auch die El-Namen (8 Stück) dazugerechnet werden. Eine Reihe Namen ist auch mit dem Element ʾšr verknüpft. Es ist nicht auszuschließen, dieses theophor zu deuten, da Ascher eine alte kanaanäische Glücksgottheit war, von der der israelitische Stamm Ascher vermutlich seinen Namen erhalten hatte[427]. Noth[428] deutet den Namen als ein Gegenstück zur Göttin Aschera. Unter dieser Voraussetzung wäre es möglich, die Namen Aschera-haltig zu deuten[429], was in onomastischer Hinsicht als Reflex des Wiederauflebens der Göttin verstanden werden könnte[430]. Falls dies zuträfe, sollte man das Phänomen nicht überschätzen und in seiner Dimension sehen, daß es sich nur um zwei Namen[431] von insgesamt 132 handelt. Noch dazu dürfte konkret nur das männliche theophore Element gemeint sein. Der einzige ausländische Name, der ägyptische Name Paschur, der belegt ist, ist seit langem im hebräischen Onomastikon bezeugt[432].

Die Namen der verschiedenen Gruppen von Ostraka zeigen ein noch größeres Quantum an JHWH-Namen, ob es sich nun um die von Lachisch[433], vom Ofel[434], von Ramat Rahel[435], von Meṣad Haschavjahu[436], vom Tel Beerscheba, von Chirbet el-Meschasch[437] oder von Arad[438] handelt.

Von Stratum VII aus Arad (7. Jh. v. Chr.) sind auf den Ostraka 23 unterschiedliche Namen belegt; davon sind 20 JHWH-Namen, einer ein El-Name und ein Name mit dem theophoren Element ab; einer ist neutral; d. h. wir haben ausschließlich Namen vor uns, die direkt oder indirekt auf JHWH bezogen sind.

Nicht viel anders zeigt sich die Situation in Stratum VI (605–595 v. Chr.): von 21 Namen sind 20 JHWH-haltige Namen und ein El-Name belegt[439].

Von einer einzigen Ausnahme abgesehen[440], sind Baal-Namen aus dem Onomastikon Judas verschwunden[441].

5.5 Die priesterliche und frühdeuteronomische Bewegung

Die Formulierung des 1. Gebotes, wie es in Dtn 5,6f. (vgl. Ex 20,2–3) vorliegt, geht auf die frühdeuteronomische Bewegung zurück[442]:

»Ich bin JHWH, dein Gott, der dich aus Ägypten geführt hat, aus dem Sklavenhaus. Du sollst neben mir keine fremden Götter haben.«

Was hier kurz und prägnant als ein religiöses Programm formuliert erscheint, liest sich wie eine Zusammenfassung der bisherigen Entwicklung von der Eisenzeit II A weg, insbesondere der Tendenzen Judas im 7. Jh. v. Chr.

Der Prolog Dtn 5,6 ist kaum im Sinne einer Selbstvorstellung JHWHs zu deuten[443], sondern im Sinne der Vollmacht und Garantie. »Die Vollmacht ist im Titel ›dein Gott, der dich aus Ägypten…‹ ausgesprochen, während die Garantie im Satz ›Ich bin Jahwe‹ enthalten ist«.[444] Kleinkunst, Inschriften, Personennamen zeigen eine fast ans Absolute grenzende Dominanz JHWHs. Andere Götter/Dämonen werden auf je verschiedene Weise in seinen Dienst genommen. Das ist eigentlich viel mehr, als einfach ihre Existenz zu leugnen! Die anderen Götter sind so weit depotenziert, daß der Kult und die Verehrung, die ihnen gelten, in Juda nicht mehr ihnen gelten, sondern JHWH. Und dies ist nun einmal das, was das erste Gebot reflex formuliert, daß Kult und Verehrung anderer Götter auszuschließen sind[445]. Schenker[446] hat unübertroffen deutlich gemacht, daß ein so konkret formuliertes Gebot den Monotheismus ausspricht! Ein konkret formuliertes Gebot gilt ja nicht nur für einen bestimmten Fall, sondern auch abstrakt und allgemein. Wenn es daher Dtn 25,4 heißt:

»Du sollst einem dreschenden Ochsen das Maul nicht verbinden.«,

dann gilt dies natürlich nicht nur für das Dreschen, sondern verbietet allgemein die Ausbeutung von Mensch und Tier zugunsten einer Profitsteigerung[447]. Schon der viel ältere Text Dtn 32,8 f. macht deutlich, daß JHWH der Summus Deus unter allen Göttern ist, und nur als solcher kann er überhaupt die Forderung stellen, ausschließlich verehrt zu werden. Das erste Gebot schließt also ein, daß nur er der Höchste ist.

Das Bestreiten der Existenz anderer Götter ist eigentlich sekundär, zumal den anderen die Souveränität fehlt, »die Jahwe über sie wie über die Menschen ausübt«[448]. Für alle monotheistischen Religionen ist es selbstverständlich, daß neben und unter dem einzigen Gott Wesen existent gedacht werden, die einer überirdischen Welt angehören, wie Engel, Geister, Dämonen, Verstorbene. Schon Augustinus hat treffend formuliert: »Omnes dii gentium daemona« (alle Götter der Völker sind Dämonen)[449], und man wird wohl dem großen Theologen und Kirchenvater zubilligen müssen, Monotheist in sensu stricto gewesen zu sein. Die Entmachtung der Götter und ihre Depotenzierung ist die eigentliche Revolution des Monotheismus!

Auch das zweite Gebot scheint in seiner Formulierung auf die frühdeuteronomische Bewegung zurückzugehen:

»Du sollst dir kein Gottesbildnis machen...«

Es ist gleichsam ein Kind des Verbotes, andere Götter zu verehren. Diese zweite Forderung ist im 7. Jh. v. Chr. noch sehr theoretisch und zeigt die radikale Konklusion einer kleinen Elite, deren transzendente Gottesvorstellung ein Kultbild überflüssig werden ließ[450]. Im 7. Jh. v. Chr. mag dies allgemein noch wenig Widerhall gefunden haben[451]. Erst in nachexilischer Zeit kommt das Verbot der Kultbilder zum Tragen[452].

Die deuteronomistische Elite hat mit ihrer Grundforderung des 1. und 2. Gebotes jedoch nichts Neues konzipiert, sondern Vorstellungen, wie sie bereits die Jerusalemer Tempelsymbolik und die Propheten des 8. Jh. v. Chr. dargestellt und ausgesprochen haben, radikalisiert und komprimiert[453].

Die Radikalisierung wird durch das Bild vom eifernden Gott[454] ausgedrückt, das in der deuteronomischen Theologie zentral ist[455].

Von den Propheten übernimmt die deuteronomische Theologie den Begriff der Liebe JHWHs, und zwar nicht als irgendeine Eigenschaft Gottes, sondern als seine Qualität schlechthin. Obwohl die Liebe Israels zu JHWH JHWHs alles sprengende Liebe nie einholen kann und in der konkreten geschichtlichen Stunde auch versagte, bleibt die Forderung der Gottesliebe das Zentrum der Tora; aber die Gottesliebe muß ihre Entsprechung in der Nächstenliebe finden (vgl. Lev 19,18 Dtn 6,5).

Auch die Idee der Konzentration des Kultes auf das Jerusalemer Heiligtum (Dtn 12,5) ist nur die Konsequenz dessen, was die Bildtheologie des Tempels seit Salomo verkündete. So kann in der deuteronomischen Theologie kaum ein entscheidend neuer Ansatz gefunden werden, der die Gottesvorstellung um eine neue Dimension bereichert hätte. Wohl aber hat der selektive Vorgang einer Elite die Gottesvorstellung vergangener Jahrhunderte gründlich purgiert und auf wenige – allerdings wichtige – Elemente beschränkt, dabei jedoch einen Weg beschritten, der zu einer Einbahn zu werden drohte.

Die priesterliche Theologie Judas greift mit der Aussage:

»Ihr sollt heilig sein; denn ich JHWH, euer Gott, bin heilig« (Lev 19,2 u. a.) ebenfalls auf die mit dem Tempel verbundene Vorstellung der absoluten Heiligkeit JHWHs zurück[456].

Die Heiligkeit des Judäers muß in der Heiligkeit JHWHs selber begründet sein. Der Kontext legt es nahe, diese Heiligkeit als eine Forderung zu sehen[457], wobei jedoch die Feststellung »Ihr seid heilig...« nicht vollkommen auszuschließen wäre[458].

Die frühdeuteronomische und priesterliche Theologie des 7. Jh. v. Chr. haben viele Gemeinsamkeiten und ergänzen einander. Im Aaronssegen Num 6,24–26, wie er auch auf dem Amulett 1 von Ketef Hinnom aufscheint, ist in freier Wiedergabe auch Dtn 7,9 enthalten, wo JHWH den Bund und die Huld für die bewahrt, die ihn lieben[459]. Bund und Huld werden in dem Text parallel gesetzt; dem entspricht auch das zweite Glied: lieben und seine Gebote halten. Der rechtliche Hintergrund, den Bund und Gebote zu halten suggerieren, ist auf eine höhere Ebene gestellt: auf Huld und Liebe; bezeichnet doch gerade das hier gebrauchte hebräische Wort ḥsd die gütige, ungeschuldete, spontane und dauernde Zuwendung und weniger ein gegenseitiges Recht/Pflichten-Verhältnis. Diese Zuwendung der Gnade setzt förmlich voraus, daß sie der Angesprochene »vertrauend und dankend erwidert«[460]. Man könnte auch sagen, daß durch eine Wortmagie die Entsprechung des Menschen zur Huld JHWHs optimistisch vorausgesetzt wird.

Bei der deuteronomischen und priesterlichen Prägung des Gottesbildes fällt vor allem auf, daß Typisches des 7. Jh. v. Chr. fast fehlt[461]. Es werden eher Vorstellungen des 10.–8. Jh. v. Chr. bemüht.

Der Übergang von der so purgierten und konzentrierten Gottesidee einer relativ kleinen Elite zu einer gewissen Allgemeingültigkeit im Jerusalemer Tempelkult, wie sie durch die Kultreform König Joschijas 722 v. Chr. umgesetzt wurde, mag gewiß verschiedene Ursachen haben[462], ist jedoch nur dann erklärbar, wenn die national-politischen Kräfte mitspielten. Und gerade das scheint der Fall gewesen zu sein. Besonders im Onomastikon und in den Inschriften des 7. Jh. v. Chr. zeigt sich durchaus ein sehr ähnliches Bild: eine am Tempel orientierte Frömmigkeit, ein universales Gottesbild, ein transzendenter Gott, dem allein die Latreia zukommt und gebührt und »dessen Aschera« des 8. Jh. v. Chr. nicht einmal mehr als seine Segensikone im Blickfeld ist. Innerhalb des »legalen« JHWH-Glaubens in den Ausprägungen, wie sie uns die Kleinkunst Judas im 7. Jh. v. Chr. und auch früher vorstellt, bildet sich eine von prophetisch-priesterlichem Geist getragene Elite, die sich mit der Realpolitik zu verbinden verstand, die bereit war, ihre Ideen umzusetzen, und dies politisch bedingt durch das assyrische Machtvakuum auch konnte. Damit ist auch ein terminus a quo gewonnen, von dem ab jede Gottesvorstellung, die diesem elitären Denken widersprach, abgelehnt und bekämpft wurde. Aber noch mehr; alles was früher war, wurde ab nunmehr von der konzentrierten Gottesidee her betrachtet und die einst legitimen Gottesvorstellungen und Kultpraktiken als illegitim gewertet.

Daß sich dieses elitäre Denken nicht sehr rasch durchsetzen konnte, zeigt sowohl die Ikonographie als auch der Kronzeuge der letzten Jahrzehnte des 7. Jh. v. Chr. bis zum Jahre 586 v. Chr., der Prophet Jeremia. Das deuteronomistisch bearbeitete Gebet Jer 32,16–25[463] zeigt besonders deutlich, wie die Zeit nach Jeremia nicht umhinkommt, die Gottesvorstellung des Propheten zu verarbeiten[464].

In der privaten Frömmigkeit erlebte die Große Göttin einen neuen Aufschwung, der gegenüber ihrem Zurücktreten in den vergangenen Jahrhunderten bis hin zu ihrer Mittlerfunktion des Segens JHWHs geradezu erstaunlich ist. Schon Rudolph[465] hat vermutet, daß die Verehrung der Himmelskönigin (Jer 7,18 44,17) besonders Frauensache war. Frauen hatten ja in der JHWH-Religion immer weniger Identifizierungsmöglichkeiten. Vielleicht ist es aber zu eng, darin nur eine Frauenfrömmigkeit zu erkennen. Eher scheint es sich um Familienkulte zu handeln, in denen die Frauen die Hauptrolle spielten[466]. Die Himmelskönigin hatte praktisch die gleiche Funktion wie früher die Göttin Aschera, wenngleich nun im Unterschied zum 8. Jh. v. Chr. die Göttin wieder als eine eigene personale Größe auftritt[467]. Solcherart Hauskulte müssen nicht als Gegensatz zum Jahwismus gesehen werden, sondern sind, solange die dominierende Stellung JHWHs unangefochten blieb, im Bereich des religiösen Horizontes legitim. Für Jeremia, der hier genauso wie die deuteronomischen und priesterlichen Kreise dachte oder sogar noch radikaler, war dies nicht mehr tolerierbar und widersprach seiner Meinung nach der Exklusivität JHWHs. Was sollte auch ein von JHWH so durchdrungener Mensch wie Jeremia noch mit dem Kult der Himmelskönigin anfangen? Davon trennen ihn Welten. »Insgesamt hat Jeremia die Verkündigung seiner Vorgänger in eigener Weise weitergeführt: aus der Spannung zwischen Gott und Mensch hervorgehend eine ganz persönliche Gottesbeziehung, eine Gemeinschaft mit Gott in Wechselwirkung, die ihren Ausdruck vor allem im Gebet findet, eine tiefe Hingabe des ganzen Menschen an Gott, die in der Krise geläutert wird; eine grundsätzliche Erfassung der Sünde nicht als Einzelverfehlung, sondern als verkehrte Grundhaltung der menschlichen Existenz; daher desto drängender der Ruf zur Umkehr und dann, da Gott nicht nur Gerechtigkeit, sondern vor allem Liebe ist, die Hinwendung zum Erlösungsglauben, der eine echte Gottesgemeinschaft mit Gott erhofft, wobei zugleich die Gottesherrschaft zum Ziel gelangt«[468].

6. »HÖRE ISRAEL: JHWH IST UNSER GOTT, JHWH IST EINER«
(Dtn 6,4):
BABYLONISCHE UND PERSISCHE ZEIT
(ca. 600/586–333 v. Chr.)

Mit der Eisenzeit III (ca. 600–450 v. Chr.) und mit Juda als eigenständiger persischer Provinz (ca. 450–333 v. Chr.)[469] beginnt die für das spätere Judentum formativste Periode der judäischen Religionsgeschichte. Die Vernichtung des davidischen Königtums, die Zerstörung Jerusalems und des Tempels ist der erste große Einschnitt in der Gesamtgeschichte des jüdischen Volkes. Dieser führte jedoch nicht zu einer Lähmung und Agonie[470], sondern zu einer ungemeinen intellektuellen Herausforderung, die angenommen, verarbeitet und auf ihre Weise gemeistert wurde. Durch die seit Anfang des 6. Jh. v. Chr. neue politische Situation, die sich nach wenigen Jahrzehnten wieder ändert[471], ist eine rasch wechselnde religiöse Symbolik feststellbar[472], die jedoch auf die judäische Bevölkerung ohne Einfluß geblieben ist. Der Konoid aus el-Gib zeigt z. B. gerade, daß die Astralszene, wie man sie auf dieser Art Siegel erwarten würde[473], durch den bloßen Namen: »Onijahu, Sohn des Herijahu« ersetzt ist (Abb. 46). Das religiöse Symbolsystem der phönikischen Küstenstädte[474] scheint keine besondere Wirkung auf Juda gehabt zu haben.
Der Süden Judas wurde vor allem durch Edomiter und arabische Stämme, in deren Händen der Fernhandel lag, kontrolliert und beherrscht[475]. Das jüngst gefundene Heiligtum von Horvat Qitmit (ca. 25 km östlich von Beerscheba) zeigt diese Situation klar. Es handelt sich nicht etwa um ein judäisches Heiligtum, wie man es für die Eisenzeit II als selbstverständlich annehmen könnte, sondern um ein edomitisches[476], das offenbar als kultisches Zentrum für eine ganze Region fungierte. Der edomitische Nationalgott Qaus wurde hier zusammen mit einer göttlichen Paredros verehrt. Die Göttin dürfte vom Typ der Aschera gewesen sein[477]. Für Israel und Juda ist die ganzen Jahrhunderte hindurch eine solche Paredros-Konstellation nicht belegt. Sie ist jedoch für die Nachbarvölker die Regel. Dieses Heiligtum auf dem ehemaligen Gebiet des Königreiches Juda ist in die erste Hälfte des 6. Jh. v. Chr. zu datieren[478], also in die Zeit des Babylonischen Exils von Juda her gesehen (586–538 v. Chr.), in der die Landbevölkerung Judas ohne die eigene politische und zentral-religiöse Führung war. Dies erklärt auch die Nähe dieses fremden Heiligtums zum judäischen Kernland oder Rumpfgebilde (Abb. 47). Von den Kleinfunden (Votivgaben) sind ein Schwein[479] und zahlreiche Strauße zu nennen.

Abb. 46   Stempelsiegel, el-Gib. Keel/Uehlinger 1992: 433 Abb. 359.
l ᵓnjhw bn hrjhw   (Siegel, das gehört) dem Onijahu, Sohn des Herijahu

Keel/Uehlinger[480] haben angesichts dieser Straußenfunde die Frage aufgeworfen, ob JHWH von Teman, Qaus und der Herr der Strauße auf ein und dieselbe Gestalt zurückgehen und wie lange sie eventuell als miteinander verwandt oder sogar identisch verstanden wurden. Daß JHWH zeitweise ab dem 10. Jh. v. Chr. als Herr der Strauße gesehen werden konnte, steht angesichts der Glyptik einwandfrei fest[481]. Alle drei göttlichen Gestalten: JHWH, Qaus und der Herr der Strauße sind ursprünglich in der südöstlichen Wüstenregion beheimatet. Es ist daher kaum zu leugnen, daß die Menschen dieser Region im Herrn der Strauße jeweils IHRE Gottheit erkannten. Es spricht aber auch kaum etwas dagegen, anzunehmen, daß es sich ursprünglich um dieselbe Gottheit handelt, die u. a. als Herr der Strauße verstanden wurde. Als terminus a quo für das Auseinanderfallen dieser Gottheit mag der Beginn der nationalstaatlichen Entwicklung Edoms in der Eisenzeit I[482] gelten[483]. In Juda und Israel ging jedoch mit diesem Prozeß des Auseinanderfallens die Identifizierung von El/Eljon/Amun und JHWH vor sich, so daß JHWH schon durch die Tempelsymbolik im 10. Jh. v. Chr. als der absolut höchste Gott charakterisiert wurde. Als terminus ad quem dieses Prozesses sehe ich die Eisenzeit II B, wo in der Bildkonstellation der Straußensiegel eine deutliche Verlagerung eintritt: der Herr der Strauße wird allmählich durch einen beschwörenden Verehrer vor einem Strauß verdrängt. Ferner zeigt auch die eine Inschrift von Kuntilet Aǧrud, daß es für Israel und Juda um die Mitte des 8. Jh. v. Chr. JHWH ist, der als der Gott von Teman[484] gilt.

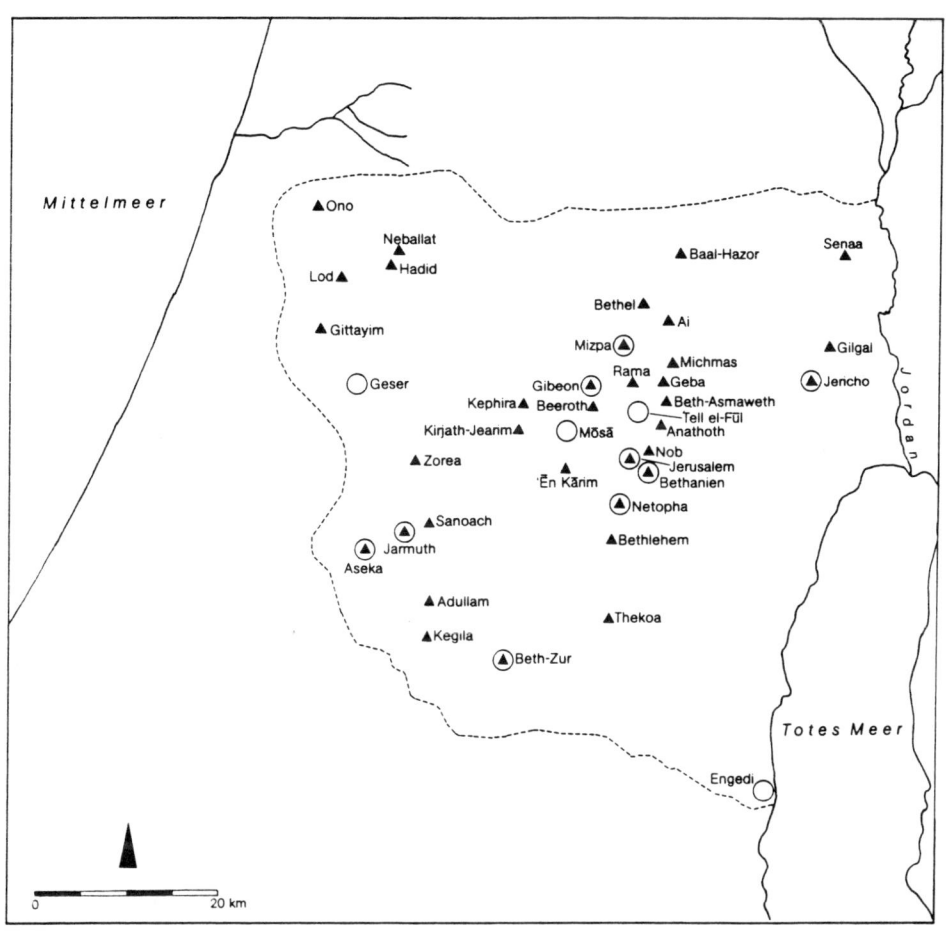

Abb. 47   Die Provinz Juda.
▲ *Im Esra- und Nehemiabuch genannte Orte;*
○ *Fundorte von Siegelabdrücken und Münzen der Provinz Juda.*
Weippert 1988: 691 Abb. 5.2.

6.1 Die »unkontrollierte« Religiosität in Juda während des 6. Jh. v. Chr.

Bedingt durch die geschichtlichen Ereignisse ist es im 6. Jh. v. Chr. nicht mehr möglich, einen zentralen Träger judäischer Religiosität vorauszusetzen, denn gerade die Eliten mußten nach den Ereignissen von 598 und

587/86 v. Chr.[485] das Land verlassen und lebten zumindest offiziell bis 538 v. Chr. im Babylonischen Exil.

Eine weitere Gruppe finden wir in den »jüdischen« Militärkolonisten der Nilinsel Elephantine in Oberägypten, deren Einfluß auf die Entwicklung des Gottesbildes jedoch unerheblich ist[486]. Die dritte Gruppe ist die im Land verbliebene Bevölkerung, die jedoch auf Grund der Quellenlage am schlechtesten erfaßbar scheint[487].

Die verschiedenen Konfliktsituationen zwischen den im Land Verbliebenen und den aus dem Exil kommenden Gruppen (vgl. Hag 2,10–14 Sach 6) lassen erkennen, daß die religiöse Praxis der im Land verbliebenen Bevölkerung weitgehend dem vordeuteronomischen und vorjeremianischen Denken verhaftet geblieben war.

Aus Juda stammen etwa 70 Siegelabdrücke. Ein Teil dieser Abdrücke ist in das 6. Jh. v. Chr. zu datieren, und zwar diejenigen, auf denen ein Löwe auf allen Vieren stehend, teils mit aufgerissenem Rachen, dargestellt ist (Abb. 48)[488]. Es handelt sich dabei um administrative Siegel bzw. Ab-

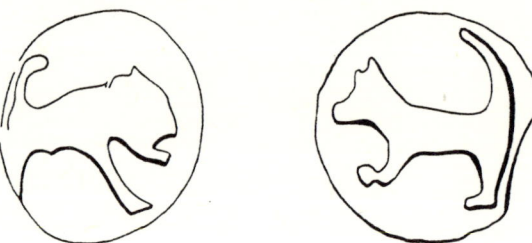

Abb. 48   Siegelabdrücke, Ramat Rahel. Keel/Uehlinger 1992: 447
Abb. 380 a–b.

drücke der babylonischen Provinz Juda. Sie sind mit ihren Vorläufern, den Königsstempeln des 8. Jh. v. Chr. und den joschijanischen Rosettenstempeln vergleichbar[489]. Der Löwe kann dabei für Juda stehen[490], aber ebenso als Repräsentation des »von Zion brüllenden« JHWH (vgl. Am 1,2 Jer 25,30 Joel 4,16)[491] gedeutet werden, wobei sich diese Deutungen gegenseitig nicht ausschließen.

Die Sonnenscheibe über dem Kopf eines Löwen auf einem Abdruck aus Ramat Rahel (Abb. 49) legt doch sehr intensiv nahe, daß es hier um den solar bestimmten JHWH geht. Noch klarer zeigt dies eine Bulla aus En Gedi, die wahrscheinlich aus dem 6. Jh. v. Chr. stammt und über der Flügelsonne das aramäische Wort lmnɔ »für den Herrn« zeigt (Abb. 50). Ob

Abb. 49   Siegelabdrücke, Ramat Rahel. Keel/Uehlinger 1992: 447
Abb. 382 a–b.

Abb. 50   Bulla, En Gedi. Keel/Uehlinger 1992: 447 Abb. 383.

unter diesem Herrn JHWH gemeint ist, läßt sich nicht sicher beweisen.
Die Flügelsonne läßt für Juda jedoch kaum eine andere Deutung zu (vgl.
Jes 60,1–3 Mal 3,20)[492].

Die Siegelabdrücke zeigen jedenfalls, daß JHWH auch im nachexilischen Juda eine dominante Stellung hatte.

Was die vorher erwähnten Pfeilerfigurinen der Göttin und die Reiterstatuen betrifft, so läßt sich über ihr Vorkommen im 6. Jh. v. Chr. bisher
kein klares Bild erkennen. Trotz der zur Zeit unübersichtlichen Quellenlage ist jedoch eher deutlich, daß solche Terrakotten in nachexilischer
Zeit nicht mehr vorkommen[493].

Biblische Texte wie Ez 8,1–17 Jes 57,3–13 65,1–7[494] zeigen, daß in Weiterführung religiöser Praktiken des 7. Jh. v. Chr. in Judas exilischer Zeit
neben JHWH auch andere Götter verehrt wurden und es Kultpraktiken
gegeben hatte, die mit dem späteren, normativen Jahwismus nicht in Einklang zu bringen sind. Aber die Beweislast dieser Texte vermag den
Grundtenor einer beherrschenden JHWH-Verehrung auch in dieser Zeit
nicht grundlegend zu verändern.

6.2 Der normative JHWH-Glaube der exilisch-nachexilischen Zeit

Die erneute Verdrängung der Göttin in nachexilischer Zeit hatte zur Folge, daß weibliche Züge stärker in das Gottesbild integriert wurden. Der für uns so selbstverständlich gewordene Begriff der Barmherzigkeit Gottes wird gemeinsemitisch und daher auch im Hebräischen vom Begriff »Mutterschoß« (rḥm, rḥmjm) als dem Ort der Entstehung des Lebens abgeleitet[495]. Die nachexilische Zeit akzentuiert aber den Begriff so, daß er auch männliches-väterliches Erbarmen nicht ausschließt und daher mitmeint. So vergleicht zwar Jes 49,15[496] die Liebe und das Erbarmen JHWHs zu Zion mit der Liebe und dem Erbarmen einer Mutter:

»Kann denn eine Frau ihr Kindlein vergessen, eine Mutter ihren leiblichen Sohn? Und selbst wenn sie ihn vergäße; ich vergesse dich nicht.«

Aber der Grundtenor dieser Aussage ist mehr der, daß eben JHWHs Erbarmen jedes menschliche Erbarmen übersteigt[497].
Besonders deutlich zeigt diese Verschiebung auch Ps 103,13:

»Wie ein Vater sich seiner Kinder erbarmt, so erbarmt sich JHWH über denen, die ihn fürchten.«

Ähnlich verhält es sich mit dem Begriff »Mutter«. Schon die Jahwistische Stelle Num 11,12 sieht in JHWH Israels Mutter[498]. Dtn 32,18 nennt JHWH Vater und Mutter:

»Den Felsen, der dich zeugte, hast du vernachlässigt und den Gott, der dich unter Wehen gebar, hast du vergessen.«[499]

Aber auch die nachexilische Heilsprophetie scheut sich nicht, dieses Bild zu verwenden:

»Wie einen, den seine Mutter tröstet,
so will ich euch trösten.
Durch Jerusalem sollt ihr getröstet werden.« (Jes 66,13)[500]

Schon im 7. Jh. v. Chr. ist festzustellen, daß die priesterlichen, prophetischen und deuteronomischen Eliten Judas einen purgierten JHWH-Glauben propagierten. In der Zeit des Babylonischen Exils und danach wird dieses Gottesbild zur einzig gültigen Norm erklärt und mit Mitteln der liturgischen Paränese, der Pädagogik, aber auch mit politischer Macht durchgesetzt.
In den ersten Jahrzehnten des Babylonischen Exils wirkte der Prophet Ezechiel[501]. In der Berufungsvision des Propheten, die in Ez 1 und 10

überliefert[502] ist, gibt es Ähnlichkeiten, aber auch Verschiedenheiten[503]. Ez 1 schaut Ezechiel JHWH als den allgegenwärtigen und daher den in Babylon Verbannten auch nahen Himmelsgott, während die redaktionelle Verknüpfung der Vision Ez 1 und 10 die Erscheinung JHWHs direkt in Babylon gegenwärtig sein läßt[504]. Die Vorstellung, daß JHWHs Gegenwart an keinem fixen geographischen Punkt wie dem Jerusalemer Tempel festzumachen ist, daß er überall und somit auch in Babylonien erfahrbar ist, geht daher in ihrer vollen Aussagekraft nicht auf Ezechiel zurück, sondern auf seinen späteren Schüler- und Verehrerkreis. Dabei ist JHWH nicht einfach der Himmelsgott, sondern der, der als Herr des Himmels – thronend über einer festen Platte, die den Himmel vergegenwärtigt – dargestellt ist. Analog zur mesopotamischen Ikonographie[505] wird JHWHs Gestalt in Weißgold (Oberkörper) und Feuer (Unterkörper) geschaut. Dem entspricht die bildliche Darstellung des Himmelsgottes, dessen Oberkörper gegliedert und dessen Unterkörper schwanzartig aufgefächert ist[506].

Für die nachexilische Zeit ist die Bezeichnung JHWHs als absoluten und allgegenwärtigen Himmelsherrn selbstverständlich geworden. Die Selbstverständlichkeit dieser Aussage entspricht z. B. dem berühmten Rollsiegel (Abb. 51) Dareios' I., auf dem über einer Jagdszene der Himmelsgott Ahura Mazda dargestellt ist. Der Oberkörper ist klar menschengestaltig gegliedert, der Unterkörper schwanzartig gefächert. Die Flügel vergegenwärtigen nicht die Sonne[507], sondern den Himmel[508].

In den letzten Jahren des Babylonischen Exils wirkte der Prophet Deuterojesaja. Da sein eigentlicher Name unbekannt ist, nannte ihn die Forschung den zweiten Jesaja. Die Überlieferung seiner Botschaft ist in Jes 40–55 enthalten[509].

Der schon bei seinen Vorgängern Hosea, Jeremia und Ezechiel entfaltete Erlösungsgedanke wird durch ihn eschatologisch erweitert[510]. Seine Gottesvorstellung ist klipp und klar eine monotheistische:

»So spricht der Herr, Israels König, sein Erlöser, der Herr der Heere: Ich bin der Erste, ich bin der Letzte, außer mir gibt es keinen Gott.« (Jes 44,6)

Hier ist in einem theoretischen, theologischen Ansatz die Einzigkeit und Alleinigkeit JHWHs ausgesprochen. Es genügte Deuterojesaja nicht mehr, daß JHWH der einzige und alleinige Gott für Israel ist, daß ihm die dominierende Verehrung in Israel gilt. Für ihn existieren die anderen Götter grundsätzlich nicht.

So ist es natürlich, daß die ganze Welt, ihr Anfang und ihr Ende, von JHWH umfangen wird. Der souveräne Schöpfergott ist auch der, der die

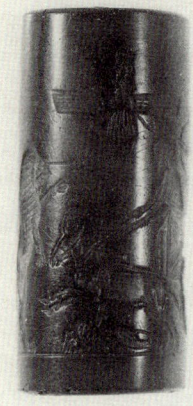

Abb. 51   Zylindersiegel, Chalzedon, 3,3 cm hoch. British Museum 89132.
Schmitt 1981: 20 und Abb. 1. Koch 1992: 268 Abb. 190.
Zwischen zwei Dattelpalmen der persische Großkönig Dareios I. (521–486
v. Chr.) in einem Jagdwagen bei der Löwenjagd. Darüber der Himmelsgott
Ahura Mazda mit menschengestaltigem Oberkörper; der Unterkörper ist
schwanzartig gefächert. Die Flügel verkörpern hier den Himmel. Rechts die drei-
sprachige Inschrift (altpersisch, elamitisch, babylonisch):
a-da-ma: da-a-ra-ya-va-u-ša[a] XŠ = adam Darayavauš[b] XŠ
v.ú v. Da-ri-ya-ma-u-iš sunki[c]
ana-ku [m]Da-ri-iá-muš šárru rabu
„Ich Dareios, der König" (in der babylonischen Version der letzten Zeile heißt
es: „der große König").

Geschichte der Welt, der Völker, der Menschen leitet und sie zu ihrem
endgültigen Ziel bringt. Dieses endgültige Ziel steht nun vor der Tür.
Nicht nur sein Volk Israel wird in das künftige Heil miteinbezogen, sondern alle Völker:

> »Wendet euch zu mir und laßt euch retten, alle Enden der Erde! Denn
> ich bin Gott und keiner sonst; ich habe bei mir geschworen –und von
> meinem Mund geht Wahrheit aus, ein Wort, das unumstößlich ist –,
> daß sich ein jedes Knie mir beugen und jede Zunge bekennen soll.«
> (Jes 45,22 f.)

Dieser explizite und theoretische Monotheismus, wie er hier in der 2.
Hälfte des 6. Jh. v. Chr. ausgesprochen wird, ist die logische Folge dessen, was in Juda und Israel über Jahrhunderte hindurch gedacht und im
Kult vollzogen wurde. Das klare Bekenntnis überrascht daher nicht; es
ist geradezu zu erwarten. Ein solches Bekenntnis entspricht aber auch

dem Trend der Zeit. Der um 630 v. Chr. in Baktrien (heute Afghanistan) geborene Prophet Zarathustra[511] stand ähnlich am Ende einer Jahrhunderte dauernden religiösen Entwicklung, die in seinem monotheistischen Bekenntnis gipfelte. Mit Kyros II. scheint die Religion Zarathustras die der Achämeniden geworden zu sein[512], was nicht ohne Folgen auf die exilierten Judäer geblieben sein kann, wo doch gerade Deuterojesaja in Kyros das besondere Werkzeug JHWHs sieht[513] und dieser persische Großkönig 538 v. Chr. für die Judäer das Exil beendet[514]. Zarathustra nennt seinen Gott den »allweisen Herrn« (altpersisch: Ahura Mazda), der der eine, allmächtige und allwissende Schöpfer ist, das principium sine principio. Im 14. Gesang der Gathas, Dichtungen, die auf Zarathustra selber zurückgehen, heißt es:

»Habe ich doch, Allweiser, Dich erkannt mit meinem Sinn als den Ersten und Letzten.« (vgl. Jes 44,6)[515]

Wenngleich es scheint, daß der absolute Monotheismus Zarathustras im Persischen Großreich zwar die offizielle Staatsreligion war, aber nicht mehr in dem ausschließenden Sinn, wie es der Prophet selber verstanden hatte – elamische und babylonische Götter kamen auf ihre Rechnung[516] –, so ist aber dennoch deutlich, daß die Verehrung Ahura Mazdas einem praktischen und relativen Monotheismus gleichkommt[517]. Dies kann jedenfalls für die Regierungszeiten der Könige Kyros II. (559–530 v. Chr.) bis Dareios II. (423–405 v. Chr.) gelten, wo in den königlichen Inschriften etc. ab Dareios I. (521–486 v. Chr.) ausschließlich Ahura Mazda genannt wird. Erst unter König Artaxerxes II. (405–359 v. Chr.) wird erstmals wieder eine andere Gottheit, nämlich Mitra, in den königlichen Inschriften genannt[518].

Die Quellenlage verbietet es sicher, Abhängigkeiten des Deuterojesaja von Zarathustras Lehre anzunehmen, aber eine geistige Befruchtung ist wohl selbstverständlich; denn sonst hätte ja Deuterojesaja in einem Vakuum gelebt; oder anders formuliert: Zarathustras Monotheismus mag der letzte Anstoß gewesen sein, den relativen Monotheismus Israels als absoluten zu definieren.

In exilisch-nachexilischer Zeit ist die letzte große Quelle des Pentateuch, die Priesterschrift, entstanden[519]. Die Gottesvorstellung der Priesterschrift ist rein monotheistisch. JHWH ist der Gott der ganzen Welt, der Israel erwählt hat. Der Eine Gott hat sich in je unterschiedlicher Weise den Menschen mitgeteilt: die Menschen vor Abraham kannten JHWH nur als Elohim »Gott«, der Schöpfer der Welt (Gen 1), Garant ihres Weiterbestehens (Gen 9,8-17), Schützer menschlichen Lebens (Gen 9,5 f.)

und Rächer aller Gewalttat (Gen 6,11) ist[520]. Mit Abraham bindet sich dieser Gott durch Verheißungen an eine Menschengruppe, aber erst mit Mose wird Israel der Empfänger der göttlichen Offenbarung.

Das Handeln JHWHs ist ein absolut souveränes (Gen 1,3.11.14) und ist von der Priesterschrift bis an die Grenze der Willkür gezogen[521]. Gottes Gegenwart ist daher für den Menschen nicht mehr wie beim Jahwisten in den Alltäglichkeiten der Welt oder wie beim Elohisten in den Propheten erfahrbar, sondern in heiligen Zeichen und Riten (Sakramenten).

Im Schöpfungshymnus Gen 1,1–2,4 a setzt die Priesterschrift einen Lobpreis auf Gottes absolute Souveränität[522]. Für andere Götter und ihre Wirkmächtigkeit gibt es keinen Platz mehr!

Das 5.–3. Jh. v. Chr. ist die Periode geworden, die die Einzigartigkeit und die Transzendenz JHWHs, wie sie im 6. Jh. v. Chr. durch Ezechiel, Deuterojesaja und die Priesterschrift je unterschiedlich formuliert wurde, zu den unumstößlichen Säulen des Gottesverständnisses werden ließ. Politische wie religiöse Führer Judas versuchten, einen rigorosen, purgierten Jahwismus in Theorie und Praxis durchzusetzen[523].

Das Gebet in Dtn 6,4:

»Höre Israel: JHWH ist unser Gott, JHWH ist Einer«

sollte das monotheistische Gottesbekenntnis nicht nur durch die tägliche Wiederholung[524] den Judäern einhämmern und in der Gottesliebe: »Und so sollst du JHWH, deinen Gott lieben mit deinen ganzen Sinnen, deinem ganzen Streben und mit deiner ganzen Kraft.« (Dtn 6,5) seinen tiefsten Sinn erhalten, sondern auch durch Zeichen permanent vergegenwärtigt sein:

»Diese Worte sollen dein Überlegen bestimmen. Du sollst sie deinen Söhnen einschärfen: Du sollst von ihnen sprechen, wenn du in deinem Haus sitzest und auf dem Wege gehest, wenn du dich niederlegst und wenn du aufstehst. Und sollst sie als Zeichen an deine Hand binden und sie sollen als Marken zwischen deinen Augen sein. Und du sollst sie auf die Pfosten deines Hauses und auf deine Tore schreiben.« (Dtn 6,6–8)[525]

Bis zum Ende der persischen Herrschaft scheint es tatsächlich gelungen zu sein, den theoretischen Monotheismus, wie er durch Propheten, Priester, die deuteronomische und deuteronomistische Bewegung als einer religiösen Elite formuliert und propagiert wurde, zur dominierenden Gottesvorstellung weiter und weitester Kreise in Juda zu machen[526].

Dennoch scheint dies in Juda nicht so glatt vor sich gegangen zu sein, wie es sich die Eliten wünschten. Die 7. Vision des Propheten Sacharja: Sach 5,5–11 ist nicht so harmlos, wie es die Überschrift in den meisten Bibelübersetzungen suggeriert:

»Der Engel des Herrn, der mit mir redete, kam und sagte zu mir: Blick hin und sieh, was sich zeigt! Ich fragte: Was ist das? Er antwortete: Was sich dort zeigt, ist ein Faß. Und er fuhr fort: Das ist ihre Schuld auf der ganzen Erde. Und siehe, ein Deckel aus Blei wurde (von dem Faß) gehoben, und in dem Faß saß eine Frau. Er sagte: Das ist die Ruchlosigkeit. Darauf stieß er sie in das Faß zurück und warf den bleiernen Deckel auf die Öffnung. Als ich aufblickte und hinsah, da traten zwei Frauen hervor, und ein Wind füllte ihre Flügel – sie hatten nämlich Flügel wie Storchenflügel –, und sie trugen das Faß zwischen Erde und Himmel fort. Darauf fragte ich den Engel, der mit mir redete: Wohin bringen sie das Faß? Er antwortete mir: Im Land Schinar soll für die Frau ein Tempel gebaut werden. Er wird auf festem Grund stehen, und dort wird sie an ihrem Platz aufgestellt werden.«[527]

Das Böse wird in Gestalt einer Frau (Göttin) dargestellt und es (sie) wird in einem verschlossenen Krug nach Babylonien, dem Land der Götzenverehrung, geschickt[528]. Götzendienst und Verehrung der Göttin wird so in eins gesetzt. In einem symbolischen Akt wird angedeutet, daß die Verehrung der Göttin bis gegen Ende des 6. Jh. v. Chr., der Zeit des Propheten Sacharja[529], in Schwung war und wohl auch für die nächsten 200 Jahre noch immer eine Rolle spielte.

Nicht umsonst ist gerade das Chronistische Geschichtswerk[530] im 4. Jh. v. Chr. so eifrig bemüht, alle Erinnerungen an die Göttin zu verschweigen oder gar zu leugnen[531], während das Vorhandensein männlicher Gottheiten den Chronisten kaum stört, weil sie für ihn keine aktuelle Bedeutung mehr hatten. Im Zentrum steht nur mehr JHWH.

Das Gebet 1 Chr 29,10-19[532] preist Gott auf überschwengliche Weise:
»Gepriesen seist du, Herr, du Gott unseres Vaters Israel, von Ewigkeit zu Ewigkeit. Dein, Herr, ist die Größe und die Macht und die Herrlichkeit, der Glanz und die Majestät! Ja alles, was im Himmel und auf Erden ist, das ist dein. Dein, Herr, ist das Reich, und du bist's, der über alles als Haupt erhaben ist. Reichtum und Ehre kommen von dir. Du bist Herrscher über alles, in deiner Macht stehen Kraft und Macht; in deiner Macht steht es, einen jeglichen groß und stark zu machen. Und nun, unser Gott, wir danken dir und preisen deinen herrlichen Namen. Denn wer bin ich und was ist mein Volk, daß wir vermöchten, solche Gabe zu spenden? Kommt doch alles von dir, und aus deiner eigenen Hand haben wir dir gegeben. Denn wir sind Fremdlinge und Beisassen vor dir wie alle unsere Väter; wie ein Schatten sind unsre Tage auf Erden, ohne Hoffnung. Herr, unser Gott, dieser ganze Reichtum, den wir gesammelt, dir ein Haus zu bauen für deinen heiligen Na-

men, aus deiner Hand kommt er, dein ist alles. Ich weiß, mein Gott, daß du das Herz prüfst und daß du an Aufrichtigkeit Gefallen hast. Aufrichtigen Herzens habe ich selbst dies alles gespendet und habe jetzt mit Freuden gesehen, wie auch dein Volk, das sich hier zusammengefunden, dir willig Gaben gespendet hat. Mein Herr, Gott unserer Väter Abraham, Isaak und Israel, erhalte solches Sinnen und Trachten für immer in den Herzen deines Volkes und leite ihre Herzen zu dir! Meinem Sohn Salomo aber gib ein ungeteiltes Herz, daß er deine Gebote, Verordnungen und Satzungen halte und alles ausführe und den Tempel baue, für den ich die Vorbereitungen getroffen habe.«
Ausgezeichnet paßt auch das Gebet Neh 9,6–31 in die Zeit des Chronistischen Geschichtswerkes. Die Verse 6–7 preisen JHWHs Einzigartigkeit, sie preisen ihn als Herrn der Schöpfung, der sich aber in der Geschichte als der Gott der Barmherzigkeit zeigt[533]:

»Du allein bist der Herr;
du hast den Himmel und aller Himmel Himmel
und ihr ganzes Heer gemacht,
die Erde und alles, was darauf ist, das Meer und alles,
was darin ist.
Du erhältst alles lebendig, und das himmlische
Heer betet dich an.
Du, o Herr, bist Gott, der du
Abram erwählt...«

II. Der jüdische Monotheismus

1. Die Gottesvorstellung der frühjüdischen Ortho-
doxie
(3. Jh. v. Chr. bis 1. Jh. n. Chr.)

1.1 Die Weisheitsspekulation in Israel

Schon die bisherigen Ausführungen haben erahnen lassen, welchen Stellenwert die Große Göttin in der Religion Judas und Israels hatte und wie über Jahrhunderte das Bemühen festzustellen ist, die Göttin JHWH unterzuordnen, sie als seine Segensmacht zu deuten, aber auch Aspekte der Göttin in das jahwistische Gottesbild zu integrieren. Gerade in der nachexilischen Zeit ist die Mächtigkeit der Göttin mit ungeheurer Vehemenz erneut hervorgebrochen. Die Antwort der priesterlichen, deuteronomistischen, prophetischen und chronistischen Kreise war der Versuch, die Göttin auszumerzen, ihre Existenz zu verschweigen, zu leugnen und sie aus dem Herzen Israels in ein Land der Fremde und des Götzendienstes zu verbannen.

Doch in der Weisheitsspekulation war die Göttin wieder da, aber mit einem anderen, einem relativen Anspruch. Die Göttin wird zur »Hypostase« JHWHs[534], wenngleich die Anwendung dieses Begriffes in der Forschung umstritten bleibt[535] und die neutralere Terminologie von der »personifizierten Weisheit«[536] vorzuziehen ist.

Spr 8 liegt die Idee zugrunde, daß die personifizierte Weisheit die Göttin ist[537]. In Spr 8,12–21 stellt sich die personifizierte Weisheit selbst vor[538] als eine Führungs- und Schutzmacht der Könige (Verse 15–16):
> »Durch mich herrschen die Könige
> und Fürsten ordnen das Rechte an;
> durch mich regieren Hofbeamte und Edelmänner,
> alle Richter des Rechts.«[539]

Nach ihrer Selbstvorstellung kommt die Weisheit auf ihr Verhältnis zu JHWH zu sprechen, war sie doch Zeugin JHWHs bei der Erschaffung der Welt (Verse 22–31):
> »JHWH schuf mich als Erstling seines Waltens,
> als Uranfang seiner Werke von damals.
> Seit jeher bin ich geformt,

seit Anbeginn, seit den Urzeiten der Erde.
Als es noch keine Urfluten gab, wurde ich geboren,
als es noch keine Quellgründe gab, schwer vom Wasser.
Bevor Gebirge eingesenkt wurden,
vor den Hügelzügen wurde ich geboren,
als er noch keine Erde gemacht hatte und keine Steppen
und nicht die Masse des losen Erdreichs.
Als er (dann) den Himmel festmachte, war ich dabei,
als er den Horizont abgrenzte über der Urflut,
als er den Wolken droben Kraft verlieh,
als die Quellen der Urflut mächtig wurden,
als er dem Meer seine Grenzen setzte (...),
als er die Fundamente der Erde festlegte.
Ich war bei ihm, einem Meister,
ich war (nichts als) Wonne Tag für Tag,
lachend und scherzend auf dem Festland seiner Erde,
und meine Wonne ist es, bei den Menschen zu sein.«[540]

Die Aussagen dieses Textes sind klar: Die Weisheit ist JHWHs erstes
Werk[541]. Sie ist die Erstgeborene der Schöpfung; sie ist aber nicht präexistent im Verhältnis zu JHWH, wohl aber präexistent in ihrem Verhältnis
zur Schöpfung. So ist sie die Zeugin der Schöpfung. Dieses Zeugin-Sein
beschränkt sich jedoch nicht auf ein neutrales Dabeisein. Es ist ein la-
chendes und scherzendes Gegenwärtigsein, das für JHWH »Wonne« war.
Das feminine Singularpartizip in der Intensivform (Piel) »mṣḥqt« (vom
Verbum ṣḥq) meint ein Verhalten, das jemanden zur fröhlichen Unterhaltung reizt[542]. Dieses Verhalten kann auch durchaus erotisch sein[543]. Die
neuere Auslegung hat häufig versucht, die vor JHWH scherzende Weisheit von der ägyptischen Maat her zu verstehen[544]. Problematisch bleibt
aber bei dieser Erklärung, daß der Göttin Maat, obwohl sie als junge
Frau dargestellt wird, jeder erotische Aspekt fehlt. Dieser ist jedoch für
die Göttin Hathor typisch[545]. In einer Erzählung vom Anfang der Mittleren Reiches heißt es, daß Horus und Seth miteinander in Streit geraten
sind; der darüber erzürnte Re wird durch Hathor dadurch besänftigt
und erheitert, indem sie vor dem Alten ihre Scham entblößt[546]. Wenn
man also bei Spr 8 an ägyptischen Einfluß denkt oder sogar mit einer Abhängigkeit rechnet, dann ist darauf hinzuweisen, daß Aspekte der Maat
und der Hathor in der scherzenden Weisheit vereinigt[547] gedacht sind.
Mir scheint es jedoch näherzuliegen, bei diesem Motiv eine gewisse
Nähe zur Göttin in der palästinischen Kleinkunst zu sehen, wo die Göttin ihre Scham entblößt, wie es bereits Winter[548] vorgeschlagen hat. In-

wieweit diese kanaanäische Topik unserem Text noch reflex ist, wird kaum deutlich zu machen sein, zumal gerade die Kosmogonien der hebräischen Bibel keinen vergnügten und sich vergnügenden[549] Schöpfergott kennen[550]. Wie durch einen Schleier können in der Weisheitsspekulation von Spr 8 die Konturen der Großen Göttin in der personifizierten Weisheit erkannt werden; aber die Göttin/personifizierte Weisheit ist in dieser Spekulation eben nicht mehr eine Hypostase JHWHs »oder eine Verobjektivierung einer seiner Eigenschaften oder seiner Fähigkeiten, sondern eine Eigenschaft der Welt«[551]; sie ist die Erstgeborene der Schöpfung, Geschöpf, nicht Gottheit! Damit ist aber zugleich die frühere Vorstellung von der Großen Göttin am gründlichsten entwertet.

Eine echte Wiederkehr der personifizierten Weisheit als im Himmel eingesetzte Göttin ist in der Weisheitslehre des Achikar zu finden, die in aramäischer Version fragmentarisch in den Elephantine-Papyri erhalten ist[552]. Biblische Texte haben die Vorstellung der erhöhten, im Himmel wohnenden personifizierten Weisheit nicht rezipiert, wohl aber das äthiopische Henoch-Buch 42,1–3, wobei hier jedoch nicht die Darstellung des aramäischen Achikar von der assyrischen Himmelsherrin übernommen wurde, sondern die Weisheit deswegen im Himmel wohnt, weil sie bei den Menschen keinen Platz gefunden hatte. Wurde die Aschera im 8. Jh. v. Chr. als eine JHWHs Segen vermittelnde Größe verstanden, so ist auch die personifizierte Weisheit Mittlerin zwischen JHWH und Mensch. Während jedoch im 8. Jh. v. Chr. die Wirkmächtigkeit der Göttin durch ihr auf JHWH bezogenes Substitutionssymbol (Baum) gegenwärtig gedacht wurde, sich JHWH gleichsam ihres Substitutionssymbols bediente, ist die personifizierte Weisheit JHWHs erstes Geschöpf, seine »Wonne« bei der Schöpfung und für die Menschen

»ein Lebensbaum ... und wer sie festhält, ist glücklich zu preisen.« (Spr 3,18)[553]

Wenn Winter[554] auf die Jahrhunderte über Jahrhunderte bezeugten Plaketten der nackten Göttin hinweist, die ja in den Haus- und Familienkulten die sakramentale Gegenwärtigsetzung der Göttin bedeuteten, und sie mit Spr 8,17-29, wo sich die personifizierte Weisheit als bleibendes und kostbares Sakrament preist, vergleicht, zeigt sich aber gerade darin, was die Weisheitslehrer des frühen Judentums erreichen wollten: die offenbar auch noch im 3. Jh. v. Chr. unausrottbaren Kulte in das jahwistisch-monotheistische Gottesbild zu integrieren: die Große Göttin = die personifizierte Weisheit ein Urgeschöpf JHWHs.

In der Antithese der Frau Torheit (Spr 9; vgl. Spr 7) konnte dann all das Platz finden, was zwar die Attraktivität der Göttin ausmachte wie Erotik und Sexualität, aber im JHWH-Glauben selber nur spurenhaft Platz finden konnte[555].

Die den Schöpfergott vergnügende Rolle der Weisheit ist als eine aktive zu sehen (vgl. 2 Sam 6,5.21), wie denn auch Sir 24,10 die Weisheit selber sagen läßt:

> »Im heiligen Zelt tat ich Dienst vor ihm und so wurde ich auf Zion festgesetzt.«[556]

Es ist ein liturgischer Dienst, den die Weisheit – analog zur ägyptischen Maat[557]– versieht[558]. Die Sirachsche Präzisierung der spielenden und scherzenden Weisheit von Spr 8 als liturgisches Dienen vor JHWH ist bereits der Versuch, das Erotisch-Sexuelle der Göttin/Weisheit aus der Welt zu schaffen.

Entscheidend ist aber, daß Ben Sira die Schöpfungsordnung (Weisheit) und die Gesetzesordnung (Tora)[559] gleichsetzte[560].

In einem Midrasch späterer Zeit heißt es[561]:

> »brᵓ hqb"h ᶜwlmw bḥkmh
> ᵓjn ḥkmh ᵓlᵓ twrh«
> Es schuf der Heilige, gepriesen sei er, seine Welt mit Weisheit;
> Es gibt aber keine Weisheit außer die Tora[562].

So wurde die Persona Weisheit, wie sie Spr 8 voraussetzt, zur »Weisheit« und die Rede von Frau Weisheit oder, wie sie Philo von Alexandrien nennen konnte, »Gemahlin Gottes, Tochter Gottes, erstgeborene Mutter des Universums«[563] zu einer Metapher[564].

Der strenge Monotheismus des nachexilischen Juda brachte auch das letzte Aufflackern der Göttin zum Erlöschen[565].

Eine Zusammenfassung des Glaubens Judas, gleichsam eine »alttestamentliche Theologie in nuce«[566], bietet der aus weisheitlichen Kreisen stammende Ps 33[567], der die absolute Souveränität Gottes in der Schöpfung preist, aber diesen Gott bereits als den absoluten, souveränen Gott der Geschichte erkennt und so mit einem Fuß in der apokalyptischen Welt steht.

Das weisheitliche Denken hat das spätere Israel bzw. das frühe Judentum der Zeit des 2. Tempels ungemein beschäftigt und befruchtet. Es ist ein Denken, das quer durch alle zeitgenössischen Strömungen und Richtungen geht, durch die priesterliche ebenso wie die nun zu behandelnden apokalyptischen Gruppierungen.

1.2 Die Gottesvorstellung der apokalyptischen Bewegungen

Das griechische Verbum »apokalyptein« bedeutet »enthüllen, entdekken, offenbaren«[568].

Die Apokalyptik beginnt zu einer Zeit, »da die Prophetie schweigt«[569]. Als Stilform finden wir apokalyptisches Denken bereits bei den Propheten. Aber die Apokalyptik im Sinne »des akut-eschatologisch orientierten Denkens«[570] wird erst im Buch Daniel faßbar[571].

Eine wichtige Wurzel dieses Denkens liegt in der politischen Situation der nachexilischen Zeit, vor allem nach dem Zusammenbruch der persischen Herrschaft, als mit Alexander dem Großen die Hellenisierung Palästinas begonnen hatte[572] und »die Tora als Staatsgesetz durch eine hellenistische Polis-Verfassung«[573] zu verdrängt werden drohte. Bedingt durch diese Situation begannen sich im 3. Jh. v. Chr., vielleicht auch schon im 4. Jh. v. Chr., die sogenannten Chassidim als Gegenreaktion zu formieren[574], zunächst im stillen, im Hintergrund lebend; jedoch kurz vor dem Makkabäeraufstand 167/166 v. Chr. werden sie in 1 Makk 2,42 als festumrissene jüdische Religionspartei genannt, die sich mit den Makkabäern zum Kampf gegen die seleukidische Herrschaft zusammenschloß[575].

Etwa zu diesem Zeitpunkt beginnt mit dem Danielbuch die apokalyptische Literatur, ca. zwischen 168 und 164 v. Chr.[576]. Im Buch Daniel verstehen sich die Chassidim als der Rest Israels, »die Heiligen des Höchsten«[577], als das wahre Israel schlechthin.

Die Gottesvorstellung dieser Bewegung ist grundsätzlich die des orthodoxen Judentums, der strenge monotheistische Glaube. Für diesen Glauben sind die Chassidim auch bereit, das Martyrium auf sich zu nehmen (vgl. 2 Makk 6,18-31 7,1-42 Dan 3,8-23).

Wie eine Zusammenfassung all dessen, was das orthodoxe Judentum über seinen Gott gedacht hatte, liest sich der Lobgesang der drei Jünglinge: Hananja, Asarja und Mischael in Dan 3,51-90[578]:

52 »Gepriesen bist du, Herr, du Gott unserer Väter, gelobt und gerühmt in Ewigkeit.

53 Gepriesen ist dein heiliger, herrlicher Name,
    hochgelobt und verherrlicht in Ewigkeit.

54 Gepriesen bist du, der in die Tiefen schaut und auf Kerubim thront,
    gelobt und gerühmt in Ewigkeit.

55 Gepriesen bist du auf dem Thron deiner Herrschaft,
    hoch gerühmt und gefeiert in Ewigkeit.

56 Gepriesen bist du am Gewölbe des Himmels,
   gerühmt und verherrlicht in Ewigkeit.
57 Preist den Herrn, all ihr Werke des Herrn,
   lobt und rühmt ihn in Ewigkeit!
62 Preist den Herrn, Sonne und Mond,
   lobt und rühmt ihn in Ewigkeit!
63 Preist den Herrn, ihr Sterne am Himmel,
   lobt und rühmt ihn in Ewigkeit!
73 Preist den Herrn, ihr Blitze und Wolken,
   lobt und rühmt ihn in Ewigkeit!
82 Preist den Herrn, ihr Menschen,
   lobt und rühmt ihn in Ewigkeit!
83 Preist den Herrn, ihr Israeliten,
   lobt und rühmt ihn in Ewigkeit!
87 Preist den Herrn, ihr Demütigen und Frommen,
   lobt und rühmt ihn in Ewigkeit!
88 Preist den Herrn, Hananja, Asarja und Mischael,
   lobt und rühmt ihn in Ewigkeit!
   Denn er hat uns der Unterwelt entrissen
   und aus der Gewalt des Todes errettet.
   Er hat uns aus dem lodernden Ofen befreit,
   uns mitten aus dem Feuer erlöst.
89 Dankt dem Herrn, denn er ist gütig;
   denn seine Huld währt ewig.
90 Preist alle den Herrn, ihr seine Verehrer,
   preist den Gott der Götter;
   singt ihm Lob und Dank;
   denn ewig währt seine Güte.«

Das nachexilische Juda ist durch seine orthodoxen Ab- und Ausgrenzungen in eine theologisch enge und problematische Situation geraten. Der Glaube an »den Gott der Väter« war nicht nur geographisch auf ein kleines Gebiet beschränkt, sondern eifrig und eng wie ein unzugänglicher Schatz gehütet worden. Natürlich gab es aber auch da andere Stimmen, wie das Buch Jona zeigt, das ca. zwischen 400 und 200 v. Chr. entstanden ist und durch das universale Denken der frühen Apokalyptik geprägt ist. »Israels Zukunft kann nur verstanden werden, wenn durch die Prophetie das Auge für die Völkerwelt geöffnet wird.«[579] Jona, der Repräsentant des partikularistisch denkenden Juda, wird dadurch beschämt, daß JHWHs Barmherzigkeit Juden und Völker zusammenführt.

Auch der Gott der Väter des Danielbuches ist nicht nur der Gott Judas, sondern ebenso der Völker. Die Offenbarung JHWHs an Israel ist nicht Israels Tora, sondern die der ganzen Welt! Dan 2,49 b läßt den fremden König Nebukadnezar gerade dieses Bekenntnis sprechen:

»Euer Gott ist wirklich der Gott der Götter,
der Herr der Könige
und der Offenbarer der Geheimnisse.«[580]

JHWH, der Gott und Herr der Geschichte, ein so sehr strapaziertes Thema biblischer Theologie und ihrer praktischen Anwender, ist nicht nur nicht die exklusive Idee des alten Juda und Israel[581], sondern in seiner universalen Dimension »Herr der Geschichte« erst in der Spätzeit spurenhaft zu finden. Die frühe Apokalyptik und Weisheit mit ihrer Geschichtsdarstellung und Geschichtsdeutung (Dan 8–12), in der die Vision bereits zur literarischen Gattung erstarrt[582], sieht Gott hinter dem Verlauf des gesamten Weltgeschehens, erkennbar aber nur dem, dem es wie Daniel der Engel (Dan 8,16 12,1) deutet. Nur Gott selber entscheidet den Ausgang der Geschichte[583]. Auch wenn alles auf das katastrophale Ende hinsteuert, so ist dieses Ende dennoch der Anbruch der endgültigen Gottesherrschaft[584].

Dieser Gott der universalen Geschichte, die nur Heilsgeschichte sein kann, ist auch der Gott der Weisheit. Das Dankgebet Daniels in Dan 2,20–23 zählt die weisheitlichen Eigenschaften Gottes auf:

»Es sei der Name Gottes gepriesen von Ewigkeit zu Ewigkeit,
denn die Weisheit und die Macht gehören ihm.
Er wechselt Perioden und Zeiten,
stürzt Könige und richtet Könige auf.
Er gibt die Weisheit den Weisen und den Verstand den Verständigen.
Er enthüllt die tiefen und verborgenen (Dinge).
Er kennt, was in der Finsternis (ist), während das Licht bei ihm wohnt.
Dich, Gott meiner Väter, lobe und preise ich,
denn Weisheit und Macht hast du mir gegeben.«[585]

Im Gebet Baruchs der syrischen Baruchapokalypse 48,2–10 wird Gott als Herr der Geschichte und der Weisheit beschrieben:

»O Herr, du rufst das Kommen der Zeiten
– und sie stehen vor dir.
Du läßt die Herrschaft der Welten vergehen,
– und sie widersetzen sich dir nicht.
Du verfügst über den Lauf der Perioden,
– und sie gehorchen dir.
Du allein kennst die Dauer der Geschlechter,

und nicht vielen offenbarst du deine Geheimnisse.
Du gibst die Menge des Feuers an
und wägst die Leichtigkeit des Windes.
Du untersuchst den Saum der (Himmels-)Höhen
und ergründest die Tiefen der Finsternis.
Du bestimmst die Zahl der Menschen, die vergeht und fortbesteht,
und bereitest eine Wohnung für die, die sein werden.
Du erinnerst dich des Anfangs, den du geschaffen hast,
und vergißt nicht die kommende Vernichtung.
Mit Winken der Furcht und der Drohung befiehlst du den Flammen,
und sie wandeln sich in Wind.
Und mit dem Wort rufst du ins Leben, was nicht war,
und mit großer Macht hältst du fest, was noch nicht ist.
Du lehrst durch deine Einsicht das Geschöpf und machst die Sphären
weise, daß sie dienstfertig sind nach ihrem Rang.
Unzählbare Heerscharen stehen vor dir und dienen ruhig
deinem Wink nach ihrem Rang.
Höre doch auf deinen Knecht...«[586]

In den Lehren der Qumran-Essener als der wohl härtesten und konsequentesten Gruppe der apokalyptischen Bewegung ist JHWH als der absolute Herr der Geschichte und Weisheit aber der Gott der Vorsehung (vgl. Jubiläenbuch 5,13 Henoch 81,1.2), wenn es im Sektenkanon 1 Q S III 15 heißt:

»Alle Zeiten Gottes kommen nach ihrer Ordnung, wie er es ihnen festgesetzt hat, in den Geheimnissen seiner Klugheit...«[587]

Der Prädestinationsgedanke ist jedoch nicht absolut gedacht. Obwohl Gerechte und Frevler vom Mutterleib an von Gott als solche determiniert erscheinen[588], ist das Moment menschlicher Willensfreiheit vorhanden[589].

Es wäre der breiten apokalyptischen Strömung des frühen Judentums nicht Rechnung getragen, wollte man nicht auch deutlich sagen, daß über aller theoretisch-theologischen Spekulation das menschliche Ich in der dauernden Zwiesprache mit dem Du Gottes steht. Ganz besonders ist die Hymnenrolle von Qumran ein beredtes Zeugnis dafür:

»Gepriesen seist du Gott der Barmherzigkeit und der Huld entsprechend deiner großen Kraft und der Fülle deiner Wahrheit und dem Reichtum deiner Gnade an all deinen Werken. Erfreue die Seele deiner Knechte in deiner Wahrheit und reinige mich
durch deine Gerechtigkeit, wie ich harre auf deine Güte und auf deine Gnade hoffe. Und durch deine Vergebungen

hast du meine Schmerzen gelöst, und in meinem Kummer hast du mich getröstet; denn ich habe mich auf dein Erbarmen gestützt: Gepriesen seist du.«[590]

Schon fast gegen Ende der apokalyptischen Bewegung des Judentums, als bereits immer intensiver die pharisäisch-rabbinische Gelehrsamkeit einsetzt[591], faßt der jüdische Dichter des 4. Esrabuches etwa gegen 100 n. Chr.[592] die Epitheta der Huld und Gnade Gottes geballt zusammen:

»Ich antwortete und sprach: Herr, ich weiß doch, daß der Höchste gegenwärtig der Barmherzige heißt, weil er sich derer erbarmt, die noch nicht in die Welt gekommen sind, der Gütige, weil er gegen die, die nach seinem Gesetz wandeln, gütig ist; der Langmütige, weil er sich den Sündern als seinen Geschöpfen langmütig erweist; der Mildtätige, weil er lieber schenken als fordern will; der Gnadenreiche, weil er gegen Lebende, Vergangene und Zukünftige an Gnaden so reich ist...; der Freundliche, denn wenn er nicht freundlich verstattete, daß die Sünder ihre Sünden los und ledig würden, so konnte nicht der zehntausendste Teil der Menschen zum Leben gelangen; und der Verzeihende, denn wenn er nicht den Geschöpfen seines Wortes verziehe und die Fülle ihrer Übertretungen tilgte, so würden vielleicht aus der unzählbaren Menge überbleiben nur ganz wenige! Er antwortete mir und sprach: Diese Welt hat der Höchste um vieler willen geschaffen, aber die zukünftige nur für wenige; ich will dir ein Gleichnis sagen, Esra. Wenn du die Erde fragst, so wird sie dir sagen, daß sie vielmehr Ton hervorbringt, woraus man Geschirr macht, aber ganz wenig Staub, woraus Gold wird. So ist auch diese Welt geordnet: viele sind geschaffen, wenige aber gerettet!«[593]

1.3 Jesus von Nazareth

Die Situierung des historischen Jesus von Nazareth in einem Kapitel über den jüdischen Monotheismus wird auch heute noch manchen jüdischen wie christlichen Leser befremden, vielleicht sogar stören und beunruhigen. Deshalb kann es nicht oft genug betont werden: Jesus war Jude (Röm 1,3 Gal 4,4) seiner Zeit, lebend in seiner von den Römern besetzten Heimat[594], in seinem Fühlen und Denken zutiefst geprägt durch die hebräische Bibel[595], durch die weisheitliche Tradition[596] und durch apokalyptische Strömungen[597]. Im weitesten Sinn ist der historische Jesus jenen Gruppen zuzuordnen, die auf das Reich Gottes warteten[598], eher im Sinn des Pharisäismus[599] denn des Essenismus. Besonders die neuere jüdische Jesusforschung sieht in Jesus von Nazareth den Vertreter einer der drei wichtigsten Schulen des palästinischen Judentums im 1. Jh. n. Chr., neben der des Rabbi Schammai und der des Rabbi Hillel bzw. des Rabbi Gamaliel.

In diesem ideellen Kontext ist auch Jesu Gottesverständnis beheimatet. Auf die Frage eines Schriftgelehrten nach dem wichtigsten Gebot der Tora (Mk 12,28–34 Matth 22,34–40 Luk 10,25–28) antwortet Jesus mit einer Zitatenkomposition aus Dtn 6,4–5:

> »Höre Israel, JHWH ist unser Gott, JHWH ist Einer; …«

und Lev 19,18:

> »Du sollst deinen Nächsten lieben…«

Klausner[600] bemerkt zu Recht, daß auch ein Rabbi Hillel oder ein Rabbi Akiba diese Frage so beantwortet haben.

Jesu Lehre vollzieht sich ganz auf der Basis des strengen jüdischen Monotheismus, und er weist die Anrede des »reichen Jünglings« mit »guter Rabbi« entrüstet mit einer Frage und einer Feststellung zurück:

> »Was nennst du mich gut? Nur einer ist gut, Gott allein.« (Mk 10,17 f. vgl. Luk 18,18–23)

In Matth 19,16 ist die Anrede wohl bewußt geändert von »guter Rabbi« in »Rabbi« und im folgenden Relativsatz das Wort »gut« untergebracht:

> »Was muß ich Gutes tun?«

Denn es wurde offenbar bereits die Diskrepanz dieses Jesus-Wortes zum christlichen Verständnis Jesu als Sohn Gottes verspürt. Die judenchristlichen Adressaten des Matthäusevangeliums sollten aber gerade in dem Glauben bestärkt werden, daß Jesus nicht bloß im metaphorischen Sinn, sondern im metaphysischen Sinn Sohn Gottes ist.

In der großen apokalyptischen Rede Matth 24 heißt es Vers 36:

> »Jenen Tag aber und jene Stunde kennt niemand; auch nicht die Engel des Himmels, auch nicht der Sohn, sondern nur der Vater.« (vgl. Mk 13,32 Apg 1,7 1 Thess 5,1–2)

Auch hier wurde später in den christlichen Gemeinden die Einschränkung »auch nicht der Sohn« als ein Widerspruch zum »trinitarischen Dogma« verstanden und in vielen Handschriften daher die Einschränkung weggelassen[601]. Wir können daraus mit Sicherheit schließen, daß der historische Jesus JHWH als den einzigen, den allwissenden, den unendlich guten, den im Sinn des apokalyptischen Denkens die Geschichte der Welt bestimmenden und zu ihrem Ende führenden Gott und Herrn verstanden hat.

Besonders charakteristisch für Jesu Gottesvorstellung ist die Anrede »Vater« in den verschiedenen Varianten[602]. Dazu ist es unerläßlich, auf die metaphorische Rede der hebräischen Bibel von JHWH als Vater hinzuweisen. Abgesehen von all den Aspekten, die der Vatername evoziert, geht es bei dieser Metapher um den erbrechtlichen Hintergrund: der Vater ist der Herr des Erbes, der den Söhnen den jeweiligen Anteil am Familienerbe anweist. Dieser erbrechtliche Hintergrund wird bildhaft auf JHWH übertragen.

Die Prüfung einiger neutestamentlicher Gleichnisse und Bildworte[603] ergibt ebenfalls, daß die Väter dieser Gleichnisse ihre Söhne lieben, für sie sorgen, ihre Autorität anwenden und daß sie ihren Besitz an die Söhne vererben. »Weil diese Väter in den Gleichnissen für Gott stehen, werden alle diese Züge aus der Bildseite der Gleichniserzählungen bedeutungsvoll für Jesu Vaterbild Gottes, das zur Sachhälfte der Gleichnisse gehört.«[604] Es ist daher durchaus deutlich, daß Jesu Verständnis von Gott als Vater primär vom familiären Hintergrund geprägt ist, der im alten Israel wie im frühen Judentum durch die Begriffe der väterlichen Liebe und der erbrechtlichen Autorität bestimmt war.

Bezeichnend dafür ist auch die Perikope von der Tempelreinigung Joh 2,13–17. Dieser Text bietet keinen Anhaltspunkt dafür, Jesus als Zeloten zu sehen, der mit einer solchen Aktion das Signal zur Anerkennung seines politischen Messiasanspruches setzen wollte. Es ist eine prophetische Demonstration (vgl. Am 7,10–17) gegen den Mißbrauch des Tempels, die auch die Römer als solche verstanden haben müssen. Es ist undenkbar, daß die Römer, die den Tempel durch die angrenzende Antonia bestens im Blickfeld hatten, eine politische Agitation geduldet hätten. Jesus stand mit seiner Tempelkritik nicht allein[605]. Während aber die Qumran-Essener dem Jerusalemer Tempel überhaupt seine Heiligkeit absprachen, d. h. bestritten, daß er noch irdische Wohnstatt Gottes sei[606], steht Jesus auf einem völlig anderen Standpunkt: er kritisiert den Mißbrauch des Heiligtums. Dadurch waren natürlich die ureigensten Interessen des sadduzäischen Priesteradels in Frage gestellt. Es ist daher höchst wahrscheinlich, daß diese Tempelkritik und das Tempelzerstörungswort Joh 2,19 für Jesu Verhaftung und schließlich Hinrichtung auslösend gewesen sind[607].

In dem Wort Joh 2,16:

»…macht aus dem Haus meines Vaters kein Kaufhaus.«

bezieht Jesus die Metapher von Gott als Vater auf sich selbst als den Sohn. Der Sohn, d. h. der Erbe greift ein, um den Familienbesitz, das Haus seines Vaters, vor Mißbrauch zu schützen. Dabei wird allerdings die Metapher nicht verlassen. Jeder gläubige und fromme Jude damals hat so gedacht, wiewohl eben nur wenige die Zivilcourage zu einer solchen prophetischen Demonstration hatten. Jeder fromme Jude konnte vom Haus JHWHs als dem Haus »seines Vaters« sprechen, weil eben die hebräische Bibel schon Jahrhunderte vorher das Vaterbild in diesem Sinn profiliert hatte[608]. Klausner[609] bemerkt, daß Jesus die Vatervorstellung »quantitativ« häufiger anwendet als Pharisäer und Tannaiten. Auch die Bezeichnung »mein Vater« ist in der rabbinischen Literatur vorhanden[610].

Wenn sich Jesus seit seiner Taufe im Jordan auch als Messias verstanden hat[611], dann impliziert dies seine Gottessohnschaft ganz besonders. Aber auch über den wundertätigen Rabbi Hanina bar Dossa, ein Galiläer, der ca. eine Generation nach Jesus gelebt hatte, sagt die himmlische Hallstimme:

»kl hᶜwlm kwlw njzwn bšbjl Ḥanina bnj...«
»Die ganze Welt wird ernährt wegen meines Sohnes Hanina...«[612]

Der Messias ist der Sohn Davids. Sohn Davids und Sohn Gottes sind identische Begriffe[613]. Aber Sohn Gottes kann hier nicht im späteren christlichen Sinn verstanden werden.

Als der Hohepriester Joseph ben Kaiapha Jesus beim Verhör vor dem Sanhedrin fragt:

»...ʾth mšjḥ bn hqdwš brk hwʾ?«
»Bist du der Messias, der Sohn des Hochgelobten?« (Mk 14,61)

antwortet Jesus bejahend mit einer Zitatenkomposition aus Dan 7,13 und Ps 110,1.

Trotz aller exegetischen Probleme, die die Verhörszene Mk 14,53–65[614] aufgibt, ist die Frage des Hohenpriesters und die Antwort Jesu als authentisch zu betrachten; denn nur ein Jude – nicht ein Christ nach 70 n. Chr. – konnte diese Frage so formulieren. Aus dem griechisch-markinischen Text klingt die hebräisch formulierte Frage Wort für Wort durch[615]. In der Antwort verbindet Jesus die Messias- mit der Menschensohnidee[616] und gibt seinem Auftreten und seiner Sendung einen eschatologischen Charakter. Die Reaktion des Hohenpriesters, der sein Kleid zerreißt, ist Ausdruck höchster Empörung über diesen Anspruch; jedoch nicht Empörung darüber, daß sich Jesus als Sohn Gottes im Sinn der christlichen Auffassung verstanden hätte[617].

Seit gut 100 Jahren ist es für die christliche Theologie fast selbstverständlich geworden, in der jesuanischen Vateranrede Gottes das Wesentliche, das Kernstück seines Gottesglaubens zu sehen[618]. Daß in dieser Anrede die ipsissima vox Jesu zu hören ist, ist zweifellos richtig, aber wenn »die ureigenste Stimme« Jesu im Sinne einer Exklusivität verstanden werden würde, wäre es eine unsachgemäße Überziehung der Quellen. Wenn auch das Reden Jesu von Gott dem Vater quantitativ größer ist als das der Rabbinen, so bleibt der Inhalt dieser Metapher völlig im Bereich des zeitgenössischen Judentums. Auch der sprachliche Befund zeigt, daß die Abba-Anrede Jesu in der aramäischen Sprache nichts Außergewöhnliches ist, weil das Aramäische gar kein anderes Wort zur Verfügung hat[619]. Selbst unter der Voraussetzung, daß Jesus hebräisch und nicht aramäisch gebetet hat, was durchaus wahrscheinlich ist.

Eigentlich ist es selbstverständlich, daß Jesus beide Sprachen verwendet hat, wie auch seine Antwort an den Hohenpriester zeigt (Mk 14,62). Daß der Hohepriester das Verhör hebräisch geführt hat und nicht aramäisch, ist die Regel. Die Antwort Jesu erfolgte daher in hebräischer Sprache, obgleich Jesus Dan 7,13 im aramäischen Original zitiert, während er wieder Ps 110,1 im hebräischen Original zitiert.

Der griechische Text von Mk 14,62 lautet:

ἐγώ εἰμι, καὶ ὄψεσθε τὸν υἱὸν τοῦ ἀνθρώπου ἐκ δεξιῶν καθήμενον τῆς δυνάμεως καὶ ἐρχόμενον μετὰ τῶν νεφελῶν τοῦ οὐρανοῦ.

»Ich bin es. Und ihr werdet sehen <u>den Menschensohn</u> <u>zur Rechten sitzend</u> der Macht und <u>kommend mit den Wolken des Himmels</u>.«

——— = Ps 110,1

········· = Dan 7,13

Markus scheint mir hier nicht einfach die Septuaginta zu zitieren, denn sie übersetzt Dan 7,13: ἐπὶ τῶν νεφελῶν...ἔρχετο

»der auf den Wolken...kam«,

während Markus: μετὰ τῶν νεφελῶν

»mit den Wolken...« und das Partizip »kommend« vorzieht, was dem aramäischen Original:

»ᶜm ᶜnnj šmjᵓ kbr ᵓnš ᵓth«

»mit den Wolken des Himmels wie ein Menschensohn kommend«

sowohl in bezug auf die Präposition ᶜm = μετά als auch bezüglich des Partizips: ᵓth = ἐρχόμενον exakt entspricht.

Die Antwort Jesu wird daher hebräisch/aramäisch gelautet haben:

»...ᵓnj hwᵓ, wᵓtm trᵓw br ᵓnš jwšb ljmjn hgbwrh wᵓth ᶜm ᶜnnj šmjᵓ«

»Ani hu, wëatem tiru bar enosch joschew limin ha-gwura wëateh im ana-nei schemaia.«

Zumindest in seiner aramäischen Umgangssprache stand Jesus nur »abba« zur Verfügung, »der Vater, sein Vater«[620], und dies ist seine bevorzugte Bezeichnung und Anrede Gottes.

Besonders klar und prägnant kommt im »Vater unser« Jesu Gottesvorstellung zum Ausdruck. Obwohl sich praktisch jeder Satz auch in der hebräischen Bibel oder in der rabbinischen Literatur findet, ist die Komposition als ganze einmalig und Zeugnis der tiefen Gottergriffenheit Jesu: »Unser Vater im Himmel, dein Name[621] werde geheiligt, dein Reich komme, dein Wille geschehe wie im Himmel, so auf der Erde. Gib uns heute das Brot, das wir brauchen. Und erlaß uns unsere Schulden, wie auch wir sie unseren Schuldnern erlassen haben. Und führe uns nicht in Versuchung, sondern rette uns vor dem Bösen.« (Matth 6,9–13)[622]

1.4 Die zu Stein gewordene Gottesvorstellung: der Herodianische Tempel

Nachdem die Neubabylonier Jerusalem und den Tempel im Jahre 587/86 v. Chr. zerstört hatten, konnte erst in frühnachexilischer Zeit an eine Wiedererrichtung des Heiligtums gedacht werden[623]. Dieses war etwa 515 v. Chr. vollendet worden[624]. Herodes der Große begann, verfolgt vom Mißtrauen der Bevölkerung[625], ab dem Jahre 20 v. Chr. mit einer Neugestaltung und Erweiterung der ganzen Tempelanlage[626]. Der eigentliche Kultbau blieb trotz mannigfacher Ergänzungen in der salomonischen Konzeption von Vorhalle, Haupthalle und Allerheiligstem erhalten[627].

Der Herodianische Tempel verfolgt ebenso wie der Salomonische, wenn auch auf andere Weise, die Idee der abgestuften Heiligkeit: ein Bereich, der von allen betreten werden durfte (Vorhof der Heiden), der Bereich der israelitischen Frauen, der Vorhof der kultisch reinen Männer, der Bereich der Priester und das eigentliche Heiligtum, dessen Allerheiligstes nur am Versöhnungstag[628] vom Hohenpriester betreten werden durfte[629].

Ein gravierender Unterschied zum ersten Tempel ist der, daß jetzt das Bilderverbot voll zum Zug kam und auch von Herodes geachtet wurde[630]. Die Grundidee des Tempels war weiterhin die der irdischen Wohnstatt und besonderen Anwesenheit JHWHs. Diese Grundidee wurde aber nicht mehr wie beim Salomonischen Tempel[631] durch die Ikonographie sukzessive erfahrbar. Die relative Bild- und Symbollosigkeit war das adäquate Ausdrucksmittel der absoluten monotheistischen Gottesvorstellung geworden. Die vormals vorhandenen Elemente wie z. B. die Säulen Jachin und Boas, das Eherne Meer, die Bundeslade unter dem Kerubenthron usw. waren überflüssig geworden. Josephus[632] berichtet, daß jede

Vegetation aus dem Tempel verbannt wurde[633], eine Maßnahme, die nicht nur als endgültige Ausrottung der Göttin aus dem Herzen Israels verstanden werden muß, sondern auch jede Assoziation JHWHs mit den damit verbundenen Vorstellungen ausschließen sollte[634].

Im Hof der Priester stand der riesige mit vier Hörnern[635] versehene Altar, der über eine südlich daran schließende Rampe erreichbar war; nördlich des Altares war der Schlachtplatz.

In der Haupthalle des Heiligtums standen Menora (Abb. 52), Schaubrottisch[636] und Räucheraltar[637].

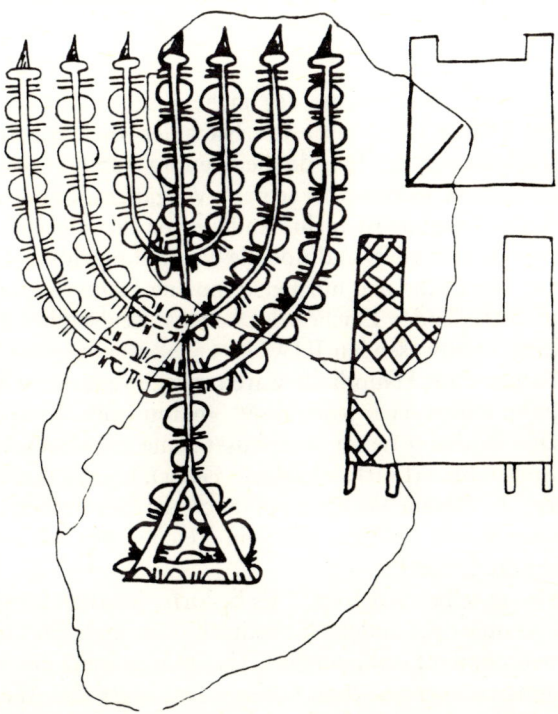

Abb. 52 A   Ritzzeichnung der Menora aus einem Jerusalemer Privathaus, ca. 37–34 v. Chr. Hachlili/Merkav 1985: 260 Abb. 4. Voß 1993: 107 Abb. 30.

Die Menora, der siebenarmige Leuchter, bis in unsere Zeit Symbol der Identität des Judentums, geht bereits auf die zehn goldenen Leuchter, die je sieben Lampen in einer Schale trugen, des Salomonischen Tempels zu-

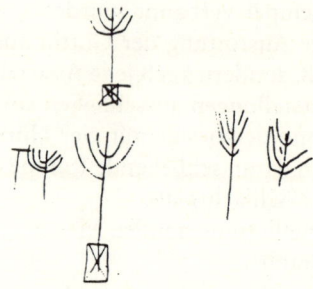

Abb. 52 B   Graffiti von Menorot, Jasons-Grab, Jerusalem, ca. 103 v. Chr.–
31 n. Chr. Voß 1993: 107 Abb. 31.

rück (1 Kön 7,48 f.). Die Menora der nachexilischen Zeit beschreibt Ex
25,31–40 (vgl. Lev 24,1–3 Num 3,31). Nach der Rückeroberung Jerusalems in makkabäischer Zeit wurde die Menora durch ein neues Exemplar ersetzt, das sich jedoch von seinem Vorgänger kaum unterschied (Abb. 53)[638]. Die Menora ist nichts anderes als die stilisierte Form des Lebensbaumes[639], was viele traditionelle Vorstellungen der Göttin evozieren könnte. Durch die neu hinzugekommene Lichtsymbolik wird die Menora zum umfassenden Zeichen des Lebens, Realsymbol des unsichtbar wesenden und anwesenden JHWH[640].

Über dem Vorhang zur Haupthalle waren riesige vergoldete Weinstöcke angebracht, von denen nach Josephus[641] »mannshohe Trauben« herabhingen[642]. Den Vorhang nennt Josephus[643] eine babylonische Webearbeit in den Farben Blau (Luft), Scharlach (Feuer), Linnen (Erde) und Purpurrot (Meer). In diesem Vorhang soll auch die Gesamtheit des Firmamentes[644] eingewoben gewesen sein; ein Zeichen des Alls, der kosmischen Dimension Gottes.

Das Allerheiligste selber war leer[645]. Es bedurfte letztlich keines anderen Realsymboles und keiner anderen Substitution mehr als der für den Menschen wahrnehmbaren Leere, um JHWHs Omnipräsenz hier und im gesamten Kosmos zu »ver-an-schau-lichen«. Die Leere des Allerheiligsten ist der zum »Bild« gewordene Monotheismus des frühen Judentums sadduzäisch-priesterlicher Prägung. Ohne die uralten Konnotationen JHWHs aufzugeben wie die Leben-Licht-Vorstellung, die Idee, daß JHWH Herr und König des Himmels und der Erde ist (Universum) – sie wurden zumindest rudimentär angedeutet – ist JHWH durch das »Zeichen« der Leere in seiner Anikonizität der allgegenwärtige und erfahrbare Gott[646].

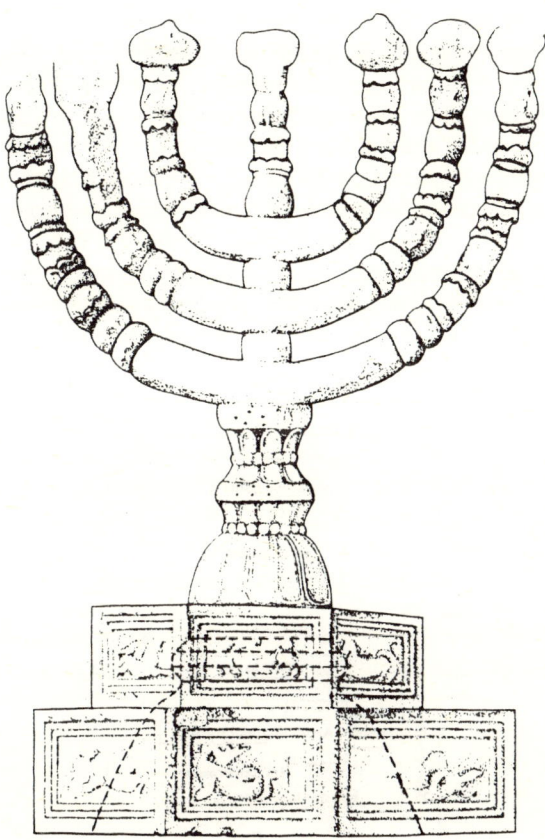

Abb. 53   Menora des Titusbogens in Rom, 81 n. Chr. Hachlili/Merkav 1985:
260 Abb. 5. Voß 1993: 107 Abb. 32.

Die Gottesvorstellung der Chassidim rischonim und ihrer verschiedenen
Nachfolger ist im Prinzip dieser gleich. Sie bedurfte jedoch nicht mehr
der rudimentären Bildhaftigkeit der priesterlichen Aristokratie, sie bedurfte letztlich auch nicht einmal mehr eines Tempels als realsymbolische Präsenz Gottes, wenngleich die Frommen den Tempel für die religiöse Praxis durchaus schätzten und jahrhundertelang seinen Verlust be-
weinten; denn darin bestand der Kern – oder theologisch gesprochen die
heilsgeschichtliche Aufgabe – der Chassidim und ihrer Nachfolger, besonders der Pharisäer, dem Judentum nach der nationalen Katastrophe

der Tempelzerstörung durch die Römer im Jahre 70 n. Chr. eine reale Überlebenschance gegeben zu haben. Dazu waren sie nur fähig, weil ihre Gottesvorstellung die sadduzäisch-priesterliche bereits transzendierte.

Mit den herodianischen Erweiterungen und Anbauten am und zum Heiligtum hatte dieses – wohl aus der Fernsicht – die Form eines Löwen. So berichtet die Mischna, Traktat Middot 4,7[647] unter Bezugnahme auf Jes 29,1, wo für Jerusalem der Name Ariel (Ein Löwe ist El oder Löwe Els) gebraucht wird[648]. Hier wird zeichenhaft an die alte Vorstellung des von Zion wie ein Löwe brüllenden JHWH erinnert. Dem nach Jerusalem pilgernden Frommen wird so zuerst das Mysterium tremendum vor Augen geführt, bevor er im Tempel das Mysterium fascinosum erleben darf (Abb. 54).

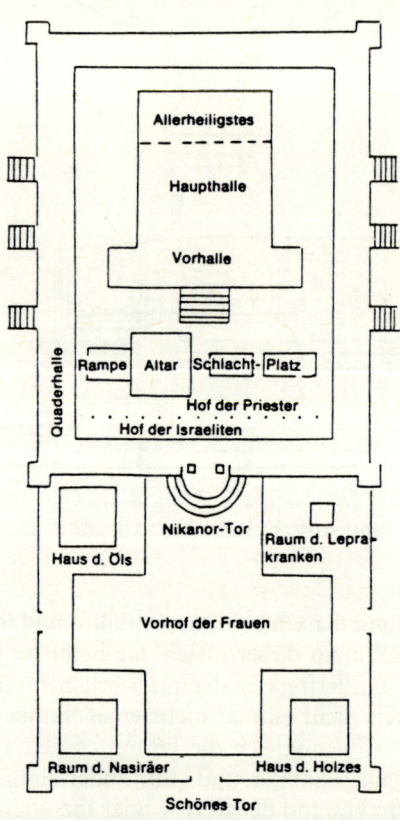

Abb. 54   Grundriß des Herodianischen Tempels
Otto 1980: 134 Abb. 10.

122

2. DIE GOTTESVORSTELLUNG
DES RABBINISCHEN JUDENTUMS

2.1 Die Kanonisierung des nationalen Erbes

Bis in das 1. Jh. n. Chr. hatte das Judentum ein reiches Schrifttum hervorgebracht, das zwar in der Zeit des 2. Tempels nicht von allen Gruppen und Religionsparteien gleichermaßen benützt wurde und direktive Bedeutung hatte, das auch unterschiedlich bewertet wurde, jedoch noch keine Kanonisierung erfahren hatte, obwohl z. B. die Tora durch Kult und Tradition den Rang als Heilige Schrift schon lange vor einer solch autoritativen Festlegung erlangt hatte. Dieser Prozeß scheint für die Tora im Laufe des 4. Jh. v. Chr. bereits abgeschlossen gewesen zu sein[649]. In allen Gruppierungen des frühen Judentums gab es darüber keine Diskussion mehr. Für die Sadduzäer, den Jerusalemer Priesteradel, blieb bis zu seinem Ende mit dem Tempel im Jahre 70 n. Chr. die Tora die ganze und einzige Heilige Schrift. Die Samaritaner, deren Schisma mit Jerusalem um das Jahr 128 und 108 v. Chr. endgültig geworden war[650] und die als einzige Gruppe des antiken Judentums bis heute existieren, hatten und haben bis heute die Tora[651] und das Josuabuch als Heilige Schrift[652]. Die Essener und ihre Anhänger, die wie die Sadduzäer nach dem Jahre 70 n. Chr. nicht mehr als eine Religionspartei des Judentums existierten, zählten praktisch alle Bücher: Tora, Propheten, die Hymnen- und Gebetsliteratur etc. zur Schrift und wohl auch die auf sie selber zurückgehenden Bücher[653].

Die Pharisäer, die als einzige Partei die Katastrophe überlebt hatten und die die formative und normative Kraft des Judentums nach der Zeit des 2. Tempels wurden, verehrten die Tora und die Propheten schon sehr früh als Heilige Bücher. Jesus Sirach, der in seinem Denken bereits als ein Vorläufer der gelehrten, gesetzlichen Weisheit der Pharisäer gelten kann, zählte um 190 v. Chr. in Sir 48,22–49,12 das ganze Korpus der hinteren Propheten der hebräischen Bibel auf: Jesaja, Jeremia, Ezechiel und die 12 Kleinen Propheten[654]. Um 117 v. Chr. übersetzte der Enkel Jesus Sirachs das Werk seines Großvaters ins Griechische[655] und erwähnt im Vorwort (Sir 1,1):

»Vieles und Großes ist uns durch die Tora, die Propheten und die übrigen ihnen folgenden (Schriftsteller) geschenkt worden...«

Das um 95 n. Chr. geschriebene Werk des Josephus, Contra Apionem I 8,38–42 zählt folgende Bücher zur Heiligen Schrift: die fünf Bücher des

Mose (Tora), 13 Bücher der Propheten (vermutlich Josua, Richter, Rut, Samuel, Könige, Chronik, Esra und Nehemia, Esther, Hiob, Jesaja, Jeremia und Klagelieder, Ezechiel, die 12 Kleinen Propheten, Daniel)[656] und weitere vier Bücher (vermutlich Psalmen, Hohes Lied, Sprüche, Kohelet)[657].

Wie jedoch der Prozeß in den 200 Jahren vom Enkel des Jesus Sirach bis zu Josephus im einzelnen gelaufen ist, läßt sich nicht mehr rekonstruieren[658].

Im ersten Zentrum der pharisäisch-rabbinischen Gelehrsamkeit nach der Tempelzerstörung, in Jamnia (ca. 20 km südlich von Jafa) zwischen 70 und 135 n. Chr.[659], wurde etwa um die Jahrhundertwende u. a. auch der Kanon[660] der Heiligen Schriften endgültig und autoritativ festgelegt. Die Abgrenzung war notwendig geworden, um der zeitgenössischen jüdischen Literatur eine Schranke zu setzen und auch eine Abgrenzung gegenüber dem neu entstandenen Christentum zu haben, das den etwas weiteren Kanon der alexandrinisch-jüdischen Diaspora, den Kanon der Septuaginta, übernommen hatte. Eines der obersten Prinzipien der jüdischen Gelehrten von Jamnia war: ein Buch konnte nur dann zur Heiligen Schrift gerechnet werden, wenn der Tradition nach seine Herleitung aus der Zeit zwischen Mose und dem persischen Großkönig Artaxerxes I. (464–424 v. Chr.) möglich war. Ferner mußte ein Buch in hebräischer Sprache verfaßt sein. Somit ergibt sich folgende Zählung und Anordnung: Tora, Josua, Richter, 1 und 2 Samuel, 1 und 2 Könige, Jesaja, Jeremia, Ezechiel, 12 Kleine Propheten, Psalmen, Hiob, Sprüche, fünf Megillot (Hohes Lied, Rut, Klagelieder, Prediger, Esther), Daniel, Esra, Nehemia, 1 und 2 Chronik.

Letztlich wurde damit natürlich das kanonisiert, was in diesen Büchern geschrieben ist.

Unter anderem wurde in den Kanon aber ein Buch aufgenommen, das von JHWH sehr wenig zu berichten weiß, nämlich das Hohe Lied, das die menschliche Liebe zwischen Mann und Frau besingt und verherrlicht. Nur auf Grund eines gemäßigt allegorischen Sinnes[661] war es für die Rabbinen möglich geworden, dieses Büchlein für den Kanon zu retten. Es spiegelt gerade deshalb auf interessante Weise das Gottesverständnis der frührabbinischen Zeit wider[662].

Die gemäßigte bildhafte Deutung sieht in dem Geliebten JHWH und in der Geliebten Israel[663]. Solange sich die Allegorie nur an dieses hermeneutische Prinzip hielt, mußte sie deswegen noch lange nicht das natürliche Verständnis der Liebeslieder preisgeben, sondern konnte genau von diesem natürlichen Hintergrund her die Liebe zwischen JHWH und Israel und Israel und JHWH sehen.

Dem Hohen Lied ist die Liebe die unendliche Bewunderung für das geliebte Du. »Die Liebenden erleben sich gegenseitig als so schön… daß jedes Finden, jeder Zugang, jedes Besitzen nicht als selbstverständlich, sondern als grundloses Geschenk erlebt wird«[664]. Wenn nun die Gemeinschaft von JHWH und Israel so erlebt wird, als Liebe, als unermeßliche Bewunderung für das geliebte Gegenüber, dann wird Israel in die tiefste Sphäre des Göttlichen und JHWH in die tiefste Sphäre des Menschlichen hinein gedacht, eine ICH-DU-Beziehung, die zu beschreiben die menschliche Sprache versagt. Sie wird nur mehr zu einem Gestammel und muß ein solches bleiben, wenn sie zwischenmenschliche und gottmenschliche Liebe beschreiben will. Die Bilder und Vergleiche, die Metaphorik des Hohen Liedes vermögen jedoch menschliches Gestammel zurückzulassen und in immer neu ausholenden Anläufen, Vergleichen, Bildern das Mysterium der Liebe zu umreißen, aufzuzeigen, ohne deswegen definieren zu müssen und zu können. Konnte ein Rabbi Akiba dies anders als so verstanden haben, wenn er das Hohe Lied im Vergleich zu anderen Heiligen Schriften nicht bloß als ein »heiliges, sondern als das allerheiligste Buch« bezeichnet?[665]

Hld 8,6 c–e sind die gewaltigsten Sätze über die Liebe:
>»denn stark wie der Tod (ist meine) Liebe,
>so erbittlich wie die Unterwelt (ist meine) Leidenschaft;
>ihre Pfeile sind Brandpfeile,
>flammende Blitze« (= JHWHs Flammen)[666]

Diese Worte sind eigentlich die grundsätzlichsten des Hohen Liedes. Der Dichter läßt diese die Geliebte sprechen: Liebe und Tod, Scheol (Unterwelt) und Leidenschaft sind gleichgestellt, d. h. Liebe und Liebesleidenschaft sind so elementare Gewalten wie Tod und Scheol, die in ihrer Unerbittlichkeit den Menschen ebensowenig loslassen wie die Liebesleidenschaft[667]. Charakterisiert wird diese Liebesleidenschaft durch »JHWHs Flammen«[668], die allein imstande sind, Tod und Unterwelt zu besiegen (vgl. Jes 25,8 Ps 18,13–16). Der Leser späterer Zeiten konnte eben darin sehen, daß die Liebesleidenschaft gleichsam durch die »Garantie« JHWHs stärker ist als Tod und Unterwelt.
>»Mache mich zum Siegel auf deinem Herzen,
>zum Siegel auf deinem Arm.« (Hld 8,6 a–b)
Es ist der Wunsch und die Aufforderung der Geliebten, weil sie ihn mit elementarer Intensität liebt. Konnten die Rabbinen von Jamnia und spä-

terer Zeit einen besseren Text finden, um Israels Verbindung mit JHWH zu charakterisieren? Der Wunsch: Israel am Herzen (seines) Gottes. Nicht die Große Göttin, die die Liebe schlechthin verkörpert und seit Jahrhunderten um JHWHs und Israels Gunst buhlte, konnte JHWHs Partnerin sein, sondern sein Volk Israel, in dem sich die Leidenschaftlichkeit der Liebe gleichsam personifiziert.

Wieviel Kühnheit, welche Größe des Geistes und des Herzens waren notwendig und vorhanden, die Geliebte Israel in einer erotischen, stolzen Sprache als Erwählte und sein Eigen zu verstehen. Die Geliebte ist gleichsam wie die personifizierte Weisheit von Spr 8 bei ihrem Meister, um ihn mit ihren weiblichen Reizen zu erfreuen. Gerade im Mysterium der Liebe, die Gottes Geschenk ist (Gen 2,21), wird das Geschöpf zum Menschen, wird Israel zur Erwählten, würdig der »Bewunderung« Gottes.

Letztlich mag hinter der Hereinnahme dieser Liebessymbolik der mystische Spürsinn von Generationen von Schriftgelehrten und Rabbinen stecken, die in der nüchternen und oft puristisch anmutenden Betrachtung Gottes die intellektuellen Grenzen des Menschen erkannten und den »Rausch« göttlicher wie menschlicher Liebe erfahren hatten. JHWH liebt und wird geliebt. In der Liebe, die für den gläubigen Juden Mysterium Gottes ist und daher jeder menschlichen Willkür entzogen bleiben muß (vgl. Hld 2,7)[669], entfaltet sich die Dynamis zwischen JHWH und Israel, zwischen Schöpfer und Geschöpf.

Kaum deutlicher und klarer konnte am Ende der Zeit der Offenbarung von Israel erkannt werden, daß Liebe nicht nur eine Eigenschaft Gottes ist, sondern das Ureigenste seines Wesens. Und steht nicht gerade auch diese Erkenntnis am Ende der christlichen Offenbarung (vgl. 1 Joh 4,8.16b) als der eine Trieb aus der Mutterwurzel (vgl. Röm 11,13–24)?

2.2 Die Zeit der Tannaiten, Amoräer, Saboräer und Geonim

Diese klassische Zeit des rabbinischen Judentums umfaßt ca. die Periode von 70–1040 n. Chr.[670]. Die Epoche der Tannaiten[671] reicht von 70–200 n. Chr. Die gelehrte Arbeit dieser Zeit liegt in der Mischna vor: sie ist die von Rabbi Jehuda ha-Nasi um 200 n. Chr. redigierte Fassung des Halacha, des »Religionsgesetzes«[672]. Die Rabbinen der Zeit von 200–500 n. Chr. nennt man Amoräer[673], von 500–600 n. Chr. Saboräer[674]. Die Diskussion der Amoräer und Saboräer über die Mischna etc. hat ihren schriftlichen Niederschlag in den beiden Talmudim gefunden. Der palästinische oder Jerusalemer Talmud liegt um etwa 400 n. Chr. vor, hat jedoch nicht die Bedeutung erlangt, die der Babylonische Talmud, der etwa 200 Jahre später seine Vollendung fand, erreichte[675]. 600–1040 n. Chr. ist das Zeitalter der Geonim, der erhabenen Schulhäupter, die nachtalmudische Zeit[676].

Die Überlieferung der Tannaiten und Amoräer, wie sie in Mischna, Tosefta[677], in den beiden Talmudim, in den verschiedenen Midraschim[678] ihren Niederschlag gefunden hat, ist keine Theologie oder gar eine systematische Theologie. Es ist eine oft sehr unsystematische Diskussion, Erläuterung, Erzählung, Legende, Predigt etc. über die Offenbarung Gottes, wobei das gesamte Leben miteingeschlossen ist, »Religion« daher nie in einem isolierten oder gar privaten Sinn verstanden werden kann. Religion ist die das jüdische Leben wie die jüdische Gesellschaft und Kultur durchdringende und formende Kraft.

Sowenig wie die rabbinische Literatur einen Traktat über die Gotteslehre bietet, sowenig ist es möglich, aus diesem reichen Schrifttum auf ein paar Seiten den Versuch zu unternehmen, die Aussagen, Erklärungen, Meinungen der Rabbinen über Gott – auch in ihrer Widersprüchlichkeit – darzustellen[679].

Schon in spätnachexilischer Zeit ist die Nennung des Gottesnamens JHWH verpönt und der blasphemische Gebrauch unter Todesstrafe verboten (Lev 24,16), wobei nach der Interpretation der Septuaginta von Lev 24,16 schon die Nennung als Blasphemie gilt. Der JHWH-Name darf nur mehr beim Priestersegen und vom Hohenpriester am Versöhnungstag ausgesprochen werden[680]. Anstatt des Tetragramms JHWH las man Adonai (mein Herr) oder Schem (der Name)[681]. Bereits zur Zeit Jesu wurde Adonai durch Schemajim (Himmel) ersetzt[682]. Selbst das Appellativum »Elohim« (Gott) wurde vermieden bzw. auch verändert.

Typische rabbinische Gottesbezeichnungen sind: »der Heilige, gepriesen sei er«, »Herr der Welt«, »König der Könige der Könige«, »der Ort«[683], Schechina (das Wohnen Gottes)[684] und Gewura (Kraft, Stärke)[685].

Ein Nachweis der Existenz Gottes liegt den Rabbinen ziemlich fern. Ein auf Rabbi Akiba (gest. 135 n. Chr.) zurückgeführtes Wort[686] ist ein Ansatz für einen Gottesbeweis, so wenn z. B. gesagt wird, daß »das Kleid den Weber voraussetzt«[687]. Die monotheistische Gottesvorstellung ist eine solche Selbstverständlichkeit geworden, daß es keiner theoretischen Ausführungen mehr bedarf. Sie ist eine natürliche Voraussetzung[688]. Dieser strenge Eingottglaube begleitet den Frommen nicht nur sein ganzes Leben lang, sondern in den Tod. Rabbi Akiba stirbt 135 n. Chr. den Martyrertod mit dem monotheistischen Bekenntnis auf seinen Lippen:

»Höre Israel, JHWH ist unser Gott, JHWH ist EINER.« (Dtn 6,4)[689]

Und in der Tat: es gibt kaum einen Punkt, in dem sich die Rabbinen so einig sind wie in der Treue zum monotheistischen Bekenntnis; sei es in wörtlicher Wiedergabe von Dtn 6,4[690], sei es in diversen Weiterbildungen[691]. Dieses zutiefst monotheistische, gottbezogene Reden bleibt aber nie Theorie, sondern ist Bekenntnis. Es geht nicht um Gott an sich, sondern um den Gott für uns. Selbst die reich entfaltete Engel- und Dämonenlehre[692] der Apokalyptik, die natürlich auch in rabbinisches Denken eingeflossen ist, konnte dieses Bekenntnis nicht schmälern. Die Engel etc. bleiben Geschöpfe, auch wenn sie in Gottes Willen eingebunden sind oder ihm entgegenstreben. Selbst die Mittleraufgabe der Engel ist im entscheidenden Augenblick der Notsituation aufgehoben. So heißt es im Jerusalemer Talmud, Ber 13 a,69-71:

> »Wenn über einen Menschen Not kommt, soll er weder Michael noch Gabriel anrufen, sondern MICH soll er anrufen, und ich will ihm antworten, spricht Gott der EINE.«

Gott ist der absolute Herr der Welt, die sich nur in seiner Dynamik entwickelt; aber Gott ist genauso Herr des Individuums[693].

Im äthiopischen Henochbuch 84,2[694] heißt es:

> »Gepriesen bist du, o Herr, König, groß und mächtig in deiner Größe, Herr der ganzen Schöpfung des Himmels, König der Könige und Gott der ganzen Welt! Deine Macht, Königsherrschaft und Größe bleibt in alle Ewigkeit, und deine Herrschaft durch alle Geschlechter; alle Himmel sind dein Thron in Ewigkeit und die ganze Erde der Schemel deiner Füße immerdar.«

Aus Ex 34,6 f.:

> »...JHWH ist ein barmherziger und gnädiger Gott, langmütig, reich an Huld und Treue: Er bewahrt Tausenden Huld, nimmt Schuld, Frevel und Sünde weg, läßt aber (den Sünder) nicht ungestraft; ...«

entfalten die Rabbinen die »13 göttlichen Eigenschaften«[695].

Einer der bedeutendsten jüdischen Schriftausleger des Mittelalters: Rabbi Schlomo ben Itzchak, besser unter seinem »Kürzel« Raschi bekannt (1040-1105 n. Chr.), kommentiert diese Stelle folgendermaßen:

> »Der Ewige ist der Ewige, das ist die Eigenschaft des Erbarmens; einmal bevor der Mensch gesündigt, und einmal, nachdem er gesündigt und sich gebessert hat (Rosch haschna 17 b). Gott ist auch eine Eigenschaft des Erbarmens; so heißt es auch (Ps 22,2), mein Gott, mein Gott, warum hast du mich verlassen; man sagt aber nicht zur Eigenschaft des Gerichtes, warum hast du mich verlassen; so habe ich in der Mechilta gefunden. Langmütig; Er hält seinen Zorn zurück und straft nicht schnell; vielleicht bessert sich der Sünder. Und reich an Gnade,

für diejenigen, die Gnade brauchen, die nicht soviel Verdienste haben. Und Treue, guten Lohn zu zahlen denen, die Seinen Willen vollbracht haben. Er bewahrt die Frömmigkeit, die ein Mensch vor ihm übt, auf. Tausenden von Geschlechtern, 2000 Geschlechtern. Verzeiht Schuld und Missetat, Schuld sind die Frevel, Missetat die Empörung, die ein Mensch begeht, um zu erzürnen (Joma 36b). Aber straflos läßt er nicht ausgehen; nach dem einfachen Sinn bedeutet es, daß ER die Schuld nicht ganz erläßt, sondern den Menschen allmählich abtragen läßt. Unsere Weisen erklären: Er läßt straflos ausgehen diejenigen, die sich bessern, aber nicht diejenigen, die sich nicht bessern (Joma 86a). Er ahndet die Schuld der Väter an den Kindern, wenn sie das Werk ihrer Väter festhalten (fortsetzen); er hat ja schon in einem anderen Vers erklärt (20,5), denen, die mich hassen (Ber 7a). Und bis ins vierte Geschlecht, das vierte Geschlecht; daraus ergibt sich, daß die Eigenschaft der Belohnung fünfhundertmal größer ist als die Eigenschaft der Bestrafung; denn bei der Belohnung sagt er, Er bewahrt die Frömmigkeit zweitausend Geschlechtern auf (Tosefta, Sota 4).«[696]

2.3 Die Zusammenfassung der jüdisch-rabbinischen Gottesvorstellung durch Rabbi Moses ben Maimon (Maimonides)

Wie schon die rabbinische Auslegung in Ex 34,6f. die 13 geoffenbarten Gnadeneigenschaften Gottes gesehen hatte, so verwendet Maimonides die Zahl 13, um »seine Glaubenslehre... unter das Zeichen der Gnade zu stellen«[697]. Rabbi Moses ben Maimon[698] war einer der bedeutendsten Philosophen, Theologen und Ärzte des Mittelalters[699]. Im Jahre 1168 n. Chr. legte er seinen Kommentar zur gesamten Mischna vor. In der Einleitung zum 10. Kapitel des Traktates Sanhedrin bringt Maimonides seine Schloscha assar Ikkarim, seine dreizehn Glaubensartikel. Keine andere Zusammenfassung der jüdischen Glaubenslehre hat eine derartige Verbreitung und allgemeine Anerkennung im Judentum bis in unsere Zeit hinein gefunden[700]. Kein anderer Text ist besser geeignet, die Aussagen der jüdischen Religion über Gott in abschließender Weise zusammenzufassen. Diese Regula fidei gliedert sich in vier Abschnitte: die Lehre von Gott (1–5), über Gottes Wort (6–9), vom Menschen (10–11) und von den letzten Dingen (12–13)[701].

1. Ich halte fest mit vollkommenem Vertrauen, daß der Schöpfer, gepriesen sei sein Name, schafft und führt alle Geschöpfe und daß er allein bewirkt hat, wirkt und wirken wird:

Der erste wie alle folgenden Glaubenssätze beginnen mit der Formel: »Ani maamin be-Emuna schelema«. Zweifellos geht es in einem solchen Glaubensbekenntnis um einen Glauben, daß..., um ein Für-wahr-Halten aus der Offenbarung erschlossener Inhalte. Das schließt jedoch nicht aus, einen solchen Glauben mitzuverstehen von dem hebräischen Begriff der Emuna, der das Verhalten aus Zuverlässigkeit und Treue meint[702], und zwar Gott gegenüber. Gerade aus diesem Verhalten des Menschen entzündet sich sein Bekenntnis zu Gott, und ich halte es nicht für sinnvoll, den Begriff »Glauben« unter dem hebräischen Aspekt der Emuna und dem griechischen der Pistis aufzuteilen; aus dem Urvertrauen des Menschen zu Gott resultieren auch die anderen Aspekte des Begriffes. An Stelle der im Deutschen farblosen Wiedergabe mit »Ich glaube mit vollkommenem Glauben« ziehe ich daher vor: »Ich halte fest mit vollkommenem Vertrauen«.

Nach bester rabbinischer Tradition vermeidet Maimonides den Gottesnamen JHWH, kennzeichnet jedoch durch »gepriesen sei sein Name«, daß es nicht um eine namenlose Schöpfergottheit geht, sondern um JHWH, Israels Gott. Aber er greift weit über die rabbinische Tradition hinaus. Ben Chorin[703] führt mit Recht aus, daß es dem jüdischen Denken mehr entspräche, mit Exodus und Pesach zu beginnen; aber warum beginnt die hebräische Bibel gleich mit zwei! Schöpfungserzählungen (Gen 1–2)? Abgesehen von einer philosophisch bedingten Systematisierung spricht aber gerade daraus die Rezeption der umfassenden Sicht der hebräischen Bibel und eben nicht die Rezeption der späteren Einengungen. Dieses erste Bekenntnis geht aber auch über die hebräische Bibel hinaus, da – wie aus dem Hauptwerk des Maimonides zu sehen ist – an eine creatio ex nihilo (Schöpfung aus dem Nichts) gedacht ist[704], was seiner auf Aristoteles fußenden philosophischen Reflexion entstammt. Die Aussagen über die creatio prima und die creatio secunda (Gott hat die Welt nicht nur erschaffen, sondern erhält sie dauernd in ihrer Existenz) basieren völlig auf biblischem Boden.

2. Ich halte fest mit vollkommenem Vertrauen, daß der Schöpfer, gepriesen sei sein Name, einzig ist und daß es keine ihm vergleichbare Einheit gibt und daß er allein unser Gott ist, der war, ist und sein wird.

Der erste Teil dieses Bekenntnisses gibt die seit der deuteronomistischen Theologie der nachexilischen Zeit gängige monotheistische Auffassung des »Schema« (Dtn 6,4) wieder, und der mittlere Teil präzisiert dieses »Einzig« als unvergleichbare, analogielose Einheit. »Eins« ist nach dieser Auffassung daher[705] keine Zahl im mathematischen Sinn, sondern wird als unteilbare Größe[706] verstanden.

Der letzte Teil bekennt Gott als den seit Ewigkeit Existierenden, als das Ipsum esse in se subsistens, das aber auch das Ipsum esse pro Judaeis ist. Im scholastisch-philosophischen Verständnis bekennt Maimonides indirekt seine Auslegung von Ex 3,14, daß Gott das Sein schlechthin ist. Aber dieses Sein, die a-se-itas Gottes (Von-sich-her-Sein) faßt Sein *und* Dasein zusammen und ist letzlich zur alten hebräischen Auffassung kein Widerspruch!

Daß Maimonides von »unserem« Gott spricht, ist kein Gegensatz zur universalen Gottesvorstellung. Der Gott des jüdischen Volkes ist der Gott aller Menschen. Das kommt formal eben gerade dadurch zum Ausdruck, daß die grundsätzlichste und tiefste Erkenntnis im Kleid aristotelischen Denkens wiedergegeben wird.

3. Ich halte fest mit vollkommenem Vertrauen, daß der Schöpfer, gepriesen sei sein Name, kein Körper ist und daß ihn die Begriffe des Körpers nicht umfassen und daß es in bezug auf ihn keinerlei Gleichnis (Gleichgestalt) gibt.

Unter »Körper« versteht die mittelalterliche Philosophie Dinge, die man sinnlich wahrnehmen kann, die sich auf einen begrenzten Raum ausdehnen und ihn erfüllen, wobei das bloße unaufhebbare Hingeordnetsein der Körper auf Ausdehnung etc. zum Wesen der Körper gehört und nicht deren aktuelle Ausdehnung und Undurchdringbarkeit[707]. Gott kann daher kein Körper sein; denn Körper-Sein ist auch wesenhaft Nicht-Sein und daher a priori auf Gott als actus purissimus (als unendlich reinem Geist) nicht übertragbar. Der Begriff des actus purissimus schließt den Begriff der Personalität ein. Wenn also Maimonides sagt, daß die Begriffe des Körpers nicht auf Gott anzuwenden sind, dann versteht er Gott als das personale Wesen, das erkennend und liebend in unendlicher Selbstverfügung bei sich ist. Daraus ergibt sich logisch, daß es von diesem Gott Bild und Gleichnis im strengen Sinn nicht geben kann.

Wenn die hebräische Bibel und die rabbinische Tradition in einer unsagbaren Fülle von Bildern, Gleichnissen und »Anthropomorphismen« von diesem Gott spricht, ist dies nichts anderes, als sich auf vielfältige und vielfältigste Weise dem Mysterium Gottes zu nähern. Ob Sprache des Mythos, der Metapher, ob Sprache der Bilder oder Sprache philosophisch-spekulativen Denkens: es sind immer nur Annäherungsversuche. Die Verneinung der Körperlichkeit Gottes ist die Warnung des Philosophen, durch WORT und BILD sich einen Gottes zu schaffen, nicht jedoch, sich Gott in WORT und BILD zu nähern.

Es scheint mir doch ein sehr müßiges Unterfangen, dabei zu diskutieren, wie die Gottesebenbildlichkeit des Menschen überhaupt verstanden werden kann (Gen 1); denn diese bedeutet nichts anderes als eine besondere Nähe zu Gott (vgl. Ps 8). Ebenso müßig ist eine Diskussion darüber, ob Maimonides hier die christliche Inkarnationslehre ablehnt; denn sonst müßte man auch Thomas von Aquin einen solchen Vorwurf nicht ersparen, der strikt die Körperlichkeit Gottes verneint[708].

4. Ich halte fest mit vollkommenem Vertrauen, daß der Schöpfer, gepriesen sei sein Name, der Erste und der Letzte ist.

In der Sprache der hebräischen Bibel (vgl. Jes 44,4.6 48,12) drückt hier Maimonides sein philosophisches Verständnis der Ewigkeit Gottes aus. Im Schöpfergott gibt es weder Anfang noch Ende, weder Veränderung noch Aufeinanderfolge. Demgegenüber ist der hebräische Ausdruck ᶜlm der Begriff »der langen, beständigen Dauer« und nicht der abstrakten Zeitlosigkeit[709] und daher letztlich ungeeignet, im philosophischen Sinn die Zeitlosigkeit des Schöpfergottes auszudrücken. Der biblische Merismus »der Erste und der Letzte« zeigt in seiner Polarität viel deutlicher als ᶜlm die Ewigkeit Gottes, wie sie das spätere abstrakte Denken verstand. Zugleich konnte mit dem biblischen Merismus der Schöpfer als der Gott der Geschichte, der Heilsgeschichte, bekannt werden[710].

5. Ich halte fest mit vollkommenem Vertrauen, daß der Schöpfer, gepriesen sei sein Name, allein der Anbetung würdig ist und es nicht angeht, zu einem anderen zu beten.

Das Verbot, andere Götter zu verehren und anzubeten, ist alt, reicht weit in die vorexilische Zeit zurück (vgl. Jos 24) und wurde im Dekalog (Ex 20,5 Dtn 5,9 vgl. Dtn 6,13) zu einem grundsätzlichen Gebot Israels. Nur Gott, nur Gott ALLEIN; dieses Bekenntnis teilt das Judentum mit dem Christentum und dem Islam radikal.

Dieses radikale Bekenntnis zur alleinigen Anbetung Gottes schließt jedoch nicht aus, daß es zwischen Gott und Welt, Gott und Mensch Mittler gibt. Solche Mittler sind uns schon in der hebräischen Bibel begegnet, seien es die Propheten, oder sei es sogar Aschera, die im 8. Jh. v. Chr. noch als seinen Segen vermittelnde Größe verstanden werden konnte, seien es die Engel, die sich in der Spätzeit und bei den Rabbinen großer Beliebtheit erfreuen, sei es die personifizierte Weisheit, sei es die Tora. Aber der Gefahr einer Verselbständigung der Mittler, die, wie die Religionsgeschichte Israels gezeigt hat, immer auch gegeben war, wurde durch die grundsätzliche Haltung des SOLUS DEUS, nur GOTT ALLEIN, entgegengewirkt und die Mittler auf die ihnen von Gott zugedachte Funktion reduziert.

Seit der Zerstörung des Tempels im Jahre 70 n. Chr. ist Gottesverehrung im Judentum nur mehr das Gebet: die Zwiesprache zwischen Israel und Gott, zwischen Sohn und Vater, zwischen Frau (Israel) und Mann (JHWH)[711], zwischen Geschöpf und Schöpfer.

III. Das Christentum:
Vom jüdischen Monotheismus zum christlich-trinitarischen Monotheismus

Israel ist seinen Weg durch die Jahrhunderte gegangen und hat in dieser langen Dauer seine Gottesvorstellung entwickelt; oder anders ausgedrückt: Gott ist mit Israel durch die Jahrhunderte gegangen und hat Israel immer klarer dargetan, geoffenbart, wie sehr er sein Geschöpf liebt und wie sehr er geliebt werden will. Es war kein gerader Weg und kein Weg ohne Hindernisse; es war ein Weg mit vielen Verzweigungen, der bisweilen einem Labyrinth ähnelte; aber diese Verästelungen des Weges hatten nicht den Zweck, sich darin wie in einem Labyrinth zu verlieren. Sie dienten dazu, auf den einen Weg hinzuführen und hinzufinden, auch wenn nicht immer deutliche Wegschilder und Markierungen vorhanden waren. Der Weg, den Gott mit Israel gegangen ist, war nicht ein isolierter Pfad; er traf sich mit allen Wegen, die Gott mit Menschen gegangen ist. Der Weg Israels zu Gott bzw. der Weg, den Gott mit Israel gegangen ist, schließt alle anderen Wege zu Gott nicht aus.

Der Religionswissenschaftler, der distanziert die zuerst genannte Feststellung trifft, kann alle Verästelungen dieses Weges aufzeigen, vielleicht geneigt sein, eine Synthese zu wagen; seine Arbeit ist bitter notwendig, um dem Theologen aufzuzeigen, wie viele und welche Würzelchen dem Baum mit seinen Trieben Kraft geben.

Der Christ, der vor dem lebendigen Baum Israel steht, mag fasziniert und zugleich irritiert sein. Doch hat nicht schon der Völkerapostel die Irritation beseitigt? In seinem Brief an »alle Geliebten Gottes in Rom, die berufenen Heiligen« (Röm 1,7) greift Paulus im 11. Kapitel zum Bild des Ölbaumes (Röm 11,16–24). Israel ist der edle Ölbaum (Röm 11,24), dem wilde Ölzweige (Christen) eingepfropft wurden, um »an der Wurzel und am Saft des Ölbaumes Anteil« (Röm 11,17) zu erhalten.

Diese Aussage des Apostels, des kühnsten Auslegers Jesu Christi, ist die fundamentalste Interpretation des Christentums: das Judentum ist der Mutter- und Nährboden des Christentums. Bei aller christlichen Rede von Gott sollte dies nie in Vergessenheit geraten!

1. DER NEUTESTAMENTLICHE BEFUND

1.1 Der Vater Jesu in der Verkündigung der Urgemeinde

Die Auffassung von Gott im Neuen Testament ist grundsätzlich die der hebräischen Bibel. So formuliert 1 Kor 8,6 a:

> »So haben doch wir nur einen Gott, den Vater. Von ihm stammt alles, und wir leben auf ihn hin.«

Es ist das Bekenntnis zur Einzigkeit Gottes, das nicht Lippenbekenntnis bleiben darf, sondern sich im Leben auf ihn hin verwirklichen muß. Dieser eine Gott ist der absolut transzendente, aber zugleich immanente Gott, der, wie es 1 Kor 15,28 ausdrückt, »über alles und in allem« ist. Er ist der Heilige[712]. Er ist der Gott der Doxa, der Herrlichkeit (Hebr 1,3) und Ewigkeit, dessen Lebensfülle jede wie immer geartete Enge, daher auch die zeitliche sprengt:

> »Ich bin das Alpha und das Omega, spricht Gott, der Herr,
> der ist und der war, der kommt,
> der Herrscher über die ganze Schöpfung.« (Offb 1,8)

Im Zentrum der synoptischen Verkündigung steht die Königsherrschaft Gottes, die mit Jesu Kommen Gegenwart geworden ist (Matth 12,28 Luk 11,20) und an Jesu Taten wie Dämonenaustreibungen, Wunderheilungen und Totenerweckungen (Matth 11,5 Luk 7,22) erkannt werden kann[713]. Diese Königsherrschaft Gottes ist für den Menschen bereitet. So zeigt die Parabel Luk 14,16–24 (vgl. Matth 22,1–14) vom Gastmahl, daß die Königsherrschaft viele nicht annehmen wollen, Gott jedoch nichts unversucht läßt, »damit« sein »Haus voll wird« (V 23). Das Gleichnis ist »die bildhafte Veranschaulichung der Gottesherrschaft als des personalen Gemeinschaftsverhältnisses zwischen Mensch und Gott, das von Gott begründet und vom Menschen glaubend bejaht wird.«[714] Das Lukasevangelium konzentriert die Gottesvorstellung auf Barmherzigkeit und Liebe (Luk 15) und steht damit dem johanneischen Denken nahe, in dem der Satz: ὁ Θεὸς ἀγάπη ἐστίν »Gott ist Liebe« (1 Joh 4,8.16) die menschlich endgültigste Aussage über Gott ist[715]. Ich sehe darin zwar in der Formulierung, jedoch nicht dem Inhalt nach eine spezifisch christliche-theologische Leistung. Das rabbinische Konzept versteht das Hohe Lied als die Magna Charta der Beziehung JHWH – Israel. »Liebe« in allen Schattierungen meint Liebe als personale Beziehung in vollendetster und intensivster Form (hebr. ᵓhbh). Der etwas farblosere griechische Begriff »Agape« besagt vielmehr das statische Element: »Liebe an sich«, der das Begehren des Eros fehlt. Es ist eine grundsätzliche Frage, ob der Agape-Begriff der johanneischen Schriften griechisch gedacht ist oder nur aus Ermangelung eines adäquaten Begriffes im Griechischen für das hebräische Wort ᵓhbh gewählt wurde. Mir scheint das letztere zuzutreffen, da die neutestamentlichen Schriften durchwegs nicht griechisch, sondern hebräisch gedacht sind. Die Konsequenz daraus ist allerdings, daß dann Agape im umfassenden Sinn des hebräischen Wortes gesehen werden muß als eine der Liebe innewohnende Dynamik, die sprachlich abstrakte Formulierungen sprengt und nur durch die Fülle der Bilder und Vergleiche die beste Annäherung erfahren kann. Aber Liebe als personale Beziehung verkommt ohne gegenseitiges Bewundern, ohne das Bewußtsein, grundloses Geschenk füreinander zu sein, zur Gleichgültigkeit. Aber gerade darin liegt die Kühnheit der Aussage: Liebe meint nicht eine Eigenschaft Gottes neben anderen wie Gerechtigkeit, Treue etc., sondern zu sagen: »Gott ist Liebe«. Gottes Liebe, die sich ebenso in der hebräischen Bibel als der letzte Urgrund seines Handelns zeigt, ist auch im Neuen Testament der letzte Urgrund des göttlichen Handelns. Sie zeigt sich im Kommen des Sohnes. Dies ist jedoch kein qualitativ-objektiver Unterschied, sondern die beide Religionen, Judentum und Christentum, grundsätzlich trennende Auffassung, daß sich Gottes Agape in letzter Konsequenz in Jesus, dem Sohn Gottes, verkörpert.

Wenn Gott Liebe in diesem umfassenden Sinn ist, dann scheint es problematisch, ihn als den verurteilenden Richter zu sehen. So hält das Johannesevangelium das johanneische Konzept der Agape insofern durch, als es den Menschen durch seinen Unglauben schon gerichtet sieht (Joh 3,18). Der Mensch richtet sich selber. Und dieses Gericht ereignet sich nicht am Ende der Tage »unter Aufwand des konventionellen apokalyptischen Apparates (Posaune, Kommen auf den Wolken des Himmels...). Das Gericht ergeht mit dem ersten Kommen des Herrn in diesem Kosmos. Es vollzieht sich am Menschen im eschatologischen Jetzt...«[716]. Wie das rabbinische Judentum durch den Weg über die Metapher (Hohes Lied) zur Erkenntnis des allumfassenden, liebenden Gottes kommt[717], so die johanneische Theologie durch den Weg über die Inkarnation[718]. Diese Agape ist eine Lebensbewegung, eine Daseinsform, die Verwirklichung Gottes in dieser Welt[719].

Der Gott der Liebe ist ebenso der Gott der absoluten Lebensfülle (so 1 Joh 1,5: Gott ist Licht – Leben).

Die alles übersteigende Liebe Gottes ist mehr als Liebe, die Geschöpfe miteinander verbinden kann; denn Gott ist nicht menschliches Geschöpf; ihm eignet keine wie immer geartete Körperlichkeit: »Gott ist Pneuma« (Joh 4,24).

Die Johannes zugeschriebene Offenbarung, das einzige Buch des Neuen Testamentes mit apokalyptischen Zügen, zeichnet Gott als den Thronenden und Heiligen (Offb 4,2 f.9 f. 5,1), den Pantokrator, den Allmächtigen, in dessen Souveränität die kosmische wie menschliche Geschichte verläuft (Offb 1,8 4,8 6,10 11,17 18,8), den Gott der Ewigkeit, den Gott der absoluten Lebensfülle (Offb 1,8 21,6), der seine Schöpfung zu einem neuen Himmel und zu einer neuen Erde vollendet (Offb 21,1–5 a).

Ebenso ist auch bei Paulus der liebende Gott die zentrale Aussage (Röm 5,8 8,31 f.), die durch das Reden vom zürnenden Gott (Röm 1,18 2,5 f. 3,5–8 4,15) nicht geschmälert wird, da Zorn im Corpus Paulinum nie als eine personale Haltung Gottes erscheint, sondern als etwas, was der Mensch durch sein Handeln selbst über sich bringt[720]. Die Position ist der johanneischen sehr ähnlich. Gott ist aber ein Gott der Gerechtigkeit, der den Menschen aus Gnade und Huld gerecht erklärt (vgl. Röm 3,21–24.25 f. 2 Kor 5,21) und ihm so seine eigene Wesensart mitteilt[721].

Kaum einem anderen Apostel und Jünger der ersten Christengeneration ist es so bewußt, daß Gott das unergründliche und unerforschliche Mysterium ist, dem sich der Mensch nur im anbetenden Lobpreis nähern kann:

»O Tiefe des Reichtums und der Weisheit und der Erkenntnis Gottes! Wie unerforschlich sind seine Entscheidungen und wie unaufspürbar seine Wege. Denn wer hat den Sinn des Herrn erkannt? Oder wer ist sein Ratgeber gewesen? Oder wer hat ihm zuerst gegeben, daß es ihm vergelten müßte? Denn aus ihm und durch ihn und für ihn ist alles. Ihm sei Ehre in Ewigkeit! Amen.« (Röm 11,33–36)

Die These, daß Jesu Gottesvorstellung die des zeitgenössischen Judentums war, scheint mir außerordentlich gut begründet. Die Gottesvorstellung in der Interpretation der apostolischen Zeit geht zwar darüber kaum hinaus, radikalisiert und konzentriert jedoch die Gottesvorstellung in der johanneischen Formulierung: »Gott ist Liebe« und schafft dadurch eine Mitte, die christliches Denken nie mehr legitim hintanlassen darf, sollte es christliches Denken über Gott sein.

1.2 Das Jesus-Verständnis der apostolischen Zeit

Der historische Jesus hat sich als gläubiger Jude nie und nimmer als Sohn Gottes im metaphysischen Sinn verstanden. Dennoch ist die Urgemeinde zu einer solchen Auffassung gekommen. Ist das der hellenistische

Einfluß, der Jesus zum »Gott« machte? Oder ist im historischen Jesus selbst die verborgene Wurzel, aus der die Urgemeinde den Stamm züchten konnte? Oder bedurfte es eines aus der Heilsgeschichte selbst herkommenden Anstoßes?

Die erste Frage ist mit einem klaren Nein zu beantworten. Die Theologen der apostolischen Zeit sind überwiegend Juden – manche von ihnen natürlich durch die hellenistische Bildung geprägt –, die primär in hebräischen Kategorien denken, auch wenn sie gegen Ende des 1. Jh. n. Chr. in apologetischer Absicht eine hellenistische Terminologie verwenden. Aus der Antwort auf die dritte Frage wird sich auch ergeben, daß das Nein zur ersten Frage gerechtfertigt ist.

Die zweite Frage ist mit aller Vorsicht zu bejahen. In jedem Menschen gibt es verschiedene Stufen des Wissens und des Bewußtseins, deren erste ein ungegenständliches, unreflexes Wissen und deren letzte Stufe ein gegenständliches, reflexes Wissen ist. Stufen dieses Wissens lassen sich bei Jesus zumindest fragmentarisch in seinem Messiasbewußtsein feststellen, und zwar von der Taufe durch Johannes bis zur Antwort an den Hohenpriester (Mk 14,62). Wenn ihn daher die Jünger später als das Ewige Wort des Vaters geglaubt haben, so kann dieses Wissen, daß er der Logos von Ewigkeit her ist, in unreflexer Weise bei Jesus vorhanden gewesen sein. Dies läßt sich zwar objektiv nicht erweisen und auch von seinem Anspruch: »Ich aber sage euch...« nicht ableiten, aber der christliche Glaube kann mit einer solchen Möglichkeit ernsthaft rechnen, da Wissens- und Bewußtseinsstufen des Menschen Empirie und nicht Spekulationen sind. Mit anderen Worten: man kann zwar konkret nicht erweisen, daß bei Jesus dieses Wissen unreflex vorhanden war, aber der an ihn Glaubende kann mit einer solchen Möglichkeit rechnen.

Die dritte Frage ist mit einem klaren Ja zu beantworten: Dieser Anstoß ist über seinen Tod am Kreuz hinaus das Zeugnis seiner Jüngerinnen und Jünger; daß er von den Toten erstanden ist. Es stellt sich die Frage, ob vom Auferstehungsglauben her aus dem historischen Jesus von Nazareth der Christus des Glaubens wurde? Diese Frage ist mit Ja und mit Nein zu beantworten. Ja, weil die Urgemeinde im Lichte der Auferstehung den historischen Jesus erst richtig verstand und seinen Anspruch als Sohn Gottes artikulieren konnte, nein, weil gerade der Begriff Auferstehung die Identität zwischen irdischem und erhöhtem Herrn ausdrückt! Daß nachfolgende Generationen immer wieder dem Osterglauben der Urzeugen vertraut haben, darauf beruht das ganze Christentum, oder wie Paulus es formuliert:

> »Ist aber Christus nicht auferweckt worden, dann ist unsere Verkündigung leer und euer Glaube sinnlos.« (1 Kor 15,14)

Wer an den auferstandenen Herrn glaubt, dem ist die Gabe des Geistes verheißen, damit er Jesu Worte und Taten begreift (Joh 18,4 b–15).

Nach christlicher Lehre ist ein solcher Glaube immer Geschenk Gottes, das erbeten werden will. Joh 17,20 legt diese Bitte für alle kommenden Generationen dem historischen Jesus in den Mund:

>»Aber ich bitte nicht nur für diese hier, sondern auch für alle, die durch ihr Wort an mich glauben.«

Von ihrem Osterglauben her sehen und interpretieren die neutestamentlichen Theologen, geführt vom Geist, den historischen Jesus.

Im Matthäus- und Lukasevangelium gibt es je einen Vorspann (Matth 1–2 Luk 1–2), die sogenannten Kindheitserzählungen, die dem Leser bereits mit aller Deutlichkeit sagen, wer dieser Jesus ist. So unterschiedlich beide Kindheitsgeschichten auch sein mögen, so zeichnen sie sich doch durch drei gemeinsame Motive aus: Jesus ist in Bethlehem geboren (Matth 2,1 Luk 2,4.11), Jesus ist der Sohn der Jungfrau Maria (Matth 1,18–25 Luk 1,26–38), Jesus ist der Sohn Davids (Matth 1,1–17 Luk 1,32 f.).

Mit dem Geburtsort Bethlehem wird bereits auf David verwiesen, dessen Familie einst in Bethlehem ansässig war (vgl. 1 Sam 16,1–13). Aus Bethlehem erwartet daher die prophetische Verkündigung Israels den kommenden Herrscher, dessen Ursprung in der fernen Vorzeit liegt (Mi 5,1). Mit dem Theologumenon der jungfräulichen Geburt wird kein hellenistischer Mythos von der sexuellen Verbindung eines Mädchens mit einem Gott aufgenommen, sondern zu sagen versucht, daß Jesus der ganz von Gott Kommende ist. Eine Möglichkeit, dies auszudrücken, war damals eben die Geistzeugung und Jungfrauengeburt, wie sie z. B. für das palästinische Judentum das Slavische Henochbuch bezeugt, nach dessen 23. Kapitel Malkhitsedeq ohne Zutun des Mannes der Zophanima geboren wird[722].

Die Aussage: Jesus ist der Sohn Davids impliziert, daß Jesus der Sohn Gottes ist; denn jeder Sohn Davids wurde in Israel bei seiner Inthronisation zum Sohn Gottes (vgl. Ps 2 und Ps 110)[723]. Ohne hier auf die alttestamentliche Problematik, wie diese Sohnschaft zu verstehen sei, einzugehen, kann für unseren Zusammenhang gesagt werden, daß das matthäische Konzept die Gottessohnschaft nicht in einem metaphorischen Sinn versteht; denn bereits die Zahlensymbolik des Stammbaumes (Matth 1,1–17): 14 Geschlechter von Abraham bis David, 14 Geschlechter von David bis zum Exil, 14 Geschlechter vom Exil bis Jesus gliedert durch die Dreizahl, die Zahl der Vollkommenheit, den Verlauf der Heilsgeschichte von Abraham bis Jesus mit dem Schlüsselwort David, dessen Zahlenwert 14 ist[724]. Die Verheißungen, die David gegeben wurden[725], haben in Jesus ihren unüberbietbaren Höhepunkt erreicht: er ist der davidische Messias, der Sohn Gottes im umfassenden Sinn, der total von Gott herkommt[726] und durch Maria Mensch wird. Der Erzähler nimmt auch das Motiv von der Gefährdung des Kindes[727] auf (Matth 2,16–18), um zu zeigen, daß aus diesem Kind entscheidend Neues werden wird; dieses Kind ist auch der neue Mose[728]. Zugleich drückt der Erzähler durch den Ägyptenaufenthalt (Matth 2,13–15 vgl. Hos 11,1) aus, daß Jesus das endzeitliche Israel ist. Besonders deutlich kommt aber in Matth 2,11 die Absicht des Evangelisten zum Ausdruck: die Magoi huldigen dem Jesuskind. Dafür verwendet der griechische Text πεσόντες προσεκύνησαν αὐτῷ[729], »sich niederwerfend[730] beteten[731] sie ihn an«. Besonders auch die Kombination der beiden Verben unterstreicht, daß es sich um die Anbetung der Gottheit handelt[732]. Deutlicher geht es nicht mehr: nachdem in erzählend haggadischer Art Jesus als der endgültige Gottessohn präsentiert wird, kommt ihm Anbetung wie Gott selber zu. Er ist der göttliche Sohn Gottes.

Die lukanische Kindheitsgeschichte erreicht dieses Ziel auf andere Weise. Durch den permanenten Vergleich zwischen Maria und Elisabeth, zwischen Jesus und Johannes dem Täufer wird Johannes als Vorläufer, Jesus als Vollender dargestellt. Johannes ist zwar der Größte im Alten Bund, durch Jesus wird aber alles überboten, was der Alte Bund an Möglichkeiten zu bieten hatte[733]. Die Sprache des Engels ist klar (Luk 2,11); er verkündet Jesus als »Erlöser, Messias (Christus) und Herrn«. Diese Kombination von Titeln wendet das Neue Testament nie in der rein menschlichen Sphäre an[734].

Die christologische Entfaltung in den synoptischen Evangelien (Markus, Matthäus, Lukas) ist trotz unterschiedlicher Akzentuierung sehr ähnlich: der Auferstandene ist der Sohn Gottes in einem umfassenden Sinn[735]. In bezug auf die göttliche Verehrung und Anbetung hat jedoch Matthäus den entscheidenden Schritt getan. Während z. B. Mk 6,51 f. nicht von einer anbetenden Huldigung spricht, heißt es bei Matth 14,33:

> »Die im Boot waren, huldigten ihm und sagten: wahrlich, du bist Gottes Sohn.«

Daß dabei der jüdisch monotheistische Hintergrund bereits verlassen ist, liegt auf der Hand.

Die gleiche göttliche Verehrung zollen die Frauen dem Auferstandenen in Matth 28,9:

»... sie gingen auf ihn zu, warfen sich vor ihm nieder, umfaßten seine Füße und beteten ihn an.« (vgl. Matth 18,17)

Die Gegenprobe kann dies bestätigen. In der Versuchungsszene Matth 4,9 fordert der Satan von Jesus göttliche Verehrung:

»Dies alles will ich dir geben, wenn du niederfallend mich anbetest.«

Jesus weist nun gerade diese satanische Forderung ab, indem er antwortet (V 10):

»... Weg mit dir, Satan; denn es steht geschrieben: den Herrn, deinen Gott sollst du anbeten und ihn allein als EINEN verehren.«[736]

Schließlich dehnt der Verfasser der Offenbarung in Offb 22,3 »kultisch anbetende Verehrung« auf Gott und Jesus gleichermaßen aus:

»... der Thron Gottes und des Lammes wird in ihr (der Stadt) sein und seine Knechte werden ihn anbetend verehren.«

Thron Gottes ist der Ausdruck für Allherrscher, der durch das Bild des Thrones mit dem Lamm (Jesus) eine nicht weiter in der Offenbarung erklärte Einheit bildet, so daß Latreia, die göttliche Verehrung, durch die Rückbeziehung auf den Thron beiden gilt: Gott und Jesus[737].

In dieser Sicht der apostolischen Zeit ist der strenge jüdische Monotheismus, der Latreia und Proskynese nur auf JHWH bezieht, »erweitert«. Der jüdische Vorwurf, daß hier der von ihm schon überwundene Paganismus auftrete, ist ungerechtfertigt, da der Glaube an Jesus die evolutionäre Entfaltung der Rede vom Auferstandenen ist. Auferstehung als metahistorisches Geschehen ist jedoch im menschlichen Sinn weder beweisnoch widerlegbar. Es ist eben Glaubenszeugnis seiner Jüngerinnen und Jünger, dem die Späteren trauten! Die apostolische Zeit kommt zwar zu der Glaubenserkenntnis, daß Jesus, dem Sohn Gottes, göttliche Verehrung zukommt[738], tastet sich jedoch unsicher und oft in Widersprüchen zu diesem Glauben vor, »löste« nicht das nun entstandene »Problem« für den Eingottglauben, fühlte sich aber deswegen nicht polytheistisch oder dualistisch.

Die schon in der synoptischen Tradition beginnende göttliche Verehrung Jesu findet bei Paulus eine weitere Ausformung. Ein von Paulus übernommener Jesus-Hymnus (Phil 2,6–11)[739] lautet:

»Er war Gott gleich,
hielt aber nicht daran fest, wie Gott zu sein,
sondern er entäußerte sich und wurde wie ein Sklave
und den Menschen gleich.
Sein Leben war das eines Menschen;
er erniedrigte sich und war gehorsam bis zum Tod,
bis zum Tod am Kreuz.

Darum hat ihn Gott über alle erhöht
und ihm den Namen verliehen,
der größer ist als alle Namen,
damit alle im Himmel, auf der Erde
und unter der Erde ihre Knie beugen vor
dem Namen Jesu
und jeder Mund bekennt: Jesus
Christus ist der Herr – zur Ehre Gottes des Vaters.«

In diesem Hymnus ist eine dreifache Thematik angesprochen: Jesus war in Gottesgestalt, er wurde Mensch bis zur Konsequenz des Todes und Gott hat ihn erhöht und so der göttlichen Verehrung teilhaftig werden lassen.

Das »In-Gottesgestalt-Sein« wird gerne präzisiert mit »Gott-gleich-Sein«. Es liegt aber kaum im Gesichtskreis der vorpaulinischen Fassung noch in der Intention des Apostels selber, die Gottgleichheit Jesu im Sinne des späteren Credo zu verstehen. Wenn Gen 1,26 f. vom Menschen sagt, daß er nach Gottes Ebenbild und Gleichnis geschaffen wurde, so meint dies seine besondere Nähe zu Gott. »In-Gottesgestalt« sollte zuerst von diesem biblischen Hintergrund her verstanden werden. Die Unvergleichlichkeit der Gottesnähe Jesu wird durch »Gleich sein wie Gott« betont[740].

Der zweite Teil behandelt die menschliche Existenz Jesu, die gegenüber der Gott-gleichen Existenz Kenose, Entäußerung, Erniedrigung (vgl. 2 Kor 8,9) ist, aber immer noch Gottesnähe bedeutet. Diese menschliche Existenz war nicht Schein[741], sondern führte zum Tod, dem unausweichlichen Ende jeden menschlichen Lebens. Dieser Tod wird als Gehorsam gegenüber Gott gedeutet, als ein heilsgeschichtliches Muß.

Der dritte Teil spricht von der Heimkehr zum Vater; d. h. das, was an ihm Mensch war und ist, wird in Gott hineingenommen. Dann wird der Bezug zur ersten Thematik aufgenommen. Jetzt erst wird gesagt, daß seine göttliche Anbetungswürdigkeit sein Gott-Sein wie das des Vaters impliziert. In sein Gott-Sein ist erhöht sein Mensch-Sein integriert[742].

Am deutlichsten hebt Jesu Gott-gleich-Sein das Johannesevangelium hervor. Der Sohn ist kein anderer als der dem Vater Wesensgleiche (Joh 5,19–26), der Einziggezeugte (μονογενής; vgl. Joh 1,14.18 3,16.18). Trotz der Wesensgleichheit mit dem Vater ist der Unterschied nicht verwischt; er bleibt jedoch ein relativer[743] Unterschied (vgl. Joh 10,15).

Diese christologische Botschaft formuliert das Johannesevangelium bereits im 1. Kapitel, dem Prolog, der ein wortgewaltiger Hymnus auf den Logos ist[744].

»Im Anfang war der Logos und der Logos war bei dem Gott und (ein)
Gott war der Logos.
Dieser war am Anfang bei dem Gott.
Alles ist durch ihn geworden und ohne ihn wurde nichts,
was geworden ist.
In ihm war das Leben, und das Leben war das Licht der Menschen.
Und das Licht leuchtet in der Finsternis, doch die Finsternis
hat es nicht erfaßt.
Es wurde ein Mensch gesandt von Gott: sein Name war Johannes.
Er kam als Zeugnis, um Zeugnis abzulegen für das Licht,
damit alle durch ihn zum Glauben kommen.
Nicht war jener selber das Licht. Er sollte nur Zeugnis ablegen
vom Licht.
Das wahre Licht, das jeden Menschen erleuchtet, kam in die Welt.
Er war in der Welt, und die Welt ist durch ihn geworden,
aber die Welt erkannte ihn nicht.
Er kam in sein Eigenes, aber die Seinen nahmen ihn nicht auf.
Allen aber, die ihn aufnahmen, gab er Macht, Kinder Gottes
zu werden, allen, die an seinen Namen glauben,
die nicht aus dem Blut, nicht aus dem Willen des Fleisches,
nicht aus dem Willen des Mannes, sondern aus Gott geboren sind.
Und der Logos ist Fleisch geworden und hat unter uns gewohnt,
und wir schauten seine Herrlichkeit, eine Herrlichkeit, wie sie
der Einziggezeugte vom Vater hat, voller Gnade und Wahrheit.
Johannes zeugt von ihm und ruft: Dieser war es, von dem ich
sagte: Der nach mir kommt, ist vor mir gewesen; denn er war
eher als ich.
Denn aus seiner Fülle haben wir alle empfangen, Gnade und Gnade.
Denn das Gesetz wurde durch Mose gegeben, die Gnade und Wahrheit
kamen durch Jesus Christus.
Niemand hat Gott je gesehen. Der einziggezeugte Sohn[745],
der im Schoß des Vaters ist, der hat Kunde (von ihm) gebracht.«
Die beiden ersten Worte »Im Anfang« knüpfen an Gen 1,1 an. Während
jedoch im Priesterlichen Schöpfungshymnus das Verbum »br’« folgt, das
die Schöpfertätigkeit Gottes aussagt, bekennt Joh 1,1 das Sein des Logos
im Anfang. Der Priesterliche Schöpfungshymnus kennt natürlich keine
Erschaffung aus dem Nichts, sondern weiß um die chaotische Urflut vor
der Schöpfung, über die der Gottessturm hin- und herfegte. Durch die
Bändigung des Chaos entsteht durch Gottes Wort und Tun die geordnete
Welt. In der Symbolik des Ehernen Meeres im Salomonischen Tempel zu

Jerusalem ist JHWH der Überwinder der chaotischen Mächte. Die spätere weisheitliche Spekulation von Spr 8 kennt zwar in den Versen 24.27 und 28 die »Urflut«; aber diese ist nicht mehr der Schöpfung grundsätzlich vor-gesetzt. Der Schöpfung vorgesetzt ist vielmehr die personifizierte Weisheit als Zeugin der Schöpfung. Sie ist die Erstgeborene der Schöpfung, aber Geschöpf[746]. Einen weiteren Schritt, die personifizierte Weisheit als Göttin und damit als Paredros JHWHs zu sehen, hat Israel vermieden.

Joh 1 verwendet vielfach die Terminologie und die Vorstellungen von Spr 8[747], geht aber grundsätzlich einen Schritt weiter und versteht die personifizierte Weisheit göttlich[748]. Die Präzisierung in V 12: »...allen, die an SEINEN NAMEN glauben« läßt keinen Zweifel, daß der Logos als dem Vater gleich gesehen wird. Gerade die manchmal auftretende Unschärfe wie in V 1 zeigt die innere Unsicherheit und Zaghaftigkeit, ein solch unerhörtes Bekenntnis auszusprechen, wo doch z. B. šm »Name« im rabbinischen Judentum die geläufige Umschreibung für JHWH ist. Glauben an seinen Namen heißt daher: Glauben an den Logos[749]. Die absolute Gleichheit von Vater und Sohn spricht auch der letzte Vers 18 aus. »Gott[750] hat niemand je gesehen; der einziggezeugte Sohn (Gott)[751], der im Schoß[752] des Vaters[753] ist, der hat Kunde gebracht« (von Gott).

In den Versen 4 und 5 werden exklusiv die Lebens- und Lichtsymbolik auf den Logos übertragen. Leben-Licht in einer solchen Ausschließlichkeit sind nur Symbole JHWHs, fließen z. B. in der Menora des 2. Tempels (Lebensbaum plus Licht) als verdichtete Repräsentanz JHWHs ineinander. Schon im 1. Tempel wurde JHWH als ein Gott der Lebensfülle schlechthin charakterisiert; solare, lunare, astrale Vorstellungen sind im Laufe der Jahrhunderte auf JHWH übergegangen, und das »Aufleuchten von JHWHs Antlitz« in Num 6,25 kann ihn solar oder lunar charakterisieren. Diese Charakteristik wird nun auf den Logos übertragen. V 9 greift die Lichtsymbolik nochmals auf, um zu betonen, daß nur der Logos das wahre Licht ist[754]. Schon V 4 deutet an, daß das Leben = Licht = Logos bei den Menschen war. Vers 10 nimmt den Gedanken wieder auf, aber erst Vers 14 setzt das unerhörte Wort: »Und der Logos ist Fleisch geworden«. Was Paulus in Phil 2,6 als »Entäußerung« und »Knechtsgestalt« bezeichnet, meint hier »Sarx, Fleisch« (Mensch) im umfassenden Sinn[755]. Der Mensch gewordene Logos, Jesus von Nazareth, hat die Doxa, die Herrlichkeit des Vaters.

Der ganze Hymnus ist im Grunde vom biblischen und frühjüdischen Denken geprägt. Er übersteigt jedoch dieses Denken nicht nur quantitativ, sondern qualitativ, zumal Jesus, der Logos, als der vom Vater seit

Ewigkeit her Geliebte und Einziggezeugte, bei ihm in gleicher Lebensfülle und göttlichem Licht Seiende glaubend bekannt wird.

So sehr der Prolog aus der biblisch-frühjüdischen Denkweise erklärbar ist, so wenig ist es der Begriff Logos selber. Nach allem, was bisher gesagt wurde, müßte man eigentlich statt Logos den Begriff Sophia (Weisheit) erwarten. Und dennoch scheint der Verfasser ganz bewußt den Logos-Begriff verwendet zu haben. Es dürfte am wahrscheinlichsten sein, daß der johanneische Logos-Begriff aus der Vorstellungswelt des jüdisch-hellenistischen Philosophen Philo von Alexandria (gest. nach 39/40 n. Chr.) entlehnt ist. Nach Philo ist der Logos eine göttliche Mittlergestalt, die an der Weltschöpfung teilhat[756]. Aber warum wurde der unbiblische Logos-Begriff dem biblischen Sophia-Begriff vorgezogen? Die Antwort ist leicht. Dem Johannesevangelium geht es wie auch anderen neutestamentlichen Schriften darum, die Identität zwischen irdischem und erhöhtem Herrn zu betonen. Das hebräische Nomen hkmh wie auch das griechische Sophia sind weiblich; ein Femininum hätte sich nicht besonders gut geeignet, um diese Identität des irdischen, männlichen Jesus und der himmlischen Tochter Gottes einleuchtend darzustellen[757].

Dem Theologen und Verfasser des Logos-Hymnus und seinem johanneischen Interpreten waren natürlich die Brisanz und die Sprengkraft des Weisheitsbegriffes nicht unbekannt – sie schöpften ja daraus am kräftigsten. Die Vorstellung der personifizierten Weisheit, die den Schöpfer mit erotischen Spielen erfreut und durch die die Göttin gleichsam wiedererstand, war schier zu gewagt; selbst wenn bei Jesus Sirach schon die Entpersonalisierung der Weisheit beginnt und der Ausdruck Metapher wird, könnte man um so unbekümmerter in erotisierender Weise von der Weisheit reden. Man nahm daher lieber in Kauf, durch die Hereinnahme des Logos-Begriffes in die Nähe gnostischer Spekulationen zu kommen und gnostisch mißbraucht und mißverstanden zu werden, als durch die Verwendung des biblischen Sophia-Begriffes in die erotische Sphäre und in die Fänge der Göttin zu geraten!

Es war für die apostolische Zeit schon mehr als gewagt, Jesus als den seit Ewigkeit einziggezeugten Sohn Gottes glaubend zu bekennen. Im Grunde wurde dieses »Dilemma« von vielen einfach akzeptiert. Man ließ den Vater und den Sohn gleichrangig nebeneinander »stehen« und war trotzdem nicht der Auffassung, an zwei Götter zu glauben:

»Wir wissen aber: Der Sohn ist gekommen, und er hat uns Einsicht geschenkt, damit wir (Gott) den Wahren erkennen. Und wir sind in diesem Wahren, in seinem Sohn Jesus Christus. Er ist der wahre Gott und das ewige Leben. Meine Kinder hütet euch vor den Götzen!« (1 Joh 5,20–21)

1.3 Der Heilige Geist im Verständnis der apostolischen Zeit

Das deutsche Wort »Geist« ist nicht deckungsgleich mit den in der Bibel verwendeten Begriffen. Das hebräische Substantiv rwḥ heißt von seiner Grundbedeutung her »Wind, Atem«[758] im Sinne der immateriellen Bewegung, des Wehens, des Hauchens[759]. Neben seiner profanen Bedeutung erfährt dieses weibliche Nomen schon sehr früh eine theologische Akzentuierung: Der Geist ist eine Macht Gottes, die über religiöse Führer und Propheten kommt (Ri 14,6.19 1 Sam 11,6ff.). Die vorexilische Prophetie beruft sich praktisch nicht auf die Wirkungen des Geistes, wogegen die nachexilische Prophetie (Sach 7,12 Joel 3,1 f.) den Begriff anzieht[760]. Es wurde schon vorher auf Joh 4,24 hingewiesen, wo es heißt: »Gott ist Pneuma«. Eine solche Formulierung findet sich in der hebräischen Bibel nicht direkt, inhaltlich gesehen jedoch schon. Jes 31,3 stellt das Begriffspaar Gott – Geist dem Begriffspaar Mensch – Fleisch als unüberbrückbaren Gegensatz gegenüber. In Ps 139,7 ist »Geist« ein Synonym für Gottes Gegenwart:
»Wohin soll ich flüchten vor deinem Geist?
wohin vor deinem Antlitz entfliehen?«
(vgl. Jes 34,16 Ps 51,13 139,7 143,10 Neh 9,20)
In einer sehr späten Phase der hebräischen Bibel wird der Begriff »heiliger Geist« (vgl. Jes 63,10f. Ps 51,13) geprägt; aber dies ist kein entscheidender Sprung zu einer Personifizierung der rwḥ, sondern Ausdruck der Präsenz JHWHs oder des Wirkens JHWHs[761].
Die Septuaginta gibt das hebräische rwḥ häufig mit »Pneuma« wieder, das in seiner Grundbedeutung mit dem hebräischen Nomen deckungsgleich ist, in hellenistischer Zeit und später jedoch schillernd wie ein Chamäleon geworden ist[762].
Bei den Rabbinen läßt sich gegenüber der hebräischen Bibel eine Weiterentwicklung feststellen. Der heilige Geist tritt häufig, wenn auch nicht ausschließlich[763], in personhafter Weise auf[764]. Personifizierung als rabbinisches Stilmittel ist allerdings auch sonst belegt[765]. »Bei aller Verselbständigung des Geistes behält man die Einsicht, daß der Geist letzten Endes von Gott selbst ausgeht. Er ist Gottes Geist und wird von Ihm gesandt. Das ist in der apokryph-pseudepigraphischen Literatur ganz deutlich, und auch im Rabbinismus liegen die Dinge nicht anders. Der Besitz

des Geistes ist ein Zeichen der göttlichen Gnade und bedeutet einen Kontakt mit der göttlichen Welt, eine Verbindung mit Gott. Der Geist wird nicht als Ersatz für die Gegenwart Gottes angesehen, wie man auf Grund der Vorstellung, daß Gott im Spätjudentum nur der ferne Gott sei, gemeint hat. Die göttliche Gegenwart beim Menschen kann entweder dadurch ausgedrückt werden, daß der hl. Geist auf ihm ruht, oder dadurch, daß die Schekina auf ihm ruht. Trotzdem ist der hl. Geist nicht mit der Schekina identisch. Während die Schekina einfach Gott in seiner Gegenwärtigkeit ist, ist der hl. Geist eine besondere göttliche Größe, die von Gott gesandt wird und – innerhalb der Grenzen, die durch den Willen Gottes gesetzt werden – selbständig handelt. Aber weil er von Gott ausgeht und ihn vertritt, bedeutet sein Besitz eine Verbindung mit der göttlichen Welt und letzten Endes mit Gott.«[766]

Im Grunde ist die neutestamentliche Vorstellung mit der der hebräischen Bibel sehr verwandt. Jesu messianische Sendung ist das Werk des hl. Geistes, der bei der Taufe im Jordan in Gestalt einer Taube auf ihn herabkommt und ihn in die Wüste treibt (Mk 1,10.12 Matth 3,13–17 Luk 3,21–22 vgl. Joh 1,33–34). Alle vier Evangelisten bezeugen den Heiligen Geist in Gestalt der Taube. Die Taube ist uns bereits öfter als das Tier der Göttin begegnet. Es ist u. a. Realsymbol der von ihr ausgehenden Liebe, wie z. B. auch Hld 1,15[767] zeigt; die Taube ist Botin ihrer Liebe, von der erotisch-sexuellen bis zur mütterlich-fürsorgenden Liebe. Der letztere Aspekt ist neben dem zuerst genannten besonders auch im hellenisch-hellenistischen Milieu beheimatet[768], wie z. B. auch die Stelle bei Vergil, Aeneis VI 186,190–193 zeigt:

»Vix ea fatus erat, geminae cum forte columbae
ipsa sub ora viri caelo venere volantes
et viridi sedere solo; tum maximus heros
maternas adgnovit aves laetusque precatur:«

»Kaum war verklungen sein Wort, da kamen gerade zwei Tauben
unmittelbar vor Aeneas' Blick im Fluge vom Himmel,
ließen sich nieder im grünen Grund; der herrliche Held nun
kannte die Vögel der Mutter sogleich und betete jubelnd.«[769]

Die beiden Tauben verkörpern die liebende Fürsorge der göttlichen Mutter (Venus) für ihren Sohn Aeneas.

Die rwḥ (Geist), die auf Jesus vom Himmel, vom Vater, herabkommt und nach Joh 1,32 auf ihm bleibt, ist Realsymbol, bleibende Vergegenwärtigung der Liebe des Vaters zum Sohn, der Agape zu Agapetos, zum Geliebten (Mk 1,11). Nach Matth 1,18 ist der geliebte Sohn durch das Wirken des Heiligen Geistes gezeugt, nach Luk 1,35 ist die Zeugung aus dem Heiligen Geist das Zeichen seiner Gottessohnschaft, die bei der Taufe im Jordan öffentlich proklamiert wird. Lukas sieht aber den Heiligen Geist nicht nur als Triebfeder des Lebens Jesu, sondern der Kirche und der Heilsgeschichte[770]: beginnend bei Johannes dem Täufer (Luk 1,15.17) bis hinein in die Jerusalemer Urgemeinde (vgl. Apg 15,28 20,22). Der Auferstandene verheißt den Jüngern den Geist (Luk 24,49 Apg 1,4 f.8). Lukas sieht die Ausgießung des Heiligen Geistes (Apg 2) mit Joel 2,28–32 als eschatologisches Ereignis, das die potentia convertendi für jeden Menschen schafft. Johannes dagegen sieht die Ausgießung des Geistes nicht erst am Pfingsttag, sondern in unmittelbarem Zusammenhang mit dem Auferstandenen. Joh 20,22 heißt es:

»...hauchte sie an und sprach zu ihnen: Empfanget den Heiligen Geist.«

Der bisherige Überblick zeigt vor allem, daß der Heilige Geist als Gottes dynamische Liebe in Jesu Leben wie im Leben der Gemeinde verstanden wird, ohne daß schon konkrete personenhafte Züge dem Pneuma Hagion anhaften. Selbst von Paulus wird die metaphysische Frage des Verhältnisses zwischen Gott-Christus-Geist kaum berührt (vgl. Röm 3,1–5 1 Kor 2,4 f.13 12,4–6.13 2 Kor 3,17 f. Gal 13,13), und es wäre verfehlt, 2 Kor 13,13 schon streng in einem personalen Sinn zu deuten[771].

In diesem Zusammenhang wird gern auf Mk 3,28 f. und Parallelen hingewiesen, wo es um die Lästerung wider den Heiligen Geist geht, die nicht vergeben werden kann. Dieses Logion muß im Kontext der ganzen Perikope Mk 3,22–30 gesehen werden: Jesu Macht über die Dämonen ist bedingt durch den ihm innewohnenden Gottesgeist und nicht einen unreinen Geist (V 30). Daraus spricht natürlich auch die unbedingte Gewißheit der Urgemeinde, im Besitz des Geistes zu sein. Wer nun diese Wirkung des Gottesgeistes in Jesus oder in der Urgemeinde in Frage stellt, ins Gegenteil verkehrt, dem kann nicht vergeben werden, weil er die Vergebung nicht begehrt[772]; d. h. mit anderen Worten: der Heilige Geist kann von dieser Stelle her nicht als personale Größe verstanden werden, weil er als die göttliche Dynamis in Jesus und in der Urgemeinde gesehen wird.

In den Abschiedsreden des Johannesevangeliums sind fünf Sprüche enthalten (Joh 14,16 f.26 15,26 16,8–11.13 f.), in denen Jesus das Kommen und Wirken des von ihm verheißenen Geistes kündet, der sein Wirken auf Erden fortsetzen wird. Der Paraklet (= Advocatus = der Herbeigerufene) ist der Beistand, der Helfer, der Fürsprecher bei Gericht (vgl. 1 Joh 2,1), der Geist der Wahrheit (Joh 14,17 15,26 16,13), »der Repräsentant der Wirklichkeit im Gegensatz zu allem Schein«[773]. Nach dem Weggang des irdischen Jesus ist der Paraklet sein Vicarius, sein Stellvertreter. »So pflanzt sich im Parakleten die Gegenwart Jesu für alle Zukunft fort (14,16) und wird in ihm der Christus incarnatus zum Christus praesens für die Gläubigen.«[774] Der Paraklet ist der Lehrer der Gläubigen, er ist Zeuge Jesu der Welt gegenüber (15,26) und Gottes Anwalt (16,8–11)[775]. Wenn der Heilige Geist irgendwo im Neuen Testament personenhafte Züge annimmt, dann im Parakleten!

>>Das habe ich zu euch gesagt, während ich noch bei euch bin. Der Paraklet aber, der Heilige Geist, den der Vater in meinem Namen senden wird, der wird euch alles lehren und euch an alles erinnern, was ich euch gesagt habe.« (Joh 14,25 f.)

1.4 Der Beginn des neutestamentlichen trinitarisch-monotheistischen Denkens

Die Eigenart des neutestamentlichen Sprechens von Gott zeigt das Aufbrechen eines starr-statisch verstandenen monotheistischen Gottesbildes. Gott, der Vater, der »alles in allem« (vgl. 1 Kor 15,28) ist, der Agape ist, sendet seinen seit Ewigkeit einziggezeugten Sohn, den Logos, der Fleisch, Mensch wird in Jesus von Nazareth, der in seiner Gottheit dem Vater gleich ist, dem gleiche Anbetung wie dem Vater gebührt. Der Vater ist Agape, von dem der Heilige Geist, seine Liebe, ausgeht und dem irdischen Jesus bleibend gegeben wird, der Geist, der in nachösterlicher Zeit die Gemeinde, die Kirche führt.

>>Der Sohn verherrlicht den Vater, und der Vater wird den Sohn wieder verherrlichen (Joh 13,31 f. 17,1); der Paraklet wird vom Sohn gesandt und geht vom Vater aus (Joh 15,26); der Vater gibt (14,16) und sendet den Parakleten im Namen des Sohnes (Joh 14,26), und der zum Vater heimgekehrte Sohn sendet selbst den Parakleten (Joh 16,7). Das sind nur verschiedene Ausdrucksweisen nach dem jeweiligen Aspekt. So bleibt der Paraklet bei Jesu Jüngern und wird in ihnen sein (Joh 14,17); aber auch Jesus und der Vater werden bei ihnen Wohnung nehmen (Joh 14,23).«[776]

Es ist kaum zu erwarten, daß die apostolische Zeit den trinitarischen Gottesbegriff theoretisch formuliert; denn sie lebt von der Fülle der je gleichen und je verschiedenen Aussagen, die daher offen bleiben für die Spekulation, Interpretation und für die amtlichen Entscheidungen späterer Jahrhunderte; denn obwohl Jesu Wirken ein geschichtlich abgeschlossenes Geschehen bleibt, ist es doch gegenwärtig wirksam; d. h. daß der Paraklet als der Stellvertreter des erhöhten Herrn jetzt und heute genauso wie in der Urgemeinde wirkt.

Und dennoch finden sich im Neuen Testament vereinzelt Wendungen aus Liturgie und Predigt, die als Kurzformeln des trinitarisch-monotheistischen Bekenntnisses gelten können.

Besonders schön kommt dies in 1 Kor 12,4–6 zum Ausdruck:

»Es gibt verschiedene Gnadengaben, aber nur den einen Geist.

Es gibt verschiedene Dienste, aber nur den einen Herrn.

Es gibt verschiedene Kräfte, die wirken, aber nur den einen Gott:

Er bewirkt alles in allem.«

Paulus versucht, die verschiedenen und mannigfachen Charismen (Gnadengaben) der Gemeinde von Korinth auf ein und denselben Urheber zurückzuführen, indem er sie dem Geist, dem Sohn und Gott zuordnet. Wenn man bedenkt, daß der erste Korintherbrief von Paulus zwischen 53 und 55 n. Chr. in Ephesos geschrieben wurde, so ist gerade dieses Wort ein Zeugnis, wie weit die trinitarisch-monotheistische Reflexion schon am Anfang der sechziger Jahre des 1. Jh. n. Chr. in der jungen Kirche fortgeschritten war.

Ein gut 20 Jahre späteres Zeugnis ist die Taufformel von Matth 29,29 f.

»Darum geht zu allen Völkern, und macht alle Menschen zu meinen Jüngern; tauft sie auf den Namen des Vaters und des Sohnes und des Heiligen Geistes, und lehrt sie alles zu befolgen, was ich euch geboten habe: seid gewiß: Ich bin bei euch alle Tage bis zum Ende der Welt.«

Der Schlüssel zum Verständnis dieser Formel sind die älteren und kürzeren Tauformeln »Im Namen Jesu Christi« (Apg 2,38 10,48). Schon in der hebräischen Bibel zeichnet sich deutlich die Entwicklung ab, daß »šm, Name« (= JHWH) heilsgeschichtliches Handeln JHWHs selber meint (Ex 23,21). In nachexilischer Zeit tritt »Name« noch stärker an die Stelle JHWHs (vgl. Ps 7,18 68,5 86,12 92,2 Jes 25,1 26,8 56,6 Mal 3,16). In diesem Sinn und in seiner weiteren Entfaltung in der rabbinischen Literatur muß die Formel verstanden werden. Im Namen Jesu Christi heißt also nicht nur, daß einer im Hinblick auf Jesus getauft ist[777], sondern auf ihn selber, den Herrn der Herren und König der Könige (Offb 19,16). Name und Person sind identisch; so kann es 3 Joh 7 heißen:

»Denn für den Namen (für Jesus) sind sie ausgezogen.«

Und nach Apg 5,41 haben die Apostel »für den Namen« (für Jesus) Schmach zu leiden. Gerade diese Stellen zeigen, daß die Urkirche auch den zeitgenössischen hebräischen Sprachgebrauch für Gott (šm) bereits auf Jesus angewendet hat; d. h. aber auch, daß die Taufe nach der ältesten Kurzformel auf den als göttlich verstandenen Herrn Jesus Christus erfolgte.

Die dreigliedrige Formel verwendet »Im Namen« nur einmal und im Singular. »Im Namen« wird der Vater und der Sohn und der Heilige Geist vereinigt: Es wird das ausgedrückt, was die Theologie später als das eine Göttliche Wesen oder das eine göttliche Aktzentrum bezeichnen wird. Die jüdisch-rabbinische Auffassung von »šm = Name« = JHWH ist auf den christlichen Gottesbegriff übertragen, auf GOTT, der sich als VATER, als SOHN, als HEILIGER GEIST geoffenbart hat.

2. VON JERUSALEM NACH CHALZEDON: DAS RINGEN UM DEN TRINITARISCHEN MONOTHEISMUS
(ca. 100–451 n. Chr.)

2.1 Die Gotteslehre bis zum Konzil von Nikaia (100–325 n. Chr.)

Das 2. Jh. n. Chr. kennzeichnen einerseits die bekenntnisartigen Wiederholungen des Glaubens an den Vater, den Sohn, den Heiligen Geist, wie sie die neutestamentlichen Schriften vorgegeben haben, andererseits die Liturgien der Taufe und Eucharistie, die ganz und gar trinitarisch ausgerichtet sind.

Eine sehr einfache Bekenntnisformel aus dem kleinasiatischen Raum, die sogenannte »Epistola Apostolorum«, Anfang der 2. Hälfte des 2. Jh. n. Chr., die nur in der äthiopischen Rezension erhalten ist, geht allegorisch von den fünf Broten aus (Mk 6,39) und faßt den Glauben in fünf Lehrsätzen zusammen:

»(Glauben) an den Vater, den Beherrscher der Welt,
und an Jesus Christus (unseren Erlöser)
und an den Heiligen Geist (den Parakleten),
und an die heilige Kirche
und an die Vergebung der Sünden.«[778]

Bedingt durch Mk 6,39 ist hier formal ein fünfgliedriges Schema, das manche späteren Theologen insofern getäuscht hat, als sie darin keine trinitarische Struktur zu erkennen glaubten. Eine solche Ansicht ist rein auf die Form fixiert und nicht auf den Inhalt, der natürlich dreigliedrig ist. Ähnlich wie auch das »Apostolische Glaubensbekenntnis«[779] den Heiligen Geist nicht weiter expliziert, so auch nicht dieser Text, und zwar deswegen, weil all das, was nach: »Ich glaube an den Heiligen Geist« kommt, das Werk des Heiligen Geistes ist. Die Formel ist daher inhaltlich dreigliedrig!

Der dritte Nachfolger des Apostels Petrus, Bischof Clemens I. von Rom (ca. 92–101 n. Chr.), schreibt in seinem ersten Brief an die Korinther, ca. 96–98 n. Chr.:

> »Haben[780] wir nicht einen Gott und einen Christus und einen Geist, der über uns ausgegossen ist...«[781]

Im »Martyrium des Polykarp«, um 156/57 n. Chr., lautet die abschließende Doxologie:

> »Deswegen lobe ich dich (Gott) über alle Maßen, ich preise dich, ich verherrliche dich durch den ewigen und himmlischen Hohenpriester Jesus Christus, deinen Geliebten Sohn, durch den von Dir mit ihm selbst und dem Heiligen Geist die Doxa ... ist.«[782]

Diese wenigen Beispiele mögen genügen, um zu zeigen, wie die unmittelbare nachapostolische Kirche nicht nur am neutestamentlichen Bekenntnis festhielt, sondern den Glauben an die Trinität weiter entfaltete.

Die Taufliturgien zeigen das gleiche Bild. Schon in der Didache, der »Zwölf-Apostel-Lehre«, um 90/100 n. Chr., heißt es:

> »Ihr sollt taufen im Namen des Vaters und des Sohnes und des Heiligen Geistes...«[783]

Justin von Neapolis (Palästina), ca. 100/110 – ca. 163/67, schreibt in seiner »Apologia«, um ca. 150/55 n. Chr., I 61 zur Spendung der Taufe:

> »...im Namen des Schöpfers der Welt und Herrn und Gottes und unseres Erlösers Jesus Christus und des Heiligen Geistes...«[784]

In der Epideixis, der »Darlegung der apostolischen Verkündigung«, 3. Kapitel, läßt Irenäus von Lyon, ca. 140–202 n. Chr., die Fragen an den Täufling durchklingen:

> »...daß wir die Taufe empfangen zur Vergebung der Sünden im Namen des Gottes des Vaters und im Namen Jesu Christi, des fleischgewordenen und gestorbenen und auferstandenen Sohnes Gottes, und im Heiligen Geist Gottes.«[785]

In der vermutlich auf Hippolyt von Rom, gest. 235 n. Chr., zurückgehenden »Apostolischen Überlieferung«[786] ist im 21. Kapitel ausführlich von der Spendung der Taufe die Rede. Nach den entsprechenden liturgischen Vorbereitungen steigt der Täufling mit dem Täufer in das Wasser. Der Täufer legt dem Täufling die Hand auf und stellt die erste Frage:

> »Glaubst du an Gott, den allmächtigen Vater?«

Es folgt das erste Untertauchen; dann die zweite Frage:

> »Glaubst du an Jesus Christus, den Sohn Gottes, der geboren ist vom

Heiligen Geist aus der Jungfrau Maria, der unter Pontius Pilatus gekreuzigt wurde, gestorben, am dritten Tag lebend von den Toten auferstanden und zum Himmel aufgestiegen ist, zur Rechten beim Vater sitzt, der kommen wird, zu richten die Lebenden und die Toten?«
Nach Bejahung erfolgt das zweite Untertauchen. Dann stellt der Täufer die dritte Frage:

»Glaubst du an den Heiligen Geist in der heiligen Kirche und an die Auferstehung des Fleisches?«

Nach Bejahung erfolgt das dritte Untertauchen[787].
Im Anschluß an die Taufe behandelt die »Apostolische Überlieferung« die Eucharistie[788], über deren Empfang es folgende Regelung gibt:

»Jeder soll nacheinander von jedem Kelch kosten.
Dabei soll der, der ihn reicht,
bei dem jeweiligen Kelch sagen:
In Gott, dem allmächtigen Vater.
Der Empfangende soll sagen:
Amen.
(Dann beim nächsten Kelch:)
Und im Herrn Jesus Christus.
(Und er soll wiederum antworten:)
Amen.
Schließlich beim dritten Kelch:
Und im Heiligen Geist und der heiligen Kirche.
Wie vorher soll er sagen:
Amen.«[789]

Das eucharistische Hochgebet (Kapitel 4) ist klar trinitarisch gegliedert: Der Dank an Gott, den Vater, die Aufzählung der Heilstaten Jesu Christi, des vom Vater unzertrennlichen Wortes, mit dem Segen über Brot und Wein (Einsetzungsworte), dann die Bitten an den Heiligen Geist und eine abschließende Doxologie[790].
Die Hochgebete der orientalischen Kirche sind insofern noch klarer strukturiert, als sie die Epiklese, die Anrufung des Heiligen Geistes, mit der Bitte um Wandlung von Brot und Wein in Leib und Blut Christi vor den Einsetzungsworten haben. Es ist also der Heilige Geist, der Brot und Wein in Leib und Blut Jesu wandelt; die eucharistische Gegenwart Jesu ist das Werk des Heiligen Geistes, um das ihn die konkrete Gemeinde mit ihrem Bischof/Presbyter als Vorsteher der Eucharistiefeier bittet. Cyrill von Jerusalem (313–386/87 n. Chr.) zitiert in den um 348/50 n. Chr. geschriebenen »Mystagogischen Katechesen« 5,7 zum erstenmal die Epiklese:

»Dann, nachdem wir uns selbst durch diese geistlichen Hymnen geheiligt haben, bitten wir den menschenliebenden Gott, den Heiligen Geist auf die vorliegenden (Gaben) herabzusenden, damit er das Brot zum Leib Christi, den Wein zum Blut Christi mache. Denn alles, was der Heilige Geist berührt, wird geheiligt und verwandelt.«[791]

Wie klar und selbstverständlich der Glaube der Christen an den einen und dreifaltigen Gott bekannt, gefeiert und artikuliert wurde, ergibt sich nicht nur aus diesen beispielhaft angeführten Texten, sondern auch aus anderen Anschauungen, die Gegenpositionen zum trinitarischen Monotheismus sind. Solche Gegenpositionen sind aber nur dann möglich, wenn der Glaube an den einen und trinitarischen Gott vorhanden war. Andererseits ist auch zu bedenken, daß die Vielgestaltigkeit des neutestamentlichen Redens von Gott, Sohn und Geist verschiedene Positionen zuließ.

Die Jerusalemer Urgemeinde war nicht zuletzt durch ihr drittes Haupt, den Apostel Jakobus den Jüngeren, der 62/63 n. Chr. den Martyrertod erlitten hat[792], und seine Vorgänger Petrus und Jakobus den Älteren (vgl. Apg 11,1–18 15,13 ff.) stark dem jüdischen Glauben verpflichtet, ohne deswegen in einen fundamentalen Widerspruch zu ihrem Christusglauben zu gelangen.

Infolge dieses Verständnisses kam es in Palästina zu speziellen Gruppierungen und Spaltungen. Die Ebioniten (hebräische Bezeichnung für »Arme«) hielten weiter am mosaischen Gesetz fest und verstanden sich dennoch als Christen. Nachdem die Judenchristen mit Beginn des 1. jüdischen Aufstandes von Jerusalem nach Pella ins Ostjordanland wechselten, entwickelten sie sich immer mehr zu einer judenchristlichen Sekte[793]. Die Elkesaiten[794] vermischten judenchristliche mit gnostischen Elementen. Ein besonderes Merkmal ist ihre Reinkarnationslehre: Christus sei in ihrem Stifter Elkesai? reinkarniert[795]. Eine weitere Gruppe waren die Nazoräer, Vorläufer der gnostischen Mandäer[796]. All diesen Gruppen ist gemeinsam, daß sie an Jesus als Messias festhielten, seine Göttlichkeit aber ablehnten.

Charakteristisch für diese Zeit ist auch der aus Kleinasien stammende Kerinth, ein Gnostiker, der z. B. lehrte, daß Jesus der Sohn Marias und Josefs sei[797]. Kerinth war ein Zeitgenosse des Polykarp von Smyrna (gest. 156 n. Chr.). Irenäus, Adversus Haereses III 11,1 weiß bezeichnenderweise zu berichten, daß der Apostel Johannes speziell gegen Kerinth seine Schriften verfaßt habe[798].

Die gefährlichsten[799] Gegner des jungen Christentums waren zweifellos die Anhänger der Gnosis (= die wahre Erkenntnis, Weisheit). Die Ursprünge der Gnosis mögen in vorchristliche Zeit zurückreichen[800] und ein Mixtum hellenistischer Philosophie und orientalischer Mysterienreligionen sein, aber wirklich tritt die Gnosis erst im christlich gefärbten Milieu auf. Die wahre Erkenntnis beruhe nicht auf gewöhnlichem Erkennen, sondern man erwerbe sie durch religiös-mystische Praktiken. Die Gnostiker glaubten sich im Besitz geheimer Offenbarungen, eines Wissens, das nur den Eingeweihten offenstehe. Die Gottheit wohne im unzugänglichen Licht. Von ihr gehen die Äonen aus. Die Welt ist das Werk des geringsten Äons, des Demiurgen (Weltbildners). Christus ist ein besonderer Äon, ein Lichtwesen, das die Menschen lehrte, wie man die Materie (Finsternis) ausscheidet, um wieder zum vollen Lichtwesen (Gott) zurückkehren zu können. Demnach konnte Christus nicht in Wirklichkeit Mensch werden. Er hatte nur einen Scheinleib. Die neutestamentlichen Schriften sind für die Gnostiker eine Offenbarung niedrigen Grades, während sie selber die höhere und geheime Offenbarung in ihrem Besitz wissen[801].

Die Gottesvorstellung der Gnosis ist kaum monotheistisch, eher dualistisch, die Christologie doketistisch. Hauptvertreter der Gnosis waren in Antiochia Santornil (Anfang des 2. Jh. n. Chr.), in Alexandria Basilides (ca. 120–145 n. Chr.) und in Rom Valentin (ca. 136–160 n. Chr.).

Der Perser Mani (215–273 n. Chr.) sah sich als letzter der Propheten nach Buddha!, Zarathustra und Jesus. Seine Lehre, der Manichäismus, ist klar dualistisch: Geist und Materie, Gut und Böse, Licht und Finsternis. Der Mensch muß die Finsternis, das Böse, überwinden, indem er die böse Materie ablegt, sich von Fleisch, Wein und vom Geschlechtstrieb enthält. Der Manichäismus ist im Grunde ein gnostisches System, in dem die Gnosis bis ins Mittelalter hinein weiterlebte, ja, die Kirche leider bis in die heutige Zeit beeinflußt.

Marcion, um ca. 85 n. Chr. als Sohn des Bischofs von Sinope am Schwarzen Meer geboren, predigt ca. um 139 n. Chr. seine Ideen in Rom. Da er in der römischen Kirche kein Echo fand, sogar exkommuniziert wurde[802], gründete er selbst eine Gemeinde. Marcion verwirft das Alte Testament. Der JHWH des Alten Testamentes sei ein Gott des Bösen. Nur in Christus ist der wahre Gott erschienen. Da Jesus nach Marcion nur einen Scheinleib hatte, könne er auch nur scheinbar von seinen Gegnern, den Juden, getötet worden sein. Marcions Lehre ist ebenfalls dualistisch, völlig leibfeindlich, antijudaistisch und antichristlich.

Die Gruppierung der Enkratiten[803] geht auf Marcion zurück. Ihre Askese ist bis ins Extrem leibfeindlich. Sie lehnen z. B. auch den Vollzug der Ehe ab. Obwohl ihre dogmatische Haltung korrekt war, verurteilte sie die Großkirche wegen dieser extremen Leibfeindlichkeit als Häretiker.

Der auf Montanus zurückgehende Montanismus (etwa ab 170 n. Chr.) steigerte die asketische Haltung ebenfalls bis zum Extrem[804]. Montanus selbst verstand sich als Prophet des Heiligen Geistes. Mit ihm sei die göttliche Offenbarung abgeschlossen. Den sittlichen Rigorismus verband Montanus mit der Naherwartung des Tausendjährigen Reiches Christi. Gegen Ende des 2. Jh. n. Chr. entwickelten sich zwei monarchianische Lehren: der Adoptionismus und der Modalismus. Die Adoptianer lehrten die alte judenchristliche Auffassung, daß Jesus nur im Sinne eines adoptivischen Verhältnisses Sohn Gottes sei (durch die Jordantaufe). Der Vater allein ist Gott, Christus gleichsam nur angenommener Gott. Für die Modalisten ist Jesus nur eine Erscheinungsform Gottes. Es gibt nur einen einzigen Gott, der sich einmal als Vater, einmal als Sohn, einmal als Heiliger Geist zeige. Tertullian bezeichnete diese Lehre spöttisch als »Patripassionismus«, weil demnach auch der Vater für uns gelitten hätte[805].

Arius (ca. 260–336 n. Chr.), der geistig in der antiochenischen Theologie beheimatet war, leugnete die Gottheit Jesu. Der Konflikt brach aus, als er als Presbyter um 318 n. Chr. an der Baukalis-Kirche von Alexandria wirkte und eine überaus abweichende, subordinatianische Lehre über den Logos propagierte. Eine Synode in Alexandria verwarf seine Lehre; er mußte Alexandria verlassen, konnte jedoch bald mit Hilfe seiner antiochenischen Freunde die Rückkehr erzwingen. Die Folge war praktisch ein Schisma in der alexandrinischen Kirche[806].

Diese verschiedenen Abweichungen, ja Häresien[807] forderten den massiven Widerstand der Gläubigen heraus. Sie gingen nicht nur daran, den apostolischen Glauben zu verteidigen, sondern legten in ihrer Verteidigung klarere und tiefere Einsichten vor.

Justin entfaltet in seiner »Apologia« die apostolische Trinitätsvorstellung. Aus I 6[808] geht hervor, daß der Vater und der Sohn, »der vom Vater kommt«, und der prophetische Geist verehrt und angebetet werden. Es ist daher nicht gerechtfertigt, aus I 13[809], wo dem Sohn die zweite und dem prophetischen Geist die dritte Stelle »zugewiesen wird«, eine Rangordnung herauszulesen; denn bei einer Aufzählung ist einer immer der erste und einer immer der letzte. In II 6[810] geht Justin auf die Namenlosigkeit Gottes ein[811]; der Vater ist der Nichtgezeugte, der Sohn der Gezeugte, der nach dem Willen des Vaters Mensch geworden ist[812]. Obgleich Justin der biblischen Sprechweise noch sehr verhaftet ist, zeigt sich die wichtige Weiterentwicklung in der Aussage, daß der Heilige Geist gleich dem Vater und dem Sohn angebetet wird und darin, daß vom Ungezeugten Vater auf den einziggezeugten Sohn geschlossen wird.

Theophilus von Antiochia (2. Jh. n. Chr.) verwendet vermutlich als erster den Begriff »Trias« für die Trinität[813]. Ausgehend vom biblischen Schöpfungsbericht Gen 1, sagt er:

> »Jene drei Tage, die vor dem Licht waren, sind ein Abbild für die Triade: Gott, sein Logos und seine Sophia.«[814]

Es gilt als allgemein anerkannt, daß der Logos bei Theophilus als göttliche Person verstanden wird; die Weisheit (der Heilige Geist) bleibe aber »eigenartig dunkel«[815]. Aber EP 179 heißt es:

> »Die Propheten waren nicht, als die Welt erschaffen wurde, sondern nur die Sophia Gottes, die in ihm west.«

An diesem Wort ist nichts Dunkles. Die Weisheit wird in Anspielung an Spr 8 personal und im Wesen Gottes seiend verstanden[816].

Athenagoras formuliert um 177 n. Chr. in seiner »Legatio pro Christianis« die Trinitätslehre noch deutlicher: Gott der Vater ist ungezeugt und ewig, unsichtbar und impassibilis; der Sohn ist der Logos des Vaters, vom Logos und durch den Logos wurde alles erschaffen. Der Vater und der Sohn sind eins. Der Sohn ist nicht geschaffen, sondern seit Ewigkeit der Einziggezeugte des Vaters. Der Heilige Geist ist der vom Vater Ausgehende und zu ihm ständig Zurückkehrende wie der Sonnenstrahl. Für Athenagoras ist der Eine Gott: Vater, Sohn, Heiliger Geist. Der Unterschied ist nur in der Ordnung der Drei gelegen, die Einheit in der göttlichen Dynamis[817].

Sowohl gegen den strengen jüdischen Monotheismus als auch gegenüber dem Polytheismus, aber auch gegenüber anders gefärbten christlichen Anschauungen haben Justin, Theophilus und Athenagoras den christlich-trinitarischen Monotheismus herausgearbeitet: die eine göttliche Dynamis ist der Ordnung nach in Vater, Sohn, Geist unterschieden. Anstelle des Begriffes »drei« wird der Begriff »Trias« (= Dreiheit als Einheit)[818] verwendet. Auch das innere »Leben« der Trinität wurde bereits umschrieben: ungezeugt für den Vater, seit Ewigkeit vom Vater gezeugt für den Sohn. Der Heilige Geist ist der ständig vom Vater Ausgehende und zu ihm Zurückkehrende.

Während diese drei Denker der unmittelbaren nachapostolischen Zeit versuchten, die Gotteslehre mit Hilfe der mittelplatonischen Philosophie darzustellen, ist Irenäus von Lyon mehr biblisch orientiert. Er schreibt in seiner »Darlegung der Apostolischen Verkündigung«, Kapitel 6:

> »Und dies ist der Kanon unseres Glaubens und der Grund des Gebäudes und die Festigkeit des Wandels: Gott, Vater, ungeworden, unfaßbar, unsichtbar, ein Gott, der Schöpfer von allem; das ist der allererste Punkt unseres Glaubens. Der zweite Punkt aber ist das Wort Gottes,

der Sohn Gottes, Christus Jesus, unser Herr, der den Propheten erschienen ist, gemäß der Form ihrer Prophezeiung und gemäß der Tragweite der Ratschlüsse des Vaters, durch den alles geworden ist; der auch am Ende der Zeiten, um alles zur Vollendung zu bringen und zusammenzufassen, Mensch unter Menschen, sichtbar und tastbar geworden; um den Tod zu vernichten und das Leben aufzuzeigen und eine Gemeinschaft der Vereinigung zwischen Gott und Menschen zu bewirken. Und der dritte Punkt ist der Heilige Geist, durch den die Propheten prophezeit und die Väter die göttlichen Dinge gelernt haben und die Gerechten auf den Weg der Gerechtigkeit geführt werden und der sich am Ende der Zeiten auf eine neue Weise auf die Menschheit über die ganze Erde ergoß, indem er den Menschen für Gott erneuerte.«[819]

Im Kapitel 47 erklärt Irenäus die innere Einheit der Trinität:

»...der Vater ist Gott und der Sohn ist Gott, denn das von Gott Geborene ist Gott. Und somit ist nach seinem Sein und nach der Kraft seines Wesens ein (einziger) Gott zu erkennen.«

Der Heilige Geist wird in Anspielung auf Ps 45,7 f. »Salböl« genannt[820]. Der Geist ist der Verkünder der Propheten, der die Menschen zum Vater führt[821].

Die Gotteslehre Tertullians (ca. 160–220 n. Chr.) versucht, den »Inhalt« des Mysteriums spekulativ zu entfalten und zu begründen, besonders in seiner Schrift »Adversus Praxean« 2[822]:

»Drei sind es nicht in ihrem Status, sondern in ihren Graden; denn nicht in der Substanz, sondern in der Form, nicht in der Dynamis, sondern in der Spezies. Es gibt nur eine göttliche Substanz, einen göttlichen Status und eine göttliche Dynamis; denn es ist nur EIN Gott, der in Graden, Formen, der Spezies nach im Namen des Vaters und des Sohnes und des Heiligen Geistes west.«

Die geistige Substanz Gottes, sein geistiges Aktzentrum, kann nur eine, eines sein. Erst durch die Offenbarung ist es den Menschen erkennbar, daß sich die Einheit in einer graduellen Dreiheit zeigt[823]. Tertullian hat besonders erkannt, daß der dreifaltige Gott nicht etwa aus der menschlichen Vernunft erschlossen weden kann, sondern durch Jesus Christus geoffenbart wurde. Tertullian verwendet auch als erster lateinisch schreibender Schriftsteller den Terminus »Trinitas«, für Vater, Sohn, Geist je den Begriff »Persona«, ohne jedoch das Verhältnis von Substantia zu Persona zu erläutern[824].

Der entscheidende Durchbruch in der Trinitätslehre ist jedoch dem Alexandriner Origenes (ca. 185–255 n. Chr.) gelungen, dem größten und umfassendsten Gelehrten des christlichen Altertums. Das Hauptwerk des Origenes heißt: »Peri archon« (Über die Prinzipien). Vater, Sohn und Geist werden »durch ihre Aufgaben und Machtbereiche von Ewigkeit her als hypostatisch unterschieden angesehen«[825]. Origenes ist es gelungen, die drei göttlichen Hypostasen[826] klar zu profilieren. Die von manchen Theologen[827] vertretene und tradierte Auffassung, daß seine Trinitätslehre subordinatianisch bestimmt sei, entbehrt jeder Grundlage und beruht auf Vorurteilen. Seine Lehre muß aus seinem Gesamtwerk erschlossen werden und kann nicht in Verabsolutierungen einzelner Aussagen gesehen werden. Dabei ist es völlig unwichtig, ob der historische Origenes bereits den Begriff »gleichwesentlich« (der Sohn dem Vater) nennt[828] oder ob man dies als Fälschung für »gleich« (der Sohn dem Vater)[829] betrachtet. Bezeichnend ist doch jedenfalls auch, daß der um 300 n. Chr. in Syrien von einem Gegner des Origenes geschriebene Dialog »Über den rechten Glauben«[830], der unter dem Namen des Origenes überliefert ist, den Logos gleichwesentlich dem Vater nennt.

An drei markanten Stellen seines Hauptwerkes »Über die Prinzipien«[831] kommt Origenes auf die christliche Gottesauffassung ausführlich zu sprechen: In der Praefatio zum ersten Buch, Kapitel 2 und 4; im ersten Buch, Kapitel 1–3 und im vierten Buch, der Zusammenfassung, Kapitel 4,1–5.

In der Praefatio, Kapitel 2 betont er die Wichtigkeit des Themas:

»Da nun (aber) viele, die sich zum Glauben an Christus bekennen, nicht nur über kleine und kleinste Dinge uneins sind, sondern sogar über große und größte, nämlich über Gott, über den Herrn Jesus Christus selbst und den heiligen Geist ... deshalb scheint es notwendig, zuerst in diesen einzelnen Fragen eine klare Linie und deutliche Richtschnur festzulegen und dann erst nach den übrigen Dingen zu forschen.«[832]

Schauen wir, wie Origenes seine Gotteslehre zusammenfaßt:

»... Über den Vater ist zu sagen, daß er ohne Trennung und Zerteilung (seiner selbst) Vater des Sohnes wird, nicht durch Hervorbringen, wie einige meinen. Wenn nämlich der Sohn eine Hervorbringung des Vaters ist und ein Abkömmling aus ihm wie die Abkömmlinge der Tiere, dann ist das Hervorbringende und das Hervorgebrachte notwendigerweise ein Körper. Denn wir sagen nicht wie die Häretiker, irgendein Teil von Gottes Substanz sei in den Sohn verwandelt oder der Sohn sei vom Vater aus dem Nichts ... hervorgebracht worden, so daß er irgendeinmal nicht gewesen wäre. Sondern unter Ausschluß jeder körperlichen Vorstellung lehren wir, aus dem unsichtbaren und unkörperlichen Gott sei der Logos und die Weisheit ohne irgendeinen körperlichen Vorgang gezeugt, so wie der Wille aus dem Geist hervorgeht ... Aus dem Willen des Vaters wurde nun dieser Sohn geboren ... Ich möchte es aber wagen hinzuzufügen, daß er auch, wenn er die »Ähnlichkeit« des Vaters ist, niemals nicht war. Wann hatte denn Gott, der nach Johannes Licht heißt ... keinen Abglanz seiner Herrlichkeit, so daß man den Anfang eines Sohnes setzen dürfte, der vorher nicht war? ... Wer nämlich zu sagen wagt: Es war einmal, da der Sohn nicht war, der soll doch einsehen, daß er auch sagen wird: Die Weisheit war einmal nicht, und der Logos war (einmal) nicht, und das Leben war (einmal) nicht, während doch in ihnen allen das Wesen Gottes des Vaters vollkommen gegenwärtig ist. Sie können ja niemals von ihm losgerissen oder von seiner Substanz getrennt werden. Auch wenn sie im erkennenden Geist als Vielheit aufgefaßt werden, sind sie doch der Sache und dem Wesen nach eines; in ihnen besteht die »Fülle der Gottheit« (Kol 2,9) ... Wie man aber durch Teilhabe an dem Sohne Gottes unter die Söhne aufgenommen ... wird man auch durch die Teilhabe am heiligen Geist heilig und geistig. Am heiligen Geist teilzuhaben ist nämlich ein und dasselbe wie am Vater und am Sohn teilzuhaben, da das Wesen der Trinität ein einziges, unkörperliches ist.«[833]

Der Römerbriefkommentar des Origenes 7,13 ist geradezu ein klassisches Beispiel, wie der Sohn und der Heilige Geist mit dem Vater gleichwesentlich gesehen werden, wenn es heißt:

»Denn nicht nach dem Vater ist er (Christus), sondern vom Vater ... Wenn der Sohn Gott über allem ist und der Heilige Geist alles umfaßt, dann ist Gott der Vater der, aus dem alles ist. So wird klar gezeigt, daß die Natur und Substanz der Trinität EINE ist, die über allem ist.«[834]

Es ist auch unstatthaft zu sagen, daß nach Origenes nur dem Vater göttliche Verehrung gebührt. Contra Celsum 8,12 heißt es:

»Wir beten an den Vater der Wahrheit UND den wahren Sohn ...«[835]

Über 200 Jahre dauerte das Denken und Streiten der Theologen mit den verschiedenen kirchlichen Randgruppen und Außenseitern.

Das Christentum konnte immer mehr seinem Katakombendasein im Römischen Reich entsteigen. Es fand in Kaiser Konstantin seinen ersten mächtigen Verbündeten, der es als Utopie der Einheit des Reiches verstehen wollte, jedoch erkennen mußte, daß es so kein Symbol der Einheit, sondern eher seiner inneren Zerrissenheit war. Es wurde Zeit, eine autoritative Entscheidung zu treffen.

2.2 Die heiligen Synoden von Nikaia (325 n. Chr.) und Konstantinopel (381 n. Chr.)

Schon 324 n. Chr. faßte Kaiser Konstantin den Entschluß, ein Reichskonzil einzuberufen. Vom 20. Mai bis 25. Juni 325 n. Chr. tagte dieses 1. Ökumenische Konzil in Nikaia. Es waren etwa 220 Bischöfe[836] anwesend, davon maximal 3% aus dem Westen des Reiches.

In dem nach dem Konzil benannten Symbolon (Glaubensbekenntnis) wurde der Gottesglaube der Kirche verbindlich zusammengefaßt und das Anathema über jene verhängt, die diese Lehre nicht annehmen.

»Wir glauben an den Einen Gott, den Vater, den Pantokrator, alles Sichtbaren und Unsichtbaren Schöpfer.

Und an den Einen Herrn Jesus Christus, den Sohn, einziggezeugt aus dem Vater. Dieser ist aus der Substanz des Vaters. Gott aus Gott, Licht aus Licht, wahrer Gott aus wahrem Gott, gezeugt, nicht geschaffen, eines Wesens mit dem Vater, durch den alles geschaffen wurde, was im Himmel und auf Erden ist.

Der wegen uns Menschen und wegen unseres Heiles herabgestiegen ist, Fleisch wurde, Mensch wurde, gelitten hat, auferstanden ist am dritten Tag (und) aufgestiegen ist in die Himmel, der kommen wird, zu richten Lebende und Tote.

Und an den Heiligen Geist.«[837]

Dieses Symbolon des ersten Konzils ist in bezug auf den Vater und den Sohn doch sehr deutlich und verarbeitet die theologischen Erkenntnisse der vergangenen zwei Jahrhunderte, besonders natürlich der Alexandriner, primär die des Origenes: der Sohn ist dem Vater in seiner Gottheit wesensgleich. Dieser Sohn Gottes wird Mensch etc. Der Heilige Geist wird nur als solcher angeführt und auf weitere Explikationen verzichtet. Daraus könnte man schließen, daß die Synode den Heiligen Geist nur als göttliche Kraft und nicht personal verstünde. Es wäre jedoch eigenartig, wenn die Bischöfe dieser Kirchenversammlung die Tradition so wenig gekannt hätten, daß man solches daraus schließen dürfte. Kein Mensch wird das unterstellen dürfen, da göttliche Verehrung und Anbetung des Heiligen Geistes in der Praxis schon lange genug selbstverständlich geworden waren. Was für das Nicäum gilt, sollte aber auch für die Theologen bis zu diesem Konzil gelten und ihnen nicht aus heutiger Sicht, oft behaftet mit einer gewissen akademischen Arroganz, der wahre Glaube abgesprochen werden; denn ihr Ringen um die theologische Begrifflichkeit ist der Mut des Glaubens!

Das größte Verdienst dieses ersten Konzils ist zweifellos, daß der Monotheismus als trinitarischer Monotheismus und nicht als Tritheismus definiert wurde. Die vollkommene Einheit, die eine göttliche Substanz ist das Wesen Gottes. Aus dieser Substanz ist der Sohn und (ungesagt) der Heilige Geist. Vater-Sohn-Geist verbinden diese vollkommene Einheit und Substanz. Um den Arianismus besonders deutlich auszugrenzen, nimmt das Konzil die Wesensgleichheit des Sohnes mit dem Vater verstärkend dazu.

Ich bin durchaus der Auffassung, daß die Väter des 2. und 3. Jh. n. Chr. keine andere Gottesvorstellung als diese Synode hatten, daß es davon aber auch Abweichungen gegeben hat. Diese als häretisch abzuqualifizieren ist Überheblichkeit der Späteren. Aber seit Nikaia, wo die Kirche den echten und wahren Glauben definitiv festlegte, ist der Zaun so gesetzt, daß sein Überschreiten als Häresie verstanden werden kann[838].

Die eigentlichen Vollstrecker und gläubigen Interpreten des ersten Konzils waren die kappadokischen Väter: Basilius der Große (ca. 330–379 n. Chr.), Gregor von Nazianz (ca. 329/30 – ca. 390 n. Chr.) und Gregor von Nyssa (gest. 394 n. Chr.).

Basilius findet in seinen »Briefen«[839] klare Begriffe: In der Gottheit gibt es nur eine Wesenheit, jedoch drei Hypostasen[840].

»Ein Gott und Vater, ein eingeborener Sohn, ein Heiliger Geist, wir nennen jede einzelne dieser Personen für sich allein. Wenn man zusammenzählt, dann lassen wir uns durch unaufgeklärtes Zählen nicht zu einem polytheistischen Gottesbegriff verleiten.

In der Tat, wir zählen nicht einfach zusammen, indem wir die Einheit zur Vielheit vermehren und eins, zwei, drei sagen oder erster, zweiter, dritter. Denn es heißt: Ich bin der erste Gott und der letzte (Jes 44,6). Von einem zweiten Gott haben wir bis heute noch nichts gehört. Indem wir Gott aus Gott verehren, bekennen wir die Eigentümlichkeit der Personen und halten an der Monarchie fest, ohne das Reden über Gott in eine abgespaltene Vielheit zu zerreißen. Denn es wird in Gott dem Vater und in Gott dem Eingeborenen gewissermaßen eine einzige Gestalt gesehen, die sich in der Gottheit, die keine Veränderung kennt, reflektiert. In der Tat, der Sohn ist im Vater und der Vater im Sohn, da ja dieser so ist wie jener und jener wie dieser. Und darin besteht ihre Einheit. So sind sie nach der Eigentümlichkeit der Personen einer und einer; nach der Gemeinsamkeit der Natur aber sind sie beide nur eins. Wieso also sind sie, wenn sie einer und einer sind, nicht zwei Götter? Deswegen nicht, weil auch das Bild eines Königs König genannt wird und sie doch keine zwei Könige sind. Weder ihre Macht geteilt noch ihre Ehre gespalten. Denn so wie die Macht, die uns beherrscht, eine ist und die Herrschaft, so gibt es auch nur eine von uns ausgehende Lobpreisung und nicht viele.«[841]

Was in den bisherigen theologischen Erörterungen der Väter bisweilen unklare Konturen zeigt, die Gottheit des Heiligen Geistes, entwickelt Basilius zur Vollkommenheit:

»Einer aber ist auch der Heilige Geist, auch er wird für sich allein genannt; er ist durch den einen Sohn dem einen Vater verbunden und vollendet durch sich die hochgepriesene und glückselige Dreiheit. Seine Zugehörigkeit zum Vater und zum Sohn wird dadurch hinreichend kund, daß er seinen Platz nicht in der Vielheit der geschaffenen Wesen hat, sondern für sich allein genannt wird. Der Heilige Geist ist in der Tat nicht einer von vielen, sondern einer schlechthin. So wie der Vater einer ist und der Sohn einer ist, ist auch der Heilige Geist einer. Von den geschaffenen Wesen ist er so weit entfernt wie das Einfache vom Zusammengesetzten und dem, was in sich Vielheit hat. Mit dem Vater und dem Sohn ist er so sehr eins, wie das einzige dem einzigen zugehört. Nicht nur von hier aus ergeben sich Beweise für die Gemeinschaft hinsichtlich der Natur, sondern auch daraus, daß von ihm gesagt wird, er sei aus Gott, und zwar nicht in der Weise, wie alles aus Gott ist, sondern als aus Gott hervorgegangen, nicht wie der Sohn gezeugt, sondern als Hauch seines Mundes. Mit ›Mund‹ ist hier kein Teil des menschlichen Leibes gemeint und mit ›Hauch‹ kein Atem, der vergeht. ›Mund‹ ist vielmehr auf Gott geziemende Weise zu denken und ›Hauch‹ als lebendige Wesenheit, die über die Heiligung gebietet. Die Zugehörigkeit des Heiligen Geistes zu Gott wird hier offenbar gemacht, die Weise seines Existierens hingegen verborgen gehalten.«[842]

Im selben Werk 29,73 zitiert Basilius gleichsam wie einen Kronzeugen Origenes[843]:

»So hat er (Origenes) in der sechsten, glaube ich, Auslegung des Johannesevangeliums deutlich gesagt, der Geist sei anzubeten. Er schreibt wörtlich: Das Bad des Wassers ist ein Symbol für die Reinigung der Seele, der jeder Schmutz aus der Sünde abgewaschen wird; nichtsdestoweniger ist es für den, der sich der Göttlichkeit der anbetungswürdigen Dreiheit überläßt, durch die Kraft der Anrufung Ursprung und Quell der Gnadengaben. Weiters sagt er in seinen Auslegungen zum Römerbrief: Die heiligen Kräfte begreifen den Eingeborenen und die Göttlichkeit des Heiligen Geistes.«

Die theologische Reflexion über den Heiligen Geist war notwendig geworden; denn eine Konsequenz des Arianismus war, den Heiligen Geist nur als Geschöpf des Sohnes zu verstehen[844].

Kaiser Theodosius kam zur Ansicht, daß ein neuerliches Konzil die Spannungen in der Kirche lösen sollte. Er berief eine Synode nach Konstantinopel ein, die im Mai 381 n. Chr. tagte und der 382 n. Chr. eine neuerliche Synode folgte[845].

Auf diese beiden Synoden geht die Anerkennung und lehramtliche Festlegung des Nicäno-konstantinopolitanischen Symbolons zurück. Eigentlich handelt es sich dabei um das Taufbekenntnis des Epiphanius von Constantia (ca. 315–403 n. Chr.) auf Zypern. Es ist in der Schrift »Ancoratus« (entstanden 374 n. Chr.[846]) erhalten. Der Ursprung dieses Symbolons dürfte aber in Jerusalem zu suchen sein.[847]

»Wir glauben an den EINEN Gott[848],	Πιστεύομεν εἰς ἕνα Θεόν,
den allmächtigen Vater,	πατέρα παντοκράτορα,
Schöpfer des Himmels und der Erde,	ποιητὴν οὐρανοῦ καὶ γῆς,
aller sichtbaren und unsichtbaren Dinge[849].	ὁρατῶν τε πάντων ἀοράτων·
Und an den EINEN Herrn Jesus Christus,	καὶ εἰς ἕνα κύριον Ἰησοῦν Χριστόν,
den Sohn Gottes,	τὸν υἱὸν τοῦ Θεοῦ
den Einziggezeugten,	τὸν μονογενῆ,
aus dem Vater gezeugt	τὸν ἐκ τοῦ πατρὸς γεννηθέντα
vor allen Äonen,	πρὸ πάντων τῶν αἰώνων,
Licht von Licht,	ὡς ἐκ ωτός,
wahrer Gott von wahrem Gott,	Θεὸν ἀληθινὸν ἐκ Θεοῦ ἀληθινοῦ,
gezeugt nicht geschaffen[850],	γεννηθέντα οὐ ποιηθέντα,
eines Wesens mit dem Vater[851],	ὁμοούσιον τῷ πατρί,
durch ihn ist alles erschaffen[852].	δι' οὗ τὰ πάντα ἐγέντο·
Wegen uns Menschen	τὸν δι' ἡμᾶς τοὺς ἀνθρώπους
und um unseres Heiles willen	καὶ διὰ τὴν ἡμετέραν σωτηρίαν
ist er von den Himmeln herabgestiegen	κατελθόντα ἐκ τῶν οὐρανῶν
und ist Fleisch geworden	καὶ σαρκωθέντα
aus dem Heiligen Geist	ἐκ πνεύματος ἁγίου
und aus Maria der Jungfrau,	καὶ Μαρίας τῆς παρθένου,
und wurde Mensch,	καὶ ἐνανθρωπήσαντα,
auch gekreuzigt wurde er für uns	σταυρωθέντα τε ὑπὲρ ἡμῶν
unter Pontius Pilatus	ἐπὶ Ποντίου Πιλάτου

und hat gelitten	καὶ παθόντα
und ist begraben worden,	καὶ ταφέντα
und er ist auferstanden	καὶ ἀναστάντα
am dritten Tag	τῇ τρίτῃ ἡμέρᾳ
gemäß der Schrift;	κατὰ τὰς γραφάς,
er ist aufgestiegen in die Himmel	καὶ ἀνελθόντα εἰς τοὺς οὐρα-
	νούς,
und sitzt zur Rechten des Vaters.	καὶ καθεζόμενον ἐκ δεξιᾷ τοῦ
	πατρός,
Er wird wiederkommen mit Herr-	καὶ πάλιν ἐρχόμενον μετὰ δόξης
lichkeit,	
zu richten Lebende und Tote.	κρῖναι ζῶντας καὶ νεκρούς·
Seiner Herrschaft wird kein Ende	οὗ τῆς βασιλείας οὐκ ἔσται τέ-
sein[853].	λος·
Und an den Heiligen Geist,	καὶ εἰς τὸ πνεῦμα τὸ ἅγιον,
den Herrn und Lebensspender[854],	τὸ κύριον καὶ ζωοποιόν,
der vom Vater ausgeht[855],	τὸ ἐκ τοῦ πατρὸς ἐκπορευόμε-
	νον,
der mit dem Vater und dem Sohn	τὸ σὺν πατρὶ καὶ υἱῷ
zugleich angebetet und verherr-	συμπροσκυνούμενον καὶ συνδο-
licht wird[856],	ξαζόμενον,
der gesprochen hat durch die Pro-	τὸ λαλῆσαν διὰ τῶν προητῶν.
pheten[857].	
An die eine, heilige,	Εἰς μίαν ἁγίαν
katholische und apostolische Kir-	καθολικὴν καὶ ἀποστολικὴν
che.	ἐκκλησίαν.
Wir bekennen die eine Taufe	Ὁμολογοῦμεν ἓν βάπτισμα
zur Vergebung der Sünden.	εἰς ἄφεσιν ἁμαρτιῶν.
Wir erwarten die Auferstehung	Προσδοκῶμεν ἀνάστασιν
der Toten	νεκρῶν
und das Leben des künftigen	καὶ ζωὴν τοῦ μέλλοντος αἰῶνος.
Äons. Amen«[858]	Ἀμήν.

Mit diesem Symbolon ist die grundsätzliche theologische Diskussion über den trinitarischen Monotheismus zu einem dogmatisch-autoritativen Abschluß gekommen. Die Kirche des Ostens betrachtet dieses Bekenntnis als definitiv. Das Mysterium kann zwar weiter theologisch und spirituell reflektiert werden, aber entscheidende, grundlegende Kenntnisse können nicht mehr gewonnen werden. Die Kirche des Westens hat vielleicht nicht die prinzipielle Position, ist aber ebenso der Ansicht, daß diese Festlegung auf Grund der fast vierhundertjährigen Glaubenstradition definitiv ist und für alle weiteren Überlegungen dieses Glaubensbekenntnis seinem Inhalt nach Ausgangspunkt sein muß.

Bis zum heutigen Tag ist dieses Symbolon allen christlichen Konfessionen heiliges Erbe und mahnender Auftrag zur Einheit. Die Gottesvorstellung Jesu und ihre Interpretation im Heiligen Geist durch die ersten Zeugen der Auferstehung und durch die, die auf ihr Wort hin geglaubt haben und diesen Glauben in mühevollem Ringen in prägnante sprachliche Formeln gegossen haben, soll der Ansporn für die Einheit im Glauben sein; und nicht Nebensächlichkeiten, die historisch je unterschiedlich gewachsen sind, menschlichen und nicht göttlichen Ursprungs sind, den Weg zur Einheit in Pluriformität verstellen.

2.3 Die christologische Frage und die heiligen Synoden von Ephesus (431 n. Chr.) und Chalzedon (451 n. Chr.)

»Und das Wort ist Fleisch geworden«, heißt es Joh 1,14. Und er ist »Fleisch geworden aus dem Heiligen Geist und aus der Jungfrau Maria«, heißt es im Symbolon. D. h. der Logos, der Sohn Gottes, Jesus von Nazareth ist Gott und Mensch. So einfach stellte sich diese Schlußfolgerung in der 1. Hälfte des 4. Jh. n. Chr. und im 5. Jh. n. Chr. nicht dar. In den zwei bedeutendsten Hochschulen des Christentums, in Alexandria und in Antiochia, wurde die biblische Botschaft jeweils anders interpretiert. Die platonisch ausgerichteten Gelehrten von Alexandria hatten durch Origenes und durch die geistig zu Alexandria gehörigen kappadokischen Väter den Sieg in der Gotteslehre davongetragen. Seit 412 n. Chr. war Cyrill (gest. 444 n. Chr.) das Haupt der alexandrinischen Schule und Patriarch der Stadt geworden. Cyrill hatte großes Interesse, die Einheit in Christus zu bewahren. In Epistolae 46,2[859] schreibt er, daß im Sohn eine einzige Natur ist, da er davon ausgeht, daß die menschliche nicht in die göttliche Natur und umgekehrt übergehen kann, spricht jedoch in Epistolae 39[860] von einer »Union zweier Naturen«. Die Terminologie ist bei Cyrill noch relativ unklar, da er »physis« und »hypostasis« unterschiedslos zu gebrauchen scheint.

Auf solche Weise die Einheit in Christus zu wahren war den Antiochenern suspekt. Besonders empörend fand Nestorius (gest. 451 n. Chr.) die alexandrinische Lehrmeinung. Nestorius hielt ebenfalls an der Einheit in Christus fest[861]. Die eine Person ist als menschliche und göttliche Person in Christus vereinigt[862]; von seinen Gegnern wurde Nestorius unterschoben, daß er diese Einheit in Christus nur als eine moralische verstehe.

In der antiochenischen Terminologie konnte auch die Metapher verwendet werden, daß die Menschheit Christi in der Gottheit wie in einem Tempel wohne. Solche und ähnliche Bilder konnten mißverstanden werden. Angesichts der Rivalitäten beider Schulen hatten die Alexandriner hier einen Angriffspunkt, weil sie offenbar die Metapher als solche nicht verstehen wollten. Im Grunde sind aber beide Positionen gar nicht so verschieden, wenn auch unterschiedliche Schwerpunkte gesetzt wurden. Weder Cyrill noch Nestorius kann man guten Gewissens die Rechtgläubigkeit absprechen. Der Alexandriner betonte mehr die Einheit von menschlicher und göttlicher Natur, der Antiochener mehr die zwei Naturen in Christus. Beide aber konnten die von ihnen verwendeten Begriffe nicht genau definieren. Was für Cyrill die Union der Naturen war (in metaphorischer Rede: die göttliche Natur durchdringt die menschliche wie die Glut die Kohle etc.), waren für Nestorius die zwei Naturen in einer Person (in metaphorischer Rede: die menschliche Natur ist das Kleid der göttlichen Natur etc.). Aber Nestorius erklärte nicht, wie diese zwei Naturen zu einer Person zusammenkamen.

In der Frage, ob Maria nur Jesusmutter, nur Christusmutter oder aber auch Gottesmutter genannt werden dürfe, ist eine Möglichkeit vorhanden, um die Position des Nestorius besser verstehen zu können. Er hat den Begriff Theotokos (Gottesmutter) nicht grundsätzlich abgelehnt, wie es manchmal vereinfachend bis heute gelehrt wird. Seine Lehrmeinung ist folgende: Eine menschliche Mutter kann nicht die Gottheit gebären, sondern nur die mit der Gottheit (Logos) unlöslich verbundene menschliche Person. In dieser richtigen Auffassung hatte Nestorius keine Hemmungen, Maria Gottesmutter zu nennen[863]. Wenn aber Nestorius auch von der Anthropotokos (Menschenmutter) spricht, leugnet er nicht die Gottheit Christi, sondern will die Integrität der Menschheit Jesu betonen. Die Begriffe Theotokos und Anthropotokos faßt er in der Bezeichnung Christotokos zusammen, da bereits die Schrift selber in dem Hoheitstitel »Christus« Jesus als den Sohn Gottes und Menschen sieht. Nestorius ist daher kein Häretiker, sondern ein um die Wahrheit ringender Denker, dem die Gunst der kirchenpolitischen Stunde versagt blieb. Er wurde zwar als Häretiker verurteilt, hat sich aber selbst mit Recht als gläubiger Christ in Übereinstimmung mit der kirchlichen Tradition stehend gesehen[864].

Bedingt durch diesen Streit der beiden Theologenschulen, verfügte Kaiser Theodosius II. am 19. November 430 n. Chr. ein Ökumenisches Konzil für 431 n. Chr. Es trat am 22. Juni 431 n. Chr. in Ephesus zusammen. Die Antiochener waren zu diesem Zeitpunkt noch nicht anwesend. Nestorius und seine Anhänger wurden verurteilt, ohne daß sie gehört wurden[865]. Am 26. oder 27. Juni 431 erschienen 43 antiochenisch gesinnte Bischöfe und verurteilten u. a. Cyrill. Daraufhin erklärte der Kaiser das bisher Geschehene für ungültig. Aber die folgenden Sitzungen des Konzils brachten für Nestorius keinen Sieg. Nachdem sich der Kaiser immer mehr auf die Seite der Alexandriner geschlagen hatte, wurde Nestorius schließlich in einem Kloster bei Antiochia inhaftiert und dann nach Oberägypten verbannt[866].

Viel hatte das 3. Ökumenische Konzil nicht erreicht. Es lehrte, daß in Jesus Christus die menschliche wie die göttliche Natur hypostatisch vereinigt sind[867] und daß Maria der Titel Gottesmutter zukommt[868].

Freilich mag sich Nestorius mit manchen Formulierungen zu sehr an die Randzonen des Christentums begeben haben[869], aber der Keim des Irrtums, der in der alexandrinischen Auffassung steckte, hatte weitaus größere Folgen. Eine metaphorische Rede Cyrills aufgreifend, daß die göttliche Natur die menschliche wie das Feuer die Kohle durchdringe, vertrat Eutyches die theologische Lehrmeinung, daß die göttliche Natur die menschliche aufsauge, so daß man nur mehr von einer, der göttlichen Natur Jesu sprechen könne. Damit war der reine Monophysitismus geboren. Eutyches wurde zwar von Patriarch Flavian von Konstantinopel 448 n. Chr. verurteilt, fand aber Hilfe beim Nachfolger Cyrills auf dem Patriarchenstuhl von Alexandria, Dioskur. Auf einer Synode[870] in Ephesus wurde Eutyches rehabilitiert; aber der Widerstand der gesamten Orthodoxie war so groß, daß Kaiser Marcian am 17. Mai 451 n. Chr. ein ökumenisches Konzil nach Nikaia – dann nach Chalzedon am Bosporus verlegt – einberief[871]. Dieses Konzil war überaus gut besucht. Erst die Anzahl der Bischöfe auf dem 1. Vatikanischen Konzil im vorigen Jahrhundert war größer als die von Chalzedon. Die westliche Kirche war schwach vertreten. Papst Leo I. schickte 5 päpstliche Legaten, die theologisch die Synode leiteten. Am 22. Oktober 451 n. Chr. verkündete das Konzil als Dogma:

»...Wir lehren einstimmig denselben (Jesus Christus) vollkommen in seiner Gottheit, denselben vollkommen in seiner Menschheit, in Wahrheit Gott und in Wahrheit Mensch, denselben als Geistseele und Körper, gleichen Wesens mit dem Vater nach seiner Gottheit und gleichen Wesens mit uns nach seiner Menschheit. ›In allem uns gleich außer der Sünde‹ (Hebr 4,15), vor aller Zeit vom Vater gezeugt nach seiner Gottheit; wir lehren denselben zur Zeit aber unserethalben und um unseres Heiles willen aus der Jungfrau Maria, der Gottesmutter, nach seiner Menschheit.«[872]

Dann folgt die eigentliche theologische Explikation als untrennbarer Teil des Dogmas: »ἕνα καὶ τὸν αὐτὸν Χριστὸν υἱὸν κύριον μονογενῆ ἐν δύο φύσεσιν, ἀσυγχύτως, ἀτρέπτως ἀδιαιρέτως, ἀχωρίστως γνωριζόμενον, οὐδαμοῦ τῆς τῶν φύσεων διαφορᾶς ἀνηρημένης διὰ τὴν ἕνωσιν, σωζομένης δὲ μᾶλλον τῆς ἰδιότητος ἑκατέρας φύσεως, καὶ εἰς ἓν πρόσωπον καὶ μίαν ὑπόστασιν συντρεχούσης, οὐκ εἰς δύο πρόσωπα μεριζόμενον ἢ διαιρούμενον, ἀλλ᾽ ἕνα καὶ τὸν αὐτὸν υἱὸν μονογενῆ Θεὸν λόγον, κύριον Ἰησοῦν Χριστόν, καθάπερ ἄνωθεν οἱ προφῆται περὶ αὐτοῦ καὶ αὐτὸς ἡμᾶς Ἰησοῦς Χριστὸς ἐξεπαίδευσεν, καὶ τὸ τῶν πατέρων ἡμῖν παραδέδωκε σύμβολον.«

»(Wir lehren) den Einen und denselben Christus, Sohn, Herrn, Einziggezeugten, in zwei Naturen unvermischt, unverwandelt (gegen Monophysiten), ungetrennt und ungesondert (gegen Nestorianer) erkennbar. Niemals ist die Verschiedenheit der Naturen aufgehoben wegen der Einheit; vielmehr ist die Eigentümlichkeit beider Naturen erhalten und in einer Person und einer Hypostase vereint, nicht in zwei Personen gespalten oder geteilt, sondern den EINEN und denselben einziggezeugten Sohn, Gott, Logos, Herrn Jesus Christus (lehren wir); ganz so wie von jeher die Propheten über ihn und Jesus Christus uns selbst gelehrt hat und uns der Väter Symbolon überliefert hat.«[873]

Die ersten vier Konzilien der Kirche, die die Ostkirche mit den vier Evangelien vergleicht, haben mit ihren autoritativen, dogmatischen Entscheidungen nicht nur den Glauben der apostolischen Zeit bewahrt, sondern die Leitlinien des trinitarischen Monotheismus auf Grund der theologischen Diskussion festgelegt; Chalzedon hat die noch offenen Fragen der Christologie beantwortet. Jede rechtgläubige Theologie wird diesen Entscheidungen der Väter nicht mehr ausweichen können und sie zum Zentrum ihrer weiteren Vertiefung und Entfaltung machen müssen.

Im Katharinenkloster auf der Sinaihalbinsel ist u. a.[874] eine Christusikone (Abb. 55) aufbewahrt, die aus dem 6. Jh. n. Chr. stammt und vermutlich ein Geschenk Kaiser Justinians an das Kloster war. Die Ikone ist in der Enkaustik-Technik (Wachsmalerei) gearbeitet[875]. Es ist vermutlich die älteste Ikone, die Christus frontal darstellt[876].

Eine solche Ikone ist Vergegenwärtigung des Urbildes, dem die Verehrung und Anbetung gebührt. Obwohl diese Ikone von großem künstlerischen Wert ist, geht es dabei nicht um diesen[877], sondern um die Verbindung zwischen dem göttlichen Urbild und seinem irdischen Abbild[878]. Christus der Allherrscher hält in seiner linken Hand ein juwelenbesetz-

170

tes Evangeliar, seine rechte ist segnend erhoben. Das Bild vermittelt durch seine Frontaldarstellung einerseits die göttliche Natur, andererseits durch das Fehlen der strengen Symmetrie – die Lebendigkeit des Antlitzes zeigen z. B. die unterschiedlichen Wölbungen der Augenbrauen etc. – die menschliche Natur, die in der einen Person Jesu Christi Einheit sind. Es ist die vom Konzil von Chalzedon definierte Lehre der hypostatischen Union, die in diesem Bild wahrhaft Ikone geworden ist, dem gläubigen Betrachter ihre Segensfülle vermittelnd.

Obwohl natürlich nicht als Bildmeditation im wörtlichen Sinn gedacht, möchte ich dennoch einen Passus Basilius' des Großen, De Spiritu Sancto 18,47, zu dieser Ikone anführen:

»Wenn wir mit Hilfe einer erleuchteten Kraft mit unverwandtem Blick auf die Schönheit des Bildes (Ikone) des unsichtbaren Gottes hinschauen und durch dieses Bild zur Schau des über die Maßen schönen Urbildes emporgeführt werden, dann ist der Geist der Erkenntnis irgendwie davon nicht zu trennen. Er schenkt denen, die die Wahrheit schauen wollen, in sich die Fähigkeit, das Bild anzuschauen. Nicht von außen führt er dabei zur Erkenntnis hin, sondern in sich führt er sie ein. Wie ›niemand den Vater kennt als der Sohn‹ (Matth 11,27), so kann ›niemand‹ Herr Jesus sagen außer im Heiligen Geist (1 Kor 12,3) ... ›Gott ist Geist, und die ihn anbeten, müssen ihn im Geist und in der Wahrheit anbeten‹ (Joh 4,24), wie geschrieben steht: ›In deinem Licht schauen wir das Licht‹ (Ps 36,10), das heißt, im Leuchten des Geistes sehen wir ›das wahre Licht, das jeden Menschen erleuchtet und in die Welt kam‹ (Joh 1,9). Er zeigt also die Ehre des Eingeborenen in sich, und er gewährt in sich den wahren Anbetern die Kenntnis Gottes. Folglich verläuft der Weg der Erkenntnis Gottes von dem einen Geist durch den einen Sohn zu dem einen Vater.«[879]

◁ *Abb. 55 Ikone in Enkaustik-Technik; Christus Pantokrator; 6. Jh. n. Chr., Katharinenkloster, Sinai; 84 × 45,5 cm. Galey/Forsyth/Weitzmann 1979: Abb. 52 und 54.*

IV. Die Rückkehr des Islam zum ursprünglichen Monotheismus

1. Ein neuer Trieb der Heilsgeschichte

Gen 21,8–21 (vgl. Gen 16,1 ff. 25,9.17) ist ein eigenartiges Stück Erzählung; da wird berichtet, daß Hagar und Ismael der Eifersucht, dem Neid, einer gewissen Machtgier der Hauptfrau Abrahams, Sara, zum Opfer fallen. Schweren Herzens gibt Abraham dem Gezänk seiner Frau Sara nach und ist bereit, Ismael mit seiner Mutter in die Wüste zu verstoßen; aber Gott selber erleichtert ihm diesen Schritt:

> »Sei wegen des Knaben und deiner Magd nicht verdrossen ... aber auch den Sohn der Magd will ich zu einem großen Volk machen, weil auch er dein Nachkomme ist.« (V 12)

Ausgerüstet mit einem Brot und einem Schlauch Wasser irrt Hagar mit ihrem Kind in der Wüste Beerscheba umher. Als der Vorrat aufgebraucht war, der Durst immer ärger wurde und das Kind schrie, legte es Hagar zum Sterben unter einen Strauch, setzte sich selber in die Nähe und begann laut zu weinen. Nach menschlichem Ermessen ist es vollends aussichtslos. In diesem Augenblick setzt Gott den neuen Anfang:

> »Gott hörte den Knaben schreien; da rief der Engel Gottes vom Himmel her Hagar zu und sprach: Was hast du, Hagar? Fürchte dich nicht, Gott hat den Knaben dort schreien gehört, wo er liegt. Steh auf, nimm den Knaben und halte ihn fest an deiner Hand; denn zu einem großen Volk will ich ihn machen. Gott öffnete ihr die Augen, und sie erblickte einen Brunnen. Sie ging gleich hin, füllte den Schlauch mit Wasser und gab dem Knaben zu trinken. Gott war mit dem Knaben. Er wuchs heran, ließ sich in der Wüste nieder und wurde ein Bogenschütze. Er ließ sich in der Wüste Paran nieder, und seine Mutter nahm ihm eine Frau aus Ägypten.« (Vv 17–21)

Diese Erzählung gehört im wesentlichen zur Elohistischen Quellschrift des Pentateuch[880]. Eine Absicht des Verfassers ist es, seine Vorlage von ihrer kanaanäischen Symbolik zu purgieren und aufzuzeigen, daß Gott mit Hagar und Ismael einen eigenen Weg gehen will. Die Heilsgeschichte ist nicht auf Abraham und seine Nachkommen durch Sara beschränkt. Die Heilsgeschichte setzt sich ebenso von Abraham und Hagar in deren Sohn Ismael, dem Stammvater der Araber, fort[881]. Dort, wo es nach menschlichem Ermessen aus ist, setzt Gott einen neuen Anfang, der Huld und Gnade ist. Menschliches Eingreifen, menschliches Erbarmen,

172

menschliche Hilfe können all das nicht bieten. Ismael ist aber genaugenommen nicht als der illegitime Sohn Abrahams zu bezeichnen. Er ist sogar sein Erstgeborener von Hagar, die nach dem damaligen Recht legitim mit Abraham verheiratet ist, da Sara als unfruchtbar gegolten hatte[882]. Nachdem Sara jedoch den Isaak geboren hatte und Ismael entsprechend den damaligen Rechtsbräuchen sein Anrecht auf das Haupterbe verloren hatte, hätten er und seine Mutter aber nicht verstoßen werden dürfen[883]. Nach menschlichem Recht und menschlicher Weisheit war Ismael enterbt, war seine Zukunft gemäß dem Status seines Vaters Abraham nicht gesichert; dazu trifft ihn und seine Mutter das illegitime Verstoßen.

Da handelt Gott und macht ihn zum Stammvater eines anderen und neuen Volkes. Entscheidend dabei ist der kurze Satz:

»Gott war mit dem Knaben.«

Er und seine Nachkommen stehen unter der Segensfülle Gottes genauso wie Saras Nachkommen.

So hält also diese einfache biblische Erzählung ganz entschieden fest: die Dynamik der direkten Heilsgeschichte erstreckt sich auf Israeliten und Araber! Wenn Gott mit Ismael ist, dann ebenso mit seinen Erben. Dann ist die Fülle des göttlichen Segens auf ihnen und der Weg, den Gott mit ihnen gegangen ist und geht, ein richtiger und legitimer Weg.

Wenn z. B. Paulus in Röm 4 auf den Glauben Abrahams zurückgreift und Gal 3,29 schreibt:

»Wenn ihr aber zu Christus gehört, dann seid ihr Abrahams Nachkommen, Erben kraft der Verheißung.«

und so das Erbe Abrahams auf alle an Christus Glaubenden ausdehnt, so hat Mohammed guten Grund, sich auf Abraham und seinen Sohn Ismael zu berufen. Für Mohammed ist Abraham ein Ḥanif (vgl. Sure 2,26.30 6,162 16,121), d. h. einer, der an den Einen Gott glaubt, ein Monotheist[884]. Sein Glaubensgehorsam macht ihn zum Muslim, zum Anhänger des Islam, weil er sich dem Willen Gottes ergeben hat (vgl. Sure 2,131).

Wohl noch in die erste, mekkanische Zeit zurückreichend ist die Meinung Mohammeds, daß die Kaaba in Mekka von Abraham und seinem Sohn Ismael erbaut wurde[885]. Mohammed hat diese Idee, sowenig historisch sie auch sein mag, kaum erfunden, sondern von Juden und Arabern übernommen. Die islamische Tradition weiß allerdings nicht nur um die Notiz, daß Abraham und Ismael die Kaaba erbaut haben, sondern spricht auch davon, daß Abraham die Kaaba von Götzen gereinigt habe[886]. Jedenfalls bezeichnet Sure 2,119 die Kaaba als »maqam Ibrahim« (Stätte Abrahams), die ein Bethaus ist und von Gott zu einem Versammlungsort für die Menschen bestimmt ist.

Es ist daher sehr wahrscheinlich, daß bereits eine vorislamische Tradition die Kaaba auf Abraham zurückführte[887] und Mohammed diese Tradition aufnahm.

Juden, Christen und Muslime berufen sich auf je ihre Weise auf Abraham, den Vater des Glaubens. Es kann daher nicht darum gehen, ob diese oder jene oder wieder diese Berufung auf ihn einer wissenschaftlichen, historisch-kritischen Überprüfung standhält[888]; aber die Sicht der Späteren brauchte das Ideal der Früheren, um sich selber in einer größeren Einheit wiederfinden zu können. Wie sich Israel in Isaak gesehen und wiedergefunden hatte, der bereits gebunden am Altar Gottes gelegen hatte, bereit zur Opferung[889], und nicht durch menschliches Ermessen, sondern durch Gottes Huld seine neue Existenz finden konnte, Paulus die Verheißung Gottes an Abraham über jede nationale Schranke hinweg auf die ausdehnt, die zu Christus gehören, so sieht Mohammed in Abraham den Garanten des Monotheismus, der nach seiner Ansicht im Laufe der Zeit verfälscht wurde, verlorenging und den nun endgültig und rein zu verkünden er sich von Gott berufen weiß.

Allen drei Religionen: Judentum, Christentum und Islam eignet eine gemeinsame innere Dynamis, die sich von derselben Quelle speist, jedoch geschichtlich konkret drei verschiedene Ausprägungen erfahren hat; aber es ist theologisch gesprochen die eine, besondere Heilsgeschichte, die sich in ihnen entfaltet. Inwieweit mag da der eine oder andere urteilen, wer »rechter« hat? Hat nicht Gott selber durch die Geschichte schon eine Antwort gegeben? Als sich die Apostel vor dem Sanhedrin in Jerusalem verantworten mußten (Apg 5,21 b–42), hat einer der größten Denker und Gelehrten des Judentums: Rabbi Gamaliel, der Lehrer des Apostels Paulus, seinen Brüdern in der Versammlung folgenden Rat gegeben:

> »Darum rate ich euch jetzt: Laßt von diesen Männern ab, und gebt sie frei; denn wenn dieses Vorhaben oder dieses Werk von Menschen stammt, wird es zerstört werden; stammt es aber von Gott, so könnt ihr sie nicht vernichten; sonst werdet ihr noch als Kämpfer gegen Gott dastehen. Sie stimmten ihm zu.«

Die fast zweitausendjährige Geschichte hat Rabbi Gamaliel bestätigt: nur, was von Gott ist, hat wirklich Bestand. Wären die jüdische Religion, das Christentum und der Islam nur Menschenwerk, dann wären sie vielleicht jetzt am Ende des 20. Jh. n. Chr. noch exotische Pflänzchen, vielleicht Gegenstand wissenschaftlicher Erforschung einiger weniger Gelehrter, vielleicht punktuelle Anziehung der Massen in musealen Großausstellungen, aber nicht die Gewichte unserer Welt. Für Milliarden Juden, Christen und Muslime ist die Kraft ihres Gottesglaubens Realität und nicht Gegenstand musealer Betrachtung.

2. ZUR RELIGIÖSEN SITUATION AUF DER ARABISCHEN HALB-INSEL IN VORISLAMISCHER ZEIT

Das vorislamische Arabien ist in der damaligen Welt nicht sehr präsent gewesen. Es gehörte zu den Randzonen des ägypto-mesopotamischen Kulturkreises, und selbst in römisch-byzantinischer Zeit hat sich daran nicht viel geändert. Auch wenn auf der arabischen Halbinsel bedeutende Hochkulturen entstanden sind, blieb die Kommunikation mit der übrigen Welt doch eingeschränkt; nicht zuletzt war die Wüste für eine intensive Begegnung das große Hindernis. Zugleich läßt sich aber beobachten, daß die verschiedenen Einflüsse auf die Randzonen der arabischen Halbinsel nachhaltig wirkten. Mit den unterschiedlichen kulturellen Infiltrationen sind jüdische, christliche, zoroastrische Gedanken transportiert worden, die in den ersten Jahrhunderten unserer Zeitrechnung je unterschiedlich tief Wurzeln schlagen konnten. Die Quellenlage ist leider nicht so, wie es wünschenswert wäre, um die Religionen Altarabiens, die jüdisch-christlichen und zoroastrischen Einflüsse entsprechend genau darstellen zu können. Trotzdem ist es notwendig, einen zumindest kurzen Überblick über die vorislamische Zeit zu geben.

2.1 Zu den vorislamischen Gottheiten Altarabiens

Die vorislamischen Religionen lassen sich grob gesprochen in zwei große Bereiche teilen: die Religionen der südarabischen Hochkulturen von Maʿin, Sabaʾ, Qataban und Ḥaḍramaut, die heute primär durch epigraphisches Material erschlossen sind[890], und die Religionen Zentral- und Nordarabiens, die noch einen starken halbnomadischen und beduinischen Charakter haben, jedoch in den großen Oasen stark dörflich-urban geprägt sind[891].
Die südarabischen Religionen haben kaum einen Einfluß auf den Islam ausgeübt. Qataban hört im 2. Jh. n. Chr. als selbständiger Staat zu existieren auf und kommt zu Ḥaḍramaut, das aber im 4. Jh. n. Chr. bereits unter der Herrschaft Sabaʾs steht. Maʿin ist bereits im 2. Jh. n. Chr. von Sabaʾ vereinnahmt worden. Sabaʾ selber wird um 360 n. Chr. christlich, zumindest sein König Ṯaʾran mit Gefolge, aber um 400 n. Chr. durch Kö-

nig Abkarib As꞉ad jüdisch. Ab etwa 525 n. Chr. gibt es kein selbständiges Reich von Saba꞉ mehr. Das äthiopische Königtum von Aksum besiegt Saba꞉ und läßt es von aksumitischen Vizekönigen regieren. 568 n. Chr. wird ganz Südarabien persisch-sassanidische Satrapie.

Man muß daher rechnen, daß zur Zeit Mohammeds, der nach der Überlieferung ca. 570 n. Chr. in Mekka geboren ist, ein buntes Gemisch von Religionen vorhanden gewesen sein muß: Altsüdarabische Reste, christlich-jüdische und sassanidisch-zoroastrische Elemente.

Für die südarabische Religion waren vor allem Göttertriaden, Mond-Stern-Sonnengott, typisch[892], wobei sich in Saba꞉ etwa seit dem beginnenden 3. Jh. n. Chr. monolatrisch-monotheistische Tendenzen bemerkbar machen. Insgesamt wichtig ist auch die Feststellung, daß der Umlauf um ein Kultobjekt geübt wurde und schon denselben Namen, ṭawaf, trägt wie später die islamisch-mekkanische Kulthandlung[893].

Der Gott Il ist außerordentlich selten belegt. In der sogenannten Mukarrib-Zeit Saba꞉s (ca. bis 410 v. Chr.) wird Il (El) nur zweimal auf Inschriften aus Haram genannt[894]. Auf einer Inschrift aus Qataban, etwa 410 v. Chr., ist Il ebenfalls belegt. Il bedeutet »Gott«, ist aber wie El oder Allah schon als Eigenname anzusehen[895]. Dagegen begegnet Il als theophores Element in den Personennamen sehr häufig!

Die altarabischen Religionsformen des Nordens haben auf den Islam ebenso wenig Auswirkungen gehabt wie die des Südens. In den verschiedenen Inschriften begegnen z. B. Il und Ilah, was ein und denselben Gott bezeichnet, teils auch als theophores Element in den Personennamen[896]. Il und Ilah ist aber auch hier nicht mehr appellativisch aufzufassen, sondern bereits als Eigenname. In Ilah ist die ursprünglich bedeutendste Gottheit der semitischen Völker zu sehen, die jedoch immer mehr in den Hintergrund getreten ist. Dem Ilah zur Seite steht die Ilat als Partnerin. In den safaitischen Inschriften ist die Ilat sogar dominierend und spielt auch in der Frömmigkeit eine bedeutende Rolle[897].

Im zentralarabischen Gebiet ist das nomadisch-beduinische Element noch am deutlichsten erhalten geblieben[898], wenngleich auch hier bereits mit einer Mischform zu rechnen ist[899]. Primärquellen für das eigentliche Zentralarabien gibt es praktisch nicht. Sekundärquellen sind die arabischen Dichter, der Koran[900] und das sogenannte Götzenbuch[901].

Das höchste göttliche Wesen des vorislamischen Zentralarabien ist Allah, der Himmelsherr, der Schöpfer der Welt, der Spender des Regens. Daneben wurde eine Vielzahl lokaler Gottheiten verehrt, die meist bestimmten Stämmen zugeordnet waren. Die bedeutendsten Gottheiten neben Allah sind seine drei Töchter: Manat, Allat und al-Uzza. Manat

(Schicksal) wurde im ganzen vorislamischen Arabien verehrt. Ihr Heiligtum war ein großer Stein zwischen Mekka und Medina in Qudaid[902]. Allat wurde ebenso wie Manat in ganz Nord- und Zentralarabien verehrt. Ihr besonderes Heiligtum war ein weißer Granitblock und ihr Haus in aṭ-Ṭaʾif, östlich von Mekka. Allat[903] ist eine Parallele zum männlichen Gottesnamen Allah. Allat dürfte ursprünglich die göttliche Paredros Allahs gewesen sein, wie z. B. Ilat zu Il in Nordarabien. Ihr Hoheitstitel »Mutter der Götter« erinnert noch an diese ihre ursprüngliche Funktion[904]. Ebenso verbreitet war auch die religionsgeschichtlich jüngste der drei, die al-Uzza (die Mächtigste), deren Sitz in den drei Samurabäumen war; ihr Heiligtum lag ebenfalls in der Nähe Mekkas[905].

Das einzige vorislamische Heiligtum, das in den Islam integriert wurde, ist die schon seit jeher überregional bedeutende Kaaba in Mekka. Die Kaaba ist, wie schon ihr Name sagt, ein würfelförmiges Gebäude, das im Laufe der Zeit viele Umbauten erfahren hatte. Zur Zeit Mohammeds wurde ein Flachdach, das sechs Balken trugen, darüber gebaut. Das ganze Gebäude wurde von jeher bekleidet! In der Ostecke der Kaaba ist der berühmte schwarze Stein eingemauert[906]. Durch den schwarzen Stein wird das ganze Gebäude zum Heiligtum[907]. Im Innern der Kaaba befand sich ein trockener Brunnen für Weihegeschenke, eine Taube aus Aloeholz. Über dem Brunnen stand das anthropomorphe Bildnis des Gottes Hubal. Hubal, der sonst kaum verehrt worden ist, war der Gott der Kaaba. Wellhausen nimmt an[908], daß die Taube auf die große semitische Göttin hinweist, deren Symbol die Taube ist; von der mekkanischen Sippe der Quraischiten weiß man, daß sie die Schutzherren der Kaaba waren und die Göttinnen Allat und al-Uzza besonders verehrten. Man wird daher zuerst daran denken können, daß die Taube eine realsymbolische Darstellung einer dieser Göttinnen oder beider ist, da sie beide z. B. im Schwur gemeinsam angerufen wurden[909] und ihre astrale Konnotation (al-Uzza = Venus, Morgenstern und Allat = Venus, Abendstern) an eine weibliche Gottheit in zwei Erscheinungsformen denken läßt[910]. Daß die Taube in der Kaaba Vergegenwärtigung dieser weiblichen Gottheit in zwei Erscheinungsformen: Allat/al-Uzza gewesen sein mag, scheint durchaus einleuchtend zu sein. Es deutet auch noch etwas anderes darauf hin: Der Gott der Kaaba, Hubal, dessen Standbild aus dem Norden, aus Moab gekommen sein soll[911]. Der Hubal der Kaaba war ein berühmter Orakelgott, vor dessen Bild die sieben Lospfeile geworfen wurden. Auffallend ist, daß gegen diesen Gott im Koran nie polemisiert wird[912]. Die Vermutung Wellhausens[913], daß Allah in Mekka Hubal genannt wurde, genannt werden konnte, scheint mir höchst interessant; denn

Mohammeds mekkanische Gegner gestanden ihm zu, daß Allah der Herr der Kaaba ist. Hubal wäre dann nach der islamischen Vorstellung nur die Bezeichnung des anthropomorphen Standbildes, das »nur notgedrungen genannt wurde, wenn von seinem Bild (Hubal) in der Kaaba die Rede war – denn ein Bild Allahs war nach islamischen Begriffen undenkbar«[914]. Weiters weist auch die Taube als Realsymbol der Allat/al-Uzza auf ihren männlichen Partner hin. Auch die von Wellhausen[915] zitierte Stelle lenkt die Gedanken in diese Richtung: »Als Abdalmuttalib das heilige Los über seine Söhne entscheiden lassen wollte, stellte er sich neben *Hubal* im Innern der Moschee, um *Allah* anzurufen.« Es scheint mir also durchaus möglich und wahrscheinlich zu sein, daß in der vorislamischen Kaaba das Götterpaar Allah – Allat/al-Uzza verehrt worden ist. Die Reinigung des Heiligtums von den Götzen durch Mohammed hat sich daher auf Allat/al-Uzza bezogen, die »Töchter Allahs«. Zuvor haben nach Vorstellung Mohammeds die Kaaba schon Abraham und Ismael gereinigt. Die Verbindung Abrahams mit der Kaaba dürfte ja bereits auf eine jüdische Tradition zurückzuführen sein, die Mohammed aufnahm. Die Biographie des Propheten berichtet auch, daß Rabbinen die Kaaba für den Tempel Abrahams hielten. Sie lehnten aber die Gottesverehrung in der Kaaba ab, weil Götzenbilder darin standen[916]. Das könnte eine Anspielung auf die anthropomorphe Gestalt des Gottes Hubal und auf die Taube sein.

Christen haben aber die Kaaba ebenso wie die vorislamischen Araber als Heiligtum benutzt. Als die Kaaba in der Jugendzeit Mohammeds renoviert wurde, sei – so heißt es – eine syrische Inschrift gefunden worden. Weiters wird berichtet, daß an den Pfeilern der Kaaba Bilder der Propheten angebracht waren und in der Kaaba an der mittleren Säule bei der Tür Bilder Jesu und Mariens vorhanden waren. Mohammed ließ z. B. die Bilder entfernen, die aber von Jesus und Maria nur abwaschen[917]. Solche Berichte scheinen mir durchaus glaubwürdig zu sein. Die Kaaba war jedenfalls ein so zentrales und bedeutendes Heiligtum, daß es durchaus verständlich ist, daß es nicht nur Juden, sondern auch Christen mit ihren Traditionen in Verbindung brachten. Daß ein solches Christentum nicht mit der Orthodoxie der Großkirche identisch war, liegt auf der Hand; aber die Nennung von Jesus und Maria ist für ein solch volkstümlich-paganisiertes Christentum doch aufschlußreich: Jesus und Maria konnten doch nur allzu leicht wie das Götterpaar Allah – Allat/al-Uzza gesehen werden.

2.2 Juden, Christen u. a. auf der arabischen Halbinsel

Die wichtigsten jüdischen Gemeinden sind für Taimaᵓ, Ḥaibar und Yaṭrib/Medina belegt. Die Juden Medinas waren in Stämme gegliedert: Die Banu Qainuqaᶜ, Banu Naḍir und Banu Quraiẓa spielten im Leben Mohammeds eine wichtige Rolle[918]. Auf den Inseln des Roten Meeres hat es ab dem 5./6. Jh. n. Chr. auch samaritanische Gemeinden gegeben[919]. Jüdische Kaufleute waren aber auf der ganzen Halbinsel präsent. Sie reisten auf den großen Karawanenwegen und nahmen überall an den Märkten teil. Ob es in Mekka selber eine jüdische Gemeinde gegeben hat, ist nicht sicher. In Südarabien ist König Abkarib von Sabaᵓ um 400 n. Chr. sogar zum Judentum übergetreten, und um 525 n. Chr. löste König Yusuf Asᵓar in Neǧran sogar eine Christenverfolgung aus. Obgleich das Judentum keine Missionierung betrieb, war das Wirken, Arbeiten und Leben der Juden doch eine wichtige Ausstrahlung. Wenn praktisch auch nichts Konkretes über die jüdischen Gemeinden bekannt ist und nicht einmal sicher ist, wieweit sie bereits die talmudische Tradition gekannt haben, so läßt sich aber dennoch sagen, daß der absolute Monotheismus im Zentrum ihres Lebens gestanden sein wird. Eine jüdische Inschrift um 400 n. Chr. aus Sabaᵓ beginnt mit den Worten:

»Gesegnet und gelobt sei der Name des Barmherzigen,
der im Himmel ist,
und Israels und ihres Gottes, des Herrn von Juda.«[920]

Ferner ist klar, daß sie die hebräische Bibel im vollen Umfang kannten und sicherlich auch die Mischna als das Erbe der Väter betrachteten[921]. Aus der islamischen Überlieferung geht auch hervor, daß die Gemeinden von Rabbinen geleitet wurden.

Die führende geistige Macht in Ägypten und Vorderasien war im 5. und 6. Jh. n. Chr. das Christentum geworden; aber es war kein einheitliches Christentum. Ägypten und das von ihm missionierte Äthiopien war nach dem Konzil von Chalzedon 451 n. Chr. monophysitisch geworden, z. T. durchsetzt von gnostischen Ideen und Lehren.

Schon Anfang des 3. Jh. n. Chr. griff das äthiopische Christentum auf den Süden Arabiens über. Um 360 n. Chr. wurde König Ṭaᵓran von Sabaᵓ Christ. In Neǧran entstand eine blühende christliche Gemeinde, die hauptsächlich aus Griechen, Syrern und Äthiopiern bestand.

Die monophysitische und nestorianische Separation in der 2. Hälfte des 5. Jh. n. Chr. ging mitten durch diese Gemeinde. In Ṣanᶜaᵓ wurde auch eine Kathedrale errichtet, die erst in der 2. Hälfte des 8. Jh. n. Chr. abgerissen wurde.

Aus dem Jahre 543 n. Chr. stammt eine trinitarisch-monotheistische Inschrift des aksumitischen Vizekönigs Ella Abreha:

> »Durch die Kraft und die Hilfe und die Barmherzigkeit des Erbarmers und seines Messias
> und des Heiligen Geistes.«[922]

Von Norden und Osten her drangen monophysitische und nestorianische Einflüsse in die arabische Halbinsel vor. Die ostjordanisch-arabischen Stämme, die in byzantinischem Sold standen und die Grenze des Byzantinischen Reiches vom Roten Meer bis Damaskus bewachten und kontrollierten, waren durchwegs monophysitische Christen. Vom südlichen mesopotamischen Raum her gingen starke nestorianische Impulse aus. Die Täufersekte der Sabier[923] ist ebenfalls in ihrer Ausstrahlung nicht zu unterschätzen. Mohammed wurde von seinen zeitgenössischen heidnischen Gegnern sogar Sabier genannt[924], obgleich sich Mohammed natürlich nie als Sabier verstanden hatte und seine geistigen Wurzeln am ehesten im arabischen Ḥanifentum zu suchen sind.

Christliche Kaufleute, Wanderprediger, Mönche, die aus je unterschiedlichen Motivationen die Einsamkeit der Wüste suchten, drangen bis Zentralarabien vor; christliche Sklaven sind z. B. auch für Mekka selber bezeugt[925].

Wie schon vorher erwähnt, ist die eigentliche arabische Wurzel des Islam das Ḥanifentum. Unter Ḥanif versteht die spätere arabische Überlieferung einen Menschen, der sich weder zur jüdischen noch zur christlichen Religion bekannte, das altarabische Heidentum ablehnte, aber noch nicht eindeutig ein Muslim war. Als ein solcher erster Ḥanif und Vorbild für Mohammed galt Abraham. Die Biographie Mohammeds nennt u. a. vier Ḥanifen; der prominenteste davon war Waraqa b. Naufal, ein Vetter seiner Frau Ḥadiǧa; von ihm heißt es, daß er die Schriften der Christen gelesen hat. Er starb allerdings später nicht als Muslim, sondern als Christ. Ein berühmter Ḥanif war auch der Dichter Abu Qais aus Medina, der gleich christlichen Mönchen ein frommes, asketisches Leben führte. Nach der Hiǧra wurde er ein Muslim[926].

»Die muslimische Tradition über die Vorgeschichte des Islam nennt eine kleine Anzahl von ›Suchern‹ in Mekka und Taif, welche, vom Heidentum unbefriedigt, auf der Suche nach einer neuen Religion waren, das Gesetz und das Evangelium studierten, indessen sich weder dem Judentum noch dem Christentum völlig ergaben, wenngleich sie für das letztere größere Sympathien hatten. Diese Sucher sind keine vereinzelte, auf Mekka und Taif oder Medina beschränkte Erscheinung, sondern das Symptom einer Stimmung, die in der Zeit vor Mohammed über ganz

Arabien verbreitet war und manche der edelsten Geister beherrschte. Der Boden war bereit für den Islam.«[927]

Als 568 n. Chr. Südarabien sassanidisch-persische Provinz wurde, kamen mit der persischen Oberschicht auch zoroastrische Gedanken ins Land, allerdings kaum mehr in der reinen monotheistischen Form des persischen Propheten, sondern bereits dualistisch verfärbt.

So ist die arabische Halbinsel vor der Zeit Mohammeds bereits umklammert von monotheistischen Vorstellungen der Juden, Christen verschiedener Schattierungen, in gewisser Weise auch von Zarathustras Lehre; aber die monotheistische Idee blüht im Ḥanifentum auch aus der Mitte Arabiens selber.

3. DAS WERDEN DER ISLAMISCHEN GOTTESVORSTELLUNG

3.1 Der Prophet und seine Gottsuche

Nach islamischer Überlieferung ist Mohammed am 20. April 570 n. Chr. in Mekka geboren[928]. Sein Vater Abdallah aus der Sippe Hašim der Quraisch starb noch vor seiner Geburt; seine Mutter verlor er mit sechs Jahren. Die Familie gehörte zwar dem reichen Stamm der Quraisch an, war selber jedoch völlig verarmt. Knapp vier Jahre lebte Mohammed bei seinem Großvater, der jedoch verstarb, bevor Mohammed zehn Jahre alt geworden war. Danach kümmerte sich sein Onkel Abu Ṭalib sorgfältig und liebevoll um ihn[929]. Mohammed verdiente sich als Hirte und auf Karawanenzügen sein Brot. Dabei kam er auch in den Dienst der schon das zweitemal verwitweten, sehr begüterten Ḥadiǧa, die ihn etwa 595 n. Chr. heiratete. Trotz des großen Altersunterschiedes von ca. 15 Jahren war es eine sehr glückliche Ehe. Ḥadiǧa gebar Mohammed sechs Kinder[930]. Ḥadiǧa war bis zu ihrem Tod im Jahre 619 n. Chr. die einzige und alleinige Frau Mohammeds. Sie war die erste, die an seine Berufung glaubte. Sie wurde die erste Gläubige!

Mohammed war ein Mensch, der sich mit der herkömmlichen polytheistischen Religion seiner Umwelt nicht zufriedengab. Alles, was an anderen Ideen auf ihn einströmte, nahm er auf. Schon als Junge unternahm er mit seinem Onkel Handelsreisen bis nach Syrien. Die islamische Überlieferung berichtet von einer Begegnung mit dem christlichen Mönch Baḥira in Bosra[931]. Christen stehen auch weiterhin im Gesichtskreis Mohammeds. Um 605 n. Chr. baute ein christlicher Zimmermann aus

Äthiopien das Dach der Kaaba. Mit dem in Mekka weilenden christlichen Sklaven Ǧabr stand Mohammed in engem Gedankenaustausch; ähnlich verhält es sich mit einem aus Ninive stammenden christlichen Sklaven namens Addas und einem äthiopischen Sklaven namens Bilal, der einer der treuesten Gefährten des Propheten wurde. Viel später, als Ḥadiǧa schon gestorben war, kam auch eine ägyptische, christliche Sklavin in den Haushalt des Propheten[932]. Sie hat ihm auch einen Sohn geboren[933].

Ob Mohammed neutestamentliche und andere christliche Schriften gekannt hatte, ist nicht ganz deutlich. Es scheint, daß Mohammed außer seiner arabischen Muttersprache keine fremde Sprache fließend beherrschte. Gesamtarabische Bibelübersetzungen hat es jedoch zu diesem Zeitpunkt noch nicht gegeben, wohl aber syrische, koptische und äthiopische Übersetzungen[934]. Es ist aber nicht auszuschließen, daß für die Liturgie arabische Teilübersetzungen existierten!

Es gilt heute als selbstverständlich, daß Mohammed lesen und schreiben konnte[935] und daher nicht ausschließlich auf Gewährsleute angewiesen war.

Es scheint mir aber so zu sein, daß die von außen kommenden religiösen Kräfte des Judentums und des Christentums nicht der eigentliche Impuls waren, der die religiöse Triebfeder Mohammeds in Gang setzte, wohl aber seine weiteren Überlegungen beeinflußten. Mohammed war in Abwandlung eines Wortes Tertullians gesprochen eine »anima naturaliter religiosa«. Oft und oft hat er sich in die Einsamkeit der Wüste zurückgezogen und konnte dabei seine mystischen Erfahrungen machen. Unsicher in seinem Ringen um Gott, wie vor ihm alle Propheten, wurde er erst in seiner zweiten Vision (vgl. Sure 74) vom Erzengel Gabriel in seiner prophetischen Sendung bestärkt, die Botschaft Gottes zu verkünden[936]. Von seinen mystischen, vielleicht ekstatischen Erlebnissen sprach Mohammed etwa ab dem Jahre 610 n. Chr., und zwar vorerst nur im engsten Familienkreis. Wie die Propheten vor ihm fand auch er in seiner Heimatstadt kaum oder nur sehr wenig Gehör; besonders bei den Vornehmen stieß er nur auf Verachtung. Wie groß diese Ablehnung war, zeigt sich auch daran, daß Mohammed die Übersiedlung der Gemeinde nach Äthiopien[937] plante, was indirekt auch seine große Hochschätzung des Christentums bezeugt. Aber auch dieses Vorhaben scheiterte. Schließlich nahm er Verhandlungen mit Ṭaʾif, einer Nachbarstadt Mekkas, auf. Auch diese Bemühungen waren nicht von Erfolg gekrönt. Erst die Verhandlungen mit Yaṯrib/Medina waren erfolgreich[938]. Damit hatte Mohammed eine Möglichkeit geschaffen, seine Anhänger in Sicherheit zu bringen. Schließlich ging auch er selbst nach Yaṯrib. Es war das Jahr 622

n. Chr., nach dem die Muslime bis heute ihre Zeit rechnen. Hiǧra heißt eigentlich nicht Flucht, sondern Abbruch der Beziehungen (zu Mekka). Aus Yaṯrib wurde Medinat an-Nabi, »die Stadt des Propheten«, oder einfach Medina, die »Stadt«, wie sie bis heute heißt.

Hier versuchte Mohammed auch die mächtigen Stämme der Juden für seine Lehre zu gewinnen. Viele liturgische Bräuche übernahm er von den Juden, anfangs (für etwa 1 1/2 Jahre) auch die Gebetsrichtung (qibla) nach Jerusalem. Da die Juden Medinas seine Lehre ablehnten, kam es zum endgültigen Bruch[939].

In Sure 2,1–100 ist die theologische Auseinandersetzung mit den Juden Medinas summarisch überliefert[940].

Jahre herrschte zwischen Medina und Mekka eine Art Kriegszustand, der erst durch den endgültigen Sieg Mohammeds über Mekka im Jahre 630 n. Chr. beendet werden konnte[941].

Mohammed war jetzt am Höhepunkt seiner Macht und seines religiösen Selbstbewußtseins: der Islam sollte die Religion aller Völker werden.

Am 8. Juni 632 n. Chr. starb Mohammed an einer Fieberkrankheit. Seine Frau Aischa hatte das Haupt des Sterbenden in ihren Schoß gebettet.

In der Moschee von Medina ist eine alte Darstellung des Grabes des Propheten, deren Inschriften am besten sein Leben und seine Lebensaufgabe zu charakterisieren vermögen.

Die eine Inschrift im rechten Bogen lautet:

»Und Mohammed ist nur ein Gesandter.

Vor ihm hat es schon Gesandte gegeben.« (Sure 3,138)

Die zweite Inschrift im linken Bogen lautet:

»Es ist kein Gott außer Gott.

Mohammed ist der Gesandte Gottes.«[942]

3.2 Die Gottesvorstellung Mohammeds

Der Koran (Lesung, Verkündigung) ist nach muslimischer Glaubensüberzeugung die Offenbarung Gottes an Mohammed und muß daher Ausgangspunkt und Endpunkt aller Rede über Gott sein. Der Koran ist in einer relativ kurzen Zeit entstanden und war zu Lebzeiten Mohammeds bereits völlig abgeschlossen[943]. Die kurze Entstehungszeit des Koran läßt es geraten erscheinen, ihn theologisch als Einheit zu sehen, wenngleich die grundlegende Unterscheidung zwischen mekkanischen und medinischen Suren sinnvoll ist.

Für die Muslime gilt in bezug auf die Leute der Schrift, Juden und Christen, der Grundsatz Mohammeds von Sure 29,45:

> »Und streitet nicht mit dem Volk der Schrift, es sei denn auf eine möglichst gute Art – mit Ausnahme derer von ihnen, die Frevler sind! und sagt: Wir glauben an das, was zu uns und was zu euch herabgesandt wurde (die Offenbarung).
>
> Unser und euer Gott ist Einer, ihm sind wir ergeben (Muslim).«

Die hier gemachte Einschränkung bezüglich der Frevler ist natürlich sehr dehnbar und wurde von Mohammed selber öfter differenziert (vgl. Sure 2,115 3,95 13,36). Diese Einschränkung kann in einer radikalen Auslegung die Gesamtheit der Juden und Christen umfassen, was jedoch eindeutig gegen die Intentionen Mohammeds wäre.

Die wichtigste Feststellung dieses Koranverses ist jedoch, daß Allah, der Gott der Christen und der Gott der Juden, als der einzige und derselbe verstanden wird.

Wie wir bereits gesehen haben, ist Allah der Summus Deus Zentral- und Nordarabiens gewesen, allerdings als ein Gott des Hintergrundes, als das völlig transzendente Element der vorislamischen Zeit. Diesen Gott holt Mohammed aus seinem Schattendasein. Er ist der Eine und Einzige, der Gott, der seit Anfang der Welt zu den Menschen, zu den Propheten Israels, zu Jesus und als letztem der Propheten zu ihm gesprochen hat. So ist daher JHWH, der Gott, den die Juden als den Einen und Einzigen verehren und den die Christen verehren, derselbe Gott, den er und die Muslime verehren. So einfach dieser Satz auch klingen mag, seine theologische Bedeutung und Weite sollte nicht unterschätzt werden! Es ist ein reiner Monotheismus ausgedrückt: es gibt überhaupt nur diesen Einen Gott, den »zu kennen« ein Vorzug der »Leute der Schrift« ist. Die Erfahrungen, die Mohammed mit Juden wie mit Christen machen mußte, haben diese seine Sicht nicht grundsätzlich geändert; letztlich hat aber Mohammed gegen Ende seines Lebens es so verstanden, daß Juden und Christen nur dann wahre Gläubige sein können, wenn sie ihre Religion im Sinne der koranischen Offenbarung »wiederherstellen«[944]. Christen und Juden verehren zwar denselben Gott wie die Muslime, aber nach Mohammeds Ansicht nicht auf die richtige Weise.

Den ganzen Koran hindurch zieht sich die Aussage:

> »Es gibt keinen Gott außer Allah.«[945]

Sure 112, die in der islamischen Liturgie eine besondere Rolle spielt, hat die Einzigartigkeit und völlige Andersartigkeit Gottes zum Inhalt:

> »Sprich: Er Allah ist Einer.
>
> Allah ist der Ewige[946],

Er zeugt nicht und ist nicht gezeugt
und nicht ist ihm ein Wesen gleich.«

Gott der Eine und Absolute ist in doppelter Hinsicht unvergleichlich: weder Menschen noch Götter sind mit ihm vergleichbar. Die absolute Einheit und Unvergleichbarkeit Gottes sind das Fundament des Islam[947].

Dieser Gott ist der Barmherzige und der Huldvolle. Jede der 114 Suren beginnt mit den Worten:

»Im Namen Allahs, des Erbarmers, des Barmherzigen.«

Abgesehen von dieser Formel kommen die Substantive ar-raḥīm, ar-raḥmān und das Verb raḥima in bezug auf Gott über 200mal vor[948]. Hartmann[949] hat darauf hingewiesen, daß ar-Raḥmān eine Zeitlang von Mohammed überhaupt anstelle des Gottesnamens Allah gebraucht wurde. »Barmherzig« ist die Charakterisierung Allahs schlechthin, aber mehr noch, »der Barmherzige« wird gleichsam zum Eigennamen Gottes. Gottes Barmherzigkeit als seine Seinsweise kommt z. B. in Sure 6,54 zum Ausdruck:

»...Verschrieben hat sich selber der Herr die Barmherzigkeit, so daß, wenn einer von euch in Unwissenheit etwas Böses tut und alsdann hernach umkehrt und sich bessert, so ist er nachsichtig und barmherzig.«[950]

Sure 59,22–24 faßt unter dem fundamentalen Gesichtspunkt der Einheit Gottes seine Attribute zusammen:

»Er ist Allah, außer dem es keinen Gott gibt; er kennt das Verborgene und das Sichtbare. Er ist der Erbarmer, der Barmherzige.

Er ist Allah, außer dem es keinen Gott gibt; der König, der Heilige, der Friedensstifter, der Getreue, der Beschützer, der Mächtige, der Starke, der Hocherhabene. Preis sei Allah, (der erhaben ist) ob dem, was sie ihm beigesellen.

Er ist Allah, der Schöpfer, der Erschaffer, der Bildner. Sein sind die schönsten Namen. Ihn preist, was in den Himmeln und auf Erden ist, denn er ist der Mächtige, der Weise.«[951]

Ausgangspunkt dieses Überblickes war Sure 29,46 über die Identität des jüdisch-christlichen und muslimischen Gottesbekenntnisses; und in der Tat: Vieles, was die hebräische Bibel und auch das Neue Testament über Gott zu sagen wissen, ist für den Koran selbstverständlich, voran das Bekenntnis der absoluten Einheit und Transzendenz Gottes.

Die Gottesvorstellung Mohammeds kann also nicht der Grund gewesen sein, daß die Juden Medinas den Islam ablehnten; wohl aber ihr Glaube, daß die biblische Offenbarung schon Jahrhunderte abgeschlossen ist. Über messianische Vorstellungen der Juden Medinas ist nichts bekannt, und es ist zweifelhaft, hätte es sie gegeben, ob sie den Nichtjuden Mohammed überhaupt in einer solchen Kategorie hätten sehen können. Die Reaktion Mohammeds auf die jüdische Ablehnung war massiv[952] und gipfelte in der Unterstellung, daß sie Uzair (Esra) zum Sohn Gottes machten (Sure 9,30). Natürlich erfreut sich Esra im Judentum großer Beliebtheit, aber ihn Gott als gleiche Größe beizugesellen[953] fiele einem Juden nie ein. Es handelt sich um eine Art Unterstellung Mohammeds ob seiner übergroßen Enttäuschung. Es könnte sich aber um eine bewußt provokante jüdische Äußerung gehandelt haben, um Mohammed im Streitgespräch noch mehr zu reizen. Weiters könnte es aber auch sein, daß Mohammed hier einen möglichen christlichen Vorwurf an die Juden rezipiert, der den Juden Polytheismus unterschiebt.

Anders verhält es sich mit der christlichen Gottesvorstellung. Das Christentum hielt zwar an der absoluten Einheit Gottes fest, erklärte diese Einheit aber trinitarisch.

Die eigentliche Problematik scheint aber nicht durch das Trinitätsdogma der Christen entstanden zu sein, sondern durch die Person Jesu Christi. Jesus nimmt im Koran eine außergewöhnlich hohe Stellung ein. Isa (Jesus) ist der Sohn Marias[954] (Ibn Marjam; vgl. Sure 3,40 4,156 u. a.), den diese ohne Mitwirkung eines Mannes empfangen hat (Sure 3,40–43) bzw. durch den heiligen Geist empfangen hat (Sure 19,16–22). Es ist ganz klar, daß Mohammed die Empfängnis durch Einhauchen des Gottesgeistes lehrt und an der christlichen Auffassung, daß Jesus aus der Jungfrau Maria geboren ist, festhält[955]. Obwohl der Islam keine Erbsündenlehre wie das Christentum kennt, weiß die islamische Tradition aber dennoch zu berichten, daß alle Menschen bei der Geburt vom Satan berührt werden, aber von Jesus und Maria heißt es:

> »Kein Nachkomme Adams wird geboren, ohne daß ihn der Satan im Augenblick seiner Geburt berührt, so daß der erste Schrei, den er hören läßt, ein Schrei unter der Berührung Satans ist; nur Maria und ihr Sohn haben eine Ausnahme von dieser Regel gemacht.«[956]

Verleumdungen der Juden über Jesus und Maria weist Mohammed in Sure 4,155 schärfstens zurück.

Auch die Geburt Jesu ist nach Mohammed eine übernatürliche. Maria und Jesus sind als Zeichen für die Welt von Gott gemacht worden (Sure 21,91). Jesus gilt als Prophet (Sure 19,31), ja noch mehr als Gesandter (rasul; vgl. Sure 3,46 4,156.169 5,79.111) und als Empfänger des Evangeliums(inǧil). Wie Moses die Tora und er selber den Koran von Gott empfangen haben (vgl. Sure 3,43 5,50f.110 57,27; vgl. auch 3,2.58.181 5,70.72 7,156 9,112 19,31 35,23 48,29), so Jesus das Evangelium. Jesus ist gestärkt mit heiligem Geist (Sure 2,81) und ein Wundertäter[957]. Den Kreuzestod Jesu lehnt Mohammed ab (Sure 4,155–157) und kommt hier offensichtlich einer radikalen christlich-monophysitischen Auffassung entgegen, die in ihrer Überbetonung der göttlichen Natur Jesu eine solch doketistische Anschauung vertrat[958].

»Alles in allem genommen, verschwindet also auch die Gestalt Jesu, ebenso wie die seiner Mutter, am Ende des Erdenlebens in einem einzigartigen Zwielicht. Die traditionelle islamische Auffassung, daß Jesus jetzt mit Leib und Seele im Himmel ist, entspricht wohl am besten den im Koran vorherrschenden Ideen; daß sich aber aus den Korantexten selbst kein völlig klares und eindeutiges Bild ergibt, ist die natürliche Folge des Umstandes, daß sich die Aussagen über das Leben Jesu aus so heterogenen Bestandteilen zusammensetzen.«[959]

Eine interessante Stelle ist auch Sure 61,6:

»Und da Jesus, der Sohn Marias, sprach: O ihr Kinder Israels, siehe ich bin Allahs Gesandter an euch, bestätigend die Thora, die vor mir war, und einen Gesandten verkündigend, der nach mir kommen soll, dessen Name ist Ahmed.«

Mohammed versteht diese Stelle so, daß er selber (Ahmed) der von Jesus vorausverkündete Rasul ist. Mohammed kennt offenbar die Paraklet-Stellen Joh 14,16.26 15,26 16,7–15, wo Jesus den Parakleten verheißt, und bezieht diese Stellen auf sich. Wenn man aus dem griechischen Wort »Paraklet« Periklytos macht, dann entspricht dies dem arabischen Namen Ahmad (= Mohammed)[960]. Es wird zwar durchwegs ausgeschlossen, daß Mohammeds christliche Informanten Griechisch konnten, aber dies ist genauso Hypothese wie das Gegenteil! Es scheint mir mehr, daß die europäische Überheblichkeit dem alten Orientalen viel zuwenig zutraut. Daß einer der christlichen Sklaven Mohammeds etwas Griechisch konnte und Mohammed auf den Gedanken brachte, die Paraklet-Stellen im Sinne von Periklytos zu deuten und auf sich zu beziehen, ist jedenfalls nicht auszuschließen. Mohammed wäre auch nicht der erste, der die Parakletverheißung auf sich bezieht. Lange vor ihm hat dies z. B. Mani getan.

Die entscheidende christliche Lehre, daß Jesus Sohn Gottes im Sinne des Trinitätsdogmas ist, lehnt Mohammed jedoch energisch ab.

Die vorher zitierte mekkanische Sure 112 richtet sich zwar nicht ausdrücklich gegen Jesus, sondern wohl auch gegen die polytheistische mekkanische Auffassung der drei Töchter Allahs bzw. gegen die mit der Kaaba verbundene Idee Allah – Allat/al-Uzza als Partnerin Allahs, hat aber wohl auch die christliche Vorstellung im Auge[961]. Aus den meisten

Stellen ist jedoch die grundsätzliche Polemik gegen das christliche Dogma herauszuhören.

»Und sie sprechen: Allah hat einen Sohn gezeugt. Preis ihm! Nein; was in den Himmeln und auf Erden, alles gehorcht ihm. Er ist der Schöpfer des Himmels und der Erde, und wenn er ein Ding beschließt, so spricht er nur zu ihm: sei, und es ist.« (Sure 2,110 f.)

»Allah ist nur ein einziger Gott; Preis ihm, daß ihm sein sollte ein Sohn! Sein ist, was in den Himmeln und was auf Erden ist, und Allah genügt als Beschützer.« (Sure 4,169)

»Und sprich: Gelobt sei Allah, der weder einen Sohn gezeugt noch einen Gefährten in der Herrschaft hat, noch einen Helfer aus Schwachheit! und rühme seine Größe.« (Sure 17,111)

»Und sie sprechen: Gezeugt hat der Erbarmer (ar-Raḥman) einen Sohn. Wahrlich ihr behauptet ein ungeheuerlich Ding. Fast möchten die Himmel darob zerreißen, und die Erde möchte sich spalten, und es möchten die Berge stürzen in Trümmer, daß sie dem Erbarmer einen Sohn beilegen, ihm, dem es nicht geziemt, einen Sohn zu zeugen. Keiner in den Himmeln und auf Erden darf sich dem Erbarmer anders nahen denn als Sklave.« (Sure 19,91–94)

»Der Schöpfer des Himmels und der Erde, woher sollte er ein Kind haben, wo er keine Gefährtin hat?« (Sure 6,101)

»Denn er – erhöht sei die Herrlichkeit unsres Herrn – hat sich keine Genossin genommen und keinen Sohn.« (Sure 72,3)

»Wahrlich ungläubig sind, die da sprechen: Der Messias, der Sohn Marias ist Gott. Sprich: Und wer hätte über Allah Macht ...« (Sure 5,19)[962]

»Wahrlich ungläubig sind, die da sprechen: Siehe, der Messias, der Sohn Marias ist Gott. Und es sprach doch der Messias: O ihr Kinder Israels, dient Allah, meinem Herrn und eurem Herrn. Siehe wer Allah Götter an die Seite stellt, dem hat Allah das Paradies verwehrt, und seine Behausung ist das Feuer; und die Ungerechten finden keine Helfer.« (Sure 5,76)

»Nicht ist der Messias, der Sohn Marias, etwas anderes als ein Gesandter; vorausgingen ihm Gesandte, und seine Mutter war aufrichtig: Beide aßen Speise.« (Sure 5,79)

»Siehe er (sc. der Sohn Marias) ist nichts anderes als ein Knecht, dem wir gnädig gewesen waren, und wir machten ihn zu einem Beispiel für die Kinder Israels.« (Sure 43,59)

»Die Juden sprechen: Esra ist der Sohn Gottes. Und die Nazarener sprechen: Der Messias ist der Sohn Gottes. Solches ist das Wort ihres

Mundes. Sie führen ähnliche Reden wie die Ungläubigen von zuvor. Allah bekämpfe sie! Wie sind sie unverständig! Sie nehmen ihre Rabbinen und ihre Mönche neben Allah und den Messias, den Sohn Marias, zu Herren an, wo ihnen doch allein geboten ward, einem einzigen Gott zu dienen, außer dem es keinen Gott gibt. Preis ihm, (er steht hoch) über dem, was sie neben ihn setzen.« (Sure 9,30–31)

Für Mohammed ist es ein unvollziehbarer Gedanke, daß Allah einen Sohn hat. Konnte er sich Zeugung offenbar nur im physischen Sinn vorstellen, zu der Allah eine Partnerin braucht? Das steht doch immerhin in einer deutlichen Diskrepanz zur jungfräulichen Empfängnis Marias, wo entweder durch das befehlende Wort Allahs »es sei« oder durch Allahs Geisthauch (Sure 3,47 19,21) Jesus gezeugt wird. Die »Geistzeugung« Jesu muß daher Mohammed nicht als Zeugung, sondern als Schöpfungsakt verstanden haben. Das ist natürlich genau das gegenteilige Verständnis der matthäischen und lukanischen Kindheitsgeschichte, die ja gerade durch die Geistzeugung seine Gottessohnschaft bekennen. Für Mohammed ist Jesus trotz »Geistzeugung« etc. nur ein Mensch, wenn auch Prophet, Gesandter, Messias, aber eben Geschöpf Allahs[963]. Es ist im großen und ganzen das Jesusbild der judenchristlichen Denominationen, das Mohammed vertritt[964], aber ebenso das des Arius[965].

Von Allah gezeugt ist Jesus nach Mohammed nicht, weil Allah keine gleichwertige Partnerin hat. Eine Göttin neben Allah ist nicht möglich, weil es eben nur EINEN GOTT gibt. Aus der koranischen Logik ist das vollkommen klar!

Wie Allah ein Geschöpf »zeugt« = schafft – durch seinen Geist aus einer jungfräulichen Mutter –, demonstriert der Koran am Beispiel Jesu. Das Ergebnis des Schaffens kann demnach nur ein Geschöpf sein!

Da Mohammed in Sure 112 aussagt, daß Allah nicht gezeugt ist, wie dies z. B. die apostolischen Väter ebenso aussagen, läßt es nicht unwahrscheinlich erscheinen, daß Mohammed über trinitarische Spekulationen der frühen christlichen Theologie global orientiert war. Er schließt jedoch aus dem Ungezeugtsein Allahs auf sein Nichtzeugen. Es gab offensichtlich in der Umgebung Mohammeds keinen Christen, der ihm hätte erläutern können, daß der Begriff »zeugen« in der Theologie der Kirche im Sinne einer generatio spiritualis et aeterna, als ein ewiger liebender Erkenntnisakt in Gott verstanden wird.

So konnte natürlich auch die Bezeichnung »Wort Gottes« für Jesus (Sure 3,40 4,169) in Mohammeds Lehre keinen Widerhall finden, weil ihm der Johannesprolog (Joh 1) unbekannt war und er daher die Tragweite des christlich gefüllten Logosbegriffes nicht verstehen konnte. Die christliche Frage, hätte Mohammed die ewige Geistzeugung des Sohnes, des Logos, durch den Vater annehmen können, ist interessant, muß jedoch ohne konkrete Antwort bleiben; jedoch: aus der massiven koranischen Ablehnung einer physisch verstandenen Zeugung mit einer göttlichen Paredros kann hypothetisch geantwortet werden, daß für Mohammed die christliche Interpretation hätte annehmbar sein können, da dabei ja die absolute Einheit Gottes nicht angetastet wird.

Hand in Hand mit der Ablehnung der Gottessohnschaft Jesu geht auch die Ablehnung des trinitarischen Gottesbegriffes.

»O Volk der Schrift, überschreitet nicht euren Glauben und sprecht von Allah nur die Wahrheit. Der Messias Jesus, der Sohn Marias, ist der Gesandte Allahs und sein Wort, das er in Maria legte, und Geist von ihm. So glaubt an Allah und seinen Gesandten und sprechet nicht: Drei. Stehet davon ab, das ist gut für euch. Allah ist nur ein einziger Gott; Preis ihm, daß ihm sein sollte ein Sohn! Sein ist, was in den Himmeln und was auf Erden ist, und Allah genügt als Beschützer.« (Sure 4,169)

»Wahrlich, ungläubig sind, die da sprechen: Siehe Allah ist ein Dritter von drei. Aber es gibt keinen Gott, außer einem einzigen Gott. Und wenn sie nicht ablassen von ihren Worten, so wird den Ungläubigen unter ihnen schmerzliche Strafe.« (Sure 5,77)

»Und wenn Allah sprechen wird: O Jesus, Sohn Marias, hast du zu den Menschen gesprochen: Nehmt mich und meine Mutter als zwei Götter neben Allah an? Dann wird er sprechen: Preis sei Dir! Es steht mir nicht zu, etwas zu sprechen, was nicht wahr ist. Hätte ich es gesprochen, dann wüßtest du es. Du weißt, was in meiner Seele ist, aber ich weiß nichts, was in deiner Seele ist. Siehe, du bist der Wisser der Geheimnisse. Nichts anderes sprach ich zu ihnen als was du mich hießest, nämlich: Dienet Allah, meinem Herrn und eurem Herrn.« (Sure 5,79)

Die »Trinität«, die hier Mohammed bekämpft: Allah-Jesus-Maria, die gibt es natürlich nicht, und wir können daher dieser Ablehnung vollinhaltlich zustimmen.

Aber woher hatte Mohammed eine solche Trinitätsauffassung? Man kann einmal mit Sicherheit ausschließen, daß er diese Vorstellung selber konstruiert und den Christen unterschoben habe. Eine Gruppe von Forschern nimmt an[966], daß der Heilige Geist, weil rwḥ in den semitischen Sprachen ein weibliches Nomen ist, mit Maria identifiziert wurde. Henninger hat mit Recht dagegen eingewendet, daß Mohammed die Dreiheit: Vater-Sohn-Geist nirgends bezeugt[967]. Der Geist wird im Koran entweder »Gottes Geist« oder »heiliger Geist« genannt. Gott haucht z. B.

seinen Geist dem ersten Menschen Adam ein (Sure 15,29 32,8 38,72).
Der Geist kann auch mit dem Erzengel Gabriel identifiziert werden (vgl.
Sure 2,91 zu 16,104). Sure 4,169 kann aber auch Jesus als den Geist von
Gott verstehen.

An vier Stellen spricht der Koran vom ruḥ al-qudus, vom heiligen Geist:
> »Wir gaben Jesus, dem Sohn Marias, die deutlichen Zeichen und
> stärkten ihn mit dem heiligen Geist.« (Sure 2,81)
>
> »O Jesus, Sohn Marias, gedenke meiner Gnade gegen dich und deine
> Mutter, als ich dich mit heiligem Geist stärkte.« (Sure 5,109)
>
> »Geschrieben hat er in ihre Herzen den Glauben, und er stärkt sie mit
> seinem Geist.« (Sure 58,22)
>
> »Herabgesandt hat ihn (den Koran) der heilige Geist von deinem
> Herrn in Wahrheit, um die Gläubigen mit ihm zu stärken.« (Sure
> 16,104)

Manchmal wird der Geist und das Wort nebeneinander genannt:
> »Hernieder sendet er die Engel mit dem Geist von seinem Wort...«
> (Sure 16,2)
>
> »Der Geist geht aus dem Wort meines Herrn hervor.« (Sure 17,87)
>
> »Der Herr des Thrones wirft den Geist von seinem Wort auf wen er
> will von seinen Dienern.« (Sure 40,15)
>
> »Wir entsandten zu dir einen Geist mit einer Offenbarung von unse-
> rem Wort.« (Sure 42,52)

Für »Wort« ist an den vier Stellen nicht »kalima« verwendet[968], sondern
»amr«. Es ist im Grunde eine ähnliche Sprechweise wie in der hebräischen
Bibel und teilweise auch noch im Neuen Testament. Die Konsequenz, die
das junge Christentum daraus gezogen hatte, indem es den Heiligen Geist
als die dritte Hypostase in Gott glaubt, ist aus dem Koran nicht ersichtlich,
und es bleibt daher nur eine vage Vermutung, daß Mohammed den christlichen Trinitätsbegriff: Vater-Sohn-Geist gekannt hätte.

Die zweite Theorie, die zuletzt wieder Busse[969] vertreten hat und die besagt, daß die für die nördlichen Randzonen Arabiens und für die Sinaihalbinsel belegte Sekte der Kollyridianer, die Maria als göttliches Wesen
verehrten und ihr Kuchen (Kollyrides) opferten, für das Verständnis Mohammeds ausschlaggebend gewesen sei, hat manches für sich, bleibt
aber wegen der historischen Bedeutungslosigkeit dieser Sekte doch frag-
lich[970].

Der starke monophysitische Einfluß auf Arabien kann dafür schon eher
den Hintergrund liefern; zwar hatte das Konzil von Ephesus die Lehre
von der Theotokos (Gottesmutter) definiert, aber doch mit erklärenden
Zusätzen erläutert. Für die Monophysiten hatte jedoch diese Präzisie-

rung keine Rolle mehr gespielt, und die Volksfrömmigkeit konnte in der Gottesmutter durchaus die alte Göttin wiedererkennen. Wie sehr der Marienkult bis nach Mekka gedrungen ist und sich sogar in der Kaaba behaupten konnte, wurde schon erörtert. Die Bilder von Jesus und Maria in der Kaaba, wo Hubal/Allah – Allat/al-Uzza als Gegenstück dazu von den einheimischen Mekkanern verehrt wurden, scheinen mir die causa proxima dafür zu sein, daß Mohammed eine tritheistische Gottesvorstellung des lokalen Christentums ablehnte.

Wenn Mohammed dies ablehnte, dann ist er in Übereinstimmung mit dem christlichen Dogma. Denn eine solche tritheistische Gottesvorstellung ist ein Rückfall in den Paganismus, ist Polytheismus.

Der eigentliche trinitarische Gottesbegriff des Christentums ist leider bis zu Mohammed nicht durchgedrungen: EIN Gott in drei distinkten Seinsweisen oder EIN Gott in drei subsistierenden Hypostasen wäre für ihn – hypothetisch gedacht – kein unüberwindbares Hindernis gewesen.

Bedingt durch ein theologisches Mißverständnis formulierte Mohammed seine Gottesvorstellung ausschließlich monotheistisch und nicht trinitarisch-monotheistisch.

Aber kehren wir jetzt am Ende dieses Rundganges zum Ausgangspunkt zurück:

»Unser und euer Gott ist Einer,
Ihm sind wir ergeben (Muslim).« (Sure 29,46)

4. DER KATECHISMUS DES MUHAMMAD AS-SENUSI

Ähnlich wie die Bibel kein einheitliches Lehrgebäude ist, so auch nicht der Koran. Schon seit den ältesten Zeiten des Islam[971] gibt es das zweigliedrige Bekenntnis:

»Ich bezeuge, daß es keinen Gott gibt außer Gott,
und daß Mohammed sein Diener und Gesandter ist.«

Jeder, der den Islam anzunehmen bereit ist, wird auf dieses Bekenntnis verpflichtet. Dieses Glaubensbekenntnis ist mit den einfachen christlichen Symbola zu vergleichen. Wie aber diese einen weiten Spielraum des Denkens ließen, so auch dieses Bekenntnis der »šahada«. Hatten schon die christlichen Theologen der ersten Jahrhunderte Mühe, klare Begriffe zur Formulierung der Gottesvorstellung zu entwickeln, so war die Aufgabe der islamischen Theologen noch weit schwieriger, aus der platonisch-aristotelischen Philosophie eine Begriffssprache zu entwickeln und diese dann in der arabischen Sprache zu verwirklichen[972].

Bis heute ist in der islamischen Welt der kleine Katechismus des Muhammad as-Senusi, der 1490 n. Chr. in Tlemcen (Algerien) gestorben ist, eine gültige Zusammenfassung der Glaubenslehre, wie sie in den Jahrhunderten nach Mohammed bis ins 15. Jh. n. Chr. erarbeitet wurde. Der kleine Katechismus ist nach dem zweigliedrigen Glaubensbekenntnis aufgebaut. Dem Thema entsprechend zitiere ich nur den ersten Teil über die Gotteslehre[973]:

»Wisse, daß das Verstandesurteil in drei Gruppen zerfällt: (das Urteil über) die logische Notwendigkeit, (über) die (logische) Unmöglichkeit und (über) die Möglichkeit. Das (logisch) Notwendige ist das, dessen Nichtexistenz verstandesmäßig nicht vorstellbar ist, das logisch Unmögliche das, dessen Existenz verstandesmäßig nicht vorstellbar ist, und das Mögliche das, dessen Existenz und Nichtexistenz verstandesmäßig in Ordnung ist[974].

Jedem, für den das göttliche Gesetz gilt, liegt gesetzlich die Pflicht ob, zu wissen, was in betreff Gottes unseres Herrn notwendig, was unmöglich, und was möglich ist; und ebenso liegt ihm die Pflicht ob, das Entsprechende in betreff der Gottgesandten zu wissen.

Was Gott unserem Herrn notwendig zukommt, sind 20 Eigenschaften (ṣifa): 1. die Existenz, 2. die Uranfänglichkeit, 3. die ewige Dauer, 4. die Verschiedenheit von dem Gewordenen, 5. das Bestehen durch sich selbst[975] – d. h. daß er keines Ortes (Substrates)[976] und keines Verursachers (determinierenden Agens) bedarf –, 6. die Einzigkeit – d. h. daß er keinen zweiten neben sich hat in seinem Wesen[977], noch in seinen Eigenschaften, noch in seinen Handlungen –[978]. Das sind sechs Eigenschaften, von denen die erste wesenhaft (nafsija)[979] ist, während die fünf folgenden ausschließende (salabija)[980] sind.

Dann kommen ihm notwendig sieben Eigenschaften zu, die (ṣifat al-maᶜani) Accidens-Eigenschaften[981] genannt werden, nämlich 7. die Macht und 8. der Wille, die sich auf alles beziehen, was möglich ist, 9. das Wissen, das sich auf alles Notwendige, Mögliche und Unmögliche bezieht, 10. das Leben, das keine Beziehung hat[982], 11. das Hören und 12. das Sehen, die sich auf alles Existierende beziehen, 13. die Rede[983], die keine Buchstaben und Laute hat und sich auf dasselbe bezieht wie das Wissen. Ferner sieben Eigenschaften, die accidentelle Eigenschaften[984] (ṣifat ma-ᶜnawija) heißen; sie haften an den sieben vorgenannten, nämlich: 14. sein Mächtigsein, 15. sein Wollendsein, 16. sein Wissendsein, 17. sein Lebendsein, 18. sein Hörendsein, 19. sein Sehendsein, 20. sein Redendsein.

Zu dem, was in betreff Gottes unmöglich ist, gehören zwanzig Eigenschaften; die sind die Gegenteile der zwanzig vorgenannten: nämlich die Nichtexistenz, das Gewordensein, das Eintreten der Nichtexistenz, die Ähnlichkeit mit den gewordenen Dingen, indem er ein Körper wäre, d. h. daß sein erhabenes Wesen ein bestimmtes Maß des leeren Raumes einnähme, oder daß er ein Accidens wäre, das am Körper bestünde, oder daß er in einer räumlichen Beziehung zum Körper stünde, oder daß dieser für ihn in räumlicher Beziehung wäre, oder daß er räumlich und zeitlich unbegrenzt wäre, oder daß seinem erhabenen Wesen gewordene Eigenschaften beigelegt werden könnten, oder daß er als klein oder groß bezeichnet werden könnte, oder daß ihm bestimmte Zwecke bei den Handlungen und Verfügungen zugeschrieben werden könnten.

Ebenso ist es an ihm unmöglich, daß er nicht durch sich selbst bestünde, indem er eine Eigenschaft wäre, die in einem Substrat bestünde oder eines Verursachers bedürfte. Ebenso ist es an ihm unmöglich, daß er nicht einer wäre, indem er in seinem Wesen zusammengesetzt wäre oder etwas ihm in seinem Wesen oder seinen Eigenschaften Entsprechendes neben sich hätte, oder indem neben ihm etwas existierte, das irgend eine Handlung wirkte. Ebenso ist an ihm unmöglich die Unfähigkeit zu irgendwas Möglichem und die Hervorbringung von etwas auf der Welt, obwohl er nicht möchte, daß es existiert, d. h. es nicht will, oder obwohl er sich nicht darum kümmert oder nicht darauf achtet, oder auch durch Kausalzusammenhang oder Naturnotwendigkeit.

Ebenso ist an Gott unmöglich das Nichtwissen und dergleichen um irgend etwas Wißbares, der Tod, die Taubheit, die Blindheit, die Stummheit. Die Gegenteile dieser entsprechenden, accidentellen Eigenschaften sind durchaus klar.

Möglich ist in betreff Gottes das Tun oder Lassen jedes Möglichen. Der Beweis für die Existenz Gottes ist das Gewordensein der Welt: denn wenn sie keinen hätte, der sie werden ließ, sondern durch sich selbst geworden wäre, so müßte eines der beiden sich gleichstehenden Dinge (nämlich Sein und Nichtsein) dem anderen gleich sein und doch darüber das Übergewicht haben oder einen Grund; und das ist unmöglich[985].

Der Beweis für das Gewordensein der Welt ist ihre Verknüpftheit mit den gewordenen Accidentien[986], wie Bewegung und Ruhe usw.; was aber notwendig verknüpft ist mit dem Gewordenen, ist selbst geworden. Der Beweis für das Gewordensein der Accidentien ist der Augenschein ihres Überganges vom Nichtsein ins Sein und vom Sein ins Nichtsein.

Der Beweis für die Notwendigkeit von Gottes Anfangslosigkeit ist damit gegeben, daß er, wenn er nicht anfanglos wäre, geworden wäre, so daß er eines bedürfte, das ins Dasein ruft, und sich der Circulus und die unendliche Verkettung ergeben würde.

Der Beweis für die Notwendigkeit der ewigen Dauer ist mit dem Folgenden gegeben: wenn es möglich wäre, daß ihn das Nichtsein überkommt, so wäre ihm auch Anfangslosigkeit abzusprechen, weil dann seine Existenz möglich, nicht notwendig wäre, die Existenz des Möglichen kann aber nur geworden sein. Wie könnte das aber, da doch eben die Notwendigkeit der Anfanglosigkeit dargelegt wurde und (damit auch) die der ewigen Dauer?

Der Beweis für die Notwendigkeit von Gottes Verschiedenheit von den gewordenen Dingen liegt darin: wenn er einem von diesen gleichartig wäre, so wäre er wie dieses geworden. Das aber ist unmöglich, weil du nun weißt, daß ihm notwendig Anfangslosigkeit und ewige Dauer zukommen.

Der Beweis für Gottes Bestehen durch sich selbst liegt darin: wenn er eines Substrates bedürfte, so wäre er eine Eigenschaft; jedoch können der Eigenschaft nicht die Accidens- und accidentellen Eigenschaften beigelegt werden.

Gott, unserem Herrn, muß man aber beide Gruppen von Eigenschaften beilegen; er ist also keine Eigenschaft. Wenn er eines Verursachers bedürfte, so wäre er geworden; wie könnte das, da doch der Beweis für die Notwendigkeit der Anfangslosigkeit und ewigen Dauer bereits geführt ist?

Der Beweis für die Notwendigkeit seiner Einzigartigkeit liegt darin: wenn er nicht einer wäre, so ergäbe sich, daß nichts von der Welt ins Dasein gekommen wäre, weil er dann unfähig sein müßte[987].

Der Beweis für die Notwendigkeit, daß ihm (All)macht, Wille, Wissen, Leben beigelegt werden müssen, liegt darin: wenn eines von diesen Dingen ihm versagt wäre, so würde nichts von den gewordenen Dingen existieren.

Der Beweis dafür, daß ihm notwendig Hören, Sehen, Rede zukommen, liegt in der heiligen Schrift, der Überlieferung und dem Consensus. Außerdem: wären ihm diese Eigenschaften nicht beizulegen, so müßten ihm die Gegenteile davon beigelegt werden; und das sind Mängel. Der Mangel aber ist an Gott unmöglich.«

Dieser Katechismus ist natürlich nicht nur etwa für den hochgebildeten Muslim gedacht, sondern ebenso für den einfachen, gläubigen Menschen, für den das Verstehen dieser Sätze durchaus selbstverständlich ist.

»Zugleich aber zeigt dieser Katechismus … mit aller Deutlichkeit, was für den frommen Muslim den Kern … seines Glaubens darstellt, und macht es wohl verständlich, daß für den modernen Abendländer, dem die spätantik-mittelalterliche Dialektik so unendlich fern gerückt ist, die Diskussion mit dem Muslim über Glaubensfragen keine ganz einfache Sache ist.«[988]

Für den heutigen Menschen, ob Jude, Muslim oder Christ, stellt sich natürlich die Frage, ob solcherart »Gottesbeweise« angesichts der Weiterentwicklung der Philosophie und der Naturwissenschaft aufrechterhalten werden können? Es sei auf eine komplexe Frage eine einfache Antwort gegeben: Daß die Welt entstanden ist, ist für jedermann erfahrbar. Wie die Welt entstanden ist, ist Sache naturwissenschaftlicher Hypothesen, was vor dem Wie kommt und was hinter dem Wie steht, ist Sache der Philosophie und der Religion. Solange die letzteren in diesem ihren Bereich bleiben, gibt es keine unnötigen Konflikte. Der Schluß des Glaubens auf die Entstehung der Welt ist immer in metaphysischen Kategorien und nicht in naturwissenschaftlichen gedacht.

Das theoretische Wissen um den Gottesglauben ist wichtig, aber es bleibt tot, wenn es nicht durch das Preisen Gottes seine notwendige Ergänzung findet. Was für den Christen das »Vater unser« ist, das ist für die Muslime die erste Sure[989].

Abb. 56 zeigt die erste Sure einer kommentierten Koranhandschrift des Muhammad Ibn Isma il al Halabi, der im Jahre 1388 den Koran abgeschrieben und kommentiert hat:

»Im Namen Allahs, des Erbarmers, des Barmherzigen!
Lob sei Allah, dem Weltenherrn,
dem Erbarmer, dem Barmherzigen,
dem König am Tag des Gerichts!
Dir dienen wir und zu dir rufen um Hilfe wir;
Leite uns den rechten Pfad,
den Pfad derer, denen du gnädig bist,
nicht derer, denen du zürnst, und nicht der Irrenden.«

Abb. 56 Erste Sure der Koranhandschrift des Muhammad Ibn Isma il al Halabi, Bayerische Staatsbibliothek, Cod.arab. 1113; Brunner-Traut/Brunner/ Zick-Nissen 1984: Abb. 168.

5. DIE GOTTESSUCHE IN DER FRÜHEN ISLAMISCHEN MYSTIK

5.1 Allgemeines

Die Bezeichnung für die islamische Mystik ist »taṣawwuf« (Sufismus), der bis in die Zeit des Propheten zurückgeht[990]. Die ältesten Erklärungen leiten dieses Wort vom arabischen Nomen »suf« (Wolle) ab, was heute allgemein anerkannt ist[991]. Die ersten Asketen und Mystiker des Islam trugen wollene Gewänder oder Mäntel als ihr besonderes Merkmal[992]. Mystik kann ganz allgemein als das Streben des Menschen definiert werden, die Einigung mit Gott (unio mystica) zu erlangen. Der islamische Mystiker Ǧunaid (gest. 910 n. Chr.) erklärte es so:

»Sufismus wird nicht (erworben) durch viel Beten und Fasten, sondern ist die Sicherheit des Herzens und der Großmut der Seele.«[993]

Sufismus schließt aber auch vom Anfang an ein asketisches Leben, das Aufgeben des Egoismus (ṭariqa) und moralische Qualitäten, ein Leben in Harmonie mit Gottes Gesetz ein. Aber wie der Apostel Paulus sagen kann, daß er ohne die Liebe nichts wäre (vgl. 1 Kor 13,3), so auch der Mystiker, der Sufi. Im Zustand der maᶜrifa, der Erkenntnis, wo die Differenz zwischen mein und dein gefallen ist und er in Vereinigung mit Gott tritt, muß er letztlich ein Liebender sein. Nur als solcher kann er in die Erkenntnis Gottes eindringen. Diese Gotteserkenntnis besteht in der Erreichung des wahren ṭauḥid, der Anerkennung, daß Gott Einer ist[994]. Grundlage aller Mystik ist der Koran, das Wort Gottes, Gott selber, der sich durch die Worte der Heiligen Schrift offenbart. Zeuge der Offenbarung ist der Prophet und Gesandte Mohammed, das Siegel der Propheten, der in seiner lebenslangen Gottesuche Urbild und Vorbild des Sufismus ist. Mohammed war zutiefst Mystiker. Auch wenn die medinische Zeit mehr den Realpolitiker in den Vordergrund treten läßt, kann dies nicht darüber hinwegtäuschen, daß der Prophet aus der immer wiederkehrenden Erfahrung der unio mystica lebte. »Wer im Westen den Islam studiert und an das traditionelle Bild Mohammads gewöhnt ist, wie es sich in Hunderten von Jahren des Hasses und der Feindschaft in der christlichen Welt entwickelt hat, wird erstaunt sein, die starken mystischen Qualitäten zu sehen, die diesem Mann in der Sufi-Tradition zugeschrieben werden – einem Mann, den der normale Europäer als Politiker, gerissen, sinnlich, oder bestenfalls als Begründer einer vom Christentum abgeleiteten Häresie anzusehen gewohnt ist. Selbst die allerneuesten Studien des Propheten, die seine Aufrichtigkeit und sein tiefreligiöses Anliegen zeigen, lassen doch nichts von jener mystischen Liebe verspüren, die seine Anhänger für ihn empfinden. Wir wissen nicht, wieviele der Geschichten über Mohammads asketische Frömmigkeit echt sind und wieviele nur die Ideale späterer mystischer Kreise widerspiegeln. Eine Auswahl von Aussprüchen über die Wichtigkeit des Gebetes, vor allem des Nachtgebetes, scheint jedoch authentisch zu sein; denn ›wenn seine Augen schliefen, schlief sein Herz doch nicht‹, wie seine geliebte junge Frau ᶜAᵓisha berichtet. Die klassischen Handbücher des Sufismus enthalten lange Sammlungen von Aussprüchen, mit denen der Prophet die Gläubigen zu ständigem Gebet und Gedenken an Gott in jedem Augenblick ermahnt ... Ein Prophet, der so gewiß war, Gottes Instrument zu sein, muß in der Tat ein großer Beter gewesen sein; denn gerade durch das Gebet konnte er immer wieder die Gegenwart dessen erfahren, der ihn gesandt hatte.«[995]

Sowohl das Judentum als auch das Christentum deuten je unterschiedlich das Mysterium Gottes als die Qualität absoluter Liebe.

In Sure 5,59 heißt es:

»Er (Gott) liebt sie und sie lieben ihn.«

Gottes Liebe geht jeder menschlichen Liebe voraus und befähigt den Menschen zu lieben. Die Liebe als Wechselbeziehung ist möglich, weil die Initiative von Gott her kommt. Er kann daher nicht nur der Liebende sein, wie die Geschöpfe Liebende sein sollen. Denn von ihm, dem Einen, dem Herrn, dem Schöpfer, dem Ewigen, dem Barmherzigen heißt es, daß er liebt. So kann dieses Lieben nicht nur eine unter seinen Eigenschaften sein, sondern die Eigenschaft schlechthin. So wie die Liebe nach einigen Sufiten die menschlichste aller Eigenschaften des Menschen ist, so ist sie auch die göttlichste Gottes. Der berühmte Martyrermystiker al Ḥallaǧ (858–922 n. Chr.) nennt ᶜishq, die leidenschaftliche und überströmende Liebe, den »Kern des göttlichen Wesens und das Mysterium der Schöpfung«[996]. Gott ist die Dynamik der Liebe. Ohne daß man hier Abhängigkeiten postulieren sollte[997], müßten Christen erkennen, daß islamische Denker, Mystiker und Heilige auf Grund ihres Vertrauens in Gottes Wort zur gleichen Gottesvorstellung gekommen sind.

5.2 Die Anfänge der islamischen Mystik, das Beispiel der Heiligen

Die Überlieferung nennt besonders drei Namen aus der Zeit des Propheten, die Vorläufer der Mystik sind: abu Dharr al Ghifari (gest. 653 n. Chr.), der aus Gottesliebe jeden menschlichen Besitz aufgab, Salman al Farisi, einen persischen Barbier, der zu Mohammeds Haushalt gehörte und geistiger Brückenbauer zwischen arabischer und persischer Welt wurde, und Uwais al-Qarani. Er gehört zu den geheimnisvollsten Gestalten des Islam. Al-Qarani lebte im Jemen, kannte Mohammed nicht persönlich, und dennoch bestand zwischen beiden eine tiefe Beziehung. Er wurde Prototyp des Mystikers, der die Verbindung mit Gott ohne technische Übungen und Anleitungen eines Lehrers erreichte, sondern durch den »Hauch des Erbarmers«, der imstande ist, die »geschlossene Knospe des menschlichen Herzens«[998] zu öffnen. Mohammed wird auch der Ausdruck zugeschrieben: »Der Hauch des Erbarmers kommt aus dem Jemen zu mir.« Mohammed wollte damit sagen, daß Gott, der das Herz des Uwais gerührt und geöffnet hat, ebenso an ihm selber handelt und so zwischen ihm und Uwais die Verbindung besteht. Alle diese Urheiligen kennzeichnet eine dreifache Haltung: ISLAM, die vollkommene Hingabe an Gottes Willen, IMAN, das Urvertrauen des Menschen zu Gott, und IḤSAN, die Anbetung und Verherrlichung Gottes, als ob man ihn sähe. Auch wenn der Mensch Gott nicht sehen kann, sieht dennoch Gott den Menschen (Sure 7,54). Diese dreifache Haltung ist für die Sufis aller Zeiten der Königsweg geblieben, und sie haben Sufismus selber als einen solchen umrissen.

Es sei versucht, an einigen berühmten Gestalten aufzuzeigen, wie sich ihre Gottesvorstellung durch ihre mystische Erfahrung abzeichnet.

Rabiᶜa al Adawiyya (gest. 801 n. Chr.), die Heilige von Basra, war eine freigelassene Sklavin. Fariduddin ᶜAṭṭar charakterisiert sie folgendermaßen: »Jene vom speziellen Schleier Verschleierte, jene von der Hülle der reinen Hingabe Verhüllte, jene von Sehnsucht und Liebe Entflammte, jene von Nähe und Glut Verwirrte, jene in der Einigung mit Gott Verlorene, die von Männern Akzeptierte, jene zweite unbefleckte Maria ...«[999]. Rabiᶜa machte die Gottesliebe zum Zentrum ihres Lebens. Als man sie in Basra fragte, warum sie eine Fackel und einen Eimer Wasser trage, antwortete sie: »Ich will Feuer ans Paradies legen und Wasser in die Hölle gießen, damit diese beiden Schleier verschwinden und es deutlich wird, wer Gott aus Liebe und nicht aus Höllenfurcht oder Hoffnung aufs Paradies anbetet.«[1000]

In ihrer Poesie gibt es nur für Gott Platz:

»O Geliebter der Herzen, ich habe keinen gleich Dir,
so hab' denn Mitleid mit diesem Sünder, der zu Dir kommt.
O meine Hoffnung, meine Ruhe und mein Entzücken:
Das Herz kann keinen lieben als Dich.«[1001]

Das Gebet wird zur zärtlichen Zwiesprache zwischen Liebender und Geliebtem:

»O Gott, die Nacht ist vorüber und der Tag dämmert,
wie gern möchte ich wissen, ob Du meine Gebete angenommen oder
sie verworfen hast. Deshalb tröste mich, denn Dir obliegt es, mich in
diesem Zustand zu trösten. Du hast mir Leben gegeben und hast für
mich gesorgt, und Dein ist der Ruhm. Wolltest Du mich auch von Deiner Tür vertreiben, ich würde sie dennoch nicht verlassen um der
Liebe willen, die ich in meinem Herzen für Dich trage.«[1002]
Rabiᶜa war die von göttlicher Liebe Verzehrte. Schon der 6. Imam der
Schia Jaᶜfar as-Sadiq (gest. 765 n. Chr.) hatte die göttliche Liebe als »ein
göttliches Feuer, das den Menschen völlig verzehrt«[1003] definiert.
Der Nubier Thauban ibn Ibrahim Dhuʾn-Nun (gest. 859/60 n. Chr.), von
dessen Leben wenig bekannt ist, sagt, daß sich Gottes ewige Vollkommenheit dem Menschen unter dem Aspekt der Schönheit und Faszination, der Gnade und Güte, der Majestät und Kraft, der Macht und Rache offenbart. Das Wesen Gottes ist die Liebe. Sie ist wie Gott selbst ohne
Anfang und Ende[1004].
Nach der weltabgewandten Sicht der frühen Asketen findet Dhuʾn-Nun
zur koranischen Auffassung zurück, daß alle Geschöpfe Gott anbeten:
»O Gott, niemals lausche ich auf die Stimme eines Tieres oder das Rau-
schen eines Baumes, das Sprudeln von Wasser oder den Sang des Vo-
gels, das Brausen des Windes oder das Grollen des Donners, ohne zu
finden, daß sie Deine Einzigkeit bezeugen und darauf hinweisen, daß
es keinen gleich Dir gibt, daß Du der All-Umfassende, der Allwissende
bist.«[1005]
Husain ibn Mansur al-Ḥallāǧ (858–922 n. Chr.) ist einer jener Mystiker,
die in Europa viel diskutiert wurden. Oft wurde er als Pantheist abqualifi-
ziert, ein Schicksal, das auch manch christlichem Mystiker widerfahren
ist. Doch gerade die Arbeiten von Massignon[1006] haben diese Vorurteile
überwunden und uns al-Ḥallāǧ als Mystiker gezeigt, der in seinen Ideen
die absolute Transzendenz Gottes nie aufgegeben hat, der aber Gottes
Gegenwart auch in der Tiefe des menschlichen Herzens erkannt hat. Al-
Ḥallāǧ, der bis Indien gereist war, hatte mit seinem Leben gelehrt, daß
die Liebe zu Gott Leid zu ertragen befähigen muß und den Tod als letzte
Konsequenz menschlichen Lebens erlösend erleben kann. Seine Opposi-
tion zu Baghdader Regierungskreisen führte schließlich zu seiner Verhaftung. Am 26. März 922 wurde er hingerichtet: an den Galgen gehängt,
dann wurden seine Hände und Füße abgehauen, schließlich wurde er
noch enthauptet. Sein Leichnam wurde verbrannt und die Asche in den
Tigris geworfen. Er erlitt dieses grausame Martyrium, weil er behaup-
tete, die wahre Einigung mit seinem göttlichen Geliebten erreicht zu ha-

ben; in Wirklichkeit waren es seine religiösen und sozialen Ideen, die manch Mächtigen des Reiches für sich selber und für das Reich erzittern ließen; denn was sollte seine Idee der Bekehrung der Herzen? Al-Ḥallāǧ hatte die Kühnheit zu lehren, daß es Pflichten gibt wie z. B.: statt der Pilgerfahrt nach Mekka könnte man doch für Waisenkinder sorgen. Daß die religiösen Legalisten dies erschauern ließ, ist klar. Solches läßt sie erschauern bis heute in allen Religionen!

Al-Ḥallāǧ ist der Martyrer der Liebe. Wie einst Rabbi Akiba das Bekenntnis zum Einen Gott betend das Martyrium erlitten hatte, so starb al-Ḥallāǧ im tiefsten und verdichtetsten Bekenntnis zu diesem Einen Gott[1007]. Läßt dies dem Christen nicht die literarische Vision eines Dostojewski vor Augen kommen, daß die spanische Inquisition Christus ein zweitesmal gekreuzigt hat?

Eine der dunkelsten und zwielichtigsten Aussagen des Martyrers ist das Wort: »anaᵓl-Haqq«, ich bin die absolute Wahrheit, ich bin die wahre Wirklichkeit. Das ist doch höchste Anmaßung, Gotteslästerung? Wie konnte ein Mensch derartiges sagen? Auch wenn der genaue historische Kontext dieser Aussage nicht mehr bekannt ist, läßt sich der Sinn dieses Wortes aus seinem Leben und seinen zahlreichen, meistens nur fragmentarisch erhaltenen Schriften erklären. Worte der Paradoxie, die er schrieb, mögen dazu hinführen:

> »Laß dich nicht von Gott täuschen und verzweifle nicht an Ihm; begehre Seine Liebe nicht und gib dich nicht damit zufrieden, Ihn nicht zu lieben; sprich nicht über Ihn, um Ihn zu bestätigen, und neige dich nicht Seiner Negation zu. Und hüte dich vor dem Bekenntnis Seiner Einheit!«[1008]

Eine solche Dialektik ist für mystisches Denken typisch. Es ist eine erste Stufe, das Wort »anaᵓl-Haqq« zu verstehen: als eine Aussage, die sich nicht auf den Mystiker bezieht, sondern auf Gott! Aber warum spricht es der Mensch aus, als ob er Gott wäre? Al-Ḥallāǧ sagte:

> »Liebe ist, daß du vor Deinem Geliebten (Gott) stehst, wenn du deiner Qualitäten beraubt bist und die Qualifizierung von Seiner Qualifizierung stammt.«[1009]

In dem Augenblick der Unendlichkeit, wo sich der Liebende mit der Liebe, das Geschöpf mit dem Schöpfer eins wähnt, gibt es das Ereignis, wo das Geschöpf bekennen kann: »anaᵓl-Haqq«.

Der Christ sei daran erinnert, daß z. B. Paulus geschrieben hat:

> »Wir wissen auch, daß mit denen, die Gott lieben, Gott in allem mitwirkt zum Guten...« (Röm 8,28 vgl. 2 Kor 3,18)

Ps 82,6 heißt es:

»Wohl habe ich gesagt: Ihr seid Götter, ihr alle seid Söhne des Höchsten.«

Joh 10,34–36 bezieht sich auf diesen Psalmvers und nimmt gerade daran keinen Anstoß, daß jene Menschen »Götter« heißen, an die Gottes Wort ergangen ist.

Schon die griechischen Väter des Altertums haben gelehrt, daß der Mensch durch das göttliche Pneuma teilhat an der göttlichen Natur, gleichsam vergöttlicht wird. Damit ist letzlich nichts anderes gemeint als die »Heiligmachende Gnade« der abendländischen Theologie, die »vergöttlichende Teilnahme an der göttlichen Natur, die den ganzen Menschen in allen seinen Dimensionen ergreift«[1010].

Abu Hamid al-Ghazzali (1058–1111 n. Chr.) gilt als einer der größten, wenn nicht als der größte islamische Theologe[1011].

Der Wezir Nizamulmulk ernannte al-Ghazzali zum Professor an der neugegründeten Theologischen Universität in Baghdad, wo er bis 1095 lehrte, sich aber dann krankheitsbedingt von seiner Lehrtätigkeit zurückzog. Etwa ab diesem Zeitpunkt beginnt seine Hinwendung zur Mystik. Al-Ghazzali ist der erste große Theologe, der Intellektuelle, der die griechische Philosophie bis ins Detail kannte, der, wie seine Werke zeigen[1012], ein Meister der Dialektik war, der sich aber des Ungenügens der intellektuellen Beschäftigung mit dem Glauben richtig bewußt wurde und erkannte, daß die Dimension des Geistlichen, letzlich der Mystik zur Theologie gehören[1013].

So sagt denn auch al-Ghazzali:

> »Wissen war für mich leichter als Handeln. Ich begann damit, ihre Bücher zu lesen ... und gewann ein gründliches intellektuelles Verständnis ihrer Prinzipien. Dann erkannte ich, daß das, was sie eigentlich von anderen unterscheidet, nur durch persönliche Erfahrung, durch Ekstase und Charakterwandel erreicht werden kann.«[1014]

»Wer sich lange Zeit dem Wissen von Gott widmet, und wem sich dabei auch nur ein recht bescheidener Ausschnitt aus der Geheimniswelt des göttlichen Waltens geoffenbart hat, den überkommt bei dieser Enthüllung des göttlichen Wesens eine derartige Freude, daß er durch sie beinahe außer sich gerät. Aber das ist eben etwas, was man nur inne wird, wenn man es selber verkostet hat, es jemandem durch eine Schilderung verständlich machen zu wollen, ist vergebliches Bemühen.«[1015]

Das theologische Hauptwerk al-Ghazzalis »Iḥya ᶜulum ad-din«, »Die Wiederbelebung der religiösen Wissenschaften«, ist gerade aus seiner mystischen Erfahrung geboren:

> »Denn der Mensch soll in jedem Augenblick fühlen, daß er in Gottes

Gegenwart steht, und immer darauf vorbereitet sein, seinem Herrn in irgendeinem Moment seines Lebens zu begegnen.«[1016]

Der menschliche Weg der Gottsuche kann niemals enden, sondern nur zu neuen Tiefen der Gotteserkenntnis führen. Der Tod selber ist schrecklich, weil der Mensch vor seinen Richter muß, aber auch lieblich, weil die Gegenwart mit dem Geliebten beginnt.

Den Höhepunkt mystischen Erkennens und Fühlens erreicht al-Ghazzali in seiner Darlegung »Miškat al-anwar« (Die Lichternische)[1017], in der er Sure 24,35 und ihre Tradierung interpretiert.

»Allah ist das Licht der Himmel und der Erde. Sein Licht ist gleich einer Nische, in der sich eine Lampe befindet; die Lampe ist in einem Glase, und das Glas gleicht einem flimmernden Stern. Er wird angezündet von einem gesegneten Baum, einem Ölbaum, weder vom Osten noch vom Westen, dessen Öl fast leuchtete, auch wenn es kein Feuer berührte – Licht über Licht! Allah leitet zu seinem Licht, wen er will, und Allah macht Gleichnisse für die Menschen, und Allah kennt alle Dinge.« (Sure 24,35)

Die islamische Tradition hat ausgehend von dieser Stelle von 70 000 Schleiern aus Licht und Dunkelheit gesprochen, die den Menschen von Gott trennen. Nach der Interpretation al-Ghazzalis stehen die meisten Rechtgläubigen und Frommen hinter Schleiern, die aus Licht und Dunkelheit gemischt sind. Andere können von reinem Licht verhüllt sein[1018]. Licht ist Gott (vgl. auch 1 Joh 1,5). Der Gott der Liebe ist der Gott der absoluten Lebensfülle, des Lichtes. Die endgültige Gegenwart Gottes, die Liebe, in die der Mensch durch den Tod hineintritt, ist Licht, Leben im Übermaß.

V. Zusammenfassung und Ausblick

Alles Sprechen von Gott, alle Bilder, alle Metaphern sind nur Annäherungsversuche an das unendliche Mysterium. Die christliche Philosophie und Theologie des Mittelalters hat für diese Annäherung den Begriff der »Analogie« verwendet, der letztlich aus der Sprache der Theologie nicht mehr wegzudenken ist. Es handelt sich ursprünglich um einen griechischen Begriff, der »nach Verhältnis« bedeutet[1019]. Thomas von Aquin erklärt den Begriff in bezug auf das theologische Sprechen von Gott folgendermaßen:

> »Die von Gott und den Geschöpfen gebrauchten Benennungen werden nicht eindeutartig und nicht rein mehrdeutartig, sondern verhältnismaßdeutig gesagt dem Gleichmaßverhältnis der Geschöpfe zu ihm.«[1020]

Gerade jetzt am Ende unseres Rundganges durch die drei großen monotheistischen Religionen und vor einer Zusammenfassung sei ganz besonders auf diesen wichtigen Begriff hingewiesen; denn erst der Begriff der Analogie rückt all unser menschliches Reden von Gott und über Gott in die ihm zukommende Position!

1. DIE BISHERIGEN ERGEBNISSE

Für die Eisenzeit I läßt sich festhalten: der von israelitischen Stämmen in Palästina ab etwa 1200 v. Chr. verehrte Gott JHWH ist für seine Verehrer noch keine exklusive Größe. Als ursprünglicher Vulkan- und Wüstengott übernimmt er im Kulturland dominante, kriegerische Züge von Baal-Seth, ist von diesem nicht immer scharf zu unterscheiden, wird wohl bisweilen mit ihm auch identifiziert. Die Große Göttin, die hauptsächlich nur mehr in ihren Substitutionssymbolen weiterlebt und als apersonale Macht der Fruchtbarkeit empfunden wird, kann bereits als eine zu JHWH gehörige Mächtigkeit gedeutet werden, als eine Mächtigkeit, die durch ihn wirkt und so Fruchtbarkeit und Segen garantiert.
Durch die Omnipräsenz des höchsten und verborgenen Gottes Amun/El-Eljon erfährt der israelitische Stammesgott JHWH eine weitere, entscheidende Profilierung hin zum eigentlich höchsten Gott, der in Anikonizität durch seinen geheimnisvollen Namen, d. h. durch sein geheimnisvolles Wesen und Wirken gegenwärtig gedacht wird.
Die allmähliche Neuorientierung Palästinas in der Eisenzeit II A gegen

den Norden kündigt sich sehr zaghaft an. Der Tempel von Jerusalem verkündet durch seine ägypto-phönikische Symbolik: JHWH ist der höchste König, der höchste Gott, der Gott der absoluten Lebensfülle, der das Urchaos bändigende Schöpfer; und gerade diese Bildsymbolik transportiert die Idee der Anikonizität JHWHs.

In den Heiligtümern des Nordreiches wird seit Jerobeam I. JHWH unter dem Bild des Stieres verehrt. Dabei geht es kaum um die Übernahme und Weiterführung kanaanäischen Denkens, sondern um eine Anknüpfung an die alte Exodustradition, die die siegreiche Kampfesstärke JHWHs im Stier vergegenwärtigt sehen konnte.

Der beginnende Prozeß des Alleinanspruches JHWHs war nicht mehr aufzuhalten. Selbst in der konservativen Terrakotta-Industrie muß die Große Göttin den trommelnden Verehrerinnen weichen, was in der privaten Frömmigkeit und in den Hauskulten eine Verschiebung mit sich bringen mußte: nicht mehr die konkreten Menschen sind die Verehrerinnen der Großen Göttin, sondern stellvertretend für sie die Terrakotten.

Die Produktion der kostbaren Bronzefiguren von Göttinnen und Göttern hat überhaupt aufgehört. In der lokalen Siegelproduktion tritt die Göttin hinter ihre Substitutionssymbole vollkommen zurück, bis schließlich in ursprünglich zu ihr gehörenden Wirkzeichen und Größen solche JHWHs gesehen werden konnten, in dessen Sphäre nun die Züge und Charakteristika der Großen Göttin einfließen, so daß er, JHWH, als der Garant der Fruchtbarkeit im menschlichen, im tierischen und im pflanzlichen Bereich gelten konnte.

Zwischen dem in seinen Namensiegeln omnipräsent wesenden Amun-Re und JHWH gibt es keinen Unterschied mehr oder anders gesagt: Amun-Re ist im davidisch-salomonischen Reich zu JHWH »geworden«. Man kann auch durchaus geneigt sein, in der autochthonen Komposition des Herrn der Strauße JHWH als den Überwinder und Beherrscher der Todesbereiche der Wüste zu sehen.

In der literarischen Überlieferung, besonders des Jahwistischen Geschichtswerkes ist kein Unterschied zu diesem Gottesbild, wie es die Primärquellen zeigen, feststellbar. Der Jahwist geht aber noch darüber hinaus und verkündet ein wahres »Protoevangelium«, daß JHWH der Gott aller Menschen ist und sich seine Liebe und Fürsorge in den Alltäglichkeiten menschlicher Existenz erfahren läßt.

In der Eisenzeit II B ist eindeutig, daß für Juda und für Israel JHWH der einzig dominierende Gott ist; dies bezeugen die verschiedenen Arten von Bildträgern, die Personennamen und die hebräische Bibel auf je ihre Weise. Es ist nach wie vor auszuschließen, daß JHWH eine gleichwertige göttliche Partnerin hatte, obwohl die weiblich göttlichen Eigenschaften, die JHWH von der Großen Göttin übernommen hat, noch medial durch ihr Symbol ausgedrückt, aber als seine Segensmacht verstanden werden können. Die starke Solarisierung JHWHs hat auch zur Folge, daß der Himmelsbaal und JHWH als Himmelsherr auf weite Strecken nicht mehr zu unterscheiden waren, was eine vehemente prophetische Kritik zur Folge hatte.

Das Elohistische Geschichtswerk, Jesaja und Hosea versuchen JHWH durch die Kategorie der Heiligkeit zu verdeutlichen, wobei Heiligkeit nicht einfach als eine Eigenschaft JHWHs verstanden werden kann, sondern als seine eigentliche Grundbefindlichkeit, ebenso wie seine Liebe und sein Erbarmen. Dieser transzendente Gott bleibt aber immer ein dem Menschen zugewandter Gott, sei es über Medien oder direkt. Als Himmelsherr ist JHWH auch der Gott, der besonderen Menschen wie Elija ein Fortleben mit ihm über den irdischen Tod hinaus ermöglicht.

Obwohl in Texten noch nicht ausdrücklich formuliert, läßt sich aber bereits für diese Periode der Eisenzeit II B ein relativer Monotheismus erkennen; denn das Wesentliche des Monotheismus ist nicht die philosophische Abstraktion, daß sonst keine Götter etc. existieren, sondern daß der eine Gott die absolute Souveränität über die anderen – seien es Götter, Geister, Dämonen oder Menschen – hat.

In der Eisenzeit II C verstärken lunare und astrale Züge das Gottesbild, wobei eine gewisse Tendenz zu anthropomorphen Darstellungen beobachtet werden kann. Auch JHWH/El dürfte zeitweilig von den Judäern als Mondgott verehrt worden sein.

Mit der Regentschaft Joschijas wird der an die ägyptische Sonnensymbolik erinnernde Königsstempel mit vierflügeligem Skarabäus und geflügelter Sonnenscheibe konsequent durch den Rosettenstempel ersetzt und zeigt so das typisch jahwistische Denken des Königs und seiner näheren Umgebung. Auch die judäischen Namensiegel und Inschriften weisen klar in diese Richtung des joschijanischen Anliegens eines purgierten JHWH-Kultes. Dieses Zeugnis deckt sich gut mit dem Anliegen, wie es die priesterliche, frühdeuteronomische und prophetische Bewegung des 7. Jh. v. Chr. propagiert: alleinige, anikonische Verehrung JHWHs im Jerusalemer Tempel[1021]. Im ersten Gebot des Dekaloges ist der relative Monotheismus nun auch bereits schriftlich ausgedrückt.

JHWH wird zwar auch als ein eifernder Gott verkündet, aber ebenso als ein Gott der unerschöpflichen Liebe, der immer wieder einen neuen Beginn für sein Volk garantiert. Er ist der Heilige, und der Mensch soll ihm in seiner Heiligkeit ähnlich sein.

Zwar hat diese Gottesvorstellung von Eliten des Reiches in der joschijanischen Reform einen politischen Rückhalt gefunden, führte jedoch noch nicht in wenigen Jahrzehnten zur allgemein gültigen Norm.

Im Bereich der privaten Frömmigkeit läßt sich ein Aufleben der Großen Göttin erkennen. Die Göttin kann auch wieder anthropomorph dargestellt werden. Diese Hauskulte in Juda schließen jedoch nicht aus, daß JHWH als der alleinige Gott und als der höchste Gott verehrt wurde, wenn auch mit der Möglichkeit, daß neben ihm noch andere Gottheiten Platz haben können.

Die prophetische, deuteronomisch-deuteronomistische, priesterliche Theologie in exilischer und nachexilischer Zeit erreicht mit der Vorstellung der absoluten Einzigkeit und Transzendenz JHWHs den entscheidenden Durchbruch. Das heißt nicht, daß JHWH nicht auch mit früheren Metaphern charakterisiert werden konnte und frühere Attribute JHWHs verschwanden, aber die Einzigkeit und Transzendenz JHWHs steht ab jetzt im Mittelpunkt.

Die Verehrung der Göttin in der privaten Frömmigkeit dürfte noch lange eine wichtige Komponente judäischer Religiosität gewesen sein, wenngleich nicht positiv zu erweisen ist, daß sie in der privaten Frömmigkeit mit JHWH gleich oder gar als Paredros gesehen wurde. Das Engagement Judas frommer Eliten führte aber gegen Ende des 4. Jh. v. Chr. dazu, die Göttin immer mehr aus dem religiösen Denken der Judäer zu verbannen, so daß sie nur mehr in veränderter Form in der Weisheitsspekulation Platz gefunden hatte.

Der Gott der Weisheit ist auch der Gott der Apokalyptik, die die Gottesvorstellung um die universale Dimension bereichert: JHWH ist nicht nur der Herr der menschlichen Geschichte, sondern der des ganzen Universums.

Der historische Jesus betonte die Intimität des Verhältnisses zwischen Gott und Mensch. Jesus steht ganz in den Traditionen seines Volkes, für das der Monotheismus Selbstverständlichkeit geworden war. Der historische Jesus versteht sich als der zu seinem Volk gesandte Messias. Der jüdische Monotheismus drückt sich auch in der Symbolik des zweiten Tempels aus, der in seiner Anikonizität, aber in Weiterführung von solaren, lunaren und astralen Gottesvorstellungen, die Kontinuität zu früheren Jahrhunderten nicht verloren hatte. In den chassidisch-pharisäischen Bewegungen war allerdings bereits das theologische Moment vorhanden, das die traditionelle Bindung an den Jerusalemer Tempel überwunden hatte. So konnte das Judentum nach der Katastrophe des Jahres 70 n. Chr. weiterhin lebensfähig bleiben. Das pharisäisch-rabbinische Judentum macht in der Kanonisierung des Hohen Liedes den wichtigsten Schritt, um das Verhältnis JHWH – Israel als ein Liebesverhältnis zu deuten, und setzt so JHWH als den liebenden Gott in den Mittelpunkt: Liebe als das ureigenste Wesen Gottes.

Durch das Erfahren des Auferstandenen haben die ersten Christen in apostolischer Zeit erkannt, daß der historische Jesus nicht bloß Mensch war, sondern der seit Ewigkeit beim Vater seiende Sohn, der in der Zeit, in der Geschichte Mensch wurde. Fast staunend und zögernd machte die erste christliche Generation die Erfahrung, daß Jesus dem Vater in seiner Gottheit gleich ist. Sie erkannte auch, daß der Geist keine apersonale göttliche Kraft sei, sondern der personale Paraklet. In den ersten Jahrhunderten hatten die Denker und Gelehrten des Christentums Mühe genug, um den im Neuen Testament so spontan hervorgebrochenen Glauben zu durchdenken und mit präzisen Begriffen zu formulieren. Sie waren die notwendigen Hebammen für das auf den ersten Konzilien geborene Dogma der Trinität: Es ist EIN Gott in drei distinkten Seinsweisen; und sie waren Geburtshelfer des Dogmas, daß in Jesus von Nazareth die menschliche und die göttliche Natur hypostatisch vereint ist.

Mit Mohammed ist Gott einen anderen Weg gegangen als mit den Christen. Wohl nicht zuletzt durch das Unwissen und Unvermögen seiner christlichen Gesprächspartner kannte Mohammed nur einen tritheistischen christlichen Gottesbegriff: Allah – Jesus – Maria, den er mit Recht nicht akzeptieren konnte. Die tiefen mystischen Erfahrungen waren nicht zuletzt ausschlaggebend, daß Mohammed den strengen Monotheismus der hebräischen Bibel, aber auch seiner arabischen Heimat verkündete. In diesen Spuren des Propheten sind die großen Mystiker und Theologen des Islam weitergewandert, und ihre Erfahrungen der Gottesnähe sind nicht geringer als die der Juden oder Christen.

Die Vergegenwärtigung des Werdens der Gottesvorstellung in den drei Religionen, besonders in der judäisch-jüdischen Religion und im Islam, zeigt mit aller Deutlichkeit, daß das monotheistische Glaubensbekenntnis eine Evolution voraussetzt, aber die evolutive Entfaltung alleine führt noch nicht zu einem solchen Bekenntnis. Zur Evolution muß die Revolution treten; diese Revolution ist im Denken der judäischen Eliten des 7. und 6. Jh. v. Chr. zu sehen. Auch auf der arabischen Halbinsel ist deutlich die Evolution zu einer monotheistischen Gottesvorstellung zu beobachten, aber es bedurfte des Revolutionärs, des Propheten Mohammed, um sie zur allgemein gültigen Norm zu erheben.

Der italienische Religionswissenschaftler Pettazzoni[1022] hat bereits vor Jahrzehnten von einem völlig anderen Ansatz her diese Erkenntnis formuliert: »Der Monotheismus ist also etwas Späteres als der Polytheismus. Er geht aber aus ihm nicht durch Entwicklung hervor, wie es die evolutionistische Theorie wollte. Der Monotheismus ist kein Gebilde der Evolution, sondern der Revolution. Die Heraufkunft einer monotheistischen Religion ist immer mit einer religiösen Revolution verbunden.«

2. DER GOTT DER BIBEL UND DES KORAN IST DER GOTT ALLER MENSCHEN

Es ist eine gewaltige Behauptung, die hier aufgestellt wird. Das Selbstverständnis aller drei Religionen ist aus dem bisher Gesagten klar: Sie verstehen sich alle drei als absolut monotheistische Religionen. Auch die trinitarische Gottesvorstellung des Christentums muß nach christlichem Selbstverständnis als absoluter Monotheismus betrachtet werden.
Aber es bleibt noch die Frage, wie diese drei Religionen in ihrem Selbstverständnis zu den Gottesideen anderer Religionen stehen[1023].
Die hebräische Bibel ist klar genug: vom 10. Jh. v. Chr. bis hin zur Apokalyptik wird deutlich, daß in je zeitbedingter und unterschiedlicher Weise daran festgehalten wird, daß JHWH nicht nur Israels Gott, sondern der aller Völker ist. Die jüdische Religion, deren Fundament die Bibel ist, hat auch dieses Erbe voll bejaht. Der außen stehende Beobachter oder auch oberflächliche Betrachter mag sofort einwenden, daß das Judentum zu sehr auf sich selber fixiert sei, wenn es sich als das »auserwählte Volk« verstehe. Aber »Auserwählung« heißt für das Judentum die Verpflichtung, für die anderen Völker an seiner Existenz exemplarisch aufzuzeigen, was es heißt, von Gott in den Dienst genommen worden zu sein und zu werden.
Als man im Mittelalter einen Rabbi fragte, welchen Sinn z. B. die Speisegesetze hätten, gab er die bezeichnende Antwort: wir wissen, daß es menschlich gesehen unsinnig ist, kein Schweinefleisch zu essen. Dennoch enthalten wir uns des Schweinefleisches. So zeigen wir, daß wir, durch das Einhalten eines menschlich gesehen unsinnigen Gebotes, Gott mehr lieben als die anderen Völker; denn Gott hat einmal dieses Gebot den Vätern gegeben. In der Paradoxie der Liebe zu Gott liegt ein wesentliches Geheimnis der jüdischen Religion.
Keinem Juden der Welt würde einfallen zu sagen, daß der EINE nicht der Gott aller Menschen wäre.
Dieses gläubige Bekenntnis ist aber ebenso dem Christen eigen. Das Christentum hat jedoch in seiner Geschichte nur allzu schnell dazu geneigt,

sich als den alleinigen und exklusiven Weg zu Gott zu betrachten, und hat gegenüber anderen Religionen abwertende Tendenzen an den Tag gelegt, um es milde auszudrücken. Natürlich ließen sich solche Tendenzen auch anderen Religionen vorwerfen; aber beim Christentum wiegt es schwer, besonders schwer, weil sein ethischer Mittelpunkt der Gottes-, Nächsten- und Feindesliebe als Vermächtnis des Meisters in der Theorie immer vorhanden war. Keine wie immer geartete Zeitbedingtheit oder historische Verfaßtheit kann die Ausrede stützen, die radikale Forderung Jesu an seine Jünger nicht gekannt zu haben. Wie schnell haben da manche die Antwort bei der Hand, daß die Radikalisierung des Liebesgebotes ja nur als eine Zielvorstellung verstanden werden könne. Es ist aber ein armseliges Argument. Es hat doch auch genug Beispiele in der Geschichte des Christentums gegeben, die alle bequemen Einwände problematisch machen.

Als Franz von Assisi um 1219 n. Chr. nach Damiette in Ägypten kam, wo das christliche Kreuzfahrerheer die Stadt belagerte, scheute er sich nicht, zusammen mit seinen Brüdern Sultan Malek el-Kamel zu besuchen. Als die Wachen des Sultans Franziskus und seine Gefährten im Niemandsland verhafteten und sie schließlich vor den Sultan gebracht wurden, da zeigte sich plötzlich, daß ein hochmittelalterlicher Christ und der Herrscher der islamischen Welt wie Freunde miteinander umgehen konnten. Eine Woche weilte der Heilige von Assisi beim Sultan, und sie sprachen auch öfter über ihren Glauben miteinander. Es gab kein Wort des Hasses, es gab keine Beleidigung des anderen. Der Sultan sah, daß es wenigstens einen Christen gab, der die Muslime genauso liebte wie seine Brüder. »Zum ersten Male hatte nun im kleinen Stil eine Begegnung zwischen Islam und Christentum stattgefunden... Franz hatte die geniale Idee, in einer Zeit, wo die zwei Blöcke aufeinanderprallten, allen Blöcken zum Trotz den Menschen des anderen Blockes anzusprechen. Er schickte auch nachher seine Brüder nicht gegen, sondern ›unter‹ die Sarazenen. Er forderte also nicht um des begehrten Martyriums willen den Haß seiner Partner heraus. In der nicht bullierten Regel gab er den Brüdern auch die klare Weisung, zunächst einfach in freundlicher Weise unter den Sarazenen gegenwärtig zu sein und erst, wenn sie erkennen, daß es Gott gefalle, Christus zu predigen (Kap. 16).«[1024]

Wie schnell ist man auch hier bereit zu sagen, dies sei eben der begnadete Heilige von Assisi gewesen. Nein; jeder, der in Wahrheit den Namen Jesu Christi trägt, hätte nie anders handeln dürfen als Franziskus! Jeder Christ wußte und weiß um Jesu radikale Forderung. Deshalb wäre der Mut zur Ehrlichkeit angebracht und das Versagen und Scheitern an Jesu

Forderung zuzugeben und dieses Scheitern nicht zu beschönigen oder gar wegzudiskutieren.

Wenn daher für die Christen Gott der Gott aller Menschen ist, dann kann am Beispiel des heiligen Franz von Assisi aufgezeigt werden, in welcher Konsequenz dies verstanden werden muß. Wenn es uns Christen so zu handeln gelingt, dann haben wir von dem Gott, den wir verehren, etwas verstanden.

Für den Islam ist es seit den Anfängen selbstverständlich, daß Allah auch der Gott der Juden und Christen ist. Mohammed selber hat bereits drei verschiedene Modelle entworfen, um erklären zu können, warum dieser Eine Gott in drei verschiedenen Religionen verehrt wird. Das vermutlich älteste Modell zur Erklärung des religiösen Pluralismus setzt die völkische Vielfalt voraus. Mohammed verstand sich als Prophet zu den Arabern gesendet, um ihnen die Teilnahme an der Offenbarung, die anderen Völkern bereits zuteil geworden war, zu ermöglichen[1025]. Dahinter steht Mohammeds Auffassung, daß Judentum, Christentum und Islam letztlich identisch seien, auch wenn die Offenbarung an Juden und Christen zu je unterschiedlichen Zeiten der Heilsgeschichte erfolgte. Die erste Offenbarung hat ja bereits Adam, der Urvater der Menschheit, erhalten. Die Menschheit am Anfang war im Glauben eins.

Dieses erste Modell berücksichtigt zwar Juden und Christen, nicht aber die Menschen anderer Religionen.

Ein zweites Modell Mohammeds besagt, daß sich die Trägervölker der Offenbarung in verschiedene religiöse Gruppen gespalten haben[1026]. Gott duldet aber diese Teilung. Erst am Jüngsten Tag wird die Wahrheit offenbar werden. Im dritten Modell wird das zweite modifiziert: Die Spaltung ist letztlich nicht von den Menschen verschuldet, sondern von Gott gewollt[1027].

Sollte über solche Modelle nicht auch die christliche Theologie intensiv nachdenken?

ANMERKUNGEN

4 Vgl. Keel/Uehlinger 1992: 54.459. Keel 1993: 441. Für eine allgemeine Gesamt-darstellung der kanaanäischen Religion sei auf Gese 1970 verwiesen.

5 Der Terminus geht auf Schroer 1987 b zurück.

6 Vgl. Keel/Uehlinger 1992: 32. Keel 1993: 443 f.

7 Vgl. Hornung/Staehelin 1976: 126.

8 Vgl. Keel 1986: 71–75.

9 Capriden sind in der Glyptik Palästinas ein uraltes Motiv, das bereits seit dem Chalkolithikum vorkommt. Vgl. Keel-Leu 1989: 17 f. Nr. 20.

10 Vgl. Keel/Uehlinger 1992: 22 f.

11 Vgl. Keel 1992: 154 f.

12 Vgl. Jaroš 1982 a: 119–150. Schroer 1987 a: 19–66. Keel/Uehlinger 1992: 29–34. Keel 1992: 61–138.

13 Vgl. Keel/Uehlinger 1992: 34–38. Jaroš 1992: 72 f.

14 Vgl. Keel/Uehlinger 1992: 38 f.

15 Im Neuen Reich wird die Göttin Thoeris genannt. Vgl. Bonnet 1971: 530–535.

16 Vgl. Keel/Uehlinger 1992: 28.

17 Vgl. Keel 1989 a: 39–87.

18 Vgl. ebd. 57 f.

19 Vgl. ebd. 57 f.

20 Vgl. Keel 1989 b. Zu Horus vgl. Bonnet 1971: 307–314. Schenkel LÄ III: 14–25.

21 Vgl. Keel 1993: 443.

22 Vgl. Weill 1904. Petrie 1906. Albright 1969. PM VII: 360 f. Gerster 1961. Rainey 1975: 106–116. Beit Arieh/Giveon/Sass 1978: 170–187.

23 Sass 1991: 1–27.

24 Vgl. Albright 1969: 15, der jedoch trotzdem an einer späteren Datierung fest-hält (ebd. 6), zwischen 1525 und ca. 1475 v. Chr., und zwar vor allem wegen der »pro-tosinaitischen Inschrift« auf dem Lachisch-Prisma (Tufnell 1958: Pls. 37 und 38 Nr. 295). Die letzte Prüfung hat jedoch ergeben, daß es sich um keine protosinaitische Inschrift handelt, sondern um die hieroglyphische Inschrift »ptḥ nfr« (vgl. Hestrin/Sass/Ophel 1982: 103–106). Die Inschriften Nr. 345, 347, 347 a sind auf weiblichen Sphingen, Nr. 346 a–b auf einem Würfelhocker. Auch dies legt die frühere Datierung nahe (vgl. PM VII. Sass 1991: 4).

25 Vgl. die Karten PM VII: 344. Beit Arieh/Giveon/Sass 1978: 171 fig. 1.

26 Vgl. Gardiner 1916: 1–16. Albright 1969. Jaroš 1982 b: 17 f. Gelb 1963: 122–126 spricht von einer Silbenschrift. Naveh 1982: 23–42. Sass 1988. Sass 1991.

27 Vgl. Gardiner 1916: 1–16. Sass 1991: 1–2. 24–27.

28 Zur ägyptischen Hathor vgl. Bonnet 1971: 277–282. LÄ II: 1024–1033.

29 Vgl. Albright 1969: 14.

30 Zum »Qudschu-Typ« vgl. Winter 1983: 110–114.

[31] »The divinities usually invoked were El and his consort Asherah (apparently identified with a Nubian serpent-goddess), as well as the lady Hathor« (Albright 1969: 14).

[32] Zu Aṭirat in Ugarit vgl. Gese 1970: 149–155. Gray 1965: 176–178. Zu Aschera in der hebräischen Bibel vgl. Jaroš 1982a: 127 Anm. 127–137. Winter 1983. Schroer 1987a: 19–46. Keel/Uehlinger 1992: 199 ff. Bechmann, NBL I: 184–186.

[33] Zur Sphäre der Göttin gehören Löwen, Capriden, Boviden, Schlangen; vgl. dazu Keel/Uehlinger 1992: 22.

[34] Inschriften Nr. 350, 358, 363, Gerster 1; Beit Arieh/Giveon/Sass 1978: 17 fig. 5. Zu El vgl. Pope 1955. Gese 1970: 94–106.

[35] Inschrift Gerster 1.

[36] Inschrift Nr. 350.

[37] Inschrift Nr. 346.

[38] Vgl. Albright 1969: 14. Zu Anubis vgl. Bonnet 1971: 40–45. Altenmüller LÄ I: 327–333.

[39] Altenmüller LÄ I: 328. Inschrift Nr. 353.

[40] Inschrift Nr. 353. Die Verbindung dieser Gottheit mit Ptah auf Grund des Lachisch-Prismas kann nicht mehr aufrechterhalten werden.

[41] So schon Albright 1969: 4. Zum ägyptischen Gott Schesmu vgl. Bonnet 1971: 679–681. LÄ V: 590–591.

[42] Vgl. Keel/Uehlinger 1992: 55–122. 459 f.

[43] Zu Seth vgl. Bonnet 1971: 702–715. LÄ V: 908–911.

[44] Zu Re vgl. Bonnet 1971: 626–630. LÄ V: 156–180.

[45] Zu Amun vgl. Bonnet 1971: 31–37. Osing, LÄ I: 237–248.

[46] Vgl. Keel/Uehlinger 1992: 109.

[47] Vgl. Hestrin 1973: Nr. 4. Jaroš 1982b: 32 Nr. 4.

[48] Smith 1990: 6. Keel/Uehlinger 1992: 80.

[49] Sechs bis sieben Amarnabriefe stammen vom Jerusalemer Stadtfürsten Abdi-Cheba an Pharao Amenophis III. oder Amenophis IV. (EA 285–290). Abdi-Cheba ist ein mitanni-churritischer Name »Diener der Cheba« (vgl. Knudtzon 1964: 1333 f.). Cheba ist die Hauptgöttin des churritischen Pantheons, eine Sonnengottheit, die im kanaanäischen Raum in Aṭirat-Aschera ihre Entsprechung hat; vgl. Keel 1993: 454–456.

[50] Vgl. Keel/Uehlinger 1992: 66 Anm. 26. Nicht uninteressant wäre eine religionsgeschichtliche Auswertung der Felsritzzeichnungen Südpalästinas, die dem nomadischen Kulturkreis angehören. Der sogenannte Stil IV datiert ins 2. Jt. v. Ch.; vgl. dazu Anati 1963: 180–214.

[51] Weippert 1988: 344–417.

[52] Vgl. Keel/Uehlinger 1992: 123.

[53] Weippert 1988: 363–392.

[54] Knauf 1985. Knauf NBL I: 468–471.

[55] Vgl. Weippert 1988: 292–410. Jaroš 1992: 75–84.98–100.

[56] Vgl. Weippert 1988: passim.

[57] Vgl. Noth 1969: 131–151. Herrmann 1973: 147–166. Jaroš 1992: 101–104.

[58] Vgl. Schmid 1968: 108-113. de Vaux 1971: 424-440. Kaufmann 1972: 223-244.

[59] Vgl. Jaroš 1976c: 147 und Anm. 3. Albertz 1992: 82-85. Jaroš 1992: 95-100.

[60] Vgl. Jaroš 1976c: 139ff.

[61] Vgl. die verschiedenen Theorien zur Landnahme: Alt 1968: 176-192. Noth 1930. Wright 1958. Mendenhall 1962: 66-87. Weippert 1967. de Vaux 1971: 443-454. Heller 1972: 211-222. Kaufmann 1961: 303-334. Gottwald 1979. Halpern 1983: 47-108.

[62] Die hebräische Bibel hat durchaus Erinnerungen bewahrt, daß die Väter Israels einst fremde Götter verehrt haben (Gen 35,1-7 Jos 24,2.14f.), ohne jedoch diese Götter genauer zu definieren; vgl. Keel 1973; 305-336.

[63] Perlitt 1969: 239-284. Vgl. dazu Jaroš 1976c: 136-139.

[64] Vgl. Jaroš 1976c: 148-151.

[65] Die Formel »El, der Gott Israels« hat ihren Sitz im Leben in Sichem bzw. in der Sichemüberlieferung des Jakobzyklus. In dem Elohistischen Text (8. Jh. v. Chr.) Gen 33,18a.19.20 hat Jakob in Sichem Grundrecht erworben und errichtet eine Massebe (Kultstein), die »El, den Gott Israels« vergegenwärtigen soll. Zu erwarten wäre die Formel: »El, der Gott Jakobs«. Daß der Gott Israels in Sichem verehrt wurde, macht deutlich, daß Sichem primär Siedlungsgebiet des Clans Israel gewesen ist (vgl. Jaroš 1992: 83f.). Die Umbenennung Jakobs in Israel (Gen 35,10 32,29 vgl. dazu Seebass 1966: 34) ist ein Hinweis auf die Identifizierung der beiden Erzväter. Zeitlich gehört der Vorgang noch in die Späte Bronzezeit; vgl. de Vaux 1971: 251-269. Jaroš 1976c: 70-74.

[66] Vgl. Jaroš 1976c: 149-151.

[67] Dieses nomadische Konföderationssystem läßt sich weit in das 2. Jt. v. Chr. hinein verfolgen. Schon die Maritexte aus dem 18. Jh. v. Chr. sprechen von Nomaden der syrischen Wüste und Obermesopotamiens, die eine soziale Einheit bilden, sich gegenseitig als Brüder bezeichnen und in einer Konföderation zusammengeschlossen sind (vgl. Kupper 1957: 20.32f. 49-52.59-71. Malamat 1971: 133-135.137. Malamat 1975: 42-51). Über das 1. Jt. v. Chr. geben die keilinschriftlichen Annalen der Assyrer Aufschluß. Der assyrische König zieht z. B. gegen den arabischen König Uaite zu Felde, weil er den Eid verletzt hatte und mit anderen Stämmen eine Konföderation eingegangen war (vgl. Luckenbill I 1975: 33-54 § 817-834.-337. de Vaux 1971: 71). Ähnliches berichten Tiglat Pileser III. und Sargon II. von aramäischen Stämmen (vgl. Luckenbill 1975: I, 283 § 788 und II, 25f. § 54. Schiffer 1911: 1-6). Überaus aufschlußreich sind jedoch die arabischen Quellen. Im alten Arabien gab es zwischen Stämmen ein Verhältnis mit Pflichten und Rechten, genannt aḥd. Falls nun zwei Parteien ein solches Verhältnis eingehen, bilden sie eine Lebensgemeinschaft von familiärer Art. Das Eingehen in ein solches Verhältnis heißt »ḥilf«, was Eid und Bund zugleich bedeutet. Mehrere Stämme konnten so zur Wahrung ihrer Interessen ein Bündnis schließen. Auch einzelne konnten einer solchen Eidgenossenschaft beitreten. Auch wenn die Gruppen nicht miteinander verwandt waren, wurden sie mit der Zeit in ein genealogisches Verhältnis zueinander gebracht. Die aḥalaf konnten beiläufiger Natur sein, aber auch ganz feierlich abgeschlossen werden. Die Form war vielfältig.

Sie konnte darin bestehen, daß man die Kleider über den Partner warf, einander küßte, die Hand gab oder auch eine gemeinsame Mahlzeit zelebrierte (vgl. Pedersen 1914: 21–24. Goldziher 1889: 63–69. Jakob 1897: 222 f. Smith 1903: 53–61. Jaroš 1976 c: 141 f. Jaroš 1992: 81). Smith 1903: 53–61 hat bereits nachweisen können, daß der Abschluß einer solchen Konföderation ein zutiefst religiöser Akt war, der z. B. an einem Heiligtum vor der Gottheit stattfand. Mekka, die Kaaba, war im alten Arabien dafür ein besonders bevorzugter Platz. Vielfach fand der Ritus vor heiligen Steinen statt, die die Gottheit vergegenwärtigend als Wächter und Hüter der Konföderation fungierten (vgl. Jaroš 1976 c: 142 f.). Der älteste Ritus dürfte der Blutritus gewesen sein: die Vertreter beider Parteien legten ihre Hände in eine Schale Blut (vgl. Pedersen 1914: 26. Smith 1903: 57 spricht mit Recht von einer »sacramental ceremony«). Auch Herodot (Hist III 8) hat den Ritus des Bündnisschließens vor heiligen Steinen bei den Arabern überliefert. Dieses System läßt sich noch dazu bei Nomaden und Seminomaden bis in unsere Zeit nachweisen (vgl. von Oppenheim 1939: 62–165. Stein 1967. de Vaux 1973: 55 f. Spencer 1973).

68 Vgl. Ri 9,4; vgl. dazu Jaroš 1976 c: 76–83. Für die konkrete Anwendung des nomadischen Konföderationssystems auf die Clans/Stämme Israels vgl. Jaroš 1992: 75–93.

69 Vgl. Jaroš 1976 c: 119–121.

70 Vgl. Jaroš 1982 a: 111–117.

71 Zur archäologischen Erforschung Sichems vgl. Wright 1965. Horn 1959–1966: 284–306. Jaroš 1976 c: 11–66. Weippert BRL: 293–296.

72 Vgl. Jaroš 1976 c: 43. Jaroš/Deckert 1977: 31 f.

73 Vgl. Jaroš 1976 c: 43.

74 Vgl. Keel/Uehlinger 1992: 129–134.

75 Vgl. Keel/Uehlinger 1992: 129. Keel 1990 b: 411 f.

76 Vgl. Keel/Uehlinger 1992: 134.

77 Ebd. 130 f.

78 Vgl. Albertz 1992: 77 f.

79 Vgl. Musil 1926: 214–216. Koenig 1966: 1–36. Koenig 1963: 2–32. Koenig 1964 a: 200–235. Koenig 1964 b: 121–141. Koenig 1971. Pirenne 1975: 34–69. Zuber 1976.

80 Reste davon sind in der Jahwistischen Sinaitheophanie Ex 19 erhalten geblieben; vgl. Jaroš 1982 a: 51–65.

81 D. h. die Vernichtung von Menschen, Tieren etc.; vgl. Lohfink NBL I: 273 f.

82 Schmidt 1975: 95 f. Eine gewisse Ausnahme ist das Debora-Lied Ri 5, das zum Urgestein der Bibel gerechnet wird (zur Analyse vgl. Richter 1963: 65–111): so schon Zapletal 1905. Im Debora-Lied geht es bereits um die Weltüberlegenheit JHWHs; vgl. Müller 1980: 134.

83 Vgl. Noth 1928: 95 f.

84 Ebd. 107.

85 Ebd. 82–101 bes. 90.

86 Ebd. 90 und 90 Anm. 3.

87 Ebd. 90.

[88] Vgl. Keel/Uehlinger 1992: 148.

[89] Halpern 1983: 246 f. formuliert zu Recht, wenn auch etwas überspitzt: »Israel's religion was a Canaanite religion … No more was Israel free of pantheons in her earliest years.«

[90] Keel/Uehlinger 1992: 141.146.

[91] Ebd. 144.

[92] Zum Nomadentum und zur Seßhaftigkeit vgl. Staubli 1991.

[93] Keel/Uehlinger 1992: passim.

[94] Ebd. 148.

[95] Vgl. jedoch den Gideonzyklus Ri 6–8 (vgl. Richter 1963: 112–245).

[96] Nach der Analyse Hossfelds 1982: bes. 283 f. geht die Formulierung des Dekaloges auf einen deuteronomistischen Redaktor zurück, also in die Zeit nach 538 v. Chr.

[97] Vgl. Hossfeld 1982: 262 ff.

[98] Vgl. ebd. 279 f., wo das 8. Jh. v. Chr. als terminus a quo gelten kann. Vgl. auch Keel 1977 a: 37–45. Dohmen NBL I: 294 f. Uehlinger NBL I: 890 f.

[99] Dies ist praktisch opinio communis der Forschung.

[100] Eine bildliche Darstellung JHWHs läßt sich für die Eisenzeit I nicht nachweisen. Die Deutung einer Sitzfigur von Hazor (vgl. Yadin 1975: 155–157; Keel/Uehlinger 1992: 133 Abb. 141) als Jahwedarstellung (so Ahlström 1975: 106–109) ist willkürlich. Die Figur könnte El oder Baal dargestellt haben. Negbi 1989: 358–362 denkt an einen thronenden Fürsten. Vgl. auch eine Darstellung aus Bet Schean (Rowe 1940: Pl. 35,9; 65A,2.).

[101] Vgl. Uehlinger 1990: 3–26.

[102] Vgl. Keel 1990 b: 405 f.

[103] Vgl. die grundsätzlichen Ausführungen von Keel 1985: 7–47. Keel 1990 b.

[104] Vgl. Keel/Uehlinger 1992: 124–128. Zur Kryptographie vgl. Hornung/Staehelin 1976: 173–180.

[105] Vgl. Keel 1990 b: 405.

[106] Vgl. Bonnet 1971: 34 f.

[107] Vgl. Hornung 1973: 259.

[108] Vgl. Gubel 1986: 259.

[109] Bonnet 1971: 36.

[110] Keel 1990 b: 406.

[111] Assmann 1983: 271 zitiert aus pChester Beatty IV rto. 7,11–8,7 ein Lied, in dem es um die Grundangewiesenheit des Menschen auf Gott geht. Es heißt u. a. »Dein Name ist ein Amulett für den Einsamen«. Die grundsätzliche Aufgabe eines Amulettes besteht darin, den Besitzer zu schützen, alles Böse von ihm fernzuhalten und ihm Kräfte und Segnungen zuteil werden zu lassen. Und dies ist wohl der Sinn, wenn Amuns Name geschrieben ist, noch dazu, wenn der Name des Gottes auf einem Siegelamulett steht. Zu beachten ist in diesem ägyptischen Text auch die Formulierung »Name«!

[112] Wie kaum zuvor in der Geschichte erfährt in ramessidischer Zeit die Transzendenz Amuns ihre Ausformung. Im »200«. Lied der Leidener Amunshymnen heißt es u. a.: »Einzig ist Amun, der sich vor ihnen verborgen hält, der sich vor den Göttern

verhüllt, so daß man seinen Namen nicht kennt; Er ist ferner als der Himmel, er ist tiefer als die Unterwelt. Kein Gott kennt seine wahre Gestalt, sein Bild wird nicht entfaltet in den Schriften, man lehrt nicht über ihn etwas Sicheres. Er ist zu geheimnisvoll, um seine Hoheit zu enthüllen, er ist zu groß, um ihn zu erforschen, zu mächtig, um ihn zu erkennen.« Zandee 1947: 75–86. Assmann 1983: 201. Zu dem Einwand, die »einfachen Menschen damals« hätten Hieroglyphen, und noch dazu Kryptogramme, nicht verstanden, vgl. Keel 1990b: 409f.

[113] Vgl. Keel 1990b: 408f.

[114] Ebd. 408.

[115] Vgl. z. B.ThWAT III: 533–554. Vor einigen Jahren hat Knauf 1984: 469 vorgeschlagen, JHWH vom arabischen Verbum »hawa« (wehen) abzuleiten. Diese Deutung ist jedoch schon sehr alt und geht auf Wellhausen zurück (vgl. Gesenius [17] 1962: 290). Sie ist eine Möglichkeit, aber nicht mehr!

[116] Vgl. Barthélemy 1966: 122f.

[117] Vgl. Otto 1980b: 316–329. Eine äußerst interessante thematische und ikonographische Parallele Amun-Re zu El bietet eine beiderseitig gravierte Platte aus dem Kairener Museum (Reisner 1958: Pl. 11 und 26,12843), die aus ramessidischer Zeit stammt (Abb. 14).

[118] Vgl. von Rad 1968: 136–144.

[119] Vgl. Görg NBL I: 524f.

[120] Der Masoretische Text der hebräischen Bibel liest hier »Söhne Israels«, was damit zu tun hat, daß die rabbinische Tradition bewußt verhindern wollte, JHWH in die Gottessöhne einzureihen; vgl. z. B. den Kommentar von Raschi (Bamberger 1962: 523). Die Septuaginta, Vetus Latina (Itala) und Symmachus lesen noch »Gottessöhne«. Zum Nachweis der Ursprünglichkeit der »Söhne Gottes« vgl. Barthélemy 1962: 295–303.

[121] Vgl. ThWAT VI: 131–151.

[122] Vgl. Bonnet 1971: 35. Assmann 1983 passim. Zum Begriff der Henolatrie vgl. Hartmann 1980: 78f.

[123] Vgl. de Vaux I 1964: 96–98. Boecker 1976: 103f. Schenker 1991a: 52.

[124] Vgl. Schenker 1991a: 52.

[125] Vgl. ebd. 4–11 Literatur!

[126] Ebd. 51.

[127] Vgl. Noth 1969: 152–205. Herrmann 1973: 169–233. Jaroš 1992: 104–112.

[128] Vgl. dazu Grundsätzliches bei Keel 1972: 221f.

[129] Vgl. Jaroš 1992: 106.

[130] Vgl. Fohrer 1969: 160f. Jaroš 1982a: 24f.

[131] Vgl. Keel/Uehlinger 1992: 128.

[132] Weippert 1988: 477–480.

[133] Vgl. Keel/Uehlinger 1992: 149f.

[134] Vgl. Weippert 1988: 426–440.

[135] Keel/Uehlinger 1992: 150.

[136] Zur kanaanäischen Göttin Anat vgl. Cassuto 1971. Gese 1970: 156–160. Röllig NBL I: 101.

137 Vgl. Keel 1990a: 190-194.301 f. Keel/Uehlinger 1992: 164.

138 Vgl. zum Ganzen Keel/Uehlinger 1992: 158-165.

139 Vgl. Würthwein 1977: 91-103. Mathys 1994: 65-68.

140 Vgl. Noth 1967: 70.

141 Vgl. de Vaux 1966: 85-87.153 ff. Mettinger 1982: 19-24.

142 Vgl. Keel/Uehlinger 1992: 189-196.

143 Vgl. Weippert 1988: 461-465.

144 Vgl. Busink 1970: 566-617. Kuschke BRL: 338-341.

145 Vgl. Keel 1972: 142 f.

146 Keel/Uehlinger 1992: 190. Vgl. Albertz 1992: 193-212.

147 Vgl. Gray 1970: 185-187. Ob die beiden Säulen statische Bedeutung hatten, ist nicht geklärt; vgl. Weippert 1988: 465 f.

148 Vgl. Keel/Uehlinger 1992: 194.

149 Vgl. die Belege bei Keel 1972: 144 f. Schroer 1987a: 57-60. Zum Melqart-Tempel von Tyrus vgl. Herodot II 44; für den Astarte-Tempel von Heliopolis vgl. Lukian, De Dea Syria 28.

150 Vgl. Jaroš 1982a: 86-118.

151 So z. B. Schroer 1987a: 59. Zwickel 1990b: 60-62. Kritisch dazu Görg 1991: 92-96.

152 Vgl. Keel 1986: 79-84.107-109.

153 Ebd. 81 f.

154 Ebd. 134-136. Keel/Uehlinger 1992: 194. Schroer 1987a: 60-66.

155 Vgl. Jaroš 1980c: 205 und Anm. 6. Schroer 1987a: 21-45. Jaroš 1982a: 124-138.

156 Keel 1977a: 34.

157 Zur Wächterfunktion ebd. 18. Jaroš 1980c: 211 f.

158 Vgl. Keel 1977a: 15-22. Weippert 1988: 467.

159 Vgl. Keel 1977a: 29.

160 Ebd. 33.

161 Keel/Uehlinger 1992: 191.

162 Vgl. Keel 1977a: 35. Keel 1993: 478 und 484.

163 Vgl. Weippert BRL: 231 f. Weippert 1988: 468. Janowski 1991: 256. 258 f.

164 Vgl. Janowski 1991: 258 f. Keel/Uehlinger 1992: 190.

165 Im Sakrament wird das Heil vergegenwärtigt.

166 Greßmann 1920: 69.

167 Vgl. Keel 1977a: 37-45.

168 »Wenn diese Zurückhaltung auch nicht als große religiös-theologische Leistung... gefeiert werden kann, so hat sie doch die Möglichkeit geschaffen, sich die Herrlichkeit Jahwes immer wieder neu vorzustellen und die Abwesenheit eines Bildes als theologisch wichtiges Signal begreifen zu lernen«. (Keel 1977a: 45).

169 1993: 488 f.

170 Vgl. Görg 1974: 55-63.

171 »Angesichts einer fehlenden JHWH-Ikonographie und der weit verbreiteten Verehrung eines anikonischen Hochgottes bot sich der leere Stuhl oder Thron als Re-

präsentation des Königsgottes an, zumal der leere Stuhl oder Thron in dieser Funktion auch sonst bekannt war.« (Keel 1993: 490).

[172] Vgl. Weippert 1988: 469 f.

[173] Keel/Uehlinger 1992: 192.

[174] Vgl. ebd. 192.

[175] Vgl. Gen 1.

[176] So z. B. Zwickel 1987: 459–461.

[177] Keel/Uehlinger 1992: 192.

[178] Vgl. Keel 1972: 124.

[179] Vgl. Jaroš 1976 c: 86–89. Jaroš 1992: 112.

[180] Vgl. de Vaux 1943: 78 f. Gray 1970: 312.

[181] Vgl. ANET 263 f. Keel 1972: 114. Jaroš 1992: 114.

[182] Die Tempel wurden von der kanaanäischen Bevölkerung daher schon lange vorher benützt. Am Beispiel Sichems ist zu sehen, daß es durchaus die Regel sein konnte, daß ein kanaanäisches Heiligtum von israelitischen Sippen mitbenutzt wurde (vgl. Jaroš 1976 c: 67–82). Die Heiligtumslegende von Betel (Gen 28) israelitisiert ja gleichsam das frühere kanaanäische Heiligtum (vgl. Jaroš 1982 a: 101–111).

[183] In der Intention Jerobeams muß mit dem Singular übersetzt werden; vgl. Jaroš 1982 a: 222 f.

[184] Vgl. Eißfeldt 1963: 297 ff.

[185] Vgl. die Belege bei Jaroš 1982 a: 222–224.

[186] Vgl. Eißfeldt 1963: 297 ff.

[187] Vgl. Schroer 1987 a: 101 f.

[188] Vgl. Albertz 1992: 223.

[189] Vgl. Jaroš 1982 a: 224. Schroer 1987 a: 100 f. Keel/Uehlinger 1992: 216–219.

[190] Von Achija von Schilo über Elija bis Jehu nimmt keiner an diesem Kult Anstoß; vgl. Jaroš 1982 a: 224.

[191] Die religiöse Problematik stellt sich kaum im Sinne eines klassischen Synkretismus. Erst in den kommenden Jahrzehnten, als Baal immer deutlicher als Baalschamem, als der Herr des Himmels verehrt wurde und somit von JHWH kaum mehr zu unterscheiden war, stellte sich das Problem der Verwechslung.

[192] Vgl. Jaroš 1982 a: 212–221.

[193] Vgl. Schroer 1987 a: 103 f.

[194] Vgl. Keel/Uehlinger 1992: 462.

[195] Vgl. oben Abb. 9.

[196] Vgl. Keel/Uehlinger 1992: 195.

[197] Vgl. ebd. 195.

[198] Vgl. ebd. 195.

[199] Vgl. Keel/Uehlinger 1992: 186.

[200] Vgl. Schroer 1987 a: 277–281. Keel/Uehlinger 1992: 187 f.

[201] Vgl. Keel/Uehlinger 1992: 153.

[202] Vgl. Keel/Uehlinger 1992: 153–158.

[203] Vgl. Keel 1978: 102–105.

[204] Keel/Uehlinger 1992: 158.

²⁰⁵ Vgl. Keel 1972: 66 f.
²⁰⁶ Vgl. ebd. 67.
²⁰⁷ Keel/Uehlinger 1992: 158.
²⁰⁸ Vgl. ebd. 155 Abb. 162 d.
²⁰⁹ Vgl. Keel/Uehlinger 1992: 168–171.
²¹⁰ Vgl. Smend 1978: 93.
²¹¹ Vgl. Keel/Küchler 1971: 72 f.
²¹² Vgl. Keel 1972: 66 f.
²¹³ Vgl. Jaroš 1980 c: 205.
²¹⁴ Vgl. ebd. 206 f.
²¹⁵ Hier interpretiert der Jahwist das alte mythische Denken gewaltig um. Die Früchte des Lebensbaumes, die nur den Göttern zustehen (Jeremias 1930: 92. Gaster 1969: 34), brächten für den Menschen nicht Unsterblichkeit, sondern nur den Tod!
²¹⁶ Vgl. die Zusammenstellung bei Jaroš 1980 c: 208–209 Abb. 1–11 und die Ergänzung bei Schroer 1987 a: 34.
²¹⁷ Vgl. Jaroš 1982 a: 120–150. Schroer 1987 a: 19–45. Keel 1992: 61–138.
²¹⁸ Das zuckende Flammenschwert möchte Gese (1973: 80 f.) auf Grund einiger Beispiele aus der vorderasiatischen Ikonographie als die für den Wettergott typische Waffe erklären. Es ist natürlich in der Religionsgeschichte immer problematisch, ein schillerndes Motiv auf eine bestimmte Deutung festzulegen. So scheint die von Jeremias 1930: 111 betonte Auslegung auch viel für sich zu haben, wonach das »zuckende Flammenschwert« einfach das lodernde Feuer meint, das den Zugang versperrt. Diese Vorstellung ist gut belegt, und nach Sach 2,9 ist JHWH selber die feurige Mauer für Jerusalem. Diese Deutung hat den Vorteil, daß sie dem feurigen Wesen JHWHs besser entspricht, aber den Nachteil, daß sie dem Text von Gen 3,24 in seiner Terminologie weniger gerecht wird.
Aus dem 5. Regierungsjahr des assyrischen Königs Tiglat-Pileser I. (ca. 1112–1074 v. Chr.) gibt es einen aufschlußreichen Text über die Zerstörung der Stadt Hanusa (vgl. Luckenbill 1975: 84), aus dem deutlich wird, daß der König einen Bronze-Blitz mit der Geschichte der Zerstörung der Stadt und einer Warnung vor dem Wiederaufbau beschreiben ließ. Die Wirkmächtigkeit des göttlich-königlichen Zeichens sollte den Befehl des Königs gewährleisten. Der Ausdruck »Bronzeblitz« (vgl. dazu auch Westermann 1974: 374) meint eine Art Schwert, das als Bewachung aufgestellt war – im Sonnenlicht glänzte, was sich für das menschliche Auge wie ein Hin- und Herzukken ausnehmen kann – und durch seinen wirkmächtigen sakramenthaften Charakter die Einhaltung des Gottesgebotes gewährleisten sollte; vgl. dazu Jaroš 1980 c: 212 f.
²¹⁹ Vgl. Wolff 1964: 73–98.
²²⁰ Vgl. Keel/Küchler 1971: 27.
²²¹ Vgl. Keel 1972: 187–189.
²²² Keel/Küchler 1971: 25.
²²³ Diese Annahme wäre nur dann gerechtfertigt, wenn diese Siegelgruppe aus Randzonen Israels wäre. Dann müßten sie auf Grund des dortigen religiösen Milieus interpretiert werden.

[224] Vgl. Noth 1928: 71–75. Albertz 1992: 98.

[225] Wie die bisherigen Darlegungen schon gezeigt haben, ist die Gleichsetzung El-JHWH im 10. Jh. v. Chr. bereits vollzogen.

[226] Vgl. Noth 1969: 206–244. Herrmann 1973: 234–313. Jaroš 1979. Jaroš 1992: 112–122.

[227] Vgl. Weippert 1988: 507–558.

[228] Jaroš 1979: 16 f.

[229] Keel/Uehlinger 1992: 201 f.

[230] Vgl. Jaroš 1992: 81–84.

[231] Gen 32,23-33 Ex 3,24-26 1 Sam 16,14. Vgl. Jirku 1913.

[232] Vgl. Shuval 1990: 105–111. Keel/Uehlinger 1992: 208.

[233] Keel/Uehlinger 1992: 210.

[234] Vgl. Avigad 1979: 126 Nr. 9.

[235] Ps 42,2; vgl. Keel/Uehlinger 1992: 219.

[236] Keel/Uehlinger 1992: 210 f.

[237] Vgl. ebd. 215.

[238] Vgl. Keel 1977 a: 106–110. Keel/Uehlinger 1992: 211 f.

[239] Vgl. ebd. 312.

[240] Vgl. Jaroš 1982 a: 163 Anm. 1.

[241] Vgl. Erman/Grapow WB I: 17.

[242] Vgl. Jaroš 1982 a: 152–165. Schroer 1987 a: 104–115.

[243] Vgl. Keel 1992: 195–266.

[244] Keel/Uehlinger 1992: 314.

[245] Vgl. Keel 1977 a: 47–56.

[246] Das hier verwendete »Adonaj« ist das hebräische Wort adon = Herr plus einem Nominalaffirmativ (wie auch im Ugaritischen), das das Grundwort entsprechend verstärkt und daher eine Übersetzung mit »Allherr« rechtfertigt; vgl. Eißfeldt ThWAT I 34 f. Keel 1977 a: 58.

[247] Keel 1977 a: 69.

[248] Keel/Uehlinger 1992: 312.

[249] Vgl. Keel 1977 a: 113.

[250] Ebd. 113.

[251] Ebd. 116–123.

[252] Vgl. Wildberger 1972: 248 f. Keel 1977 a: 117.

[253] Vgl. Keel 1977 a: 123.

[254] Vgl. Ussishkin 1977: 28–60.

[255] Vgl. Welten 1969.

[256] Vgl. Jaroš 1982 b: 14–15.

[257] Vgl. Keel/Uehlinger 1992: 314 f.

[258] Vgl. ebd. 316.

[259] Ca. 100 Jahre später begegnet der Name ebenfalls auf einem Siegelabdruck; vgl. Avigad 1986: 81 Nr. 118. Zum biblischen Vorkommen vgl. Keel/Uehlinger 1992: 316.

[260] Keel/Uehlinger 1992: 317.

[261] Vgl. die aus Juda stammenden Texte: Ps 46,6 84,12 91,4 101,8 Zef 3,5 Mal 3,20.

[262] Vgl. Jaroš 1982 b: Nr. 14–49.

[263] 1969/70: 139–204.

[264] Vgl. Hestrin 1972: Nr. 139–141. Lemaire 1977 b: 598–608. Mittmann 1981: 139–152. Jaroš 1982 b: Nr. 32. Jaroš 1982 c: 31–40. Weitere Literatur bei Keel/Uehlinger 1992: 270 Anm. 232.

[265] Vgl. Jaroš 1982 c: 35.

[266] So hat die Erstpublikation mit diesem Wort gar nicht gerechnet, und Hestrin 1972: Nr. 141 übersetzt Zeile 3 »and cursed be the hand which shall efface?«. Erst Lemaire 1977 b: 598–608 scheute sich nicht, »durch seine Aschera« zu lesen. Der letzte gewichtige Versuch, Aschera zu umgehen, stammt von Mittmann 1981: 139–152, der u. a. liest »Gott seines Dienstes«. Aber auch dieser Versuch fand keine Zustimmung; vgl. Jaroš 1982 c: 33 f. Keel/Uehlinger 1992: 271.

[267] Die Bibelwissenschaft mußte lernen, mit »seiner Aschera« zu leben, wenngleich die Interpretationen unterschiedlich ausfallen: von der Annahme einer göttlichen Paredros JHWHs bis zur Annahme, daß ein göttlicher Ort gemeint sei; vgl. dazu unten.

[268] Vgl. Keel/Uehlinger 1992: 259–264.

[269] Vgl. Jaroš 1982 c: 37 f. Keel/Uehlinger 1992: 263–270.

[270] Vgl. die Königslisten bei Jaroš 1992: 128 f.

[271] Vgl. Aharoni 1981: passim. Lemaire 1977 a: 147–235.

[272] Ostrakon Nr. 50 enthält den Namen »Meremot«; vgl. dazu Aharoni 1981: 85.

[273] Vgl. Tigay 1986.

[274] Lamon/Shipton 1939: Pl. 67,38. Zum sporadisch auftretenden »Herrn der Capriden« vgl. Keel/Uehlinger 1992: 206.

[275] Keel/Uehlinger 1992: 210.

[276] Vgl. Winter 1983: 113. Keel/Uehlinger 1992: 209 f. Abb. 200 a.

[277] Vgl. Keel/Uehlinger 1992: 213 Abb. 203–205.

[278] Keel/Uehlinger 1992: 214.

[279] Vgl. Yeivin 1960 a: 47–52. 1960 b: 205–212. Jaroš 1982 b: 58 Nr. 29.

[280] Galling 1941: Nr. 21.

[281] Keel/Uehlinger 1992: 283.

[282] Vgl. ebd. 283.

[283] Vgl. Keel/Uehlinger 1992: 285 Abb. 243.

[284] Vgl. ebd. 289 Abb. 244–251.

[285] Vgl. ebd. 284.

[286] Vgl. ebd. 289 Abb. 244–251. 291 Abb. 252–255.

[287] Ebd. 290.

[288] Vgl. Tigay 1986: 94 f.

[289] So z. B. Dever 1990: 162.

[290] Vgl. schon Dalman 1906: 44. Keel/Uehlinger 1992: 295.

[291] Vgl. Keel/Uehlinger 1992: 290–294. Auch das Udschat-Auge wurde mit dem Sonnengott assoziiert.

[292] Vgl. Gese 1970: 182–185. Smith 1990: 41–45.

293 Eißfeldt 1939: 183.

294 Zur phönikischen Inspiration des Textes vgl. Keel/Uehlinger 1992: 297.

295 Zur literarkritischen Einordnung vgl. Wolff 1965a: 149. Keel/Uehlinger 1992: 297.

296 Keel/Uehlinger 1992: 297.

297 Vgl. Jaroš 1979: 95.100f.

298 Vgl. Meshel 1978.

299 Die Pithos-Inschrift P.A1Z.2 nennt JHWH von Samaria; die vorkommenden Personennamen sind ausnahmslos nicht mit jhw, sondern mit jw gebildet, wie es der hebräischen Sprache des Nordreiches entspricht (vgl. Lemaire 1984: 133); die Bilder weisen ein Nebeneinander auf, wie es für die phönikische-israelitische Kultur typisch ist (zum Ganzen Keel/Uehlinger 1992: 280f.).

300 Vgl. Keel/Uehlinger 1992: 281.

301 Meshel 1978: 30. Davies 1991: 80 Nr. 8.015. Keel/Uehlinger 1992: 276f.

302 Meshel 1978: 30. Keel/Uehlinger 1992: 277.

303 1984: 126.

304 Vgl. Keel/Uehlinger 1992: 279 Abb. 237 und 238a.

305 Vgl. Keel/Uehlinger 1992: 254f.

306 Ebd. 274.

307 Vgl. Keel/Uehlinger 1992: 252-254.

308 z. B. Gilula 1979.

309 Vgl. die Diskussion bei Keel/Uehlinger 1992: 244-252.

310 Vgl. Hestrin 1991.

311 Vgl. Meshel 1978. Jaroš 1982b: 58f. Nr. 30. Weinfeld 1984. Puech 1985. Davies 1991: 80f. Keel/Uehlinger 1992: 255.

312 Keel/Uehlinger 1992: 257.

313 Ebd. 257f.

314 Die Deutung als Kurzbriefe von Reisenden könnte möglich sein, so z. B. Keel/Uehlinger 1992: 274 Anm. 243.

315 Zu Teman vgl. Hab 3,3; zum Ganzen Keel/Uehlinger 1992: 258f.

316 Zuletzt haben sich für ein Paredros-Verhältnis wieder Ackerman 1992: 62-66 und Halpern 1993: 124f. ausgesprochen, ohne allerdings neue Argumente vorzulegen. In beiden Studien wird zwar auch gesagt, daß es um Kultobjekte geht, so wenn Ackerman 1992: 65 schreibt: »ʾšrth at Kuntilet Ajrud or Khirbet el-Qom could refer to Asherah's cult object, the stylized tree, or even to some hypostasized aspect of the female side of Yahweh.« oder Halpern 1993: 124: »Asherah here cannot be a proper noun – proper nouns in Hebrew do not take possessive suffixes.«, aber die Folgerungen, die sie daraus ziehen, gehen in die andere Richtung. Ackerman 1992: 65 »In the ancient Near East the idol was the god... But what was the stylized tree... Nothing other than Asherah, the goddess«. In beiden Studien läßt sich eine unglaubliche Ignoranz der altorientalischen Symbolik feststellen. Allein die traditionsgeschichtliche Entwicklung der Ikonographie der Göttin hätte diesen Autoren zeigen können, daß eine Aussage, die Bild und Gottheit identifiziert, ein Nonsens ohnegleichen ist; denn die Göttin war bereits völlig hinter ihrem Substitutionssymbol zurückgetreten, so daß sie

224

in dieser Verbindung gar keine eigene Größe mehr sein kann, sondern eine apersonale Segensikone JHWHs: alles andere wäre ein religionsgeschichtlicher Quantensprung, den es erfahrungsgemäß kaum gibt.

317 Nur JHWH allein ist der Vermittler des Segens!

318 Vgl. Jaroš 1982c: 37f.

319 Vgl. Keel/Küchler 1971: 33f.

320 Jaroš 1982a: 38.

321 Zu den Königsnamen vgl. Jaroš 1992: 128f.

322 Vgl. ebd. 122.

323 Vgl. Jaroš 1982b: 41.

324 Zu Bel vgl. Gese 1970: 226f.

325 Gerade bei Isebel zeigt sich das Wort »nomen est omen«; es gab nach der Überlieferung keine glühendere Verehrerin des kanaanäischen Baal als sie; vgl. Jaroš 1979: 20–35. Jaroš 1992: 115f.

326 Vgl. Reisner 1924: 227–246. Lemaire 1977a: 21–81. Davies 1991: 39–57.

327 Vgl. Keel/Uehlinger 1992: 231.

328 Zu den Ostraka und ihrer Bedeutung vgl. Jaroš 1982b: 51–57.

329 Vgl. Lemaire 1977a: 39–43.79–81.

330 Vgl. zum Ganzen Keel/Uehlinger 1992: 232.

331 Im Unterschied zur phönikischen Prinzessin Isebel!

332 Vgl. Keel/Uehlinger 1992: 231.

333 Vgl. Lemaire 1977a: 245–250.

334 Vgl. Crowfoot 1957: 9–33. Keel/Uehlinger 1992: 232.

335 Daraus erklärt sich auch die geringe Bedeutung der Stierdarstellung in der israelitischen Kleinkunst. Propaganda war für diesen Kult offenbar nicht notwendig, weil den einfachen Bauern Israels JHWH unter dem Realsymbol des Stieres als der kämpferisch-siegreiche Herr noch lebendig war und die Religion der Eliten bereits einen neuen Horizont erreicht hatte; vgl. auch Keel/Uehlinger 1992: 218–221.

336 Zum Elohisten vgl. Jaroš 1975. Jaroš 1979. Jaroš 1982a. Cazelles 1976. Jenks 1977. McEvenue 1984. Weimar NBL I: 527–532.

337 Vgl. Beyerlin 1961: 146.

338 Vgl. Schroer 1987a: 85–91.

339 So läßt z. B. der Elohist in Gen 35,4 Jakob solchen Schmuck beim heiligen Baum von Sichem begraben. Den fremden Göttern wird so immerhin ein pietätvolles Grab geschaffen und sie im Fluidum kanaanäischer Heiligkeit belassen, aber dennoch deutlich gemacht, daß sie im JHWH-Glauben keinen Platz mehr haben; vgl. Keel 1973: 328f. Jaroš 1982a: 145f.

340 Vgl. Jaroš 1979: 91.

341 Baal der Himmelsherr ist bei der einfachen Bevölkerung noch lange der Wettergott geblieben.

342 Um 750 v. Chr.; vgl. Wolff 1965a: 87–118. Rudolph 1966: 95–115.

343 Um 733 v. Chr.; vgl. Wolff 1965a: 131–167. Rudolph 1966: 122–155.

344 Zur kultischen Prostitution vgl. Kornfeld DBS VIII: 1356–1374. Jaroš 1982a: 214f. Anm. 8. Winter 1983: 252ff.

345 Um 733 v. Chr.; vgl. Wolff 1965 a: 168–206.

346 Vgl. auch Albertz 1992: 272–274.

347 Keel/Uehlinger 1992: 220–223.

348 1982: 132–134.

349 Das ist zwar durchaus kein Zug, der ausschließlich dem Gott JHWH zukommt. Andere Nationalgötter wie z. B. Kamosch, der Gott der Moabiter, u. a. sind hier durchaus ähnlich zu sehen (vgl. Winter 1983: 625 f.). Bei JHWH ist dieser Zug allerdings besonders deutlich ausgeprägt!

350 Die neuere Forschung rechnet in der Tat mit einer JHWH-Allein-Bewegung ab dem Propheten Elija: so z. B. Lang 1981. Weippert 1990 meint jedoch, daß Israel durch und durch polytheistisch gewesen war. Grundlage für diese Annahme sind biblische Texte. Da diese vielfach in der Datierung umstritten sind und sich in den letzten zehn Jahren ein starker Trend zur Spätdatierung von Texten beobachten läßt, ist von der textlichen Basis allein kaum weiterzukommen (vgl. Keel/Uehlinger 1992: 2 f.). Dennoch können aber Texte dort unterstützend und ergänzend hinzutreten, wo sie in den religiösen Horizont, der von der »External evidence« gewonnen wurde, passen. Dies scheint mir bei der JHWH-Allein-Bewegung der Fall zu sein.

351 Vgl. Baltzer 1965: 99. Jaroš 1976b: 91.

352 Zu 1 Kön 17 vgl. Fenasse 1974: 2–3.

353 Vgl. Rowley 1960/61: 190–219. Würthwein 1962: 131–144. Baltzer 1965: 97 f. Jaroš 1979: 53 f.

354 Vgl. Seybold 1973: 3–18. Jaroš 1979: 54 f.

355 Vgl. Welten 1973: 18–32. Seebass 1974: 274–488.

356 Vgl. Rofé 1973: 222–239.

357 Vgl. Quell 1925. Jaroš 1978: 219–231.

358 Vgl. Gray 1970: 472–477.

359 Es ist falsch, lqḥ im Sinne einer Apotheose aufzufassen. Vgl. zum Wort Baumgartner u. a. 1967–1974: 507 f.

360 Vgl. Keel 1972: 178–180. Jaroš 1976b: 94. Jaroš 1978: 225–229.

361 Elia, der von dieser Welt geht, weiß, daß der Geist JHWHs ihn geführt hat. Dieser Geist ist Gabe, die nicht automatisch auf seinen Schüler Elischa übergehen kann. Nur JHWH kann den Geist als freie Huld schenken; vgl. Jaroš 1976b: 94. Jaroš 1979: 58.

362 Vgl. die »Demokratisierung« der Vorstellung in Ps 73!

363 Vgl. Keel/Küchler 1971: 37. Jaroš 1982a: 26–30. Weimar NBL I: 531.

364 Vgl. die Tabelle bei Jaroš 1982a: 15 f.

365 1967: 158.

366 Vgl. Keel/Küchler 1971: 29–33.

367 Vgl. Jaroš 1975: 279–283. Jaroš 1982a. Jaroš 1979: 59–94.

368 Vgl. die letzte Studie von Cazelles 1993, der den Beginn der deuteronomischen Theologie in den letzten Jahrzehnten des Nordreiches sieht!

369 Weimar NBL I: 530: »Vielmehr geht das vorrangige Interesse von E dahin, Jahwe als den Gott schlechthin zu qualifizieren, dessen besondere Qualität gerade trotz der ihn auszeichnenden (sinnlichen) Ungreifbarkeit und Ferne in seiner die ihm

zugewandten Menschen auf ihrem Weg bewahrenden und sie aus gefahrvollen Situationen befreienden Nähe zu sehen ist...«

370 Vgl. Jaroš 1979: 94.

371 Vgl. Keel/Küchler 1971: 33 f. Jaroš 1979: 60 f.

372 Vgl. Jaroš 1979: 60 f.

373 Vgl. Jaroš 1979: 94-107.

374 Vgl. Noth 1969: 233-244. Herrmann 1973: 301-313. Keel/Uehlinger 1992: 322-327. Jaroš 1979: 42-49. Jaroš 1992: 121 f.

375 Vgl. Noth 1969: 253-270. Herrmann 1973: 314-349. Jaroš 1992: 123-129.

376 Vgl. Keel/Uehlinger 1992: 327-335.

377 Keel/Uehlinger 1992: 335-340.

378 Vgl. ebd. 346.

379 Vgl. ebd. 345.

380 Vgl. ebd. 352.

381 Für eine JHWH-Gestalt hat bereits Dalman 1906: 49 plädiert, worauf z. B. Vincent 1909: 121-127 und Diringer 1934: 257 f. völlig ablehnend reagiert haben. Avigad 1989: 16 spricht sich für eine Verehrergestalt aus, was sich jedoch nicht halten läßt (vgl. Keel/Uehlinger 1992: 353).

382 Keel/Uehlinger 1992: 355.

383 Vgl. ebd. 356-360.

384 Keel/Uehlinger 1992: 362.

385 Vgl. Schroer 1987a: 71-75.

386 Vgl. Keel/Uehlinger 1992: 404.

387 Welten 1969 interpretiert sie auf Grund hethitischer Beispiele als Sonnensymbol. Keel/Uehlinger 1992: 406 verweisen auf die Sonnenblüte im Zentrum des Lotusnimbus.

388 Vgl. Christensen 1984: 669-682. Lohfink 1987: 459-475.

389 Vgl. z. B. Soggin 1991: 175-177.

390 Vgl. Tufnell 1953: 374-376.

391 Keel/Uehlinger 1992: 370.

392 Vgl. Keel 1984: 82. Keel/Uehlinger 1992: 370.

393 Vgl. Winter 1983: 107-109.

394 Ob hier ein äußerer Anstoß anzunehmen ist, kann nicht mit Sicherheit entschieden werden; vgl. Keel/Uehlinger 1992: 376 f.

395 Das aus Lachisch stammende Siegel, dessen Basisgravur die Göttin in einem ähnlichen Gestus halbnackt zeigt, ist ein phönikisches Importstück; vgl. Keel/Uehlinger 1992: 379 Abb. 323.

396 Keel/Uehlinger 1992: 381.

397 Im phönikischen Bereich ist die Göttin eher als Tinit zu deuten; vgl. Keel/Uehlinger 1992: 381 f.

398 Vgl. ebd. 390-401.

399 Ebd. 396.

400 Ebd. 298.

[401] Vgl. oben, wo von El als Mondgott die Rede war, in dem die Judäer durchaus auch JHWH erkennen konnten.

[402] So z. B. Braulik 1991: 1–36.

[403] Vgl. Ackerman 1992.

[404] 1991 b: 187–205.

[405] Ebd. 192 f.

[406] Bar Adon 1975 a: 77–80. Bar Adon 1975 b: 226–232. Jaroš 1980 b: 265. Jaroš 1982 b: Nr. 31. Conrad 1988: 555–572. Davies 1991: 91 f. Nr. 20.002.

[407] Bar Adon 1975 b: 226–232. Keel/Uehlinger 1992: 416.

[408] Vgl. Keel/Uehlinger 1992: 417.

[409] Vgl. Naveh 1963: 74–92. Lemaire 1976: 558 f. Conrad 1988: 560. Davies 1991: 89 Nr. 15.000 f. Jaroš 1982 b: Nr. 73. Vgl. Ex 19,6 (kj lj kl hᵓmṣ).

[410] Vgl. Keel/Uehlinger 1992: 355 f.

[411] Vgl. ebd. 356.

[412] Vgl. Avigad 1983: 41. Miller 1980. Keel/Uehlinger 1992: 355.

[413] Vgl. Barkay 1989: 46–59. Davies 1991: 72 f. Nr. 4.301 f. Keel/Uehlinger 1992: 417–422.

[414] Hier ist der bisher älteste Beleg eines biblischen Textes, der mit dem Masoretischen Text wörtlich übereinstimmt. Es ist dies auch ein Beweis, daß der Aarons-Segen weit älter sein muß als der Grundbestand der Priesterschrift, in dessen Kontext der Segen heute steht (vgl. schon Noth 1966: 53 f.). Sollte nicht auch die Datierung der Priesterschrift selber neu überdacht werden (vgl. z. B. auch Krapf 1992)?

[415] Ob diese Amulette während des Lebens getragen wurden, muß unentschieden bleiben. Ex 13,9 Dtn 6,8 11,18 schreiben auch vor, Worte der Tora am Körper zu tragen. Es stimmt zwar die Beobachtung, daß es sich nicht um Gebote, sondern um Segenssprüche handelt (Keel/Uehlinger 1992: 420), aber bei Worten der Tora sind nie allein Gebote etc. gemeint. Gerade im deuteronomischen Kontext meint Tora den gesamten schriftlich fixierten Willen JHWHs. So faßt z. B. Dtn 32,46 auch das Moselied unter den Begriff Tora (vgl. Liedke/Petersen, THAT II: 1032–1043). JHWHs Antlitz sollte den Toten in der Finsternis des Grabes leuchten. Sowohl die lunare als auch die solare Seite JHWHs kann dafür Pate gestanden haben (vgl. Keel/Uehlinger 1992: 421).

[416] Amulett A kombiniert priesterliche Gedanken mit deuteronomischen Vorstellungen.

[417] Keel/Uehlinger 1992: 419 Abb. 355.

[418] Vgl. Barkay 1986: 5–7.

[419] Wenn im katholischen Volksglauben die verschiedenen Heiligen als Nothelfer angerufen werden, heißt das nicht, daß die Gläubigen deswegen Polytheisten wären!

[420] Daß man solches Getier auch in Gräbern nicht schätzte, ist verständlich. Es sei deswegen schon nicht ein Mythologumenon bemüht.

[421] Vgl. Keel 1989 a: 70–75.

[422] Vgl. Sass 1992.

[423] Vgl. Shiloh 1986.

[424] 1986.

425 Vgl. Avigad 1986: 130.

426 Die Annahme, es handle sich bei diesen Bullae großteils um Fälschungen, entbehrt jeder Grundlage und ist lächerlich. Um diese Abdrücke zu fälschen, wäre ein solches Spezialwissen nötig, daß nur eine Handvoll Gelehrter auf der Welt dazu imstande wäre. Diese müßten sich also verschworen haben, um Prof. Avigad zu täuschen.

427 Vgl. Jaroš 1992: 77.

428 1928: 131.

429 Vgl. die akkadischen und assyrischen Namen »Diener der Aschirat (= Aschera)«; vgl. Gröndahl 1967: 103.316.

430 Bisher ist das allerdings im hebräischen Onomastikon analogielos.

431 Vgl. Avigad 1986: 45.84 f. Bullae Nr. 126.127 und 34.

432 Vgl. Avigad 1986: 117.

433 Vgl. Lemaire 1977 a: 83–143.

434 Vgl. ebd. 239–243.

435 Vgl. ebd. 257 f.

436 Vgl. ebd. 257–269.

437 Vgl. ebd. 271–275.

438 Vgl. Aharoni 1981. Lemaire 1977 a: 145–235.

439 Vgl. zum Ganzen Aharoni 1981: passim.

440 Vgl. Ostrakon Nr. 6 von Meṣad Haschavjahu, in dem in der 1. Zeile der Name Anjbaal aufscheint; vgl. Lemaire 1977 a: 268 f. Tigay 1986: 14. Die Inschrift datiert um 600 v. Chr.

441 Vgl. Keel/Uehlinger 1992: 416 Anm. 390.

442 Vgl. Hossfeld 1982: 283.

443 So z. B. Zimmerli 1953: 179–209. 1969: 11–40.

444 Schenker 1991 b: 189.

445 Vgl. Schüngel-Straumann 1973: 81 f.

446 1991 b: 191.

447 Vgl. ebd. 191.

448 Vgl. Schenker 1991 b: 194.

449 Enarrationes in Psalmos 95 (96),4–5 (MPL 37: 1321).

450 Es ist nicht zu übersehen, daß die Wurzeln des Bilderverbotes älter sind und z. T. aus den Distanzierungsversuchen seminomadischer Gruppen zu einer höher entwickelten Kultur kommen (vgl. Keel 1977 a: 39 f. Dietrich 1979: 9–20. Schroer 1987 a: 12 f.) und konkret für Israel durch die Amun-Theologie bestimmt waren!

451 Vgl. die Tendenz zur Anikonizität bei den Namensiegeln.

452 Vgl. Schroer 1987 a: 13.

453 Vgl. Albertz 1992: 318–320.

454 Die Aussagen sind bereits vordeuteronomisch; vgl. Ex 20,5 34,14.

455 Der Begriff bestätigt die Auffassung, daß im 1. Gebot ein relativer Monotheismus ausgesprochen wird, bedeutet doch qnʾ »einer, der das eigene Recht unter Ausschluß anderer und gegenüber anderen behauptet. Der Ausdruck kennzeichnet Jahwe als einen Gott, der auf die Anerkennung seines Herrschaftswillens dringt und seine Herrschaft mit niemandem teilen will... er ist zwar nicht der älteste, aber wohl die

treffendste Formulierung für den Anspruch der alleinigen Verehrung.« (Fohrer 1969: 165 f.). Vgl. auch oben die Inschrift »El, der Schöpfer...«.

456 Das sogenannte Heiligkeitsgesetz als der vermutlich älteste Teil des Buches Levitikus (Lev 17,1–26,46) ist etwa gegen Ende des 7. Jh. v. Chr. entstanden (Noth 1966: 109 f. Kornfeld 1972: 11 f.). Für eine etwas spätere Datierung plädieren Eißfeldt 1964: 310–318. Snaith 1967: 6–10. Smend 1978: 59–62, wobei natürlich immer auch an die Verarbeitung älteren Materials gedacht ist.

457 Vgl. Noth 1966: 129.

458 Vgl. Schmidt 1975: 155.

459 Der hebräische Begriff »berit« ist außerordentlich vielschichtig; Eichrodt 1964 hat einst in diesem Begriff die Grundlage für eine alttestamentliche Theologie gesehen. Die zahlreichen Studien der letzten 30 Jahre zeigen jedoch ein differenzierteres Bild (vgl. Perlitt 1969. Weinfeld ThWAT I: 781–808. Lohfink NBL I: 344–348). Für die frühdeuteronomische Zeit meint »berit« am ehesten ein paritätisches Vertragsschema (vgl. Dtn 26,16–19; Lohfink NBL I: 346), während in späteren deuteronomischen Schichten Anklänge an altorientalische Vasallenverträge zu hören sind (Dtn 4,29 f. Jos 23 1 Sam 12).

460 Diedrich NBL I: 859.

461 Das Aufleuchten des Antlitzes JHWHs in Num 6,25 kann von solaren wie lunaren Vorstellungen her kommen.

462 Vgl. Fohrer 1969: 296–301.

463 Vgl. Mathys 1994: 75–82.

464 Der auf Jeremia zurückgehende Teil des Gebetes ist Jer 32,15.16.17.24.25. Obwohl die deuteronomistische Theologie diesen Text eingehend bearbeitet hat, ist es ihr nicht gelungen, ihn als einen für sie typischen zu gestalten. Mathys 1994: 82 spricht mit Recht vom »Janusgesicht« dieses Textes.

465 1968: 55.

466 Vgl. Winter 1983: 564.

467 In der Himmelskönigin die Verschmelzung von Astarte und Ischtar zu sehen ist zu schematisch gedacht (so Ackerman 1992: 34). Sehr überzeugend scheint mir zu sein, in der Himmelskönigin keine andere Göttin als Aschera zu sehen (vgl. Winter 1983: 564–576. Keel/Uehlinger 1992: 386–390).

468 Fohrer 1969: 267 f.

469 Zur Periodisierung vgl. Weippert 1988. Keel/Uehlinger 1992: 14–20.

470 Eine solche Agonie konnte zeitweise in Juda nach der Zerstörung des Nordreiches Israel durch die Assyrer im Jahre 722/720 v. Chr. beobachtet werden.

471 Ab 538 v. Chr. ist Palästina persisch; vgl. Soggin 1991: 191–214. Jaroš 1992: 130–133.

472 Vgl. Keel/Uehlinger 1992: 431–434.

473 Vgl. die Belege ebd. 433 Abb. 358–361.

474 Vgl. ebd. 434–438.

475 Vgl. Weippert 1988: 717.

476 Vgl. Beit Arieh/Beck 1987. Beit Arieh 1991. Weippert 1988: 625. Keel/Uehlinger 1992: 440–444.

477 Vgl. Keel/Uehlinger 1992: 442.

478 Vgl. ebd. 440.

479 Daß es im ganzen eisenzeitlichen Palästina Schweinehaltung gegeben hat, ist heute unbestritten. Die aus nachexilischer Zeit stammende Stelle Jes 66,3 scheint das Schwein für den vorexilischen-jahwistischen Kult nicht auszuschließen. Die Wertung des Schweines als unreines Tier und dadurch bedingt auch das Speiseverbot ist erst in exilisch-frühnachexilischer Zeit formuliert worden (Lev 11,7 und Dtn 14,8). Mit einer rigorosen Kontrolle dieser Speisevorschrift ist nach 450 v. Chr. zu rechnen, als Juda unter Esra und Nehemia eine eigene persische Provinz wurde (vgl. Hübner 1989). Das Verbot ist kaum zu trennen vom Totenkult. Um diesen so weit als möglich zu unterbinden, um die Gefahr der Vergöttlichung der Ahnen zu vermeiden, war es schon relativ früh ein priesterliches Anliegen, das konkrete Grab etc. als unrein zu erklären (vgl. Jaroš 1978: 219–231). Da das Schwein auch das Tier des Todesgottes sein konnte, war es von dieser Ächtung sehr bald mitbetroffen.

480 1992: 444.

481 Vgl. Ijob 39,13–16, wo die Vorstellung JHWHs als Herrn der Strauße vorausgesetzt wird (vgl. Keel 1978: 64–68.102–108.114 f.).

482 Vgl. Knauf NBL I: 468–471.

483 Knauf ebd. 471 sieht unter Heranziehung von Dtn 32,8 f. in Qaus (= der Bogen) eine Gestalt des syro-arabischen Wettergottes. Von einem genealogischen Verstehenshorizont her wäre dann El/Eljon die Vatergottheit, Qaus, Hadad/Baal, JHWH u. a. wären die Gottessöhne; JHWH also ein Bruder des Qaus.

484 Teman gilt als eine Bezeichnung für das edomitische Gebiet oder dessen Einflußgebiet; vgl. Beck BHH III: 1967.

485 Vgl. Jaroš 1992: 126–133.

486 Aus den Texten von Elephantine ist nicht zu schließen, daß JHWH/JHW dort zusammen mit einer Göttin verehrt wurde. Das völkische Nebeneinander dieser Kolonie brachte es mit sich, daß z. B. neben JHWH auch andere männliche Gottheiten angerufen wurden. Die Doppelnamen wie z. B. Anat-Betel und Anat-Jahu lassen sich am einleuchtendsten als eine Art »Personifizierung« des Bet-El bzw. JHWHs erklären. Selbst die weibliche Personifizierung JHWHs wird ja noch lange möglich sein und ist daher keine außergewöhnliche Erscheinung. Praktisch herrschte in Elephantine ein vorexilischer Jahwismus, der aber an der absoluten Dominanz JHWHs festhielt; vgl. Winter 1983: 494–508.

487 Die von Williamson o. J.: 117–131 vorgetragene These, daß Neh 9 auf die im Land verbliebene Gruppe zurückgeht – sie sähe sich als die eigentliche Trägerin der Tradition –, scheint zu wenig begründet; vgl. Mathys 1994: 20 f.

488 Diejenigen Siegelabdrücke, die den Löwen auf den Hinterbeinen als angreifendes und aggressives Tier zeigen, gehen auf achämenidischen Einfluß zurück und sind daher hauptsächlich ins 5. Jh. v. Chr. zu datieren; vgl. Stern 1982: 209–213. Keel/Uehlinger 1992: 446–448.

489 Vgl. Keel/Uehlinger 1992: 446.

490 So z. B. Weippert 1988: 718: »Möglicherweise galt der Löwe als eine Art Wappentier der Provinz Juda«.

491 So eher Keel/Uehlinger 1992: 448.

492 Die Flügelsonne repräsentiert immer einen solaren Himmelsgott; daß dieser für Juda natürlich nur JHWH war, braucht jetzt nicht mehr diskutiert zu werden. Vgl. auch Keel/Uehlinger 1992: 449.

493 Vgl. Stern 1982: 158 ff.

494 Vgl. Ackerman 1992: 37–212. Vgl. dazu die Rezension Jaroš 1993 a: 389 f.

495 Vgl. Stoebe THAT II: 761–768. Das Verb rḥm, vor allem in der Intensivform, hat sehr häufig Gott als Subjekt: Gen 20,18 1 Sam 1,5 f. Ps 22,19 Jes 46,3 f., und es ist zweifellos richtig, daß JHWH hier Funktionen der Großen Göttin übernommen hat (vgl. Trible 1978. Winter 1983: 533).

496 Vgl. Westermann 1966: 178.

497 Vgl. Winter 1983: 533.

498 Vgl. Noth 1966: 77.

499 Vgl. Winter 1983: 536 f.

500 Vgl. Westermann 1966: 334. Winter 1983: 535 f.

501 Vgl. Kutsch 1985. Lang NBL I: 649–652.

502 Vgl. Zimmerli 1969: 1–70.238–241.

503 Vgl. Keel 1977 a: 125–273.

504 Vgl. ebd. 269–273.

505 Vgl. ebd. Abb. 159–163.166.

506 »Wenn überhaupt etwas die ezechielischen Wesen von den Himmelsträgern des nördlichen und östlichen Vorderasien unterscheidet, dann die konsequente Häufung aller bei den Himmelsträgern belegten Einzelzüge auf diese Wesen. Ähnlich wie schon in Jes 6 spürt man auch hier den Willen, JHWH als den Herrn der Herrn und Gott der Götter darzustellen.« (Keel 1977 a: 247).

507 Schmitt 1981: 19 spricht von »Flügelscheibe«.

508 Vgl. Keel 1977 a: 211.

509 Vgl. Michel NBL I: 410–413.

510 Vgl. Wanke/Giesen NBL I: 588–595.

511 Vgl. Hinz 1976: 65–67.

512 Vgl. Koch 1992: 276–277.

513 Vgl. Fohrer 1969: 332.

514 Vgl. Esr 6,3–5. Vgl. Soggin 1991: 195–196. Jaroš 1992: 130.

515 Zitiert nach Hinz 1976: 76.

516 Vgl. Koch 1992: 276–300.

517 Vgl. ebd. 286.

518 Vgl. ebd. 286 und 290–296.

519 Vgl. Keel/Küchler 1971: 47 f. Smend 1978: 58 f.

520 Vgl. ebd. 39.

521 Der Mensch als Partner Gottes wird nicht mehr sehr ernst genommen (ebd.43).

522 Vgl. Westermann 1974: 104–244. Keel/Küchler 1971: 84–89.97–103.

523 Vgl. Bright 1966: 389–493. Noth 1969: 271–321. Herrmann 1973: 364–401. Soggin 1991: 197–214.

524 Vgl. von Rad 1968: 45 f. Keel 1981: 159–240. Fohrer 1969: 384.

525 Daß diese Zeichen nicht spirituell verstanden werden konnten, hat Keel 1981 nachgewiesen.

526 Vgl. Avigad 1976. Die Bullae dieses Archivs zeigen, wie sehr sich das Bilderverbot in der Verwaltung Judas bereits durchgesetzt hat. Die Funde von Wadi ed-Dalije in Samaria aus dem 4. Jh. v. Chr. stehen dazu in Kontrast (Keel/Uehlinger 1992: 450) und zeigen, daß sich das Bilderverbot außerhalb Judas doch nur sehr schwer durchsetzen ließ. Vgl. zu persisch-hellenistischem Samaria: Haefele 1922. Jaroš/Deckert 1977: 44 f.

527 Vgl. Elliger 1967: 112 f.

528 Vgl. Keel/Uehlinger 1992: 451.469.

529 Vgl. Elliger 1967: 99 f. Rüthy BHH III: 1636–1638.

530 Vgl. Noth 1967: 110–180.

531 Vgl. Frevel 1991.

532 Vgl. zu diesem vielleicht überschwenglichsten Gebet der hebräischen Bibel Mathys 1994: 36–49.

533 Vgl. Mathys 1994: 4–21.

534 Nach Pfeiffer 1967: 15 kann Hypostase als eine Größe definiert werden, »die teilhat am Wesen einer Gottheit, die durch sie handelnd in die Welt eingreift, ohne daß sich ihr Wesen im Wirken dieser Hypostase erschöpft«. Vgl. auch Ringgren RGG III: 504.

535 Vgl. Winter 1983: 509–554.

536 Vgl. Lang 1975: 154–157. Winter 1983: 510.

537 Vgl. Lang 1975: 152–154 mit forschungsgeschichtlichem Überblick.

538 Vgl. Lang 1975: 57–84. Winter 1983: 516–528.

539 Zur Übersetzung vgl. Winter 1983: 514 Anm. 198.

540 Übersetzung nach Keel 1974: 13–15; vgl. dazu die zahlreichen Begründungen ebd. 13–15 Anm. 11–23.

541 Selbst die Urflut, die nach Gen 1,2 seit jeher besteht, existierte noch nicht.

542 Vgl. Keel 1974: 29 f.

543 Vgl. Winter 1983: 522 f.

544 Vgl. die Belege bei Keel 1974: 63 Anm. 140.

545 Maat scheint sich von der Göttin Hathor als göttliche Gestalt gelöst zu haben; vgl. Grdseloff 1940: 185–202. Keel 1974: 64.

546 Vgl. Keel 1974: 45 Anm. 138. Winter 1983: 288 f. 523.

547 Keel 1974: 67 f. gibt dieser Deutung den Vorzug, »ohne eine historische Abhängigkeit zu postulieren«.

548 1983: 523 »Sowohl die Göttin, die sich entschleiert ... erscheint relativ oft vor einem thronenden Gott bzw. seinem irdischen Repräsentanten. Der erotisierende und erheiternde Aspekt der Göttin läßt sich ikonographisch nirgends so gut nachweisen wie in der syrischen Glyptik, und ich möchte deshalb nicht ausschließen, daß nicht Maat, sondern die sich entschleiernde ... Göttin den ›Prototyp‹ für das mṣḥqt der personifizierten Weisheit darstellt.«

549 Vgl. Keel 1974: 72.

550 Vgl. aber Ps 104,26, wo JHWH das Meerungeheuer Leviatan geschaffen hat, um mit ihm zu spielen.

551 Keel 1974: 73.

552 Vgl. Küchler 1979: 319–413. Winter 1983: 524–526.

553 Der Vergleich der Weisheit mit dem Lebensbaum als dem Symbol der Göttin ist verräterisch genug, »um zu zeigen, wo die Wurzeln dieser Vorstellung liegen« (Winter 1983: 527).

554 1983: 527.

555 Vgl. Lang 1975: 133–140. Winter 1983: 528.

556 Vgl. Keel 1974: 69 f.

557 Vgl. ebd. 63–68.

558 Die neueren Ausleger sehen diesen Zusammenhang kaum, weil sie mṣḥqt als Spiel eines Kindes auffassen und nicht als eine Art »liturgische« Unterhaltung; z. B. Marböck 1971: 56; mṣḥqt als liturgisches Spiel ist aber gerade die Präzisierung der späteren Weisheitslehrer, die sehr wohl den früheren erotischen Aspekt dieses »Spieles« erkannt hatten.

559 Tora hat die Grundbedeutung »Weisung, Belehrung«. In nachexilischer Zeit verbindet sich damit der Name des Mose (Dtn 4,6–8); der Begriff bezeichnet dann den schriftlich fixierten JHWH-Willen, wie er im Pentateuch, aber auch in anderen Schriften der hebräischen Bibel festgelegt ist; vgl. Liedke/Petersen ThWAT II: 1032–1043.

560 Vgl. Sir 24,23–29 (Marböck 1976: 1–21).

561 Jellinek V 1967: 67 Zeilen 9 f.

562 Eine Zusammenstellung der wichtigsten Identifikationstexte aus der rabbinischen Literatur bietet Küchler 1979: 54–57.

563 Siehe die Texte bei Küchler 1979: 60.

564 Vgl. Winter 1983: 529.

565 Um so selbstverständlicher kann daher jetzt in erotisierender Weise von der Weisheit gesprochen werden; vgl. Sir 51,13–20, ein Text, der in der essenischen Version von Qumran in 11QPs^a XXI,11 – XXII,1 Sir eine noch weit stärkere Erotisierung erfahren hat (vgl. Winter 1983: 529 mit Anm. 272).

566 Mathys 1994: 255.

567 Vgl. ebd. 251–256.

568 Vgl. Oepke ThWNT I: 558–597. Im 2. Jh. v. Chr. beginnt mit dem Buch Daniel der hebräischen Bibel die literarische Gattung der Apokalyptik (vgl. Dexinger 1969: 41), in der es um Enthüllungen von Geheimnissen geht, primär um die Endzeit und um das Weltende (vgl. Ringgren RGG I: 463–466. Baumgartner 1939: 136 f. Dexinger 1969: 42 f. Müller NBL I: 124–132).

569 Dexinger 1969: 43.

570 Schubert 1965: 265.

571 Dabei ist auch auf den Zusammenhang von Weisheit und Apokalyptik hinzuweisen; vgl. Dexinger 1969: 47 f. Küchler 1979: 62–109.

572 Vgl. Soggin 1991: 215–242. Jaroš 1992: 134–138.

573 Küchler 1979: 62.

574 Die spätere rabbinische Literatur bezeichnet sie als »Chassidim rischonim« (die früheren Frommen). Über die Gräzisierung »Asidaioi« wurde daraus die Bezeichnung Essener. Ab der 1. Hälfte des 2. Jh. v. Chr. – nach Abspaltung der Pharisäer – werden die

Essener zu einer eigenen Religionspartei des Judentums. Sowohl Essener als auch Pharisäer gehen daher auf die Chassidim zurück (vgl. Schubert 1970. Küchler 1979: 64. Maier/Schubert 1973: 36-41. Hengel 1973: 321-324. Jaroš 1992: 135-137).

575 Vgl. Hengel 1973: 319. Küchler 1979: 63.

576 Vgl. Eißfeldt 1964: 766. Dexinger 1969: 17.

577 Dan 7,18.22.25.27; vgl. Dan 11,33.35 12,3 (Dexinger 1969: 54).

578 Deuterokanonischer Einschub (vgl. Dexinger 1969: 12f.).

579 Wolff 1965b: 69.

580 Vgl. auch Dan 6,26-28 (Mathys 1994: 121-124).

581 »But this much at any rate is clear, that the Old Testament idea of historical events as divine revelation must be counted among the similarities, not among the distinctive traits: it is part of the common theology of the ancient Near East.« (Albrektson 1967: 114).

582 Vgl. Dexinger 1969: 23.

583 Damit gibt das Buch Daniel der menschlichen Berechnung des Endes eine Absage. Erst spätere apokalyptische Kreise sind diesem Wunsch, das Ende vorauszuberechnen, erlegen; vgl. Dexinger 1969: 75.

584 Vgl. Müller NBL I: 125f.

585 Nach Küchler 1979: 86.

586 Nach Küchler 1979: 83f.

587 Lohse 1971: 236f.; vgl. die Kriegsrolle 1 QM I 10 (Lohse 1971: 180f.).

588 Hymnenrolle 1 Q H XV 12-20 (Lohse 1971: 164-167).

589 Sektenkanon 1 Q S V 1 (Lohse 1971: 16f. »Man hat vielmehr den Eindruck, daß für sie alles - auch die Taten des einzelnen Menschen - im Wissen Gottes beschlossen ist, daß aber der Mensch dadurch noch nicht absolut determiniert ist, denn er hat die Möglichkeit, weiter zu sündigen oder umzukehren. Wer aber bereits die Sündhaftigkeit verlassen..., weiß auch, daß er dadurch zu den von Anfang an Erwählten des göttlichen Wohlgefallens gehört.« [Maier/Schubert 1973: 57].

590 1 Q H XI 29 (Lohse 1971: 156f.).

591 Zum Weiterwirken der Apokalyptik bei den Rabbinen vgl. Maier/Schubert 1973: 64-69.

592 Vgl. Kautzsch II 1962: 352.

593 Kautzsch II 1962: 378.

594 Vgl. Soggin 1991: 251-258. Jaroš 1992: 139-161.

595 Vgl. Schnider 1973.

596 Vgl. Küchler 1979.

597 Vgl. Schubert 1973: 41-137.

598 Vgl. ebd. 123.

599 Vgl. Klausner 1952: 563.

600 1952: 508.

601 Vgl. Aland 1971: 406.

602 Vgl. die Angaben bei Schenker 1991a: 1-3 Anm. 1.

603 Mk 12,1-12 Matth 21,33-46 Luk 20,9-19 Matth 21,28-32 Luk 15,11-32 Matth 7,9-11 Luk 11,11-13 Mk 7,27f. Matth 15,26f.

604 Schenker 1991a: 21.

605 Vgl. Schubert 1973: 152–159.

606 Gott ist wieder in die Wüste zurückgekehrt, wie in der Urzeit Israels.

607 Vgl. Schubert 1973: 158.

608 Vgl. Huonder 1975. Schenker 1991a: 45–50.

609 1952: 525f.

610 Vgl. die Belege bei Klausner 1952: 525 Anm. 67 und 77.

611 Das sieht auch der große Teil der jüdischen Jesus-Forschung so: vgl. Klausner 1952: 526. Flusser 1968: 24–43. Anders Lapide 1979: 27–59, der die Messianität als Gemeindebildung versteht.

612 Babylonischer Talmud, Taanit 24b (vgl. Steinsalz X 1984: 105).

613 Vgl. Schubert 1973: 12–19.

614 Vgl. die Diskussion ebd. 138–162.

615 Vgl. ebd. 158.

616 Zum Menschensohn vgl. Dexinger 1969: 55–67.

617 In diesem Sinn allerdings versteht es bereits das Markusevangelium, wenn es Mk 14,64 den Hohenpriester das Wort »Lästerung« aussprechen läßt. Der historische Jesus war jedoch auf Grund dieses Wortes kein Gotteslästerer; er machte sich nicht JHWH gleich.

618 Vgl. Dalman 1898: 157f. Kittel ThWNT I: 4–6. Jeremias 1966: 66.

619 Vgl. Haenchen 1966: 492; vor allem aber Schelbert 1981: 395–447.

620 Schelbert 1981: 415f.

621 Zur Entwicklung der Namenstheologie in der hebräischen Bibel vgl. auch Mettinger 1982: 38–79.

622 Die biblischen und rabbinischen Parallelstellen zum »Vater unser« sind bei Klausner 1952: 537f. aufgelistet; vgl. Ben Chorin 1982a: 93–97.

623 Vgl. Baier BL: 1722–1726. Zum 2. Tempel vgl. die Beschreibungen bei Josephus, Ant XV 268–296; Bellum V 187–277. Davon stark abweichend Mischna, Traktat Middot.

624 Esr 6,15; allzu einfache Geister neigen dazu, im 2. Tempel gegenüber dem früheren nicht mehr als »eine Dorfkirche gegenüber einer gotischen Kathedrale« zu sehen. Daß diese Annahme kaum richtig ist, zeigen die Belege (vgl. Baier BL: 1724f.).

625 Vgl. Josephus, Ant XV 388 (Marcus 1969: 188f.).

626 Josephus, Ant XV 380. Vgl. die ausgezeichnete Darstellung bei Otto 1980a: 129–137.

627 Vgl. Otto 1980a: 135.

628 Vgl. Ben Chorin 1977: 161. Ders., 1982b: 129. Henschen BL: 1838f.

629 Vgl. Mischna, Traktat Kelim 1,6–9.

630 Vgl. Baier BL: 1726.

631 Dem widersprechen z. B. die Qumran-Essener; aber auch die rabbinische Tradition kennt eine solche Verneinung. Im Babylonischen Talmud, Traktat Sanhedrin 9b.10a heißt es: »nicht thronte die Schechina (= Gottes Anwesenheit) im 2. Tempel« (vgl. Levy 1965: 554).

632 Contra Apionem I 199 (Thackeray 1966: 244).

633 Vgl. Jaroš 1982 a: 138.

634 Ben Chorin 1975: 131 berichtet auch von einer Anordnung zur Zeit des 2. Tempels, daß der Steinfußboden des Tempelvorhofes bei der Proskynese nicht berührt werden sollte, um nicht einmal den Anschein zu erwecken, daß Steine verehrt würden.

635 Vgl. Zwickel 1990 a: 125.

636 Vgl. Pelletier DBS VI: 965–976. van den Born BL: 1534 f.

637 Vgl. Zwickel 1990 a: 123.167 f.341.

638 Vgl. 1 Makk 1,21 4,49; Josephus, Bellum VII 5,5.

639 Vgl. Voß 1993: 80 f.

640 Josephus, Bellum V 217 sieht in der Menora ein Symbol der Planeten; d. h., daß die astrale Konnotation JHWHs auch noch in der Spätzeit des Tempels eine Rolle spielte. Vgl. auch das Feuer im monotheistischen Kult Zarathustras (vgl. Hinz 1976: 73–75). In der Symbolik der Menora kommt aber auch dies zum Ausdruck, was Num 6,25 sprachlich formuliert: »Der Herr lasse sein Angesicht über dir leuchten…«

641 Bellum V 210. Vgl. auch Tacitus, Hist. V 5.

642 Vgl. zur Symbolik das Weinberglied des Propheten Jesaja 6,1–7, wo das Haus Israels als der Weinberg JHWHs gedeutet wird.

643 Bellum V 212–214.

644 Mit Ausnahme des Tierkreises, der nach Bellum V 217 von den Broten auf dem Schaubrottisch angedeutet wird.

645 Josephus, Bellum V 219.

646 Erfahrbar durch das Medium des Kultes.

647 Vgl. Albeck 1956: 333. Danby 1972: 597.

648 Zur Deutung Ariels als Altarherd vgl. Kaiser 1973: 212. Die Mischna versteht jedoch Ariel hier im Sinne der Namenerklärung »ein Löwe ist El« oder »Löwe Els«, da sie vor und nach dem Jesajazitat den Vergleich mit dem Löwen bringt: lᵓrj = wie ein Löwe.

649 Vgl. Eißfeldt 1964: 765.

650 Vgl. Josephus, Ant XIII 9,1 (Marcus 1966: 354–357. Wright 1965: 178–181. Jaroš 1976 c: 106).

651 Vgl. von Gall 1966.

652 Die Problematik zwischen Norden und Süden war immer in der Geschichte vorhanden (vgl. Jaroš 1992: 130–138). Die samaritanische Gemeinde war sadduzäisch geprägt; ihre Gründung geht z. T. auf dissidente Jerusalemer Priester zurück (vgl. Kippenberg 1971: 50–57, Jaroš/Deckert 1977: 44 f.). Die Gemeinde hatte nie das Bedürfnis, ihren Kanon zu erweitern.

653 Vgl. Maier/Schubert 1973: 19–21.

654 Da das Prophetenkorpus zu dieser Zeit bereits festumrissen vorlag, hatte das kurz nach Sirach in den sechziger Jahren des 2. Jh. v. Chr. geschriebene Buch Daniel keine Chance mehr, darin aufgenommen zu werden, und mußte sich daher mit einem Platz im 3. Teil des Kanons, »den Schriften«, begnügen. Anders war die Entwicklung des Kanons bei der ältesten griechischen Bibelübersetzung, der Septuaginta (3.-2. Jh. v. Chr.), wo Daniel nach Ezechiel plaziert ist.

655 Vgl. Eißfeldt 1964: 766.

656 Vgl. Thackeray 1966: 179 Anm. b.

657 Vgl. ebd. 179 Anm. c.

658 Vgl. Eißfeldt 1964: 768 f.

659 Vgl. Stemberger 1979: 56–58.

660 Zum Kanonbegriff vgl. Eißfeld 1964: 757–762.

661 Trotzdem war aber das natürliche Verständnis dieser Liebeslyrik weder im Judentum noch im Christentum völlig verstummt; vgl. Keel 1986: 17–20.

662 Die Rabbinen haben daher verboten, das Hohe Lied im Weinhaus zu singen; vgl. Keel 1986: 15. Rabbi Akiba (gest. 135 n. Chr.) ist sogar der Auffassung, daß der, der das Hohe Lied wie ein gewöhnliches Lied versteht, »keinen Anteil an der künftigen Welt« hat; vgl. Tosefta, Sanhedrin 12,10 (Zuckermandel 1937: 433).

663 Vgl. Gerleman 1965: 43. Zu den Anfängen der allegorischen Deutung vgl. Barthélemy 1985: 13–22. Welch seltsame Blüten die allegorische Deutung wachsen ließ, hat Keel 1986: 16 f. vergnüglich an zwei Beispielen gezeigt. Hld 1,13: »Ein Myrrhenbeutelchen ist mir mein Geliebter, das zwischen meinen Brüsten ruht.« deuten z. B. Raschi und Ibn Esra als »Anwesenheit (Schechina) zwischen den zwei Keruben über der Lade« oder der Christ Cyrill von Alexandria mit »Christus zwischen Altem und Neuem Testament«.

664 Keel 1986: 41.

665 Babylonischer Talmud, Traktat Jadajim 3,5.

666 Vgl. zur Übersetzung Keel 1986: 245 und 250.

667 Vgl. Keel 1986: 250.

668 Vgl. auch Sach 2,9, wo JHWH selber die feurige Mauer für Jerusalem ist.

669 Vgl. Keel 1986: 89–94.

670 Vgl. dazu die Studie von Stemberger 1979.

671 Von hebräisch »sana« wiederholen, lehren.

672 Ausgaben: Albeck 1952–1964. Danby 1972.

673 Von hebräisch »amar« sagen.

674 Von hebräisch »sabar« meinen.

675 Ausgaben: Goldschmidt 1897–1935. Steinsalz 1969–1993 (noch unvollständig).

676 Vgl. Stemberger 1979: 11.19–53.

677 Von hebräisch »jasaf« hinzufügen; die Tosefta ist eine der Mischna ähnliche Sammlung aus tannaitischer Zeit, hat jedoch nicht das kanonische Ansehen der Mischna erlangt (vgl. Groß RGG VI: 953).

678 Von hebräisch »daraš« nachforschen, ist die literarische Form der Auslegung, Deutung, Paraphrasierung etc. der biblischen Texte.

679 Ich verweise auf die Monographien von Konowitz 1908. Marmorstein I 1927. Bonsirven DBS IV: 1147–1161.

680 Vgl. Mischna, Traktat Joma 6,2 (Danby 1972: 301); Traktat Sanhedrin 7,5 (Danby 1972: 392); Traktat Sota 7,6 (Danby 1972: 301): »...im Tempel sprachen sie (die Priester) den NAMEN (beim Segen), wie er geschrieben war, in den Provinzen wurde er durch ein anderes Wort ersetzt.«

681 Vgl. Bietenhard ThWNT V: 267–269.

682 Vgl. Kuhn ThWNT I: 570–573.

683 So schon die Septuaginta in Ex 24,10 (vgl. Dietrich RGG II: 1713. Kuhn ThWNT III: 93–95).

684 Vgl. Levy 1965: 554.

685 Vgl. Levy 1963a: 297.

686 Midrasch Temura (vgl. Jellinek 1967: XX f. und 106–114).

687 Vgl. auch Josephus, Ant I 156 (Thackeray 1967a: 76–79).

688 Vgl. Josephus, Contra Apionem II 166 f., wo JHWH als der EINE; Ungeschaffene, Ewige vorgestellt wird (Thackeray 1966: 358 f.).

689 Vgl. Hunzinger RGG I: 209.

690 Vgl. Strack/Billerbeck 1961: 28 ff.

691 Vgl. Stauffer ThWNT III: 192–194.

692 Vgl. Röttger NBL I: 537 f. Görg NBL I: 375–377.

693 Jubiläenbuch 2,21.31.32 u. a. verwenden dafür gerne den Begriff »Allschöpfer«. Solcher Aussagen können jedoch nie deterministisch verstanden werden. Allen, die den Gottesbegriff so fassen, gibt Rabbi Akiba in Mischna, Traktat Abot 3,17 eine deutliche Absage: »Alles ist (von Gott) vorhergesehen, aber die Freiheit der Wahl ist gegeben.« (Danby 1972: 452).

694 Kautzsch II 1962: 288 f.

695 Rabbi Eleasar ha-Kappar, um 175 n. Chr., in Mischna, Traktat Abot 4,21 f. (Danby 1972: 455), geht bei der Entfaltung der göttlichen Eigenschaften von Leben, Tod und Weiterleben des Menschen aus; Gott ist der Schöpfer, aber auch der Richter. Besonders interessant sind auch jene »negativen« Aussagen der Rabbinen über Gott, um gerade so seine absolute Größe zu zeigen: »Gott ist anders als die Menschen; er freut sich, besiegt zu werden, sorgt für die Schlange, die er doch verflucht hat, lockt den Menschen von den Wegen des Todes zu denjenigen des Lebens, sieht auf das Niedrige...« (nach Dietrich RGG II: 1714).

696 Bamberger 1962: 168 f. Rosenbaum/Silbermann II 1930: 193 f.

697 Ben Chorin 1975: 28.

698 Am 30. 3. 1135 in Córdoba geboren, am 12. 12. 1204 in Kairo gestorben (vgl. Kluxen LThK VI: 1298).

699 Vgl. Cohen RGG IV: 611 f.

700 Zur Verwendung im synagogalen Gottesdienst vgl. Kluxen LThK VI: 1299. Ben Chorin 1975: 28.

701 Vgl. Jacobs 1964. Ben Chorin 1975.

702 Vgl. Jepsen ThWAT I: 348.

703 1975: 31–33.

704 Wie schon öfter erwähnt, setzten die biblischen Schöpfungsberichte noch etwas vor der Welt voraus.

705 Ähnlich wie bei anderen Zahlen des orientalischen Altertums handelt es sich um eine Symbolzahl; zum symbolischen Zahlenverständnis vgl. de Fraine BL: 1917–1920.

706 Diese Präzisierung war notwendig, da das Zahlenverständnis des Mittelalters schon ein anderes war als das des orientalischen Altertums. Die Scholastiker sahen,

ausgehend von der aristotelischen Begriffsbestimmung, die Zahl als eine durch die Einheit gemessene Vielheit; vgl. Aristoteles, Metaphysik 10,6. In diesem Sinn besagt das aristotelische Verständnis genau das Gegenteil dessen, was das »Schema Israel« Dtn 6,4 meint!

[707] Vgl. Brugger 1964: 166.

[708] STh Iq3,1 (Bernhart 1985: 26).

[709] Vgl. Woschitz NBL I: 623.

[710] Vgl. dazu auch Ben Chorin 1975: 118–121.

[711] Vgl. vorher die Ausführungen zum Hohen Lied.

[712] Offb 4,8 wiederholt das Trishagion von Jes 6,3 und steigert Gottes Heiligkeit bis ins Unendliche als Wesensmerkmal seiner Transzendenz.

[713] Sie sind daher nicht Erweis der Göttlichkeit Jesu.

[714] Pfammatter 1967: 279.

[715] Vgl. Stauffer ThWNT I: 34–55.

[716] Pfammatter 1967: 285.

[717] Pfammatter 1967: 285.

[718] Vgl. Stauffer ThWNT I: 41–44.

[719] Vgl. ebd. 53.

[720] Vgl. Pfammatter 1967: 281 f.

[721] Das Thema der Rechtfertigung aus dem Glauben – und nicht aus den Werken des Gesetzes – scheint doch eine allzu künstliche Trennungslinie zu ziehen. Ich meine, daß die Exegese zu Röm 3,21–24 von Origenes den Sachverhalt richtig trifft, wenn er im ersten Ausdruck »Gesetz« nicht die Tora, sondern das Naturgesetz sieht. »Gesetz und Propheten sind also Zeugen für die Gerechtigkeit Gottes. Diese Gerechtigkeit wird durch den Glauben an Jesus Christus offenbart für alle, die glauben. Dabei gibt es keine Rücksicht darauf, ob die Glaubenden Juden oder Heiden sind. Man muß aber auch sehen, daß für die Offenbarung der Gerechtigkeit Gottes nicht nur der Glaube als Grund angegeben wird, sondern in gleicher Weise auch das Gesetz und die Propheten. Denn weder der Glaube ohne Gesetz und Propheten offenbart die Gerechtigkeit Gottes noch andererseits Gesetz und Propheten ohne den Glauben. Das eine hängt vom anderen ab, so daß beides zusammen die Vollendung bringt.« (Römerbriefkommentar III 7; Heither 1992 b: 108 f.).

[722] Dieser Text ist nicht christlich. Vgl. dazu Schubert 1973: 24–27.

[723] Vgl. ebd. 12–19.

[724] Die Ziffernsumme der Konsonanten von DaViD (Dalet = 4, Waw = 6, Dalet = 4) ergibt 14.

[725] Vgl. 2 Sam 7,11–17. Israel hat an dieser Verheißung Gottes nie gezweifelt. Selbst als das alte davidische Herrscherhaus 587/86 v. Chr. mit Jerusalem ein Ende gefunden hatte, wurde das Wort im 3. Jh. v. Chr. in das Chronistische Geschichtswerk aufgenommen und aktualisiert (1 Chr 17,11–15); jetzt geht es nicht mehr um den konkreten Sohn und Nachfolger Davids, sondern um »einen von deinen Söhnen« und nicht mehr die Dynastie wird wie in 2 Sam 7,16 Bestand haben, sondern »in MEINEM Haus und in MEINEM Königtum werde ich ihm ewigen Bestand verleihen…« (2 Chr 17,14). Damit hat die Aktualisierung bereits eine eschatologische Dimension

erreicht, die im Messianischen Florilegium (1,10–13) von Qumran weiter ausgestaltet ist; vgl. Schubert 1973: 16 f.

726 Wenn auch singulär, aber dennoch kann die rabbinische Tradition den Messias schon als präexistent sehen; vgl. die Belege einer Baraita in Pesachim 54 a, Pesqita rabbati 152 b und Targum Pseudo-Jonatan zu Micha 4,8 bei Schubert 1973: 17 f.

727 Vgl. Jaroš 1992: 96.

728 Vgl. Schubert 1973: 33.

729 Aorist Partizip von πίπτω und Aorist von προσκυνέω.

730 Vgl. Liddell/Scott 1973: 1406.

731 Vgl. Greeven ThWNT VI: 759–767. Liddell/Scott 1973: 1518.

732 Vgl. Michaelis ThWNT VI: 163 f.

733 Vgl. Schubert 1973: 36 f.

734 Zu den christologischen Hoheitstiteln vgl. Hahn 1963.

735 Vgl. Schnackenburg 1970: 272–308.

736 Das Verb latreuo wird ausschließlich für die Gottheit verwendet; vgl. Strathmann ThWNT IV: 62.

737 Vgl. Schmitz ThWNT III: 165 f.

738 Wenn von Seite mancher jüdischer Gelehrter unterschwellig oder offen der Vorwurf laut wird, daß diese Entwicklung nur durch den Hellenismus und seine Hereinnahme möglich geworden sei, so seien sie daran erinnert, daß die jüdische Religion ohne ihre kanaanäischen Wurzeln nicht zu einem Baum gewachsen wäre. Gott hat nicht nur zu Israel gesprochen, sondern zu allen Menschen, wovon die hebräische Bibel selber ein beredtes Zeugnis in ihren »heiligen Heiden« ist (vgl. Daniélou 1956). Oder wie heißt es doch bei Mal 2,10: »Haben wir nicht alle denselben Vater, hat uns nicht alle der eine Gott erschaffen?« Eine Befruchtung durch hellenistisches Denken ist qualitativ nichts anderes als die Befruchtung der hebräischen Bibel durch Israels alte Umweltreligionen und daher in der Sicht der Heilsgeschichte genauso legitim. Gott kommt auf vielerlei Weise zum Ziel!

739 Vgl. Schnackenburg 1970: 309–322.

740 Natürlich ist der Schritt zur Erkenntnis seiner Göttlichkeit nur mehr graduell und nicht mehr essentiell.

741 Vgl. Oepke ThWNT II: 661 f.

742 Die spätere Zweinaturenlehre ist hier zwar noch nicht in klarer Begrifflichkeit formuliert, aber im liturgischen Bekenntnis theologisch unreflektiert vorhanden; für terminologische Ähnlichkeiten zu gnostischen Vorstellungen vgl. Schnackenburg 1970: 320–322.

743 Vgl. ebd. 382.

744 Vgl. Schnackenburg 1965: 200–207.

745 Einige Textzeugen lesen »Gott«.

746 In der kosmischen Christologie des Neuen Testamentes ist Christus kein Geschöpf: vgl. Mußner 1955.

747 Vgl. die Belege bei Schulz 1974: 27.

748 Dem Wortsinn nach mögen manche Ausleger recht behalten, die »von der Art eines göttlichen Wesens« reden (artikelloses »Gott« in den Versen 1.6 a). Es ist jedoch

zu beachten, daß hier die theologische Differenz bereits gemacht wird: mit »dem Gott« wird versucht, den Vater auszudrücken; davon unterschieden, aber trotzdem Gott (artikellos) ist der Logos.

749 Es ist die gleiche Formulierung, wie sie die späteren Symbola der Kirche verwenden: »Ich glaube an Gott ..., ich glaube an Jesus Christus ..., ich glaube an den Heiligen Geist ...«.

750 Auch artikellos, obwohl JHWH gemeint ist.

751 Vgl. den Apparat bei Nestle/Alland 1975: 231. »Monogenés« bezeichnet im Griechischen »einzig entsprossen«, »allein entsprossen ohne Geschwister«; vgl. das deutsche »ein-geboren«; Monogenés entspricht dem hebräischen jhjd (vgl. Ri 11,34). Joh charakterisiert mit dem Terminus das seit Ewigkeit vom Vater gezeugte Wort (1 Joh 5,18); vgl. Büchsel ThWNT IV: 745–780.

752 »Ausdruck engster Gemeinschaft« (Meyer ThWNT III: 824 f.).

753 Schon seit Homer, Ilias 6,400 (vgl. Voß o. J.: 109) ist »Busen, Schoß« ein Ausdruck mütterlicher Fürsorge und Liebe; ebenso auch das hebräische Äquivalent (vgl. Num 11,12 1 Kön 3,20 17,19).

754 Johannes der Täufer ist Zeuge dieses wahren Lichtes (V 8).

755 Nicht Gott ist daher Mensch geworden, wie so häufig zu hören ist und in der pastoralen und katechetischen Praxis falsch, ja unreflex häretisch gesagt wird, sondern der Logos ist Mensch geworden!

756 Vgl. Schulz 1974: 26.

757 Der Sophia-Begriff wurde später natürlich auch auf Jesus übertragen. Es sei auf ein Beispiel hingewiesen: In der Nähe der berühmten Nea-Kirche Jerusalems gab es eine viel ältere Kirche, die im damaligen byzantinischen Volksmund »Pilatuskirche« geheißen hat. Diese frühbyzantinische Kirche stand auf der Stelle des Praetoriums, wo Jesus von Pilatus zum Tod verurteilt wurde. Es war also die Stelle, wo die göttliche Weisheit (nicht der göttliche Logos) vor dem menschlichen Richter stand (vgl. Jaroš 1980a).

758 Vgl. Albertz/Westermann THAT II: 726 f.

759 Vgl. Seebaß NBL I: 767 f.

760 Vgl. ebd. 767 f.

761 Vgl. Sjöberg ThWNT VI: 379.

762 Vgl. ebd. 370–372. Schweizer ebd. 387–394.

763 Vgl. ebd. 386.

764 Strack/Billerbeck II 1961: 134–138.

765 z. B. für Gottes Barmherzigkeit und Gerechtigkeit; vgl. ThWNT VI: 386.

766 Sjöberg ThWNT VI: 386.

767 Vgl. Keel 1986: 71–79.

768 Vgl. Greeven ThWNT VI: 64 f.: zur christlichen Symbolik vgl. Poeschke LCI IV: 241–244.

769 Götte 1965: 232 f.

770 Reisner NBL I: 720.

771 Vgl. Schweizer ThWNT VI: 432 f.

772 Vgl. ebd. 395.

773 Schweizer ThWNT VI: 441.

774 Schnackenburg 1970: 348.

775 Vgl. Behm ThWNT V: 810.

776 Schnackenburg 1970: 349.

777 So z. B. Bietenhard ThWNT V: 274.

778 DS 1; die in Klammer gesetzten Ausdrücke sind spätere Beifügungen.

779 DS 10–36.

780 Die Fragepartikel läßt ein Ja als Antwort erwarten.

781 EP 23; vgl. auch die trinitarische Schwurformel: »So wie Gott lebt und der Herr Jesus Christus lebt und der Heilige Geist, der Glaube und die Hoffnung der Erwählten...« (EP 28).

782 EP 80.

783 EP 4; Schöllgen/Geerlings 1991: 118 f.

784 EP 126.

785 Brox 1993 a: 34.

786 Schöllgen/Geerlings 1991: 143–149.

787 Vgl. ebd. 260–263.

788 Über die Nähe zum Synagogengottesdienst vgl. Brox 1993 a: 92–94.

789 Schöllgen/Geerlings 1991: 270 f.

790 Vgl. ebd. 222–227.

791 Röwekamp 1992: 150–153.

792 Josephus, Ant XX 9,1.

793 Vgl. Reuss LThK III: 633 f.

794 Der Name könnte von einem Ort des Ostjordanlandes herkommen?

795 Vgl. Schoeps RGG II: 435.

796 Vgl. Schmid LThK VI: 1343–1347.

797 Vgl. Irenäus von Lyon, Adversus Haereses I 26,1–3 (Brox 1993 a: 314 f.).

798 Vgl. aber Markschies NBL I: 869.

799 Gefährlich auch deswegen, weil sie innerhalb der Großkirche versteckt operierten.

800 Vgl. jedoch Markschies NBL I: 869.

801 Zu der gnostischen Bibliothek von Nag Hammadi, die 1947 entdeckt wurde, vgl. Filoramo 1990 und Ekschmitt 1993: 175–259.

802 Vgl. Franzen 1968: 50.

803 Enkratiten = Enthaltsame; vgl. Irenäus von Lyon, Adversus Haereses I 28 (Brox 1993 a: 322–325).

804 Der Christ müsse sich freiwillig dem Martyrium stellen.

805 Vgl. Franzen 1968: 76.

806 Vgl. ebd. 78 f.

807 Der Inhalt all dieser Lehren ist z. T. bis heute noch lebendig und taucht in verschiedener Kleidung immer wieder auf.

808 EP 113.

809 EP 117.

810 EP 130.

[811] Vgl. oben die Deutung, daß die hebräische Bibel selber den Gottesnamen in Ex 3 nicht deutet, sondern eher verschleiert.

[812] Vgl. auch EP 137.

[813] Vgl. aber schon Justin, Apologia I 1 und V 2.

[814] EP 180.

[815] Scheffczyk 1967: 159.

[816] Auch wenn das noch nicht die Sprache von Nikaia ist, sollte man doch akzeptieren, daß die Annäherung an das Mysterium auf vielerlei Weise geschieht und auch geschehen soll.

[817] EP 164; vgl. auch EP 161 und 165.

[818] Schon im Profangriechischen wird »Trias« z. B. als Dreiergruppe verstanden; vgl. Liddell/Scott 1973: 1816.

[819] Brox 1993a: 36.

[820] Ebd. 66.

[821] Kapitel 5 (Brox 1993a: 36; vgl. EP 194.198.256).

[822] EP 371.

[823] Adversus Praxean 13 = EP 377.

[824] »Tres Personae unius divinitatis«; vgl. Scheffczyk 1967: 170. Kötting LThK IX: 1372f.

[825] Vgl. Scheffczyk 1967: 172.

[826] Wirklich existierende Wesen, denen jedoch einzeln je kein eigenes geistiges Aktzentrum zukommt, sondern denen dies gemeinsam ist.

[827] Vgl. Kettler RGG IV: 1696. Altaner 1963: 183.

[828] Vgl. EP 540.

[829] So z. B. Kettler RGG IV: 1695.

[830] EP 541–549.

[831] Vgl. Görgemanns/Karpp 1992: 15–17.

[832] Ebd. 85.

[833] Görgemanns/Karpp 1992: 783–801.

[834] EP 502.

[835] Das hier von Origenes verwendete griechische Verbum bezeichnet die kultische Gottesverehrung! (vgl. Schmidt ThWNT III: 156).

[836] Die Zahl 220 ist durch eine Liste bezeugt; Eusebius spricht von 250 Bischöfen. Nach der Tradition sollen es 318 gewesen sein, worunter eine Anspielung auf die 318 Knechte Abrahams (Gen 14,14) zu verstehen ist; vgl. Franzen 1968: 79.

[837] DS 125.

[838] Zu Fehldeutungen der Wesensgleichheit des Sohnes mit dem Vater vgl. Scheffczyk 1967: 176–178.

[839] EP 926.952.970f.

[840] Unter Hypostasis versteht Basilius durch besondere Eigentümlichkeiten umschriebene Wesen, für sich subsistierend nicht im Sinne des neuzeitlichen, individuellen Personenbegriffes, der in der Person ein geistiges Aktzentrum voraussetzt, sondern für sich subsistierend in bezug auf die größere Einheit. D. h. die eine Wesenheit der Gottheit, das eine geistige Aktzentrum der Gottheit ist auch das jeder einzelnen Hypostase.

841 Basilius, De Spiritu Sancto 18,44–45 (Sieben 1993: 208–211).

842 Basilius, De Spiritu Sancto 18,45–46 (Sieben 1993: 210–213).

843 Und zwar den Johanneskommentar 6,33,165 und den Römerbriefkommentar 3,8.

844 Pneumatomachen und Macedonianer.

845 Das 1. Konzil von Konstantinopel wurde später als das 2. Ökumenische Konzil der Kirche anerkannt.

846 EP 1081–1089.

847 Vgl. Jedin 1969: 22.

848 Vgl. Origenes, Contra Celsum 1,23 (EP 515); Römerbriefkommentar 7,13 (EP 502). Basilius, Epistolae 8,2 (EP 911): »einen Gott nicht der Zahl nach, sondern der Natur.«

849 Origenes, Genesiskommentar (EP 471).

850 Basilius, Adversus Eunomium 4,3 (EP 942); gleich ewig wie der Vater ist der Sohn und der Heilige Geist: Origenes, Peri archon 4,4,1 (EP 470); Fragmenta (EP 539); Basilius, Adversus Eunomium 2,12.14.17 (EP 934–936). Der Begriff »zeugen« wird natürlich im Sinne der Analogie gebraucht; denn Gott ist Pneuma! Der Sohn geht also vom Vater per generationem intellectualem seit Ewigkeit aus; vgl. Basilius, Homiliae 16 (EP 969).

851 Origenes, Fragmenta (EP 540). Basilius, Adversus Eunomium 2,12.14.17 (EP 934–936).

852 Origenes, Johanneskommentar 4,2,10(6),75 (EP 479): »Alles ist durch den Logos geworden«.

853 Die folgenden Sätze zeigen den heilsgeschichtlichen Weg Jesu, wie er aus dem Neuen Testament ersichtlich ist.

854 Basilius, Epistolae 236,6 (EP 926): »Ich glaube an den göttlichen Heiligen Geist«.

855 Der Heilige Geist ist also weder vom Vater gezeugt noch geschaffen, sondern von derselben Substanz des Vaters und des Sohnes, wie es Epiphanius, Ancoratus 7 (EP 1081) ausdrückt.
Die griechische Formel »der vom Vater ausgeht« impliziert »der vom Vater durch den Sohn ausgeht« (vgl. z. B. EP 611.770 zu 164.915) und ist sachlich mit der in der westlichen Kirche gebräuchlichen Formel »der vom Vater und vom Sohn ausgeht« identisch (vgl. EP 375.714.1067.1082.1099.3048). Die Einfügung des »filioque« durch die lateinische Kirche ist daher keine Verfälschung des Symbolons, sondern war lediglich als eine Interpretation gedacht (vgl. Franzen 1968: 81), hatte jedoch verhängnisvolle Folgen, weil mit ein Grund, daß es 1054 n. Chr. zur Spaltung zwischen Ost- und Westkirche gekommen ist.

856 Vgl. oben.

857 Daß der Heilige Geist durch die Propheten gesprochen hat, ist bereits Erbe der nachapostolischen Zeit.

858 DS 150.

859 EP 2061.

860 EP 2060.

861 EP 2057 b.

862 Ebd.

863 Wenn man bedenkt, welche Rivalin die Göttin für JHWH ein gutes Jahrtausend gewesen ist, wie sie spät noch die Züge der spielenden Weisheit annehmen konnte, so war die Gefahr für die christliche Volksfrömmigkeit enorm, sie in der Gottesmutter Maria wieder aufleben zu lassen. In der Volksfrömmigkeit waren solche Ansätze durchaus vorhanden. Die Geschehnisse um das Konzil von Ephesos, wo die Entscheidung der Väter, Maria dürfe Gottesmutter genannt werden, von der christlichen Plebs gefeiert wurde, lassen eher an die Auferstehung der Göttin denken als an die Freude des Volkes über eine dogmatische Entscheidung.

864 Vgl. Altaner 1963: 302. Leys LThK VII: 885–888.

865 198 anwesende Bischöfe unterschrieben Nestorius' Verurteilung (vgl. Jedin 1969: 25).

866 Seine Anhänger haben bis Zentralasien Patriarchate gegründet und eine intensive Missionstätigkeit entwickelt. In bescheidenem Umfang gibt es die nestorianische Kirche bis heute (vgl. Franzen 1968: 84).

867 DS 250 f.; d. h. Christus hat sowohl die menschliche als auch die göttliche Natur und ist trotzdem der EINE Herr, eine einzige Person.

868 DS 252. Das Konzil fügte jedoch hinzu: weil sie dem Fleisch nach den fleischgewordenen Logos, der aus Gott ist, geboren hatte. Damit lehrte das Konzil letztlich genau die Präzisierung, die auch Nestorius haben wollte.

869 So hielt er die Communicatio idiomatum nicht konsequent durch und vertraute nach antiochenischer Manier der sogenannten Bewährungstheorie, daß sich der Mensch Jesus durch sittliches Ringen, durch Leid und Tod seine göttlichen Attribute erwerbe. Die communicatio idiomatum meint, daß der göttliche, menschgewordene Logos menschliche und der Mensch Jesus göttliche Eigentümlichkeiten besitzt, so daß es sich immer um die eine und dieselbe Person Jesu Christi handelt.

870 Papst Leo I. bezeichnete sie als »Räubersynode«.

871 Vgl. Jedin 1969: 27 f.

872 DS 301.

873 DS 302.

874 Zu den Ikonen des Klosters vgl. Galey/Forsyth/Weitzmann 1979: 88–160. Weitzmann/Chatzidakis/Radojčić 1980: 13–60 Abb. 16–59.

875 Diese Technik wurde nach Beendigung der Bilderstürmerei 843 n. Chr. nicht mehr angewendet.

876 Zur Christusikonographie vgl. Kollwitz LCI I: 355–371.

877 Dazu vgl. Volbach/Lafontaine-Dosogne o. J.: 59–61.

878 Vgl. Weitzmann/Chatzidakis/Radojčić 1980: 6.

879 Sieben 1993: 214 f.

880 D. h. sie stammt aus dem 8. Jh. v. Chr. Die späteren redaktionellen Zusätze haben die Erzählung kaum verändert; vgl. Jaroš 1982a: 139–143.

881 Vgl. von Rad 1967: 200 »Entstehung eines Nebentriebes der Heilsgeschichte«.

882 Zum Hintergrund vgl. Jaroš 1992: 87–90.

883 Zumindest nach den Rechtsbräuchen des Kulturlandes.

884 Vgl. Busse 1988: 62 f.

885 In Sure 2,121 werden von Abraham und Ismael die Fundamente der Kaaba gelegt; vgl. auch die Diskussion bei Paret, E I: 980 f.

886 Vgl. Busse 1988: 20 f.

887 Vgl. ebd. 21.

888 Dies trifft in einem solchen Sinn für keine der drei zu.

889 Zu Gen 22 vgl. Jaroš 1982 a: 168–210.

890 Vgl. Höfner 1970: 237–353.

891 Vgl. Wellhausen 1961. Henninger 1981 a. Höfner 1970. Knauf 1985. Knauf 1988.

892 Vgl. Höfner 1970: 350 f.

893 Vgl. Höfner 1970: 351–353.

894 Vgl. ebd. 250.

895 Vgl. ebd. 286.

896 Vgl. ebd. 369.371.375 f.383.

897 Vgl. ebd. 383.

898 Vgl. Henninger 1981 a: 11–33, der versucht, das religiös-beduinische Erbe herauszuarbeiten.

899 Vgl. Höfner 357.

900 Ähnlich wie aus der Polemik der Bibel gegen die kanaanäische Religion lassen sich aus der koranischen Polemik manch wertvolle Hinweise entnehmen.

901 Vgl. Klinke-Rosenberger 1941.

902 Vgl. Höfner 1970: 361 f.

903 Ursprünglich: ʾal-ʾilahat, kontrahiert zu ʾal-ʾilat, schließlich ʾAllat = Göttin.

904 Vgl. Höfner 1970: 362.

905 Zu den Göttinnen vgl. Wellhausen 1961: 24–64. Höfner 1970: 361–368.

906 In der Südecke ist ein weißer Stein eingemauert.

907 Vgl. Wellhausen 1961: 74.

908 Ebd. 78.

909 Ebd. 75.

910 Vgl. Henninger 1976: 129–168. Henninger 1981 b: 48–117.

911 Vgl. Höfner 1970: 366. Vgl. auch den Hinweis Wellhausens, daß Hubal in der nabatäischen Inschrift Euting 3 möglicherweise vorkommt.

912 Die islamische Tradition versuchte auch, in Hubal Abraham zu sehen; vgl. Wellhausen 1961: 75.

913 1961: 75 f.

914 Ebd. 75.

915 Ebd. 76 Anm. 1.

916 Vgl. Busse 1988: 21.

917 Vgl. die Belege bei Busse 1988: 22.

918 Vgl. ebd. 9.

919 Vgl. Jaroš/Deckert 1977: 50.

920 Höfner 1970: 280.

921 Für die samaritanischen Gemeinden gilt natürlich wie für die Samaritaner selber, daß ihre Heilige Schrift nur die Tora und das Buch Josua umfaßte.

922 Höfner 1970: 280.

923 Vgl. Rudolph 1970: 403–462.

924 Vgl. die Belege bei Wellhausen 1961: 236–238.

925 Vgl. Busse 1988: 12 f.

926 Vgl. ebd. 24–26.

927 Wellhausen 1961: 234.

928 Das genaue Geburtsdatum ist jedoch historisch nicht klar, ähnlich wie bei Jesus das genaue Geburtsdatum auch nicht bekannt ist. Die europäische Forschung gibt für gewöhnlich den Zeitraum zwischen 570 und 580 n. Chr. an.

929 Ein Sohn seines Onkels, Ali, wurde später der 4. Kalif und Mann seiner Tochter Fatima.

930 Zwei Buben starben früh; die restlichen vier waren Mädchen.

931 Vgl. Busse 1988: 14.

932 Sie war ein Geschenk des byzantinischen Statthalters von Ägypten.

933 Vgl. Busse 1988: 12.

934 Vgl. Würthwein 1966: 82–85.94–95.

935 Vgl. Henninger 1951: 2.

936 Vgl. Hartmann 1992: 15 f.

937 Vgl. Busse 1988: 16 f.

938 Vgl. Hartmann 1992: 18.

939 Mohammed ist in dieser Phase vor Gewaltanwendung nicht zurückgeschreckt, letztlich siegte in ihm die eirenische Natur, so daß mit den Juden Verträge geschlossen wurden, die ihnen die Kultfreiheit garantierten. Letztendlich hatte aber seine Haltung zur Folge, daß nach seinem Tod die Juden aus Zentralarabien vertrieben wurden. In Südarabien konnten sich bis heute jüdische Gemeinden halten.

940 Vgl. Busse 1988: 20.

941 Vgl. Hartmann 1992: 19–25.

942 Vgl. Einband des Buches von Hartmann 1992.

943 Nach der westlichen Forschung bekam der Koran unter dem Kalifen Otman (644–656 n. Chr.) seine endgültige Gestalt. Die Grundlagen der koranischen Chronologie schuf Nöldeke 1860; vgl. Schwally 1909. 1919; Schwally/Pretzl 1938. Bekannte deutsche Übersetzungen sind die von Henning 1966 (Neuausgabe), Ullmann 1959 und Paret 1962. Wenn nicht anders vermerkt, zitiere ich den Koran nach der Übersetzung von Henning, da diese Übersetzung auch von den Muslimen besonders hoch geschätzt wird. Die Verseinteilung in den einzelnen Suren ist nicht einheitlich; ich nehme auch hier das von Henning gewählte System, obwohl sich die orientalische Zählung heute mehr durchzusetzen scheint.

944 Vgl. Bouman 1989: 239–251.

945 Vgl. Sure 2,158.256 3,1.4.16 4,89 40,3 44,8 73,9, um einige Belege zu nennen.

946 »Das arabische Wort ›ṣamad‹ bedeutet mehr als nur ewig. Es impliziert darüber hinaus auch den Begriff der absoluten Existenz, im Vergleich mit der alles andere zeitlich und kontingent ist, sowie den Begriff der unabhängigen Unwandelbarkeit, von der alles andere abhängig ist.« Bouman 1989: 2 Anm. 4.

947 Das heißt aber nicht, daß es zwischen Gott und Mensch im Islam keine Bezie-

hung gäbe; vgl. Sure 114 und die Studie von Bouman 1989: 11–205. Vgl. auch Masson I 1958: 19–21.

948 Vgl. Masson I 1958: 65.

949 1992: 18.

950 Gott als den Barmherzigen zu titulieren war auch im vorislamischen Arabien geläufig; vgl. die vorher zitierten südarabischen Inschriften. Über weitere Attribute Gottes vgl. Masson I 1958: 15–83.

951 »Sein sind die schönsten Namen« führte in der islamischen Tradition auch dazu, daß 99 dieser schönsten Namen Allahs im meditativen Gebet besonders verwendet werden.

952 Vgl. Busse 1988: 43–51.

953 Nur in diesem Sinn wird hier der Ausdruck »Sohn Gottes« von Mohammed verstanden und nicht etwa in einem harmlosen, metaphorischen Sinn.

954 Zu Maria vgl. Abd-El-Jalil 1954.

955 Vgl. Henninger 1951: 11–15.

956 Jomier 1962: 83 f.

957 Vgl. Henninger 1951: 22–25.

958 Vgl. ebd. 27 f.

959 Ebd. 30.

960 Vgl. Henninger 1951: 40.

961 Vgl. die Belege ebd. 49 Anm. 24.

962 Diese Sure ist auch im christlich-dogmatischen Sinn korrekt; denn nicht Gott ist Mensch geworden, sondern der Logos!

963 Vgl. Henninger 1951: 47–51.

964 Vgl. Jomier 1962: 90 f.

965 Vgl. Stieglecker, Theologisch-Praktische Quartalschrift 85 (1932) 102.

966 Vgl. die Belege bei Henninger 1951: 53.

967 Vgl. ebd. 53.

968 Vgl. Henninger 1951: 3–6.

969 1988: 23 f.57.

970 Vgl. Henninger 1951: 54.

971 Vgl. Hartmann 1992: 48.

972 Vgl. den Überblick bei Stieglecker 1962: 9–19.

973 Nach Hartmann 1992: 55–58.

974 Der islamische Theologe al-Gaziri, der 1933 seine berühmte Dogmatik veröffentlicht hat, sagt, daß man an diese Definition des Verstandesurteils nicht den strengen Maßstab anlegen darf. Es ist eigentlich keine Definition, sondern bloß eine Erklärung des Verstandesurteils. Das Unmögliche ist Nicht-Sein, das Mögliche weder Sein noch Nicht-Sein. Das Mögliche kann aus sich nicht zum Sein kommen, es sei denn, es habe einen äußeren Anstoß erhalten. Das Notwendige kann nur sein und daher niemals nicht sein (vgl. Stieglecker 1962: 9–11).

975 Ipsum esse in se subsistens.

976 Vgl. vorher bei Maimonides.

977 Im Unterschied zum Christentum, das das Wesen Gottes auch als eines bezeich-

net, läßt die islamische Theologie nicht zu, in dem einen göttlichen Wesen, in der Divinitas, drei distinkte Seinsweisen zu sehen.

⁹⁷⁸ Damit schließt die islamische Theologie nicht nur die immanente Trinitätslehre aus, sondern auch die ökonomische (daß der Logos Mensch wurde etc.).

⁹⁷⁹ D. h. die Existenz ist im Wesen Gottes selber begründet. Im Unterschied dazu kommt die Existenz den gewordenen Wesen zu, aber sie haben diese nicht aus sich selber.

⁹⁸⁰ Diese fünf Eigenschaften Gottes werden häufig »negative« genannt, was mißverständlich sein könnte. Es sind ausschließende Eigenschaften Gottes, d. h. sie werden so genannt, weil sie von Gott das aussagen, was den Geschöpfen nicht zukommt.

⁹⁸¹ Damit wird einmal ausgedrückt, daß Accidens nicht etwas ist, was für sich existieren kann, sondern etwas ist, was Gott zugeordnet ist (ontologisches Accidens), ihn weiter bestimmt; d. h. der göttliche Wille als solcher kann nicht existieren, sondern nur als Accidens Gottes. Damit wird ebenso einer Spaltung des monotheistischen Gottesbegriffes entgegengewirkt.

⁹⁸² Die Beziehungslosigkeit des göttlichen Lebens ist eine weitere deutliche Abgrenzung zum Relationenverständnis der christlichen Trinitätslehre.

⁹⁸³ Bei dieser Accidens-Eigenschaft Gottes schließt die islamische Theologie jeden Anthropomorphismus aus, versteht diesen Ausdruck daher rein bildhaft bzw. analog.

⁹⁸⁴ Während die christliche Philosophie accidentelle Bestimmungen hauptsächlich als Merkmale der Endlichkeit eines Seienden sieht, definiert diese die islamische Theologie als solche, die den Accidens-Eigenschaften Gottes anhaften, wie z. B. das Mächtigsein der Macht Gottes. Zum Hintergrund dieser Unterscheidung vgl. Hartmann 1992: 56.

⁹⁸⁵ Die Welt ist nach diesem philosophischen System das Mögliche, das eben nur durch eine von außen kommende Bewegung zum Sein kommen kann.

⁹⁸⁶ Hier wird der Begriff Accidens im allgemein logischen Sinn gebraucht: Accidens als Bestimmung, die einem Subjekt zukommt.

⁹⁸⁷ Dieser Satz klingt für die christliche Theologie eigenartig, liegt jedoch im Bereich der inneren Logik des Islam. Wie die Christen kennen die Muslime in Gott nur ein geistiges Aktzentrum. Die Muslime würden dieses jedoch bei einer trinitarischen Interpretation in Frage gestellt sehen.

⁹⁸⁸ Hartmann 1992: 62. Eine ausführliche Diskussion über die verschiedenen Eigenschaften Gottes in der islamischen Theologie von den Anfängen bis zur Moderne gibt es bei Stieglecker 1962: 23–96.

⁹⁸⁹ Bei diesem Vergleich ist jedoch nicht der Inhalt der beiden Gebete gemeint, sondern die Häufigkeit der Verwendung.

⁹⁹⁰ Eine Ableitung des Wortes »Sufismus« aus dem griechischen »sophos« ist philologisch nicht haltbar.

⁹⁹¹ Vgl. Biehn LThK IX: 1149.

⁹⁹² Ähnlich wie die christlichen Mönche.

⁹⁹³ Schimmel 1992: 31.

⁹⁹⁴ Vgl. Schaeder 1927: 845.

⁹⁹⁵ Schimmel 1992: 51 f.

[996] Schimmel 1992: 112.

[997] z. B. von der johanneischen Theologie des Neuen Testamentes.

[998] Schimmel 1992: 53.

[999] Schimmel 1992: 65 f.

[1000] Smith 1984: 98 nach Schimmel 1992: 66.

[1001] Schimmel 1992: 67.

[1002] Ebd. 69.

[1003] Ebd. 70.

[1004] Vgl. Schimmel 1992: 74 f.

[1005] Ebd. 76.

[1006] Massignon 1922 und 1976.

[1007] Vgl. Schimmel 1992: 100–121.

[1008] Ebd. 111.

[1009] Ebd. 111.

[1010] Rahner LThK V: 141.

[1011] Er gehörte der Richtung der Ašariten an, die auf al-Ašᶜari, 873–935 n. Chr., den Begründer der nach ihm benannten Schule, zurückgeht. Die grundlegende Auffassung der Ašariten ist, daß Gottes Dasein nicht etwas ist, was noch zum Wesen Gottes hinzukommt; Gottes Dasein ist seine Washeit, er selbst.

[1012] Vgl. die Angaben bei Schimmel 1992: 142–143 Anm. 53–54.

[1013] Auch die großen mittelalterlichen Theologen des Christentums wie Thomas von Aquin und Bonaventura waren zutiefst Mystiker. In einer Legende über eine Vision des Thomas von Aquin ist dies besonders deutlich, als er die Stimme Jesu hört: »Bene scripsisti de Me Thoma, quid ergo mercedem accipias?«, »Gut hast du über Mich geschrieben, Thomas! Welchen Lohn willst du?« und Thomas antwortet: »Nil nisi Te, Domine«, »Nur Dich, Herr.« Alle Rede von Gott, die nicht durch die persönliche Beziehung zu Gott geläutert ist, bleibt Stroh, leeres Geschwätz! Bonaventura spricht vom dreifachen Weg: Meditatio, Oratio, Contemplatio, Betrachtung, Gebet und Vertiefung in Gott, daß der Mensch ihm ähnlich wird. »…ut adhaerentia te conglutinet propter amoris Sponsi fortitudinem adeo, ut possis dicere: Mihi autem adhaerere Deo bonum est; et illud: Quis separabit a caritate Christi.« »…sollst du dich an ihn hängen und dich so mit ihm verbinden, denn die Liebe des Bräutigams ist stark, so daß du sagen kannst: Gott anzuhangen ist mein Glück (Ps 73,28) und: Wer wird uns scheiden können von der Liebe Christi (Röm 8,35)« (vgl. Schlosser 1993: 154 f.)

[1014] Schimmel 1992: 142.

[1015] Stieglecker 1962: 791.

[1016] Schimmel 1992: 143.

[1017] Vgl. Wensinck 1941.

[1018] Vgl. dazu Schimmel 1992: 145 f.

[1019] Vgl. Lotz, Philosophisches Wörterbuch 9–11. Przywara LThK I: 468–473.

[1020] STh Iq13a5 (Bernhart 1985: 113).

[1021] Othmar Keel hat mir das Manuskript seines letzten, noch unveröffentlichten Aufsatzes zur Verfügung gestellt: »Sturmgott –Sonnengott – Einziger, Ein neuer Versuch, die Entstehung des judäischen Monotheismus historisch zu verstehen«. Keel kann mit überzeugenden Argumenten das Monotheismusbekenntnis von Jes 37,20 zwischen 600 und 587 v. Chr. datieren. »Im Gegensatz zum historischen Jesaja steht der Jesaja der Legende ganz hinter Hiskija (Jes 37,2.5 f.21). Der historische Jesaja hatte in Assur ein Werkzeug des Zornes Jahwes gesehen (Jes 5,25 b–29). Wie in der David-und-Goliat-Erzählung Goliat die Schlachtreihen des lebendigen Gottes verhöhnt (1 Sam 17,26 und 36), so wird in der Jesaja-Legende die Herausforderung Sanheribs als Verhöhnung des lebendigen Gottes interpretiert (Jes 37,4 und 17). Die Wortkombination »den lebendigen Gott verhöhnen« kommt nur in diesen beiden Erzählungen vor. Wie der Sieg über Goliat das ganze Land bzw. die ganze Erde erkennen lassen soll, daß es in Israel einen Gott gibt (1 Sam 17,46), so soll der »Sieg« Jahwes über Sanherib, zu dem die Legende den Abzug der Assyrer hochstilisiert, alle Königreiche der Erde erkennen lassen, daß Jahwe allein Gott ist (... Jes 37,20; 2 Kön 19,19). Seine Einzigkeit hat Jahwe nach Meinung der Legende dadurch bewiesen, daß er im Gegensatz zu allen Göttern ... seine Stadt aus der Gewalt des Assyrerkönigs errettet hat (Jes 37,12).« (Manuskript Seite 11 f.)

[1022] 1960: 117.

[1023] Zum Selbstverständnis anderer Religionen sei auf das grundlegende Buch von Bühlmann 1981 verwiesen.

[1024] Bühlmann 1981: 91.

[1025] Busse 1988: 35.

[1026] Ebd. 34.

[1027] Ebd. 34.

Abkürzungen[*]

ANET   Pritchard J. B., Ancient Near Eastern Texts relating to the Old Testament, Princeton ³1969.

BHH   Biblisch-Historisches Handwörterbuch I–III, hrg. von Bo. Reicke und L. Rost, Göttingen 1962–1966.

BL   Bibel-Lexikon, hrg. von H. Haag, Einsiedeln ²1968.

BRL   Biblisches Reallexikon, hrg. von K. Galling, Handbuch zum Alten Testament, Erste Reihe 1, Tübingen ²1977.

DBS   Supplément au Dictionnaire de la Bible, publié par L. Pirot, Paris 1928 ff.

DS   Denzinger H./Schönmetzer A., Enchiridion Symbolorum, Definitionum et Declarationum de Rebus Fidei et Morum, Barcinone-Friburgi/Brisgoviae-Romae ²³1965.

EA   Knudtzon J. A., Die El-Amarna-Tafeln, 2 Bände, Aalen 1915, 1964.

EI   Encyclopaedia of Islam I–IV, Leiden 1913–1934, New Ed. I, 1960 ff.

EP   Rouet de Journel M. J., Enchiridion Patristicum, Loci SS.Patrum, Doctorum Scriptorum Ecclesiasticorum, Barcinone-Friburg Brisg.-Romae ²²1962.

LÄ   Lexikon der Ägyptologie, hrg. von W. Helck und E. Otto, Wiesbaden 1975 ff.

LCI   Lexikon der christlichen Ikonographie, hrg. von E. Kirschbaum, I–VIII, Rom-Freiburg-Basel-Wien 1990 (Sonderausgabe).

LThK   Lexikon für Theologie und Kirche, hrg. von J. Höfer und K. Rahner, Freiburg ²1957–1965.

MPL   Patrologiae cursus completus, Accurante J.-P. Migne, Series Latina.

NBL I   Neues Bibel-Lexikon, hrg. von M. Görg und B. Lang, Band I, Zürich 1991.

PM VII   Topographical Bibliography of Ancient Egyptian Hieroglyphic Texts, Reliefs, and Paintings, VII. Nubia, The Deserts, and outside Egypt, B. Porter/R. L. B. Moss, Oxford 1952, 1975.

---

[*] Die Abkürzungen der biblischen Bücher entsprechen den Vorschlägen der Loccumer Richtlinien, Stuttgart 1971: 5 f.

RGG   Die Religion in Geschichte und Gegenwart, Handwörterbuch für Theologie und Religionswissenschaft, hrg. von K. Galling, Tübingen ³1957–1965.

STh   Thomas von Aquin, Summa Theologica.

THAT   Theologisches Handwörterbuch zum Alten Testament, I–II, hrg. von E. Jenni, München–Zürich 1971–1976.

ThWAT   Theologisches Wörterbuch zum Alten Testament, hrg. von G. J. Botterweck und H. Ringgren, Stuttgart-Berlin-Köln-Mainz 1973 ff.

ThWNT   Theologisches Wörterbuch zum Neuen Testament, begründet von G. Kittel, hrg. von G. Friedrich, Stuttgart 1932–1979.

WB   Wörterbuch der ägyptischen Sprache, hrg. von A. Erman und H. Grapow, Berlin ⁴1982.

LITERATURVERZEICHNIS*

Abd-El-Jalil, J.-M. (1954), Maria im Islam, Werl.

Ackerman, S. (1992), Under Every Green Tree, Popular Religion in Sixth-Century Judah, Harvard Semitic Monographs 46, Atlanta.

Aharoni, Y. (1981), Arad Inscriptions, Judean Desert Studies, Jerusalem.

Ahlström, G. W. (1975), An Israelite Figurine, once more, Vetus Testamentum 25, 106–109.

Aistleitner, J. (²1964), Die mythologischen und kultischen Texte aus Ras Schamra, Bibliotheca Orientalis Hungarica 8, Budapest.

Aland, K. (⁷1971), Synopsis quattuor Evangeliorum, Stuttgart.

Albeck, H. (1952–1964), Introduction to the Vocalisation of the Mishna, Introduction to the Mishna, Seder Zeraim, Seder Moed, Seder Naschim, Seder Nezikin, Seder Kodaschim, Seder Tohorot, Jerusalem-Tel Aviv (hebr.).

Albertz, R. (1992), Religionsgeschichte Israels in alttestamentlicher Zeit, Erster und zweiter Teilband, Das Alte Testament Deutsch, Ergänzungsreihe, Band 8/1, Band 8/2, Göttingen.

Albrektson, B. (1967), History and the Gods, An Essay on the Idea of Historical Events as Divine Manifestations in the Ancient Near East and in Israel, Coniectanea Biblica, Old Testament Series 1, Lund.

Albright, W. F. (1969), The Proto Sinaitic Inscriptions and Their Decipherment, Harvard Theological Studies 22, Cambridge Mass.

Alt, A. (1936, ⁴1968), Josua, Beiheft zur Zeitschrift für die Alttestamentliche Wissenschaft 66, 13–29 = Kleine Schriften zur Geschichte des Volkes Israel I, München, 176–192.

Altaner, B. (⁶1963), Patrologie, Leben, Schriften und Lehre der Kirchenväter, Freiburg-Basel-Wien.

Anati, E. (1963), Palestine before the Hebrews, A History from the Earliest Arrival of Man to the Conquest of Canaan, London.

Assmann, J. (1983), Re und Amun, Die Krise des polytheistischen Weltbildes im Ägypten der 18.–20. Dynastie, Orbis Biblicus et Orientalis 51, Freiburg/Schweiz – Göttingen.

Avigad, N. (1976), Bullae and Seals from a Post-exilic Judean Archive, Qedem 4, Jerusalem.

– (1979), A Group of Hebrew Seals from the Hecht Collection, Festschrift Reuben Hecht, Jerusalem, 119–126.

---

* Lexikonartikel sind im Literaturverzeichnis nicht aufgenommen.

- (1983), Discovering Jerusalem, Nashville-Camden-New York.
- (1986), Hebrew Bullae from the Time of Jeremiah, Remnants of a Burnt Archive, Jerusalem.
- (1989), Another Group of West Semitic Seals from the Hecht Collection, Michmanim 4, 7–21.

Baltzer, K. (1965), Die Biographie der Propheten, Neukirchen-Vluyn.
Bamberger, S. (³1962), Raschis Pentateuchkommentar, Basel.
Bar Adon, P. (1975 a), An Early Hebrew Inscription in a Judean Desert Cave, Eretz Israel 12, 77–80 (hebr.).
- (1975 b), An Early Hebrew Inscription in a Judean Desert Cave, Israel Exploration Journal 25, 226–232 Pl. 25 A–C.
Barkay, G. (1986), Ketef Hinnom, A Treasure Facing Jerusalem's Walls, Israel Museum Catalogue Nr. 274, Jerusalem.
- (1989), The Priestly Benediction on the Ketef Hinnom Plaques, Cathedra 52, 46–59 (hebr.).
Barthélemy, D. (1962), Les Tiqquné Sopherim et la critique textuelle de l'Ancien Testament, Congress Volume, Bonn, Supplements to Vetus Testamentum 9, Leiden 1963, 285–304.
- (1966), Gott mit seinem Ebenbild, Umrisse einer biblischen Theologie, Einsiedeln.
- (1985), Comment le Cantique des cantiques est-il devenu canonique? Mélanges ... de M. M. Delcor, Alter Orient/Altes Testament 215, Kevelaer und Neukirchen-Vluyn, 13–22.
Baumgartner, W. (1939), Ein Vierteljahrhundert Danielforschung, Theologische Rundschau 11, 59-83.125-144.201-228.
Baumgartner, W./Hartmann, B./Kutscher, E. Y. (1967–1974), Hebräisches und aramäisches Lexikon zum Alten Testament, Lieferung 1 und 2, Leiden.
Beit Arieh, I. (1991), The Edomite Shrine at Horvat Qitmit in the Judean Negev, Preliminary Excavation Report, Journal of the Tel Aviv University Institute of Archaeology 18, 93–116.
Beit Arieh, I./Beck, P. (1987), Edomite Shrine, Discoveries from Qitmit in Negev, Israel Museum Catalogue Nr. 277, Jerusalem.
Beit Arieh, I./Giveon, R./Sass, B. (1978), Explorations at Serabit el-Khadim – 1977, Journal of the Tel Aviv University Institute of Archaeology 5, 170–187.
Ben Chorin, S. (1975), Jüdischer Glaube, Strukturen einer Theologie des Judentums anhand des Maimonidischen Credo, Tübingen.
- (1977), Die Feste des jüdischen Jahres, Theologisch-Praktische Quartalschrift 125, 158–164.

- (^{5}1982a), Bruder Jesus, Der Nazarener in jüdischer Sicht, dtv Taschenbuch 680, München.
- (1982b), Die Feste des jüdischen Jahres, Theologia Judaica, Tübingen, 123–135.
Bernhart, J. (^{3}1985), Thomas von Aquino, Summe der Theologie, 1 Gott und Schöpfung, Stuttgart.
Beyerlin, W. (1961), Herkunft und Geschichte der ältesten Sinaitraditionen, Tübingen.
Boecker, H. J. (1976), Recht und Gesetz im Alten Testament und im Alten Orient, Neukirchen-Vluyn.
Bonnet, H. (^{2}1971), Reallexikon der ägyptischen Religionsgeschichte, Berlin-New York.
Bouman, J. (^{2}1989), Gott und Mensch im Koran, Eine Strukturform religiöser Anthropologie anhand des Beispiels Allah und Mohammad, Impulse der Forschung 22, Darmstadt.
Braulik, G. (1991), Die Ablehnung der Göttin Aschera in Israel, War sie erst deuteronomistisch, diente sie der Unterdrückung der Frauen? Der eine Gott und die Göttin,Quaestiones Disputatae 135, Freiburg-Basel-Wien.
Bright, J. (1966), Geschichte Israels, Von den Anfängen bis zur Schwelle des Neuen Bundes, Düsseldorf.
Brox, N. (1993a), Irenäus von Lyon, Epideixis, Adversus Haereses, Darlegung der Apostolischen Verkündigung, Gegen die Häresien I, Fontes Christiani 8/1, Freiburg-Basel-Wien.
- (1993b), Irenäus von Lyon, Adversus Haereses, Gegen die Häresien II, Fontes Christiani 8/2, Freiburg-Basel-Wien.
Brugger, W. (1964), Philosophisches Wörterbuch, Freiburg-Basel-Wien.
Brunner-Traut, E./Brunner, H./Zick-Nissen, J. (^{5}1984), Osiris, Kreuz, Halbmond, Die drei Religionen Ägyptens, Mainz.
Bühlmann, W. (1981), Wenn Gott zu allen Menschen geht, Für eine neue Erfahrung der Auserwählung, Freiburg-Basel-Wien.
Busink, Th. A. (1970), Der Tempel von Jerusalem von Salomo bis Herodes, Eine archäologisch-historische Studie unter Berücksichtigung des westsemitischen Tempelbaues, I, Der Tempel Salomos, Nederlands Instituut voor het Nabije Oosten, Studia Francisci Scholten Memoriae dicata, Es. ab A. A. Kampmann, Leiden.
Busse, H. (1988), Die theologischen Beziehungen des Islam zu Judentum und Christentum, Grundlagen des Dialogs im Koran und die gegenwärtige Situation, Grundzüge 72, Darmstadt.

Cassuto, U. (1971), The Goddess Anath, Canaanite Epics of the Patriarchal Age, Texts, Hebrew Translation, Commentary and Introduction, Jerusalem.

Cazelles, H. (1976), Le Dieu du Javiste et de l'Elohiste, Bibliotheca Ephemeridum Theologicarum Lovaniensis 41, 77–89.

– (1993), Sur l'origine du mouvement deutéronomique, Eretz Israel 25, 13*–18*.

Charles, H. (1939), Tribus moutonnières du Moyen-Euphrate, Documents d'Etudes Orientales 8, Institut Français de Damas.

Christensen, D. L. (1984), Zephaniah 2,4–15: A theological Base for Josiah's Program of Political Expansion, Catholic Bilical Quarterly 46, 669–682.

Conrad, D. (1988), Hebräische Bau-, Grab-, Votiv- und Siegelinschriften, Texte aus der Umwelt des Alten Testaments, Gütersloh.

Crowfoot, J. W./Crowfoot, G. M. (1938), Early Ivories from Samaria of the British Expedition in 1935 no. II, London.

Crowfoot, J. W./Crowfoot, G. M./Kenyon, K.-M. (1957), The Objects from Samaria, Samarie-Sebaste, Reports of the Work of the Joint Expedition in 1931–1933 and the British Expedition in 1935 no. III, London.

Dalman, G. (1898), Die Worte Jesu I, Leipzig.

– (1906), Ein neu gefundenes Jahvebild, Palästina Jahrbuch 2, 44–50.

Danby, H. (1972), The Mishnah, Translated from the Hebrew with Introduction and brief Explanatory Notes, Oxford (Neudruck).

Daniélou, J. (1956), Les Saints »païens« de l'AT, Paris.

Davies, G. I. (1991), Ancient Hebrew Inscriptions, Corpus and Concordance, Cambridge.

Dever, W. G. (1969/70), Iron Age Epigraphic Material from the Area of Khirbet el Kôm, Hebrew Union College Annual 40, 139–189.

– (1990), Recent Archaeological Discoveries and Biblical Research, Seattle and London.

Dexinger, F. (1969), Das Buch Daniel und seine Probleme, Stuttgarter Bibelstudien 36, Stuttgart.

Dietrich, W. (1979), Israel und Kanaan, Vom Ringen zweier Gesellschaftssysteme, Stuttgarter Bibelstudien 94, Stuttgart.

Diringer, D. (1934), Le Iscrizioni antico-ebraiche palestinesi, Firenze.

Eichrodt, W. (⁵1964, ⁸1968), Theologie des Alten Testamentes, Teil 1–3, Göttingen.

Eisenberg, E. (1977), The Temples at Tell Kittan, The Biblical Archaeologist 40, 77–81.

Eißfeldt, O. (1939, 1963), Baʿalšamēm und Jahwe, Zeitschrift für die Alttestamentliche Wissenschaft 57, 1–31 = Kleine Schriften II, Tübingen, 171–198.

– (³1964), Einleitung in das Alte Testament unter Einschluß der Apokryphen und Pseudepigraphen sowie der apokryphen und pseudepigraphenartigen Quamran-Schriften, Neue theologische Grundrisse, Tübingen.

Ekschmitt, W. (1993), Ugarít-Qumrán-Nag Hámmadi, Die großen Schriftfunde zur Bibel, Kulturgeschichte der antiken Welt, Sonderband, Mainz.

Elliger, K. (⁶1967), Das Buch der zwölf Kleinen Propheten II, Das Alte Testament Deutsch 25, Göttingen.

Elliger, K./Rudolph, W./ u. a. (1977), Biblia Hebraica Stuttgartensia, Stuttgart.

Euting, J. (1884), Nabatäische Inschriften.

Feldmann, L. H. (1969), Josephus in nine Vol., IX, Jewish Antiquites, Books XVIII–XX, General Index to Vol. I–IX, The Loeb Classical Library, London.

Fenasse, J. M. (1974), Elie à Sarepta, Bible et Terre Sainte 157, 2–3.

Filoramo, G. (1990), A History of Gnosticism, Oxford.

Flusser, D. (1968), Jesus, Rowohlt Taschenbuch, Reinbek bei Hamburg.

Fohrer, G. (1969), Geschichte der israelitischen Religion, Berlin.

Franzen, A. (²1968), Kleine Kirchengeschichte, Herder Bücherei 237/238, Freiburg-Basel-Wien.

Frevel, C. (1991), Die Elimination der Göttin aus dem Weltbild des Chronisten, Zeitschrift für die Alttestamentliche Wissenschaft 103, 263–271.

Galey, J./Forsyth, G./Weitzmann, K. (1979), Sinai und das Katharinenkloster, Stuttgart-Zürich.

Gall, A. von (1918, 1966), Der Hebräische Pentateuch der Samaritaner, Gießen, Berlin.

Galling, K. (1941), Beschriftete Bildsiegel des ersten Jahrtausends v. Chr. vornehmlich aus Syrien und Palästina, Ein Beitrag zur Geschichte der phönikischen Kunst, Zeitschrift des Deutschen Palästina Vereins 64, 121–202.

Gardiner, A. (1916), The Egyptian Origin of the Semitic Alphabet, Journal of Egyptian Archaeology 3, 1–16, Pls. 2.5.

Gaster, Th. H. (1969), Myth, Legend, and Custom in the Old Testament, A Comparative Study with Chapters from Sir James G. Frazer's Folklore in the Old Testament, New York-Evanston.

Gelb, I. J. (²1963), A Study of Writing, Chicago & London.

Gerleman, G. (1965), Ruth, Das Hohelied, Biblischer Kommentar zum Alten Testament XVIII, Neukirchen-Vluyn.

Gerster, G. (1961), Sinai, Land der Offenbarung, Berlin.

Gese, H. (1970), Die Religionen Altsyriens, Die Religionen der Menschheit 10,2, Stuttgart-Mainz-Berlin-Köln, 1–232.

– (1973), Der bewachte Lebensbaum und die Heroen, Zwei mythologische Erzählungen zur Urgeschichte der Quelle J, Vom Sinai zum Zion, Beiträge zur Evangelischen Theologie 64, München, 99–112.

Gesenius, W. (¹⁷1962), Hebräisches und Aramäisches Handwörterbuch über das Alte Testament, Berlin-Göttingen-Heidelberg (Neudruck).

Gilula, M. (1979), To Yahweh Shomron and his Asherah, Shnaton 3,129–137 (hebr.), XVf. (engl. Zusammenfassung).

Giveon, R. (1985), Egyptian Scarabs from Western Asia from the Collection of the British Museum, Orbis Biblicus et Orientalis Series Archaeologica 3, Freiburg/Schweiz – Göttingen.

Görg, M. (1974), Die Gattung des sogenannten Tempelweihspruches (1 Kg 8, 12f.), Ugarit-Forschungen 6, 55–63.

– (1991), Jachin und Boas, Namen und Funktion der beiden Tempelsäulen, Aegyptiaca-Biblica, Notizen und Beiträge zu den Beziehungen zwischen Ägypten und Israel, Ägypten und Altes Testament 11, Wiesbaden, 79–98.

Görgemanns, H./Karpp, H. (³1992), Origenes, Vier Bücher von den Prinzipien, Darmstadt.

Götte, J. (²1965), Vergil, Aeneis, Tusculum Bücherei, München.

Goldschmidt, L. (1897–1935), Der Babylonische Talmud mit Einschluß der vollständigen Mischna, 9 Bände, Leipzig u. a.

Goldziher, I. (1889), Muhammedanische Studien I, Halle a. S.

Gottwald, N. K. (1979), The Tribes of Yahweh, A Sociology of the Religion of Liberated Israel, Maryknoll, New York.

Grant, E. (1934), Rumeileh, Being Ain Shems Excavations (Palestine), Vol. III, Haverford.

Gray, J. (²1965), The Legacy of Canaan, The Ras Shamra Texts and their Relevance to the Old Testament, Supplements to Vetus Testamentum 5, Leiden.

– (²1970), Kings I & II, The Old Testament Library, London.

Grdseloff, B. (1940), L'insigne du grand juge égyptien, Annales du Service des Antiquités d'Egypte 40.

Greßmann, H. (1920), Die Lade Jahves und das Allerheiligste des Salomonischen Tempels, Beiträge zur Wissenschaft des Alten Testaments, Neue Folge 1, Stuttgart.

Gröndahl, F. (1967), Die Personennamen der Texte aus Ugarit, Studia Pohl 1, Rom.

Gubel, E. (1986), Les Phéniciens et le monde méditerranéen, Bruxelles.

Hachlili, R./Merkav, R. (1985), The Menorah in the First and Second Temple Times in the Light of Sources and Archaeology, Eretz Israel 18, 256–267.

Haefele, L. (1922), Geschichte der Landschaft Samaria von 722 v. Chr. bis 67 n. Chr., Alttestamentliche Abhandlungen 8,1–2, Münster.

Haenchen, E. (1966), Der Weg Jesu, Berlin.

Hahn, F. (1963), Christologische Hoheitstitel, Ihre Geschichte im frühen Christentum, Göttingen.

Halpern, B. (1983), The Emergence of Israel in Canaan, Society of Biblical Literature, Monograph Series 29, Chicago.

– (1993), The Baal (and the Asherah) in Seventh-Century Judah: Yhwh's Retainers Retired, Konsequente Traditionsgeschichte, Festschrift K. Baltzer, Orbis Biblicus et Orientalis 126, Freiburg/Schweiz – Göttingen, 115–154.

Hartmann, B. (1980), Monotheismus in Mesopotamien? Monotheismus im Alten Israel und seiner Umwelt, Biblische Beiträge 14, Fribourg, 49–81.

Hartmann, R. (1944, 1992), Die Religion des Islam, Eine Einführung, Berlin, Neudruck Darmstadt.

Heither, Th. (1992a), Origenes, Commentarii in Epistulam ad Romanos, Liber primus, Liber secundus, Römerbriefkommentar, erstes und zweites Buch, Fontes Christiani 2/1, Freiburg-Basel-Wien.

– (1992b), Origenes, Commentarii in Epistulam ad Romanos, Liber tertius, Liber quartus, Römerbriefkommentar, drittes und viertes Buch, Fontes Christiani 2/2, Freiburg-Basel-Wien.

– (1993), Origenes, Commentarii in Epistulam ad Romanos, Liber quintus, Liber sextus, Römerbriefkommentar, fünftes und sechstes Buch, Fontes Christiani 2/3, Freiburg-Basel-Wien.

Heller, J. (1972), Sozialer Hintergrund der israelitischen Landnahme, Communio Viatorum 15, 211–222.

Hengel, M. (²1973), Judentum und Hellenismus, Studien zu ihrer Begegnung unter besonderer Berücksichtigung Palästinas bis zur Mitte des 2. Jh. v. Chr., Tübingen.

Henning, M. (1966), Der Koran, Reclam Nr. 4206-10/10a-c, Stuttgart (Neudruck).

Henninger, J. (1951), Spuren christlicher Glaubenswahrheiten im Koran, Schriftenreihe der Neuen Zeitschrift für Missionswissenschaft 10, Schöneck-Beckenried.

– (1976), Zum Problem der Venussterngottheit bei den Semiten, Anthropos 71, 129–168.

– (1981a), La Religion Bédouine préislamique, Arabia Sacra, Orbis Biblicus et Orientalis 40, Freiburg/Schweiz – Göttingen, 11–33.

– (1981b), Über Sternkunde und Sternkult in Nord- und Zentralarabien, Arabia Sacra, Orbis Biblicus et Orientalis 40, Freiburg/Schweiz – Göttingen, 48–117.

Herrmann, S. (1973), Geschichte Israels in alttestamentlicher Zeit, München.

Hestrin, R. (1987), The Lachish Ewer and the Asherah, Israel Exploration Journal 37, 212–223.

– (1991), Understanding Asherah – Exploring Semitic Iconography, Biblical Archaeology Review 17/5, 50–59.

Hestrin, R. u. a. (1972), Inscriptions Reveal, Documents from the time of the Bible, the Mishna and the Talmud, Jerusalem.

Hestrin, R./Dayagi, M. (1974), A Seal Impression of a Servant of King Hezekiah, Israel Exploration Journal 24, 27–29.

Hestrin, R./Dayagi-Mendels, M. (1979), Inscribed Seals, Jerusalem.

Hestrin, R./Sass, B./Ophel, A. (1982), The Lachish Prism Inscription – Proto-Canaanite or Egyptian, Israel Exploration Journal 32, 103–106.

Hinz, W. (I 1976), Darius und die Perser, Eine Kulturgeschichte der Achämeniden, Baden-Baden.

Höfner, M. (1970), Die vorislamischen Religionen Arabiens, Die Religionen der Menschheit 10,2, Stuttgart-Berlin-Mainz-Köln, 233–402.

Horn, S. H. (1959–1966), Shechem, History and Excavations of a Palestinian City, Jaarbericht van het Vooraziatisch-Egyptisch gezelschap »Ex Oriente Lux« 18, 284–306.

Hornung, E. (1973), Der Eine und die Vielen, Ägyptische Gottesvorstellungen, Darmstadt.

Hornung, E./Staehelin, E. (1976), Skarabäen und andere Siegelamulette aus Basler Sammlungen, Ägyptische Denkmäler in der Schweiz 1, Mainz.

Hossfeld, F.-L. (1982), Der Dekalog, Seine späten Fassungen, die originale Komposition und seine Vorstufen, Orbis Biblicus et Orientalis 45, Freiburg/Schweiz – Göttingen.

Hübner, U. (1989), Schweine, Schweineknochen und ein Speiseverbot im alten Israel, Vetus Testamentum 39, 225–236.

Huonder, V. (1975), Israel Sohn Gottes, Orbis Biblicus et Orientalis 6, Freiburg/Schweiz – Göttingen.

Jacobs, L. (1964), The Principles of Judaism, London.

Jakob, G. (1897, 1967), Althebräisches Beduinenleben, Nach den Quellen geschildert, Berlin, Hildesheim (Neudruck).

Janowski, B. (1991), Keruben und Zion, Thesen zur Entstehung der Zionstradition, Ernten, was man sät, Festschrift K. Koch, Neukirchen-Vluyn, 231–264.

Jaroš, K. (1975), Der Elohist in der Auseinandersetzung mit der Religion seiner Umwelt, Kairos 27, 279–283.

– (1976a), Abraham – Vater des Glaubens, Glaube als Vertrauen, Bibel und Liturgie 49, 5–14.

– (1976b), Elia, Der Anspruch Gottes in der Politik, Bibel und Liturgie 49, 87–95.

– (1976c), Sichem, Eine archäologische und religionsgeschichtliche Studie unter besonderer Berücksichtigung von Josua 24, Orbis Biblicus et Orientalis 11, Freiburg/Schweiz –Göttingen.

– (1978), Die Vorstellung Altisraels über Tod und Fortleben nach dem Tod, Bibel und Liturgie 51, 219–231.

– (1979), Geschichte und Vermächtnis des Königreiches Israel von 926–722 v. Ch., Europäische Hochschulschriften XXIII/136, Bern-Frankfurt-Las Vegas.

– (1980a), Ein neuer Lokalisierungsversuch des Praetoriums, Bibel und Liturgie 53, 13–22.

– (1980b), Palästina und Sinaihalbinsel, Archiv für Orientforschung 17, 192–280.

– (1980c), Die Motive der Heiligen Bäume und der Schlange in Gen 2–3, Zeitschrift für die Alttestamentliche Bibelwissenschaft 92, 204–215.

– (²1982a), Die Stellung des Elohisten zur kanaanäischen Religion, Orbis Biblicus et Orientalis 4, Freiburg/Schweiz – Göttingen.

– (1982b), Hundert Inschriften aus Kanaan und Israel, Für den Hebräischunterricht bearbeitet, Fribourg.

– (1982c), Zur Inschrift Nr. 3 von Ḫirbet el-Qōm, Biblische Notizen 19, 31–40.

– (1992), Kanaan-Israel-Palästina, Ein Gang durch die Geschichte des Heiligen Landes, Kulturgeschichte der antiken Welt 51, Mainz.

- (1993 a), Rezension zu S. Ackerman, Under Every Green Tree, Atlanta 1992, Theologische Literaturzeitung 118, 389–390.
- (1993 b), Rezension zu O. Keel/C. Uehlinger, Göttinnen, Götter und Gottessymbole, Freiburg-Basel-Wien 1992, Theologische Literaturzeitung 118, 503–505.
Jaroš, K./Deckert, B. (1977), Studien zur Sichem-Area, Orbis Biblicus et Orientalis 11 a, Freiburg/Schweiz – Göttingen.
Jaussen, A. (1908), Coutumes des Arabes au pays de Moab, Etudes Bibliques, Paris.
Jedin, H. (⁸1969), Kleine Konziliengeschichte, Herder Bücherei 51, Freiburg-Basel-Wien.
Jellinek, A. (1853–1877, 1967), Beth ha-Midrasch, Sammlung kleiner Midraschim und vermischter Abhandlungen aus der älteren jüdischen Literatur, 6 Bände, Leipzig, Jerusalem (Neudruck).
Jenks, A. W. (1977), The Elohist and North Israelite Tradition, Society of Biblical Literature Monograph Series 22, Helena.
Jeremias, A. (⁴1930), Das Alte Testament im Lichte des Alten Orients, Leipzig.
Jeremias, J. (1966), ABBA, Studien zur neutestamentlichen Theologie und Zeitgeschichte, Göttingen.
Jirku, A. (1913), Mantik in Altisrael, Rostock.
Jomier, R. P. (1962), Bibel und Koran, Klosterneuburg 1962.

Kaiser, O. (1973), Der Prophet Jesaja, Kapitel 13–39, Das Alte Testament Deutsch 18, Göttingen.
Kaufmann, Y. (1960, 1972), The Religion of Israel from its Beginnings to the Babylonian Exile, Chicago, New York.
- (1961), Tradition Concerning Early Israelite History in Canaan, Scripta Hierosolymitana 8, 303–334.
Kautzsch, E. (1900, 1962), Die Apokryphen und Pseudepigraphen des Alten Testaments, 2. Band: Die Pseudepigraphen des Alten Testaments, Tübingen, Darmstadt (Neudruck).
Keel, O. (1972), Die Welt der altorientalischen Bildsymbolik und das Alte Testament, Am Beispiel der Psalmen, Zürich-Einsiedeln-Köln.
- (1973), Das Vergraben der »fremden Götter« in Genesis XXXV,4 b, Vetus Testamentum 23, 305–336.
- (1974), Die Weisheit spielt vor Gott, Ein ikonographischer Beitrag zur meṣaḥäqät in Sprüche 8,30 f., Freiburg/Schweiz – Göttingen.
- (1977 a), Jahwe-Visionen und Siegelkunst, Eine neue Deutung der Majestätsschilderungen in Jes 6, Ez 1 und 10 und Sach 4, Stuttgarter Bibelstudien 84/85, Stuttgart.

- (1977 b), Vögel als Boten, Studien zu Ps 68,12-14 ... und dem Aussenden der Botenvögel in Ägypten, Mit einem Beitrag von U. Winter zu Ps 56,1 und zur Ikonographie der Göttin und der Taube, Orbis Biblicus et Orientalis 14, Freiburg/Schweiz – Göttingen.
- (1978), Jahwes Entgegnungen an Ijob, Eine Deutung von Ijob 38-41 vor dem Hintergrund der zeitgenössischen Bildkunst, Forschungen zur Literatur des Alten und Neuen Testaments 121, Göttingen.
- (1981), Zeichen der Verbundenheit, Zur Vorgeschichte und Bedeutung der Forderungen von Deuteronomium 6,8 f. und Par., Mélanges Dominique Barthélemy, Orbis Biblicus et orientalis 38, Freiburg/ Schweiz – Göttingen, 159-240.
- (1984), Deine Blicke sind wie Tauben, Zur Metaphorik des Hohen Liedes, Stuttgarter Bibelstudien 114/115, Stuttgart.
- (1985), Bildträger aus Palästina/Israel und die besondere Bedeutung der Miniaturkunst, Studien zu den Stempelsiegeln aus Palästina/Israel I, Orbis Biblicus et Orientalis 67, Freiburg/Schweiz – Göttingen.
- (1986), Das Hohe Lied, Zürcher Bibelkommentare, Altes Testament 18, Zürich.
- (1989 a), Die 'Ω-Gruppe, Ein mittelbronzezeitlicher Stempelsiegeltyp mit erhabenem Relief aus Anatolien, Nordsyrien und Palästina, Studien zu den Stempelsiegeln aus Palästina/Israel II, Orbis Biblicus et Orientalis 88, Freiburg/Schweiz – Göttingen, 39-87.
- (1989 b), Zur Identifikation des Falkenköpfigen auf Skarabäen der ausgehenden 13. und der 15. Dynastie, Studien zu den Stempelsiegeln aus Palästina/Israel II, Orbis Biblicus et Orientalis 88, Freiburg/ Schweiz – Göttingen, 243-280.
- (1990 a), La Glyptique de Tell Keisan (1971-1976), Studien zu den Stempelsiegeln aus Palästina/Israel III, Orbis Biblicus et Orientalis 100, Freiburg/Schweiz – Göttingen, 163-321.
- (1990 b), Früheisenzeitliche Glyptik in Palästina/Israel, Mit einem Beitrag von H. Keel-Leu, Studien zu den Stempelsiegeln aus Palästina/Israel III, Orbis Biblicus et Orientalis 100, Freiburg/Schweiz – Göttingen, 331-421.
- (1992), Das Recht der Bilder gesehen zu werden, Drei Fallstudien zur Methode der Interpretation altorientalischer Bilder, Orbis Biblicus et Orientalis 122, Freiburg/Schweiz – Göttingen.
- (1993), Frühe Jerusalemer Kulttraditionen und ihre Träger und Trägerinnen, Zion – Ort der Begegnung, Festschrift L. Klein, Bonner Biblische Beiträge 90, Bodenheim, 439-502.

Keel, O./Küchler, M. (1971), Synoptische Texte aus der Genesis, Biblische Beiträge, 8,1, Fribourg.

Keel, O./Uehlinger, C. (1992), Göttinnen, Götter und Gottessymbole, Neue Erkenntnisse zur Religionsgeschichte Kanaans und Israels aufgrund bislang unerschlossener ikonographischer Quellen, Quaestiones Disputatae 134, Freiburg-Basel-Wien.

Keel-Leu, H. (1989), Die frühesten Stempelsiegel Palästinas, Von den Anfängen bis zum Ende des 3. Jahrtausends, Studien zu den Stempelsiegeln aus Palästina/Israel II, Orbis Biblicus et Orientalis 88, Freiburg/ Schweiz – Göttingen, 1–38.

– (1991), Vorderasiatische Stempelsiegel, Die Sammlung des Biblischen Instituts der Universität Freiburg/Schweiz, Orbis Biblicus et Orientalis 111, Freiburg/Schweiz – Göttingen.

Kenyon, K. M. (1964), Excavations at Jericho II, London.

Kippenberg, H. G. (1971), Garizim und Synagoge, Religionsgeschichtliche Versuche und Vorarbeiten 30, Berlin-New York.

Kittel, R./Kahle, P./Alt, A./Eißfeldt, O. (¹⁴1966), Biblia Hebraica, Stuttgart.

Klausner, J. (³1952), Jesus von Nazareth, seine Zeit, sein Leben und seine Lehre, Jerusalem.

Klinke-Rosenberger, R. (1941), Das Götzenbuch, Kitāb al-Aṣnām des Ibn al-Kalbī, Sammlung orientalistischer Arbeiten, Heft 8, Leipzig.

Knauf, E. A. (1984), Jahwe, Vetus Testamentum 34, 467–471.

– (1985), Ismael, Abhandlungen des Deutschen Palästina-Vereins, Wiesbaden.

– (1988), Midian, Untersuchungen zur Geschichte Palästinas und Nordarabiens am Ende des 2. Jt. v. Chr., Abhandlungen des Deutschen Palästina-Vereins 10, Wiesbaden.

Knudtzon, J. A. (1915, 1964), Die el-Amarna-Tafeln I–II, Leipzig, Aalen (Neudruck).

Koch, H. (1992), Es kündet Dareios der König ... Vom Leben im persischen Großreich, Kulturgeschichte der antiken Welt 55, Mainz.

Koenig, J. (1963, 1964a), La Localisation du Sinaï et les traditions des Scribes, Revue d'Histoire et de Philosophie Religieuses 43, 2–31. 44, 200–235.

– (1964b), Itinéraires Sinaïtiques en Arabie, Revue d'Histoire des Religions 166, 121–141.

– (1966), Aux origines des théophanies Jahwistes, Revue d'Histoire des Religions 169, 1–36.

– (1971), Le Site de Al-Jaw dans l'ancien Pays de Madian, Paris.

Konowitz, I. (1908), Ha-Elohut, The God Idea in Talmud and Other Rabbinical Sources, New York.

Kornfeld, W. (1972), Das Buch Levitikus, Die Welt der Bibel, Kleinkommentare zur Heiligen Schrift 15, Düsseldorf.

Krapf, Th. M. (1992), Die Priesterschrift und die vorexilische Zeit, Yehezkel Kaufmanns vernachlässigter Beitrag zur Geschichte der biblischen Religion, Orbis Biblicus et Orientalis 119, Freiburg/Schweiz – Göttingen.

Küchler, M. (1979), Frühjüdische Weisheitstraditionen, Zum Fortgang weisheitlichen Denkens im Bereich des frühjüdischen Jahweglaubens, Orbis Biblicus et Orientalis 26, Freiburg/Schweiz – Göttingen.

Kupper, J. R. (1957), Les Nomades en Mésopotamie au temps des Rois de Mari, Bibliothèque de la Faculté de Philosophie et Lettres de l'Université de Liège, Fasc. 142, Paris.

Kutsch, E. (1985), Die chronologischen Daten des Ezechielbuches, Orbis Biblicus et Orientalis 62, Freiburg/Schweiz – Göttingen.

Lamon, R. S./Shipton, G. M. (1939), Megiddo I, Seasons of 1925–1934, Strata I–V, Oriental Institute Publications 42, Chicago.

Lang, B. (1975), Frau Weisheit, Deutung einer biblischen Gestalt, Düsseldorf.

– (1981), Die Jahwe-allein-Bewegung, Der einzige Gott, Die Geburt des biblischen Monotheismus, München, 47–83.

Lapide, P./Luz, U. (1979), Der Jude Jesus, Thesen eines Juden, Antworten eines Christen, Zürich-Einsiedeln-Köln.

Lemaire, A. (1976), Prières en temps de crise: les inscriptions de Khirbet Beit Lei, Revue Biblique 83, 558–568.

– (1977a), Inscriptions Hébraïques, Tome I, Les ostraca, Littératures Anciennes du Proche-Orient, Paris.

– (1977b), Les inscriptions de Khirbet el-Qôm et l'Ashérah de Yhwh, Revue Biblique 84, 395–608.

– (1984), Date et origine des inscriptions hébraïques et phéniciennes de Kuntillet ᶜAjrud, Studi Epigrafici e Linguistici 1, 131–143.

Levy, J. (I 1963a, II 1963b, III 1964, IV 1965), Wörterbuch über die Talmudim und Midraschim, Berlin-Wien, Neudruck Darmstadt 1963.

Liddell, H. G./Scott, R. (1973), Greek-English Lexicon, Revised and augmented throughout by Sir H. Stuart Jones u. a., with a Supplement 1968, Oxford.

Lohfink, N. (1987), The Cult Reform of Josiah of Judah: 2 Kings 22–23 as a source for the History of Israelite Religion, Ancient Israelite Religion, Essays ... F. M. Gross, Philadelphia, 459–475.

Lohse, E. (1971), Die Texte aus Qumran, Darmstadt.

Loud, G. (1948), Megiddo II, Seasons of 1935–1939 by the Megiddo Expedition, Oriental Institute Publications 62, Chicago.

Luckenbill, D. D. (I 1975), (II 1975), Ancient Records of Assyria and Babylonia I–II, New York (Neudruck von 1926).

Maier, J./Schubert, K. (1973), Die Qumran-Essener, Texte der Schriftrollen und Lebensbild der Gemeinde, Uni-Taschenbuch 224, München-Basel.

Malamat, A. (1971), The Period of the Judges, The World History of the Jewish People III, Tel Aviv, 129–163.

– (1973), Tribal Societies: Biblical Genealogies and African Lineage System, Archives Européennes de Sociologie 14, 126–136.

– (1974), Tribal Societies: Biblical Genealogies and African Lineage System, Anthropos 69, 283–284.

– (1975), Aspects of Tribal Societies in Mari and Israel, Mari and the Bible, A Collection of Studies, Jerusalem, 42–51.

Marböck, J. (1971), Weisheit im Wandel, Untersuchungen zur Weisheitstheologie bei Ben Sira, Bonner Biblische Beiträge 37, Bonn.

– (1976), Gesetz und Weisheit, Zum Verständnis des Gesetzes bei Jesus Ben Sira, Biblische Zeitschrift 20, 1–21.

Marcus, R. (1966–1969), Josephus in nine Vol., VI., VII., VIII., Jewish Antiquities, Books IX–XVII, The Loeb Classical Library, London.

Marmorstein, A. (I 1927), The Old Rabbinic Doctrine of God I, The Names and the Attributes of God, Oxford.

Massignon, L. (1922), La passion d'al-Hosayn ibn Mansour Al-Hallaj, martyre mystique de l'Islam, exécuté à Bagdad le 26 Mars 1922, 2 Bände, Paris, Neuauflage in 4 Bänden (1976), Paris.

Masson, D. (I 1958), Le Coran et la Révélation Judéo-chrétienne, Etudes Comparées I, Paris.

Mathys, H.-P. (1994), Dichter und Beter, Theologen aus spätalttestamentlicher Zeit, Orbis Biblicus et Orientalis 132, Freiburg/Schweiz – Göttingen.

Mazar, B. (1982), Baʿal Šamem, Eretz Israel 16, 132–134 (hebr.).

McCown, Ch. Ch. (1947), Tell en-Nasbeh excavated under the Direction of the late W. F. Bade, I, Archaeological and Historical Results, Berkeley-New Haven.

McEvenue, S. E. (1984), The Elohist at Work, Zeitschrift für die Alttestamentliche Wissenschaft 96, 315–332.

Mendenhall, G. E. (1962), The Hebrew Conquest of Palestine, Biblical Archaeologist 25, 66–87.

Meshel, Z. (1978), Kuntillet ᶜAjrud, A Religious Centre from the Time of the Judean Monarchy on the Border of Sinai, Israel Museum Catalogue Nr. 175, Jerusalem.

Mettinger, T. N. D. (1982), The Dethronement of Sabaoth, Studies in the Shem and Kabod Theologies, Coniectanea Biblica, Old Testament Series 18, Lund.

Miller, P. D. (1980), El, the Creator of Earth, Bulletin of the American Schools of Oriental Research 239, 43–46.

Mittmann, S. (1981), Die Grabinschrift des Sängers Uriahu, Zeitschrift des Deutschen Palästina Vereins 97, 139–152.

Müller, H.-P. (1980), Gott und die Götter in den Anfängen der biblischen Religion, Zur Vorgeschichte des Monotheismus, Monotheismus im alten Israel und seiner Umwelt, Biblische Beiträge 14, Fribourg, 99–142.

Musil, A. (1926), The Northern Heǧâz, New York.

Mußner, F. (1955), Christus, das All und die Kirche, Trierer Theologische Studien 5, Trier.

Naveh, J. (1963), Old Hebrew Inscriptions in a Burial Cave, Israel Exploration Journal 13, 74–92.

– (1982), Early History of the Alphabet, Jerusalem.

Negbi, O. (1989), The Metal Figurines, Hazor III–IV, Jerusalem, 348–362.

Nestle, E./Aland, K. (²⁵1975), Novum Testamentum Graece, Stuttgart.

Nöldeke, Th. (1860), Geschichte des Qorāns, Göttingen.

Noth, M. (1928), Die israelitischen Personennamen im Rahmen der gemeinsemitischen Namengebung, Stuttgart (Neudruck Hildesheim-New York 1980).

– (1930), Das System der zwölf Stämme, Stuttgart (Neudruck Darmstadt 1966).

– (1966), Das vierte Buch Mose, Das Alte Testament Deutsch 7, Göttingen.

– (³1967), Überlieferungsgeschichtliche Studien, Die sammelnden und bearbeitenden Geschichtswerke im Alten Testament, Darmstadt.

– (1968), Könige I, Biblischer Kommentar zum Alten Testament IX/1, Neukirchen-Vluyn.

– (⁷1969), Geschichte Israels, Göttingen.

Oppenheim, M. von (1939), Die Beduinen I, Leipzig.

Otto, E. (1980a), Jerusalem, Die Geschichte der Heiligen Stadt, Von den Anfängen bis zur Kreuzfahrerzeit, Urban Taschenbuch 308, Stuttgart-Berlin-Köln-Mainz.

- (1980 b), El und JHWH in Jerusalem, Historische und theologische Aspekte einer Religionsintegration, Vetus Testamentum 30, 316–329.

Paret, R. (1962), Der Koran, Stuttgart-Berlin-Köln-Mainz.

Pedersen, J. (1914), Der Eid bei den Semiten in seinem Verhältnis zu verwandten Erscheinungen sowie die Stellung des Eides im Islam, Studien zur Geschichte und Kultur des islamischen Orients 3, Straßburg.

Perlitt, L. (1969), Bundestheologie im Alten Testament, Wissenschaftliche Monographien zum Alten und Neuen Testament 36, Neukirchen-Vluyn.

Petrie, W. M. F. (1906), Researches in Sinai, London.

- (1930), Beth-Pelet I, British School of Archaeology in Egypt 48, London.

- (1932), Ancient Gaza II, British School of Archaeology in Egypt 54, London.

Pettazzoni, R. (1960), Der allwissende Gott, Fischer-Bücherei, Hamburg-Wandsbek.

Pfammatter, J. (1967), Eigenschaften und Verhaltensweisen Gottes im Neuen Testament, Mysterium Salutis, Einsiedeln-Zürich-Köln, 272–290.

Pfeiffer, G. (1967), Ursprung und Wesen der Hypostasievorstellungen im Judentum, Arbeiten zur Theologie I,31, Stuttgart.

Pirenne, J. (1975), Le Site préhistorique de al-Jaw, la Bible, le Coran et le Midrash, Revue Biblique 82, 34–69.

Pope, M. H. (1955), El in the Ugaritic Texts, Supplements to Vetus Testamentum 2, Leiden.

Puech, E. (1985), L'inscription sur plâtre de Tell Deir ᶜAlla, Biblical Archaeology Today, Jerusalem, 354–365.

Quell, G. (1925, 1967), Die Auffassung des Todes in Israel, Leipzig-Erlangen, Darmstadt.

Rad, G. von (⁸1967), Das erste Buch Mose, Das Alte Testament Deutsch 2–4, Göttingen.

- (²1968), Das fünfte Buch Mose, Das Alte Testament Deutsch 8, Göttingen.

Rahlfs, A. (⁸1965), Septuaginta, 2 Bände, Stuttgart.

Rainey, A. F. (1975), Notes on Some Proto-Sinaitic Inscriptions, Israel Exploration Journal 25, 106–116.

Reisner, G. A. (1958), Amulets, Catalogue général des antiquités Egyptiennes du Musée du Caire, 2 Bände, Le Caire.

Reisner, G. A./ u. a. (1924), Harvard Excavations at Samaria, 2 Bände, Cambridge Mass.

Richter, W. (1963), Traditionsgeschichtliche Untersuchungen zum Richterbuch, Bonner Biblische Beiträge 18, Bonn.

Röwekamp, G. (1992), Cyrill von Jerusalem, Mystagogische Katechesen, Fontes Christiani 7, Freiburg-Basel-Wien.

Rofé, A. (1973), Baal, the Prophet and the Angel, II King 1, A Study in the History of Literature and Religion, Beerscheba 1, 222–230.

Rosenbaum, M./Silbermann, A. M. (II 1930), Pentateuch with Targum Onkelos, Haphtaroth and Raschi's Commentary, Exodus, Jerusalem.

Rowe, A. (1936), A Catalogue of Egyptian Scarabs, Scaraboids, Seals and Amulets in the Palestine Archaeological Museum, Cairo.

– (1940), The Four Canaanite Temples of Beth-Shan, Part I: The Temples and Cult Objects, Philadelphia.

Rowley, H. H. (1960/61), Elijah on Mount Carmel, Bulletin of the John Rylands Library 43, 190–219.

Rudolph, K. (1970), Die Religion der Mandäer, Die Religionen der Menschheit 10,2, Stuttgart-Berlin-Köln-Mainz, 403–462.

Rudolph, W. (1966), Hosea, Kommentar zum Alten Testament XIII,1, Gütersloh.

– (³1968), Jeremia, Handbuch zum Alten Testament I,12, Tübingen.

Sass, B. (1988), The Genesis of the Alphabet and its Development in the Second Millenium B. C., Ägypten und Altes Testament 13, Wiesbaden.

– (1991), Studia Alphabetica, on the Origin and Early History of Northwest Semitic, South Semitic and Greek Alphabets, Orbis Biblicus et Orientalis 102, Freiburg/Schweiz – Göttingen.

– (1992), The Pre-Exilic Hebrew Seals: Iconism vs. Aniconism, Studies in the Iconography of Northwest Semitic Inscribed Seals, Orbis Biblicus et Orientalis 125, Freiburg/Schweiz – Göttingen, 194–256.

Schaeder, H. H. (1927), Zur Deutung der islamischen Mystik, Orientalistische Literaturzeitung 30, 842–849.

Scheffczyk, L. (1967), Lehramtliche Formulierungen und Dogmengeschichte der Trinität, Mysterium Salutis II, Freiburg-Basel-Wien, 146–220.

Schelbert, G. (1981), Sprachgeschichtliches zu ᵓAbbaᵓ, Mélanges D. Barthélemy, Orbis Biblicus et Orientalis 38, Freiburg/Schweiz – Göttingen, 395–447.

Schenker, A. (1991 a), Gott als Vater – Söhne Gottes, Ein vernachlässigter Aspekt einer biblischen Metapher, A. Schenker, Text und Sinn im

Alten Testament, Textgeschichtliche und bibeltheologische Studien, Orbis Biblicus et Orientalis 103, Freiburg/Schweiz – Göttingen, 1–53 = Freiburger Zeitschrift für Philosophie und Theologie 25 (1978) 3–55.

– (1991 b), Der Monotheismus im ersten Gebot, die Stellung der Frau im Sabbatgebot und zwei andere Sachfragen zum Dekalog, A. Schenker, Text und Sinn im Alten Testament, Textgeschichtliche und bibeltheologische Studien, Orbis Biblicus et Orientalis 103, Freiburg/Schweiz – Göttingen, 187–205 = Freiburger Zeitschrift für Philosophie und Theologie 32 (1985) 323–341.

Schiffer, S. (1911), Die Aramäer, Leipzig.

Schimmel, A. (²1992), Mystische Dimensionen des Islam, Die Geschichte des Sufismus, München.

Schlosser, M. (1993), Bonaventura, De triplici via, Über den dreifachen Weg, Fontes Christiani, Freiburg-Basel-Wien.

Schmid, H. (1968), Erwägungen zur Gestalt Josuas in Überlieferung und Geschichte, Judaica 24, 41–75.

Schmidt, W. H. (²1975), Alttestamentlicher Glaube in seiner Geschichte, Neukirchen-Vluyn.

Schmitt, R. (1981), Altpersische Siegel-Inschriften, Veröffentlichungen der iranischen Kommission 10, Österreichische Akademie der Wissenschaften, Philosophisch-historische Klasse, Sitzungsberichte 381, Wien.

Schnackenburg, R. (1965), Das Johannesevangelium I, Freiburg-Basel-Wien.

– (1970), Christologie des Neuen Testamentes, Mysterium Salutis III,1, Freiburg-Basel-Wien, 227–388.

Schnider, F. (1973), Jesus der Prophet, Orbis Biblicus et Orientalis 2, Freiburg/Schweiz – Göttingen.

Schöllgen, G./Geerlings, W. (1991), Didache, Zwölf-Apostel-Lehre, Traditio Apostolica, Apostolische Überlieferung, Fontes Christiani 1, Freiburg-Basel-Wien.

Schroer, S. (1984), Zur Deutung der Hand unter der Grabinschrift von Chirbet el-Qom, Ugarit-Forschungen 15, 191–199.

– (1987 a), In Israel gab es Bilder, Nachrichten von darstellender Kunst im Alten Testament, Orbis Biblicus et Orientalis 74, Freiburg/Schweiz – Göttingen.

– (1987 b), Die Zweiggöttin in Palästina/Israel, Von der Mittelbronze II B-Zeit bis zu Jesus Sirach, M. Küchler/C. Uehlinger, Jerusalem, Texte-Bilder-Steine, Freiburg/Schweiz – Göttingen, 201–225.

– (1989), Die Göttin auf den Stempelsiegeln aus Palästina/Israel, Studien zu den Stempelsiegeln aus Palästina/Israel II, Orbis Biblicus et Orientalis 88, Freiburg/Schweiz – Göttingen, 89–207.

Schubert, K. (1965), Das Zeitalter der Apokalyptik, Bibel und zeitgemäßer Glaube I, Klosterneuburg, 263–285.

– (1970), Die jüdischen Religionsparteien in neutestamentlicher Zeit, Stuttgarter Bibelstudien 43, Stuttgart.

– (1973), Jesus im Lichte der Religionsgeschichte des Judentums, Wien.

Schüngel-Straumann, H. (1973), Der Dekalog – Gottes Gebote? Stuttgarter Bibelstudien 67, Stuttgart.

Schulman, A. (1988), Catalogue of the Egyptian Finds, The Egyptian Mining Temple at Timna, Researches in the Arabah 1959–1984, Vol. 1, London, 114–147.

Schulz, S. (1974), Das Evangelium nach Johannes, Das Neue Testament Deutsch II, Göttingen, 1–262.

Schumacher, G. (1908), Tell al-Mutesellim, Bericht über die 1903–1905 veranstalteten Ausgrabungen I, Leipzig.

Schwally, F. (1909), Über den Ursprung des Qorāns, Leipzig.

– (1919), Die Sammlung des Qorāns, Leipzig.

Schwally, F./Pretzl, O. (1938), Die Geschichte des Korantextes, Leipzig.

Seebass, H. (1966), Der Erzvater Israel und die Einführung der Jahweverehrung in Kanaan, Beihefte zur Zeitschrift für die Alttestamentliche Wissenschaft 98, Berlin.

– (1974), Der Fall Naboth in 1 Reg XXI, Vetus Testamentum 24, 474–488.

Seybold, K. (1973), Elia am Gottesberg, Vorstellungen prophetischen Wirkens nach 1 Kön 19, Evangelische Theologie 33, 3–18.

Shiloh, Y. (1986), A Group of Hebrew Bullae from the City of David, Israel Exploration Journal 36, 16–38.

Shuval, M. (1990), A Catalogue of Early Iron Stamp Seals from Israel, Studien zu den Stempelsiegeln aus Palästina/Israel III, Orbis Biblicus et Orientalis 100, Freiburg/Schweiz – Göttingen, 67–161.

Sieben, J. (1993), Basilius von Cäsarea, De Spiritu Sancto, Über den Heiligen Geist, Fontes Christiani 12, Freiburg-Basel-Wien.

Smend, R. (1978), Die Entstehung des Alten Testaments, Theologische Wissenschaft 1, Stuttgart-Berlin-Köln-Mainz.

Smith, M. (²1984), Rabiᶜa, The Mystic and Her Fellow-Saints in Islam, Cambridge.

Smith, M. S. (1990), The Early History of God, Yahweh and the other Deities in Ancient Israel, San Francisco.

Smith, W. R. (²1903), Kinship & Marriage in Early Arabia, London.

Snaith, N. H. (1967), Leviticus and Numbers, The Century Bible, London-Edinburgh.

Soggin, J. A. (1991), Einführung in die Geschichte Israels und Judas, Von den Ursprüngen bis zum Aufstand Bar Kochbas, Darmstadt.

Spencer, P. (1973), Nomads in Alliance, Symbiosis and Growth among the Rendill and Samburn of Kenya, London.

Staubli, Th. (1991), Das Image der Nomaden im Alten Israel und in der Ikonographie seiner seßhaften Nachbarn, Orbis Biblicus et Orientalis 107, Freiburg/Schweiz – Göttingen.

Stein, L. (1967), Die Sammar-Gerba, Beduinen im Übergang vom Nomadismus zur Seßhaftigkeit, Berlin.

Steinsalz, A., Talmud Babli, (I 1970), Traktat Berakot, (II 1987), Traktat Pea, (III,1 1969), Traktat Schabbat 1, (III,2 1970), Traktat Schabbat 2, (IV,1 1970), Traktat Erubin 1, (IV,2 1971) Traktat Erubin 2, (V,1 1972), Traktat Pesachim 1, (V,2 1973), Traktat Pesachim 2, (VI 1977), Traktat Joma, (VII 1979), Traktat Sukka, (VIII 1982), Traktat Beza und Rosch Haschana, (IX 1984), Traktat Taanit und Megilla, (X 1984), Traktat Moed und Ḥagiga, (XI,1 1985), Traktat Jebamot 1, (XI,2 1986), Traktat Jebamot 2, (XII,1 1988), Traktat Ketubot 1, (XII,2 1988), Traktat Ketubot 2, (XIII,1 1991), Traktat Nedarim 1, (XIII,2 1992), Traktat Nedarim 2, (XIV 1990), Traktat Sota, (XV 1993), Traktat Gittin, (XVI 1989), Traktat Kidduschin, (XVII,1 1980), Traktat Baba Mezia 1, (XVII,2 1981), Traktat Baba Mezia 2, (XVIII,1 1974), Traktat Sanhedrin 1, (XVIII,2 1975), Traktat Sanhedrin 2, Jerusalem (noch unvollständig).

Stemberger, G. (1979), Das klassische Judentum, Kultur und Geschichte der rabbinischen Zeit, 70 n. Chr. bis 1040 n. Chr., München.

Stern, E. (1982), Material Culture of the Land of the Bible in the Persian Period 538–332 B. C., Warminster und Jerusalem.

Stieglecker, H. (1962), Die Glaubenslehren des Islam, Paderborn-München-Wien.

Strack, H. L./Billerbeck, P. (³1961), Kommentar zum Neuen Testament aus Talmud und Midrasch II, München.

Thackeray, H. St. J. (1966), Josephus in nine Vol., I, The Life, Against Apion, The Loeb Classical Library, London.

– (1967a), Josephus in nine Vol., IV, Jewish Antiquities, Books I–IV, The Loeb Classical Library, London.

– (1967b), Josephus in nine Vol., II, The Jewish War, Books I–III, The Loeb Classical Library, London.

274

- (1968), Josephus in nine Vol., III, The Jewish War, Books IV–VII, The Loeb Classical Library, London.

Thackeray, H. St. J./Marcus, R. (1966), Josephus in nine Vol., V, Jewish Antiquities, Books V–VIII, The Loeb Classical Library, London.

Tigay, J. H. (1986), You Shall Have no Other Gods, Israelite Religion in the Light of Hebrew Inscriptions, Harvard Semitic Series 31, Atlanta/ GA.

Trible, P. (1978), Gegen das patriarchalische Prinzip in Bibelinterpretationen, E. Moltmann-Wendel, Frauenbefreiung, München, 93–117.

Tufnell, O. (1940) Lachish II, Tell ed-Duweir, The Fosse Temple, London.

- (1953), Lachish III, Tell ed-Duweir, The Iron Age, 2 Bände, London.

- (1958), Lachish IV, Tell ed-Duweir, The Bronze Age, 2 Bände, London.

Uehlinger, C. (1990), Der Amun-Tempel Ramses' III. in p3-Kn^cn, seine südpalästinischen Tempelgüter und die Überlieferung von der Ägypter- zur Philisterherrschaft: ein Hinweis auf einige wenig beachtete Skarabäen, Studien zu den Stempelsiegeln aus Palästina/Israel III, Orbis Biblicus et Orientalis 100, Freiburg/Schweiz – Göttingen, 3–26.

Ullmann, L. (1959), Der Koran, Das heilige Buch des Islam, München.

Ussishkin, D. (1977), The Destruction of Lachish by Sennacherib and the Dating of the Royal Judean Storage Jars, Journal of the Tel Aviv University Institute of Archaeology 4, 28–60.

de Vaux, R. (1943), Le schisme religieux de Jéroboam Ier, Angelicum 20, 77–91.

- (I 1964, II 1966), Das Alte Testament und seine Lebensordnungen I– II, Freiburg-Basel-Wien.

- (1971, 1973), Histoire Ancienne d'Israel I–II, Études Bibliques, Paris.

Vincent, L. H. (1909), Pseudo-Figure de Iahvé récemment mise en circulation, Revue Biblique 6, 121–127.

Volbach, W. F./Lafontaine-Dosogne, J. (o. J.), Byzanz und der christliche Osten, Propyläen Kunstgeschichte, Berlin.

Voß, J. (1993), Die Menora, Gestalt und Funktion des Leuchters im Tempel zu Jerusalem, Orbis Biblicus et Orientalis 128, Freiburg/Schweiz – Göttingen.

Voß, J. H. (o. J.), Homer, Ilias, Odyssee (Hamburg 1781 und 1793), München (Neudruck).

Weill, R. (1904), Recueil des Inscriptions Egyptiennes du Sinaï, Paris.

Weinfeld, M. (1984), Kuntillet ^cAjrud Inscriptions and their Significance, Studi Epigrafici e Linguistici 1, 121–130.

Weippert, H. (1988), Palästina in vorhellenistischer Zeit, Handbuch der Archäologie, Vorderasien II,1, München.

Weippert, M. (1967), Die Landnahme der israelischen Stämme in der neueren wissenschaftlichen Diskussion, Forschungen zur Religion und Literatur des Alten und Neuen Testaments 92, Göttingen.

– (1990), Synkretismus und Monotheismus, Religionsinterne Konfliktbewältigung im alten Israel, Kultur und Konflikt, edition suhrkamp 1612, Frankfurt am Main, 143–179.

Weitzmann, K./Chatzidakis, M./Radojčić, S. (1980), Die Ikonen, Sinai, Griechenland und Jugoslawien, Herrsching.

Wellhausen, J. (³1961), Reste arabischen Heidentums, Berlin.

Welten, P. (1969), Die Königs-Stempel. Ein Beitrag zur Militärpolitik Judas unter Hiskia und Josia, Abhandlungen des Deutschen Palästina Vereins 1, Wiesbaden.

– (1973), Naboths Weinberg (1 Kön 21), Evangelische Theologie 33, 18–32.

Wensinck, A. J. (1941), Ghazālī's Mishkāt al-anwār, Semitische Studien, Leiden.

Westermann, C. (1966), Jesaja, Kap. 40–66, Das Alte Testament Deutsch 19, Göttingen.

– (1974), Genesis 1–11, Biblischer Kommentar zum Alten Testament I,1, Neukirchen-Vluyn.

Wildberger, H. (1972), Jesaja, Biblischer Kommentar zum Alten Testament X,1, Neukirchen-Vluyn.

Williamson, H. G. M. (o. J.), Structure and Historiography in Nehemia 9, The Proceedings of the Ninth World Congress of Jewish Studies, Jerusalem, 117–131.

Winter, U. (1983), Frau und Göttin, Exegetische und ikonographische Studien zum weiblichen Gottesbild im Alten Israel und in dessen Umwelt, Orbis Biblicus et Orientalis 53, Freiburg/Schweiz – Göttingen.

Wolff, H. W. (1964), Das Kerygma des Jahwisten, Evangelische Theologie 24, 73–98.

– (²1965 a), Hosea, Biblischer Kommentar zum Alten Testament XIV,1, Neukirchen-Vluyn.

– (²1965 b), Studien zum Jonabuch, Neukirchen-Vluyn.

Wright, G. E. (1958), Biblische Archäologie, Göttingen.

– (1965), Shechem, The Biography of a Biblical City, London.

Würthwein, E. (1962), Die Erzählung vom Gottesurteil auf dem Karmel, Zeitschrift für Theologie und Kirche 59, 131–144.

- (1966), Der Text des Alten Testaments, Eine Einführung in die Biblia Hebraica, Stuttgart.
- (1977), Die Bücher der Könige, 1 Kön 1–16, Das Alte Testament Deutsch 11,1, Göttingen.

Yadin, Y. (1975), Hazor, The Rediscovery of a Great Citadel of the Bible, London und Jerusalem.

Yardeni, A. (1991), Remarks on the Priestly Blessing on two Ancient Amulets from Jerusalem, Vetus Testamentum 41, 176–185.

Yeivin, S. (1960a), The Date of the Seal of »Shema Servant of Jeroboam«, Eretz Israel 6, 47–52.
- (1960b), The Date of the Seal of »Shema Servant of Jeroboam«, Journal of Near Eastern Studies 19, 205–212.

Zandee, J. (1947), Den Hymnen aan Amon van Papyrus Leiden J 350, Oudheidkundige mededelingen uit het Rijksmuseum van Oudheden te Leiden 28, 75–86.

Zapletal, V. (1905), Das Deboralied, Freiburg/Schweiz.

Zimmerli, W. (1953), Ich bin Jahwe, Geschichte und Altes Testament, Festschrift A. Alt, Tübingen, 179–209 = Gottes Offenbarung, Gesammelte Aufsätze, Theologische Bücherei 19, München 1969, 11–40.
- (1969), Ezechiel, Biblischer Kommentar zum Alten Testament XIII,1, Neukirchen-Vluyn.

Zuber, B. (1976), Vier Studien zu den Ursprüngen Israels, Die Sinaifrage und Probleme der Volks- und Traditionsbildung, Orbis Biblicus et Orientalis 9, Freiburg/Schweiz – Göttingen.

Zuckermandel, M. S. (²1937), Tosephta Based on the Erfurt and Vienna Codices with parallels and variants, Jerusalem (Neudruck).

Zwickel, W. (1987), Die Kesselwagen im salomonischen Tempel, Ugarit-Forschungen 18, 459–461.
- (1990a), Räucherkult und Räuchergeräte, Orbis Biblicus et Orientalis 97, Freiburg/Schweiz – Göttingen.
- (1990b), Die Keramikplatte aus Tell Qasīle, Gleichzeitig ein Beitrag zur Deutung von Jachin und Boas, Zeitschrift des Deutschen Palästina-Vereins 106, 57–62.

KULTURGESCHICHTE DER ANTIKEN WELT

KULTURGESCHICHTE DER ANTIKEN WELT

KULTURGESCHICHTE DER ANTIKEN WELT

VERLAG PHILIPP VON ZABERN · MAINZ